Paul Martin

ENFERMAR O CURAR POR LA MENTE

El cerebro y el sistema inmunitario

TEMAS DE
DEBATE

Colección dirigida por
JOSÉ MANUEL SÁNCHEZ RON

Versión castellana
FABIÁN CHUECA

El autor y los editores desean agradecer a las siguientes personas y entidades su autorización para reproducir textos: International Music Publication Limited, por «Sexo, drogas y rock and roll», de Ian Dury y Chas Jankel, © 1977 Temple Music Ltd., Warner/Chappel Music Ltd., Hall, J. G., «Emotion and inmunity», *The Lancet,* 2, págs. 326-327, © The Lancet Ltd., (1985); extractos de *Riceyman Steps* de Mme. V. Eldin por autorización A. P. Watt Ltd., en nombre de Mme. V. Eldin, extractos de *El hombre de la pistola de oro* de Ian Fleming por autorización Gildrose *Publications* Ltd., © Gildrose *Productions* Ltd., 1965; extracto de *Tres hombres en una barca* de K. Jerome por autorización A. P. Watt Ltd., en nombre de The Society of Autors; extractos de *Sin blanca en París y Londres* de George Orwell por autorización A. M. Heath, copyright © The Estate of the late Sonia Brownell Orwell y Martin Secker and Warburg Ltd., extractos de *La muerte de un viajante* de Arthur Miller, por autorización Reed Publishers, © Arthur Miller, 1949; extracto de «No entres mansamente en esa buena noche» de *The Poems* de Dylan Thomas por autorización David Higham Associates: publicado originalmente por J. M. Dent; gracias también a Harriet Wasserman Literary Agency Inc., por su autorización para citar de *Carpe diem* de Saul Bellow. Macmillan General Books, por *Jude el oscuro* y *El alcalde de Casterbridge* de Thomas Hardy. Se ha hecho todo lo posible para localizar a los titulares del *copyright* de los extractos reproducidos en este libro; sin embargo, no ha sido posible entablar contacto con todos los titulares. El autor y los editores ruegan, pues, a los titulares de *copyright* que estimen que una cita incluida en esta obra puede vulnerar sus derechos se dirijan a HarperCollins*Publishers.*

Primera edición: noviembre 1997
Título original: *The Sickening Mind*

I.S.B.N.: 84-8306-079-5
Depósito Legal: M. 33.792-1997
Compuesto en VERSAL A.G., S.L.
Impreso en Unigraf, Arroyomolinos, Móstoles (Madrid)
Impreso en España *(Printed in Spain)*

Agradecimientos

Estoy muy agradecido a Gillon Aitken, Bryn Caless, Paul Davison, Jonathan Evans, Kate Fallon, Joe Herbert, Philip Gwyn Jones, Alan Judd, Barry Keverne, Sally Kidner, Harriet Martin, James Serpell, John Sants, Michael Sharpe, Cecilia Thompson y Martin Trick por su ánimo y sus consejos. Los errores, por supuesto, son míos.

Sumario

1

El cuerpo del conocimiento

> La mayor parte del tiempo pensamos que estamos enfermos, todo está en la mente.
>
> Thomas Wolfe, *El ángel que nos mira* (1929)

> Ha llegado el momento de reconocer que nuestra creencia en la enfermedad como reflejo directo del estado mental es en gran medida folklore.
>
> Editorial, *New England Journal of Medicine* (1985)

A modo de introducción

Usted, estimado lector, va a morir. Espero que pase mucho tiempo, y que sea sin dolor. Pero va a morir, de eso no le quepa la menor duda. Y a no ser que muera en un futuro próximo, y por causas naturales, estará enfermo antes de morir, probablemente en varias ocasiones. Algunos descubrimientos científicos notables han revelado que su mente influirá en su propensión a esas enfermedades y que puede tener mucho que ver con la naturaleza y el momento de su muerte.

Esta obra trata de esos descubrimientos científicos. Analiza cómo el estado psicológico y emocional de una persona influye en su salud psicológica y cómo, a su vez, el estado físico afecta a su mente. Intenta explicar algunos de los extraordinarios descubrimientos que los científicos han realizado en los últimos años sobre las interconexiones entre el cerebro, el comportamiento, la inmunidad y la salud. Al desentrañar los mecanismos biológicos que subyacen a estos fenómenos, los científicos pueden conciliar por fin muchas ideas corrientes sobre las influencias de la mente en la salud con una interpretación moderna de cómo el cerebro y el comportamiento afectan al funcionamiento del cuerpo.

Este libro no pretende inscribirse entre las obras llamadas de autoayuda, por lo que en sus páginas no se encontrarán prescripciones pormenorizadas para lograr una salud instantánea ni remedios milagrosos para el sida. El *corpus* de conocimientos científicos en rápido aumento acerca de las interacciones mente-cuerpo tiene numerosas aplicaciones potencialmente valiosas en medicina, de las que daremos cumplida cuenta. Pero la acción práctica debe asentarse en unos cimientos sólidos de conocimientos e interpretaciones. Como señaló Francis Bacon, «conocimiento es poder».

Bacon también señaló que «todo conocimiento y asombro (que es la semilla del conocimiento) es una impresión de placer». Espero que el lector encuentre fascinantes y dignos de consideración los descubrimientos que aquí se reseñan, con independencia de su valor utilitario. No nos detenemos, por nuestra cuenta y riesgo, en la maravilla misma del saber científico. Las aplicaciones prácticas son muy importantes, pero no son los únicos frutos de la ciencia.

Pongamos manos a la obra realizando un sencillo experimento de pensamiento. Una vez leído este párrafo, cierre los ojos y trate de recordar el momento más bochornosamente embarazoso de su vida, el peor que pueda desenterrar de los más malsanos y lóbregos recovecos de su memoria. Tómese su tiempo para pensar y escoja la calamidad más terrible y la que más le haga morir de vergüenza. Sea despiadadamente sincero. Quizá cometió una espantosa metedura de pata social en una reunión de postín, o dijo exactamente las palabras equivocadas en el momento menos oportuno. Cierre los ojos y viva de nuevo el episodio con todo su espanto, centrándose en su propia humillación.

¿Se ha ruborizado? ¿Le arden de bochorno las mejillas? Si es así, acaba de demostrar en la práctica un ejemplo prosaico de un principio biológico importante: que los simples pensamientos y emociones pueden generar reacciones físicas perfectamente reales.

Si desea demostrar de nuevo la verdad empírica de este principio, aunque de manera distinta y más recreativa, cierre los ojos y evoque su fantasía sexual más excitante y suculenta. Seguro que tiene una. Siéntese y deje que su mente se recree en los deliciosos pormenores de las imágenes eróticas que haya escogido. Deje que las húmedas y palpitantes imágenes campen a sus anchas. Las consecuencias físicas de lo que ahora está pasando por su mente deben ser, con un poco de suerte, más divertidas que el rubor.

La influencia de la mente en el cuerpo, sin embargo, suele ser más seria que el rubor o que un *frisson* sexual. Puede incluso determinar cuándo morimos. A modo de aperitivo examinaremos dos ejemplos.

Los Scud iraquíes y las abuelas chinas

Durante la guerra del golfo Pérsico de 1991, Irak lanzó una serie de ataques con misiles contra Israel. Muchos civiles israelíes murieron como consecuencia de estos ataques, pero la inmensa mayoría de las víctimas no murieron debido a los efectos físicos directos de los misiles. Murieron como consecuencia de fallos cardíacos provocados por el miedo, la ansiedad y el estrés asociados al bombardeo. Murieron por lo que estaba sucediendo en su mente.

¿Cómo lo sabemos? Una vez terminada la guerra, científicos israelíes analizaron las estadísticas de mortalidad oficiales y descubrieron un hecho notable. Se había producido un grande y anómalo salto en la tasa de mortalidad entre los ciudadanos israelíes en ese día en particular: el día de los primeros ataques iraquíes.

En la madrugada del 18 de enero de 1991, Irak lanzó el primero de varios ataques con misiles Scud contra ciudades israelíes. Si se mide en términos de destrucción física, las armas iraquíes fueron sorprendentemente ineficaces. No se produjeron muertes por lesiones físicas en el primer ataque, y sólo dos personas perdieron la vida debido a los efectos *físicos* directos de las detonaciones de los Scud en los dieciséis días siguientes en los que cayeron misiles. Y sin embargo, el día del primer ataque la tasa de mortalidad aumentó un 58 por 100 en Israel. Se tuvo noticia de un total de 147 fallecimientos, 54 más de los que cabía esperar basándose en las cifras de mortalidad anteriores para aquella época del año. En términos estadísticos fue un incremento sumamente significativo; las probabilidades de que no tuviera su origen únicamente en fluctuaciones aleatorias eran enormes. ¿Qué había sucedido?

La evidencia apuntaba sistemáticamente a una conclusión: el brusco aumento de la tasa de mortalidad el 18 de enero de 1991 era consecuencia ante todo de un grave estrés emocional causado por el miedo al bombardeo iraquí. Fue la repercusión psicológica de los misiles Scud, no su repercusión física, la causante de la mayoría de las víctimas.

El razonamiento que respaldaba esta conclusión era sencillo. Las muertes «adicionales» inesperadas fueron consecuencia principalmente de fallos cardíacos u otras formas de catástrofe cardiovascular súbita. No se registró un aumento de los fallecimientos a causa de enfermedades prolongadas como, por ejemplo, el cáncer. Como veremos más adelante, el estrés psicológico tiene la capacidad de producir cambios que pueden resultar fatales para la persona que padece ya dolencias cardíacas u obstrucciones de las arterias coronarias.

Las muertes «adicionales» se concentraron en las zonas de Israel donde los niveles de miedo y ansiedad eran más elevados, regiones que se sabía que estaban amenazadas por los misiles iraquíes. En las zonas de Israel donde no se esperaba que llegasen los Scud, la tasa de mortalidad mantuvo unos valores muy parecidos a los habituales. Los estudios psicológicos efectuados en este período indicaron que la época de máxima tensión para los ciudadanos israelíes fueron los escasos días que precedieron al comienzo de la guerra, el 17 de enero, y llegó a su punto culminante el día de los primeros ataques con misiles Scud. Existía una inmensa y fundada preocupación por el posible uso por Irak de armas químicas y biológicas. Se habían suministrado máscaras antigás y dosis de atropina a toda la población de Israel en prevención de ataques químicos, y se habían impartido instrucciones para que en cada vivienda se habilitase una dependencia estanca [1].

Una vez concluido el primer ataque iraquí, que resultó menos catastrófico de lo que se temía, se registró un acusado descenso en los niveles de estrés. Como en otras guerras, la población se adaptó a la situación con sorprendente rapidez. Después, a medida que el miedo y la ansiedad remitían, comenzó a descender también la tasa de mortalidad. En las semanas siguientes se produjeron otros diecisiete ataques iraquíes con misiles, pero las cifras de mortalidad en Israel durante este período no fueron superiores a la media.

Es indudable que los misiles iraquíes mataron a muchos de los israelíes que murieron en los primeros días de la guerra, pero es igualmente indudable que muchos de ellos murieron debido a lo que sucedía en su mente y no como consecuencia de lesiones físicas. Naturalmente, su estado mental no fue lo único que contribuyó a su muerte. La mayoría de los que murieron, si no todos, tenían también un problema médico previo que les hizo especialmente vulnerables a los efectos nocivos del estrés psicológico. Muchos murieron porque padecían previamente una dolencia coronaria y su corazón se paró al ser sometido a estrés.

Uno de los temas recurrentes en este libro es la sencilla

[1] Se calcula que al menos trece israelíes murieron asfixiados por utilizar incorrectamente las máscaras antigás. Los problemas respiratorios pudieron ser uno de los factores que concurrieron en algunos fallecimientos no esperados.

observación de que la enfermedad y la muerte rara vez tienen una causa única. La mente puede contribuir a precipitar la enfermedad o la muerte, pero esto no significa que no intervengan también las bacterias, los virus, las células cancerosas, las arterias obstruidas y otros agentes perfectamente sólidos de la enfermedad.

Las estadísticas sobre mortalidad han revelado otro fenómeno fascinante. Los factores psicológicos no sólo pueden acelerar la muerte, como sucedió durante la guerra del golfo Pérsico, sino que también pueden aplazarla. Es menos probable que una persona muera en vísperas de una ocasión que tiene una significación simbólica para ella, como una fiesta religiosa importante o un cumpleaños. Existen pruebas concluyentes de que individuos que se hallan a las puertas de la muerte pueden aplazar ésta durante unos días, hasta que pasa la ocasión señalada.

Una clara demostración de este fenómeno se obtuvo merced a las investigaciones escrupulosamente diseñadas que llevaron a cabo David Phillips y Daniel Smith, de la Universidad de California en San Diego. Phillips y Smith analizaron las estadísticas de mortalidad de la población china de California para comprobar si tenía lugar alguna fluctuación en el riesgo de morir coincidiendo aproximadamente con la fiesta de la Luna llena de otoño, una ocasión que tiene una importancia simbólica para las personas chinas, no para las demás.

Phillips y Smith descubrieron un descenso acusado y estadísticamente significativo del número de chinos que morían por causas naturales en fechas inmediatamente anteriores a la fiesta de la Luna llena de otoño. A esta caída le seguía un aumento de la mortalidad equivalente y compensatorio en el período inmediatamente posterior a la fiesta. En la semana anterior a la celebración, la tasa de mortalidad entre los californianos de etnia china era inferior en un 35 por 100 a la esperada, mientras que en la semana siguiente a la fiesta era superior en un 35 por 100 a la esperada. No se registraba un cambio global en el número de personas que fallecían, pero algunas muertes que de otro modo habrían tenido lugar inmediatamente antes de la fiesta eran aplazadas de alguna manera hasta después de su conclusión.

Es indudable que este extraño fenómeno de la muerte aplazada estaba vinculado específicamente a la ocasión simbólica de la fiesta de la Luna llena de otoño. La disminución y el aumento del riesgo de morir se manifestaban con la máxima claridad entre las mujeres chinas de edad avanzada, que desempeñan un papel fundamental en las ceremonias. La fiesta de la Luna llena de otoño tiene carácter movible —la fecha varía un poco de un año a otro—, por lo que era indudable que la fluctuación de la tasa de mortalidad estaba vinculada con la ocasión misma y no con una fecha específica del calendario. Por otra parte, no se registraban fluctuaciones comparables de la mortalidad entre los californianos judíos y de etnias distintas de la china, para quienes la fiesta de la Luna llena de otoño carece de importancia simbólica.

El análisis sólo contempló los fallecimientos que obedecían a causas naturales, por lo que el fenómeno no podía explicarse por cambios en la propensión de la gente a suicidarse. Cabe la posibilidad de que algunas muertes pudieran haberse retrasado porque los individuos enfermos se cuidaran más en el período inmediatamente anterior a la fiesta, o porque recibieran una atención adicional de su familia y su médico. Pero la magnitud misma del fenómeno suponía que también sucedía algo más profundo. De hecho, las mayores fluctuaciones se daban en los fallecimientos causados por trastornos del corazón y el sistema circulatorio, sobre todo apoplejías y ataques al corazón, que son notoriamente sensibles a influencias psicológicas y emocionales.

Un descenso y un aumento casi idénticos de la tasa de mortalidad tienen lugar entre los judíos en torno a la fiesta de la Pascua. Al igual que la fiesta de la Luna llena de otoño, la Pascua sólo tiene significación cultural para un segmento de la comunidad, y su fecha varía de un año a otro. Las estadísticas revelan que el número de judíos que mueren por causas naturales experimenta un brusco descenso inmediatamente antes de la Pascua, y repunta con un incremento compensatorio inmediatamente después. De nuevo, la fluctuación guarda relación ante todo con apoplejías y ataques al corazón, y semejante variación de la mortalidad no se produce entre los no judíos, para quienes la Pascua no tiene significación personal alguna.

Pruebas como las que acabamos de reseñar indican sin lugar a dudas la existencia de vínculos entre nuestro estado mental o emocional y nuestra salud física. Es la naturaleza científica de estos vínculos entre la mente y el cuerpo, así como sus muchas ramificaciones, lo que analizaremos en este libro.

Cabezas redondas y caballeros *

> Todos los científicos saben de colegas cuya mente está tan bien dotada de medios para refutar que ninguna idea nueva tiene la temeridad de intentar ser admitida. Su contribución a la ciencia es por tanto muy pequeña.
>
> Peter Medawar, *A Note on «The Scientific Method»* (1949)

> Soy demasiado escéptico para negar la posibilidad de nada.
>
> T. H. Huxley, carta a Herbert Spencer (1886)

Las actitudes contemporáneas hacia las relaciones entre la mente, el cuerpo y la enfermedad son extrañamente confusas. Tenemos, por un lado, la aceptación acrítica por el público, los medios de comunicación populares y los gurús de la medicina de la New Age de que la mente es a la vez fuente y remedio de la mayoría de los males corporales. Frente a estos caballeros

* Partidarios del Parlamento y de la Corona, respectivamente, en la Inglaterra de Carlos I. El enfrentamiento generado por las iniciativas absolutistas del rey culminó en la guerra civil y la república (1642-1660). *(N. del T.)*

de las interacciones mente-cuerpo tenemos a los escépticos cabezas redondas, que o bien rechazan las conexiones entre los factores psicológicos y las enfermedades físicas por considerarlas ilusiones seudocientíficas, o bien simplemente las ignoran por completo.

El principio que afirma que los factores psicológicos desempeñan un papel a la hora de causar o de curar las enfermedades corporales es ciertamente antiguo, mucho más antiguo que la medicina moderna. A lo largo de la historia, la gente ha mantenido creencias profundamente arraigadas acerca del poder de la mente para influir en la salud física, y durante siglos (hasta el siglo XX, en cualquier caso) los médicos han vinculado explícitamente el bienestar físico con el bienestar mental. No nos causa gran sorpresa, pues, el que un gran trastorno emocional como la pérdida de un ser querido, la depresión, el divorcio o el despido se manifieste después de forma física. Nuestra experiencia cotidiana, por no hablar de los datos relativos a la guerra del golfo Pérsico, parece respaldar esta idea.

Pero ¿es esta antiquísima idea de que la mente influye en la salud física una verdad manifiesta, o simplemente seudociencia no fundamentada? ¿Es verdad que tenemos más probabilidades de caer enfermos cuando vivimos en situaciones de estrés, ansiedad o depresión? ¿Son los individuos que responden a ciertos tipos de personalidad más propensos a los resfriados, las alergias, las enfermedades cardíacas o el cáncer? Se trata de preguntas que tienen profunda significación médica, pero también son enigmas científicos fascinantes.

En los tiempos antiguos, el trabajo de los sanadores partía de la base práctica de que la mente y el cuerpo están interrelacionados. Los trastornos físicos podían tener su origen en problemas de la mente y los trastornos mentales podían ser reflejos de enfermedades corporales. En consecuencia, se alentaba a los médicos a tratar el alma y no sólo el cuerpo, empleando palabras tranquilizadoras para confortar la mente del paciente.

La medicina de la Grecia de la antigüedad hacía hincapié en la importancia del poder curativo de la *katharsis,* es decir la purga y purificación del alma del paciente. Platón y otros grandes pensadores reconocían que estos hechizos psicológicos eran extraordinariamente eficaces para aliviar dolencias físicas. También reconocían que estos hechizos no funcionarían adecuadamente si paciente y médico no creían en sus poderes curativos.

En nuestros días, los efectos supuestamente perjudiciales para la salud de la ansiedad, el exceso de trabajo, la inseguridad en el empleo y la soledad constituyen un tema recurrente en los medios de comunicación, lo cual proclama el mensaje de que el estrés nos hace enfermar. La relación implícita entre el estado mental y la salud física parece ser aceptado de modo acrítico por un público cada vez más interesado en su salud.

Las formas alternativas y complementarias de la medicina conocen un crecimiento explosivo, y tienden a hacer hincapié en la unidad subyacente de mente y cuerpo. Más o menos un tercio de la población adulta ha consultado en algún momento a un practicante de las artes médicas alternativas. Los estantes de las librerías crujen bajo el peso de publicaciones que proclaman que la salud es únicamente una cuestión de pensar los pensamientos apropiados y proscribir las emociones negativas.

La industria de la autoayuda y los gurús de la New Age nos ofrecen perspectivas tan tentadoras como la autocuración a través del amor, el pensar que estamos mejor del cáncer, el uso de la mente para curar toda clase de atroces enfermedades y, finalmente, la llegada al nirvana holístico de la salud, la felicidad y la realización personal mediante el poder del pensamiento puro. Es fácil entender por qué los cabezas redondas escépticos pueden mostrar una actitud tan desdeñosa hacia los caballeros de la mente y el cuerpo.

El profundo cambio en la pauta de las enfermedades que se ha registrado en el siglo XX también puede haber contribuido a esta tendencia. Las enfermedades infecciosas que se cobraban numerosas vidas hasta hace cincuenta años casi han desaparecido de los países industrializados ricos, aunque no de las regiones más pobres del mundo. Su lugar en la tabla clasificatoria ha sido ocupado por trastornos degenerativos crónicos como las enfermedades coronarias y el cáncer. Las enfermedades del corazón y el sistema circulatorio, el cáncer y las lesiones causadas por accidentes representan ahora más del 75 por 100 del total de fallecimientos. En cambio, las enfermedades infecciosas y parasitarias representan menos del 0,5 por 100 del total de muertes [2].

Los factores causales que contribuyen a la presencia de estos asesinos de la era moderna son mucho más complejos que las causas relativamente comprensibles de las enfermedades infecciosas. Todos sabemos que la causa de la turberculosis es una bacteria, pero los orígenes del cáncer y las dolencias cardíacas son mucho menos conocidos. Es más fácil, pues, creer que la mente puede desempeñar un papel en su génesis. Si factores tan diversos como el tabaco, la carne roja, la indolencia, el insuficiente consumo de fibra, el no tener hijos, la sal, los pesticidas, las quemaduras del Sol y la radiación pueden causar graves enfermedades, ¿por qué no el estrés o la depresión?

¿Pero tienen estas creencias una base científica? El simple hecho de que la gente haya supuesto siempre que algo es cierto no hace que lo sea. Al fin y al cabo, hubo un tiempo en que se suponía que la Tierra era plana e inmóvil y ocupaba el centro del universo. Esta creencia parecía estar respaldada por la experiencia cotidiana y era universalmente aceptada como una verdad mani-

[2] No tenemos motivos para mostrarnos presuntuosos o complacientes por el declive de varias enfermedades infecciosas en los países industrializados. Su desaparición puede ser sólo temporal. Infecciones que antes tenían cura están regresando gracias al rápido aumento de las cepas de bacterias, virus y parásitos resistentes a la mayoría de (o todos) los fármacos y antibióticos habituales. Muchos hospitales, por ejemplo, están infestados de cepas de *Staphylococcus aureus* resistentes a prácticamente todos los antibióticos conocidos.

fiesta. Y sin embargo resultó que estaba totalmente equivocada. El saber popular, la fe y el dogma no siempre son guías fiables.

En marcado contraste con las actitudes populares tenemos el escepticismo inherente que albergan muchos científicos y médicos hacia la idea de que los meros pensamientos o emociones podrían tener una repercusión en procesos tan físicos como las infecciones víricas, las enfermedades coronarias o el cáncer.

La investigación científica en este campo ha estado adornada a menudo por un halo de rareza inmerecido en gran medida. Los fenómenos «psicosomáticos» desprenden un tufillo a fantasía autocomplaciente, amén de la insinuación de que carecen de enjundia y de respetabilidad científica. La indicación de que los factores psicológicos y emocionales desempeñan un papel causal en la enfermedad suele considerarse un reconocimiento de que los orígenes reales (es decir, físicos) de la enfermedad no se conocen todavía. Susan Sontag señalaba a este respecto en su libro *La enfermedad y sus metáforas,* cuya versión inglesa fue publicada en 1978: «Las teorías que proponen que las enfermedades son causadas por estados mentales y que pueden ser curadas por la fuerza de la voluntad son siempre un índice de cuánto no se conoce con certeza de la esfera física de una enfermedad.»

La creencia en una relación estrecha entre el estado mental y la salud física ha tenido una historia decididamente difícil en la medicina occidental, a pesar de sus prometedores comienzos en las civilizaciones de China y Grecia hace más de 2.000 años. Al terminar el siglo XIX, el enfoque que predominaba abrumadoramente en la medicina se centraba exclusivamente en la enfermedad y sus causas físicas identificables, como las bacterias. Aun cuando la investigación médica dominase las bacterias, los pensamientos y las emociones eran demasiado etéreos. El estado mental del paciente pasó a considerarse cada vez más algo irrelevante y molesto, competencia de psicólogos y otros especímenes de reputación ligeramente dudosa y no una preocupación científica apropiada de la medicina científica. En capítulos posteriores examinaremos por qué la mente y el cuerpo llegaron a separarse en el pensamiento occidental, y cómo este distanciamiento entre *psyche* y *soma* ha ejercido una influencia tan generalizada en la ciencia y la medicina modernas.

Pero incluso a finales del siglo XIX había notables excepciones a esta regla. Por ejemplo, en 1884 Daniel Hack Tuke, uno de los pioneros de la psiquiatría británica, publicó la segunda edición de una obra titulada *Illustrations of the Influence of the Mind Upon the Body in Health and Disease, Designed to Elucidate the Action of the Imagination*. En este libro, Tuke afirmaba que la mente y el cuerpo están indisolublemente unidos por procesos fisiológicos; y que nuestro estado mental afecta por tanto a nuestra salud física, y viceversa. Las investigaciones de vanguardia en los últimos años del siglo XX han llegado a una conclusión muy parecida, y ello al cabo de mucho tiempo.

La historia nos enseña que pueden pasarse por alto ideas importantes aun cuando existan pruebas fundadas que las respalden. Merece la pena recordar el incómodo hecho de que, muchos años antes de que comenzaran a tomarse en serio, ya existían pruebas científicas concluyentes de la relación entre el tabaco, la enfermedad y la muerte. En nuestros días, la vinculación entre el consumo de tabaco y toda suerte de atroces enfermedades es aceptada de modo prácticamente universal. Pero esto no siempre ha sido así. Los científicos sospechaban que fumar era malo para la salud desde mucho antes de que se publicaran, en 1950, las primeras pruebas sólidas de la existencia de una relación con el cáncer de pulmón. En los decenios de 1950 y 1960, una serie de estudios llegaron a la conclusión de que fumar aumenta el riesgo de padecer cáncer de pulmón, enfermedades cardíacas y un sinfín de afecciones que pueden poner en peligro la vida. Sin embargo, los gobiernos, el público en general e incluso los médicos mantuvieron su escepticismo sobre estas vinculaciones, y hubieron de transcurrir dos décadas para que las investigaciones comenzaran a tener cierta repercusión.

Muchos médicos y científicos contemporáneos descartan la idea de que la mente surte profundos efectos sobre la salud física. He aquí lo que se decía en el editorial de una prestigiosa publicación médica de ámbito internacional: «Hemos sido demasiado dados a aceptar la venerable creencia de que el estado mental es un factor importante en la causa y el remedio de la enfermedad.» Otro escéptico, escribiendo también para una importante publicación médica, afirma que «se culpa con frecuencia al estrés mental de generar enfermedades orgánicas, especialmente si son de etiología incierta o compleja, aunque sin razonamiento fiable o confirmatorio. [...] Se suele exagerar ampliamente la morbosidad del estrés mental». O examinemos esta cáustica réplica de un tercer escéptico científico:

> En los últimos veinticinco años del siglo XIX, muchos hombres de la medicina afirmaron convencidos que el estrés de la vida «moderna» (es decir, todos aquellos desplazamientos en coches de caballos, barcos de vapor equipados con paletas y trenes) era el causante de la parálisis general de los enfermos [las últimas fases de la sífilis]. La mayoría de nosotros aceptamos ahora que esta visión era errónea. Pienso que la idea de que los factores emocionales guardan una relación importante con la inmunidad, o con la causa o el progreso del cáncer, se inscribe en la misma categoría.

La evidencia científica de las relaciones entre los factores psicológicos y la enfermedad es más fuerte y más consistente en muchos aspectos que la evidencia de ciertos otros factores de riesgo médicos a los que, no obstante, se considera menos polémicos. Las supuestas vinculaciones entre la sal o el colesterol de la dieta y las enfermedades cardíacas no se consideran ni mucho menos con el mismo grado de desconfianza y escepticismo que los factores de riesgo psicológicos. Sin embargo, la evidencia científica de que el exceso de sal o colesterol en la dieta causa realmente enfermedades cardíacas en las personas normales no es en modo alguno concluyente. Por otra parte, la evidencia de que los factores psicológicos contribuyen a las enfermedades cardíacas es amplia y convincente, como veremos más adelante. Funciona en este punto una curiosa doble vara de medir.

Lo cierto es que a la mayoría de las personas, médicos y científicos incluidos, les resulta intrínsecamente más fácil creer en la realidad de causas físicas aparentemente sencillas de la enfermedad (como el colesterol, la sal, las bacterias o los virus) que aceptar que los simples pensamientos o emociones pueden afectar nuestra salud. En parte como consecuencia de tales actitudes escépticas, la investigación de las relaciones entre el cerebro, el comportamiento, la inmunidad y la enfermedad ha sido descuidada notablemente hasta tiempos recientes por la medicina dominante, y pocas veces ha sido explicada adecuadamente al público en general.

¿Pueden conciliarse las concepciones absolutamente encontradas de los caballeros acríticos y los cabezas redondas escépticos? ¿Qué debemos pensar cuando nos hallemos ante afirmaciones contradictorias acerca del papel de la mente en la enfermedad?

Como veremos más adelante, la verdad científica es más sutil que cualquiera de estas dos concepciones extremas. También es mucho más rica y apasionante. Resulta que el saber popular tenía razón en ciertos aspectos, mientras que los escépticos estaban equivocados en su actitud altanera y desdeñosa. La investigación ha descubierto una serie de pruebas sólidas y convincentes de que la mente desempeña efectivamente cierto papel en un sinfín de procesos de enfermedades, desde las infecciones bacterianas y víricas comunes hasta las enfermedades cardíacas e, incluso, el cáncer.

Algunas historias totalmente ficticias

Antes de adentrarnos en el terreno de la ciencia, dirijamos nuestra atención temporalmente a la narrativa. Si es verdad que nuestro estado mental influye en nuestra salud física, quiere decirse que este aspecto fundamental de la naturaleza humana debe de haber sido detectado y reflejado en la literatura de todas las épocas. ¿Qué podemos ver en el espejo que la ficción nos presenta de la condición humana?

Las vinculaciones entre la mente, las emociones, el comportamiento, la enfermedad y la muerte han sido efectivamente reflejadas en las vidas de personajes de ficción a lo largo de los siglos. Los escritores que describen esos fenómenos mente-cuerpo no tenían obviamente idea de su base biológica, pero eso no les impidió reparar en la existencia de las relaciones y describirlas. En las páginas de este libro me remitiré a ilustraciones literarias de las vinculaciones entre los factores psicológicos y la enfermedad. Pero antes permítaseme exponer qué es lo que estas historias de ficción pretenden transmitir y, lo cual tal vez sea más importante, lo que no pretenden transmitir.

Utilizaré alusiones literarias porque ayudan a transmitir ideas científicas complejas de forma reconocible. Los finos ejemplos tomados de la literatura son más contundentes y amenos que cualquier historial médico, por supuestamente auténtico que éste pueda ser. Por otra parte, demuestran la antigüedad y universalidad de muchos de los conceptos que sirven de base a las teorías actuales. Sin embargo, al citar personajes o situaciones de ficción para ilustrar teorías científicas, desde luego no pretendo insinuar que constituyan pruebas fehacientes que respalden estas teorías. Es evidente que no son lo mismo las bellas palabras surgidas de la imaginación de autores desaparecidos hace tiempo que los datos científicos.

La idea de que la decadencia física puede tener su origen directamente en la decadencia mental y emocional es un tema familiar en la literatura. Los personajes de ficción mueren a menudo de amores no correspondidos, pena, vergüenza o ira. *Cumbres borrascosas,* de Emily Brontë, por ejemplo, está decididamente repleto de personajes cuyo estado mental acaba con su salud física. La muerte y la enfermedad campan a sus anchas en todo el libro. Permítaseme que refresque la memoria.

Creyendo que Catherine, el amor de su niñez, le ha rechazado, el apasionado Heathcliff desaparece. Catherine, que en realidad ama a Heathcliff, queda profundamente afectada y atormentada por el sentimiento de culpa. En consecuencia se vuelve mentalmente inestable y físicamente enferma. Heathcliff regresa tres años después. Catherine se debate entre su amor por Heathcliff y su amor por Edgar Linton, con quien se ha casado mientras tanto. Se desmorona bajo la presión mental, se encierra en su cuarto y se sume en el delirio. El vengativo Heathcliff somete a Catherine a un apaleamiento emocional que debilita aún más su salud, hasta que ésta muere al dar a luz, víctima del tormento psicológico.

El desconsolado Heathcliff decide hacer realidad su anhelada unión con Catherine mediante su propia muerte. Se encierra en una habitación a oscuras y se dispone a morir. Cuatro días después, una sirvienta entra en el aposento y encuentra su cadáver. La mente de Heathcliff le ha matado, tan cierto como si hubiera recibido un disparo:

> Kenneth no sabía de qué enfermedad había muerto el amo. Yo le oculté que no había ingerido nada en cuatro días, por miedo a que nos trajera problemas. Además, estoy convencida de que su ayuno no había sido a propósito; había sido la consecuencia y no la causa de su extraña enfermedad.

La muerte por vergüenza es el destino final de madame de Tourvel en la obra de Choderlos de Laclos *Las amistades peligrosas,* el conocido relato de intrigas sexuales entre la aristocracia inmensamente rica, inmensamente ociosa e inmensamente depravada de la Francia prerrevolucionaria del siglo XVIII.

La joven, piadosa y austera madame de Tourvel es una abnegada esposa. Sin embargo, es seducida inexorablemente por un libertino satánico, el vizconde de Valmont, un hombre que «ha dedicado su vida a llevar problemas, deshonor y escándalo a familias inocentes». Valmont es azuzado por la marquesa de Merteuil, antigua amante suya e igualmente amoral. Juntos traman sus seducciones con la fría e indiferente precisión de una campaña militar.

Aunque encuentra resistencia en la virtuosa madame de Tourvel, Valmont desmantela finalmente sus defensas convenciéndola de que morirá de tormento emocional si no se le entrega. Incapaz de resistir por más tiempo a sus artimañas, Tourvel sucumbe y Valmont alcanza su malvado objetivo con ella.

La terrible verdad se descubre después: Valmont ha engañado cruelmente a madame de Tourvel y no la ama en absoluto. En un ataque de angustia y vergüenza, la dama huye a un convento, se encierra bajo llave y anuncia que no saldrá hasta que haya muerto. Su salud se deteriora rápidamente:

> Una fiebre abrasadora, el delirio virulento y casi permanente, una sed insaciable. [...] Los doctores dicen que no pueden diagnosticar todavía. [...] En la medida en que está tan profundamente afectada, apenas tengo esperanzas. La salud del cuerpo no se recupera fácilmente cuando el espíritu está tan trastornado.

La desdichada madame de Tourvel muere, destrozada por su dolor y su vergüenza. Ningún agente físico ha intervenido, salvo Valmont.

El destino, sin embargo, se cobra su justa venganza sobre los pérfidos Valmont y Merteuil. El vizconde de Valmont es herido mortalmente en un duelo. Poco después se descubre la correspondencia entre Valmont y Merteuil, en la que se narran los pormenores de sus diabólicas seducciones y que se convierte en tema de conversación generalizado. Madame de Merteuil es humillada públicamente, y al día siguiente sufre un fulminante ataque de viruela que la deja horriblemente desfigurada y tuerta.

Otra víctima de la decadencia física provocada por la seducción y la vergüenza es la heroína epónima del éxito de ventas del siglo XVIII *Clarissa,* de Samuel Richardson, que con más de un millón de palabras es también la novela más larga que se ha publicado en lengua inglesa. Clarissa, joven dama de sensibilidad refinada, es seducida y violada por un sinvergüenza superficialmente encantador pero carente de escrúpulos. Naturalmente —pues la acción transcurre en la Inglaterra del siglo XVIII—, la deshonrada Clarissa es rechazada y condenada al ostracismo por su familia y la sociedad. A medida que su estado mental se deteriora, también lo hace su salud física. Clarissa se refugia en la soledad y muere de dolor y vergüenza. Una vez más, el estado psicológico y emocional de un personaje ha sido la causa primordial de su muerte.

Los ejemplos de esta índole son innumerables, y todos dicen cosas parecidas acerca de la repercusión de las emociones en la salud [3]. Nos encontraremos con algunos de ellos en los capítulos siguientes, y espero que quede claro que las ideas que exponen guardan alguna relación con la realidad que nos revela la ciencia moderna. Sin embargo, aun a riesgo de repetirme, permítaseme que me repita: no es lo mismo la fantasía de un novelista que las pruebas científicas fehacientes. Afortunadamente, también hay muchas de estas últimas.

---

[3] Lucetta Le Sueur, en *El alcalde de Casterbridge,* de Thomas Hardy, es otra víctima de ficción de la vergüenza. Cuando sale a la luz su antigua relación con el ahora desacreditado Michael Henchard, es humillada públicamente por los burgueses de Casterbridge. La vilipendiada Lucetta sufre un ataque de histeria y muere. En *Los habitantes del bosque,* también de Hardy, John South está postrado en cama y dominado por la obsesión de que será matado por un olmo. Y así sucede. El olmo causante de la preocupación es abatido por consejo de su médico; cuando South advierte que el árbol ya no está, sufre un ataque y muere antes de que termine la noche.

Gusanos invisibles

¡Oh Rosa, estás enferma!
El gusano invisible
que atraviesa la noche
y la aullante tormenta

ha encontrado tu lecho
de alegría carmesí,
y su oscuro amor secreto
destruirá tu vida.

William Blake, «La rosa enferma»,
Cantos de experiencia (1794)

La nítida línea divisoria entre quienes ofrecen explicaciones psicológicas de las enfermedades y quienes rechazan tales teorías en favor de causas puramente físicas tiene su reflejo en las actitudes que se mantienen hacia dos trastornos en particular: la tuberculosis y el síndrome de fatiga crónica.

Peter Medawar, inmunólogo galardonado con el premio Nobel y virtuoso autor científico, escribió que la tuberculosis es «una dolencia en la que admiten un elemento psicosomático aun aquellos que lo rechazan con desdén en el contexto de cualquier otra enfermedad». Abundan las pruebas, en algunos casos ya seculares, de que el curso y la progresión de la tuberculosis están influidos por el estado mental de la persona que la padece. La salud física de los tuberculosos muestra una tendencia a deteriorarse cuando están sometidos a estrés o trastornos emocionales graves.

Las personas infectadas por el *Mycobacterium tuberculosis,* la bacteria que causa la tuberculosis, desarrollan una respuesta inmunitaria protectora que puede mantener a raya a las bacterias e impedir que se multipliquen. Las tablas resultantes en la partida entre el cuerpo y las bacterias hacen que la enfermedad permanezca latente durante años. Pero si sucede algo que pone en peligro o debilita las defensas inmunitarias del organismo, las bacterias se desmandan y causan un resurgimiento de la enfermedad.

La importancia de los factores psicológicos en la tuberculosis era admitida ampliamente hasta bien entrado el presente siglo. Ya en el año 1500 a.C., textos hindúes describían una enfermedad que consumía —casi con seguridad la tuberculosis— y de la que se decía que una de sus causas principales era la tristeza. Hipócrates, Galeno y otras lumbreras de la medicina de la Grecia de la antigüedad enseñaban que el dolor, la cólera y otras emociones fuertes desempeñaban un papel importante en la tuberculosis.

En los siglos XVII, XVIII y XIX, muchos médicos eminentes de Europa sostuvieron que entre las causas de la tuberculosis (o tisis, como se la llamaba en aquel entonces) figuraban estados mentales como «una larga y profunda pasión de la mente», «una disposición de profunda tristeza del alma», «los deseos no complacidos», «las pasiones melancólicas profundas» o «el desengaño amoroso». En los siglos XVIII y XIX, los estudiosos de la tuberculosis perfeccionaron la teoría de la vinculación entre la enfermedad y un conjunto específico de características psicológicas. Este avance se formalizó en el concepto de la personalidad propensa a la tuberculosis, o *spes phthisica.* Como tendremos oportunidad de comprobar en un capítulo posterior, la ciencia moderna ha recuperado el concepto de tipos de personalidad propensos a la enfermedad con el descubrimiento de ciertas asociaciones fascinantes entre los rasgos de la personalidad, las enfermedades cardíacas y el cáncer.

Más conocida es la idea del romanticismo decimonónico según la cual la «consunción» (nombre que también recibía la tuberculosis) es causada —o, para ser más exactos, exacerbada— por un temperamento artístico. Se creía que los artistas o escritores tísicos eran tísicos fundamentalmente por su exceso de emociones artísticas y estéticas, que literalmente los consumían. La consunción llegó a ser algo así como un símbolo de estatus entre las clases «ilustradas».

Innumerables escritores, artistas y músicos de renombre del siglo XIX y principios del siglo XX padecieron efectivamente consunción. Emily Brontë sólo es un ejemplo. Murió de tuberculosis, siendo una mujer amargamente desengañada, un año después de la publicación de *Cumbres borrascosas,* que cosechó críticas demoledoras. Otras víctimas creativas de la tuberculosis fueron John Keats, Frédéric Chopin, Robert Louis Stevenson, Stephen Crane, Katherine Mansfield, Robert Tressell, D. H. Lawrence, George Orwell y Franz Kafka. Se dice que la salud de Kafka era debilitada por su infelicidad crónica, su personalidad hipersensible, la problemática relación con su padre y varios enredos románticos desafortunados. Murió en un sanatorio antituberculoso austriaco en 1924, cuando contaba 41 años.

Por otra parte, la tuberculosis fue la causante de más del 20 por 100 del total de fallecimientos en el siglo XIX, y todavía era común en Europa hasta bien entrado el presente siglo. Ateniéndonos a las estadísticas, no es de extrañar que al menos algunos nombres destacados figuren entre sus víctimas.

La ficción de los siglos XVIII y XIX refleja esta preocupación por la tuberculosis y las actitudes dominantes hacia la enfermedad. Podemos escoger de una colección de héroes y heroínas que se sumen en el deterioro tuberculoso a resultas de una tragedia romántica. Tenemos, por ejemplo, el siempre popular relato de *La dama de las camelias,* la lacrimógena obra de Alexandre Dumas, hijo, acerca del romance apasionado pero condenado al fracaso de Armand Duval y la encantadora cortesana Marguerite Gautier.

El joven Duval conoce a Marguerite y queda prendado de ella. Se hacen amantes. Marguerite está ya tísica, pero bajo la influencia curadora del amor de Armand abandona su forma de vida disoluta y su salud mejora. Mientras tanto, el bienintencionado padre de Armand convence en secreto a Marguerite de que, si de verdad ama a su hijo, le deje por su bien. Marguerite demuestra su amor por Armand haciendo exactamente eso.

El cínico Armand piensa que Marguerite le ha abandonado por aburrimiento, para poder reanudar su vida de trasnoche, promiscuidad y autocompasión. Comienza, pues, a castigarla, humillándola en cada oportunidad que se le presenta y deleitándose con el espectáculo de su sufrimiento:

> En las tres últimas semanas no he desperdiciado oportunidad de herir a Marguerite. La estaba poniendo enferma. [...] Marguerite ha mandado a pedir misericordia, informándome que no tiene ya fuerza emocional ni física para soportar lo que le estaba haciendo.

Como consecuencia de su profunda desdicha por su separación y del apaleamiento psicológico que recibe de Armand, la tan injustamente tratada Marguerite inicia su deterioro terminal. Su consunción se recrudece y ella expira. Armand cae en la cuenta de su error, pero ya es demasiado tarde[4]. El narrador llega a esta sabia conclusión: «He aprendido que una de tales mujeres, una vez en su vida, experimentó un amor profundo, que sufrió por él y que murió por él.» Aunque Marguerite muere de tuberculosis, son sus emociones las que la han matado. *La dama de las camelias* está inspirada, por cierto, en la experiencia personal de Dumas tras sus amores con la cortesana Marie Duplessis. Al igual que la Marguerite de ficción, Marie murió

[4] Armand paga un precio muy alto. La aflicción que sufre tras la muerte de Marguerite es tal que insiste en que se exhume su cuerpo para verla por última vez. Es una horrible experiencia, y el narrador advierte a Armand que tenga cuidado, no sea que tales emociones le maten. El consejo era acertado: la impresión emocional que le produce ver el cuerpo en descomposición de Marguerite hace estragos en la salud de Armand, que de inmediato cae gravemente enfermo de «fiebre cerebral».

de consunción no mucho después del término de su relación con el escritor[5].

Hasta los primeros decenios del siglo XX, la literatura médica popular estaba en gran medida en sintonía con la ficción en la manera de subrayar la importancia de los factores psicológicos y emocionales que concurrían en la tuberculosis. He aquí una cita tomada de una guía divulgativa de medicina del decenio de 1930:

> La felicidad es un factor poderoso e importante en el tratamiento de la tuberculosis. [...] El reconcomio mental y la pérdida de la esperanza de recuperación o de contención de la tuberculosis tienden a arrastrar al desdichado individuo a un profundo abismo del que pocas veces escapa.

¿Qué ha sucedido, pues, y por qué han cambiado las actitudes?

Lo que sucedió fue que, en 1882, el científico alemán Robert Koch anunció al mundo que había descubierto la verdadera causa de la tuberculosis: el bacilo de la tuberculosis o bacilo de Koch *(Mycobacterium tuberculosis).* Cuando se supo que la tuberculosis era una infección bacteriana, el interés científico por el papel de los factores psicológicos y emocionales disminuyó rápidamente. El péndulo osciló violentamente de lo psicológico a lo físico. Abramos un texto de medicina contemporáneo y

---

[5] En *Jane Eyre,* de Charlotte Brontë, la sufrida Helen Burns sucumbe a la consunción en las sombrías condiciones del asilo de Lowood. La estoica y resignada Helen da la bienvenida a su propia muerte y su morboso deseo no tarda en ser concedido. Se dice que el personaje es una representación casi exacta de una hermana de Charlotte Brontë, Maria, que murió de tuberculosis en condiciones semejantes en un internado religioso de Yorkshire. Otras víctimas de tragedias tuberculosas en este período son Mimi en *La bohème* de Puccini; la pequeña Eva, en *La cabaña del Tío Tom,* y Paul Dombey, en *Dombey e hijo.*

lo más probable es que descubramos que apenas se hace mención de la psicología, las emociones o la mente.

Muchas de las ideas antiguas sobre la tuberculosis estaban totalmente equivocadas en su supuesto de que las fuerzas mentales eran suficientes para producir los síntomas por sí solas; la tuberculosis es indudablemente una infección bacteriana. Por otra parte, la identificación de una causa física específica fue inmensamente beneficiosa porque permitió que la ciencia médica encontrase un remedio eficaz. Las mejoras en las condiciones sociales a comienzos del siglo XX, seguidas de la introducción de antibióticos eficaces después de la segunda guerra mundial, condujeron a un inmenso declive de la incidencia de la tuberculosis en los países industrializados.

Sin embargo, sigue siendo cierto que los factores psicológicos y emocionales desempeñan un papel en la enfermedad. Más adelante veremos cómo. No es la naturaleza de la tuberculosis lo que ha cambiado, sino las actitudes y los intereses de la ciencia médica.

El síndrome de fatiga crónica

La engañosa distinción entre enfermedades «físicas» (en otras palabras, reales) y enfermedades «psicológicas» (y por tanto, implícitamente, no reales) se explica absolutamente por el furor suscitado en torno al síndrome de fatiga crónica, también llamado encefalomielitis miálgica, síndrome de fatiga posvírica o, si se lee la prensa popular, gripe de los yuppies.

Meto con temor la cabeza en la guarida del león de la controversia acerca de las causas del síndrome de fatiga crónica. Encarnizadas discusiones continúan desarrollándose, y la clase dominante de la profesión médica no ha alcanzado aún el consenso. Se han dedicado al tema más de 800 publicaciones científicas, y el panorama cambia prácticamente de una semana a otra. Las personas que padecen la enfermedad suelen tener las ideas muy claras acerca de su origen y quienes las contradicen simplemente se buscan problemas.

El debate acerca del síndrome de fatiga crónica es pertinente en este punto porque ilustra la falsa dicotomía que se establece entre orígenes «psicológicos» y «físicos» de la enfermedad. Toda la controversia está impregnada de un tono seductoramente engañoso: el supuesto implícito de que la enfermedad debe tener un origen o bien físico o bien psicológico. Pero, en primer lugar, ¿qué es exactamente el síndrome de fatiga crónica?

El término «síndrome de fatiga crónica» (SFC) se usa desde 1988 para designar una enfermedad debilitadora de origen desconocido que persiste durante al menos seis meses. Como el lector probablemente sepa (pues aparece con frecuencia en los noticiarios), el SFC se caracteriza por un cansancio terrible e incapacitador que se agudiza con cualquier esfuerzo físico. Esta fatiga está acompañada de una variopinta colección de síntomas, como malestar general, fiebre intermitente, dolores en las articulaciones, anquilosamiento, transpiración nocturna, dolor de garganta, coordinación deficiente, problemas visuales, lesiones cutáneas o trastornos del sueño.

Por si esto no fuera suficiente, muchas personas aquejadas de SFC experimentan asimismo problemas psicológicos como depresión grave, pérdida de memoria, deficiencias en la atención y falta de concentración. El SFC puede persistir durante años y destroza la vida de las personas aquejadas, que en muchos casos se ven obligadas a abandonar el trabajo. Los afectados pueden manifestar cierto grado de mejora con el paso del tiempo, pero la mayoría continúan sintiéndose mal durante varios años.

Se ha tenido noticia de casos de SFC en la mayoría de los países industrializados, entre ellos Gran Bretaña, Estados Unidos, Canadá, Francia, España, Israel y Australia. Los enfermos suelen ser adultos jóvenes, de edades comprendidas entre los 20 y los 50 años, aunque los niños también pueden verse afectados.

Según los Centros para el Control y la Prevención de Enfermedades, de Estados Unidos, más del 80 por 100 de quienes padecen el SFC son mujeres, la mayoría blancas, y su edad media cuando se desarrolla la enfermedad es de 30 años. Otro factor común es que los afectados suelen informar que han contraído alguna forma de infección vírica no mucho antes de que se manifestase el síndrome.

Sin embargo, nadie ha propuesto un remedio eficaz para el SFC. Ninguno de los fármacos que se han utilizado para tratar el síndrome ha tenido eficacia probada, y algunos podrían causar incluso más perjuicio que beneficio.

El SFC, tal como se lo define actualmente, es un fenómeno relativamente reciente. (Pero también lo es el sida; el hecho de que una enfermedad haya sido reconocida y definida en fechas recientes no hace disminuir su realidad.) Los datos de síndromes vagamente semejantes al SFC, con fatiga grave, dolores musculares y otros síntomas, se remontan a hace al menos dos siglos. En los libros de historia de la medicina, sin embargo, no se encuentra nada que pueda compararse inequívocamente con el SFC hasta la segunda mitad del siglo XIX, cuando la neurastenia pasó a ser un diagnóstico habitual. Por cierto, los estereotipos culturales sobre la clase de persona propensa a la neurastenia eran tan fuertes en el siglo XIX como lo son actualmente en relación con el SFC. Se decía que la neurastenia era una enfermedad de las mujeres de clase media acomodada, de modo muy parecido a como los medios de comunicación populares han calificado incorrectamente el SFC de «gripe de los yuppies», una enfermedad de profesionales treintañeros y acomodados.

Los informes sobre una afección correspondiente al SFC no comenzaron a acumularse hasta la primera mitad del siglo XX. El primer brote bien documentado de una afección semejante al SFC tuvo lugar en el decenio de 1930 en Estados Unidos, y fue atribuido a un misterioso virus. Una dolencia misteriosa semejante aquejó al personal de un hospital de Londres en 1955, en lo que llegó a llamarse epidemia de Royal Free. Los afectados experimentaron dolores musculares y fatiga persistentes. En un principio se dijo que el síndrome era una encefalomielitis miálgica benigna. En 1956, sin embargo, había resultado cualquier cosa menos benigna, por lo que pasó a llamarse simplemente encefalomielitis miálgica.

Desde que hicieron su aparición en el mapa médico, las enfermedades semejantes al SFC han recibido una desconcertante variedad de nombres, como neuromiastenia epidémica, neurastenia, enfermedad de Islandia, enfermedad de Royal Free, poliomielitis atípica, fibrositis, fibromialgia, neuromiastenia posinfecciosa, síndrome de fatiga posvírica y encefalomielitis miálgica. No es seguro que todas estas enfermedades sean idénticas a lo que hoy se denomina síndrome de fatiga crónica. El análisis de doce brotes bien documentados de afecciones semejantes al SFC permitió descubrir que eran diferentes en varios aspectos, en particular en lo relativo a los problemas neurológicos.

Llegamos ahora al verdadero meollo del problema. Nadie sabe todavía con certeza cuál es la causa del SFC. Las discusiones continúan, y se observan importantes divisiones de opinión en el seno de la comunidad médica. Pero lo que caracteriza a todo el debate —especialmente tal como se refleja en los medios de comunicación populares— es la distinción implícita entre causas físicas, de las que se dice que son auténticas, y causas psicológicas, de las que se dice que son de dudosa autenticidad.

Con honrosas excepciones, la opinión de los expertos sobre el SFC está dividida nítidamente en dos bandos opuestos. En un bando están quienes mantienen que el SFC tiene una causa física, como un virus o una afección inmunológica. De acuerdo con esta concepción, la depresión y otros síntomas psicológicos que caracterizan al SFC son consecuencias y no causas de la afección física subyacente.

En el bando contrario están quienes afirman que el SFC es fundamentalmente un trastorno psicológico. De acuerdo con esta concepción, los síntomas físicos como el agotamiento, los dolores musculares, la fiebre y el malestar son manifestaciones de un problema psiquiátrico subyacente.

¿Qué punto de vista es el correcto? Quizá no sea sorprendente descubrir que ambos son verdaderos al menos en parte. Muchas personas aquejadas de SFC presentan síntomas que concuerdan con los criterios de diagnóstico de problemas psiquiátricos y enfermedades orgánicas. Las pruebas son indudablemente complejas y equívocas, pero apuntan a una conclusión: que el síndrome de fatiga crónica tiene componentes físicos y componentes psicológicos. Examinemos algunas de estas pruebas.

La mayoría de los casos de SFC vienen precedidos de una infección vírica de una clase u otra, y se ha sugerido reiteradamente que un virus podría estar en la raíz del síndrome. Durante mucho tiempo el principal candidato fue el virus de Epstein-Barr, miembro de la familia de herpesvirus que también es responsable de la llamada fiebre glandular (mononucleosis). En el decenio de 1980, el síndrome de fatiga crónica recibía a menudo el nombre de «infección crónica del virus Epstein-Barr», como si se hubieran determinado de manera concluyente sus orígenes víricos. Otros candidatos fueron los retrovirus (uno de cuyos ejemplos es el VIH) y virus semejantes al de la poliomielitis llamados enterovirus.

No se ha presentado aún ninguna prueba concluyente que respalde la teoría vírica, por lo que ha caído en desgracia. Pero aun cuando los virus no sean la causa primordial del SFC, sigue siendo sumamente factible que una infección vírica pueda contribuir a desencadenar o precipitar el síndrome cuando otros factores causales también están presentes.

Se han propuesto varias causas físicas además de los virus. Una teoría sostiene que los síntomas principales del SFC son producidos por la hiperventilación, es decir, una respiración anormalmente rápida. Las pruebas, sin embargo, son de nuevo escasas. Sólo una minoría de las personas que padecen el SFC hiperventilan. Por otra parte, las investigaciones realizadas en la Universidad Johns Hopkins de Baltimore han indicado que ciertos tipos de fatiga crónica (aunque no necesariamente todos los casos de SFC) podrían ser resultado de una tensión arterial anormalmente baja. También se ha sugerido que el SFC tiene su origen en una forma de afección neurobiológica. Un estudio reveló que más de la cuarta parte de los pacientes de SFC presentaban escanergrafías cerebrales anormales, y se han encontrado cambios sutiles en los niveles de sustancias neurotransmisoras del cerebro.

En la actualidad, las teorías físicas sobre los orígenes del SFC que tienen más adeptos giran en torno al sistema inmunitario. Cada vez cuenta con más apoyo la opinión de que los síntomas del SFC son resultado de una perturbación o anormalidad en el sistema inmunitario del paciente. Esta disfunción inmunológica, se afirma, puede ser desencadenada por una infección vírica que de alguna manera descompone el sistema inmunitario.

Los datos que indican que el SFC supone un trastorno inmunológico se acumulan con rapidez. En los últimos años se han encontrado varias anormalidades en el sistema inmunitario de las personas aquejadas de SFC. Entre ellos figuran las alteraciones en la actividad y la estructura superficial de dos tipos importantes de glóbulos blancos: las «células asesinas» naturales y los linfocitos T. (Hablaremos con más amplitud de estas células en capítulos posteriores.) Es cada día más evidente que el SFC está asociado a (en el caso de que no esté causado por) una activación persistente y de bajo nivel del sistema inmunitario.

Si el SFC es en realidad una afección inmunológica, ¿por qué hay científicos y médicos en su sano juicio que insisten en considerarlo ante todo una afección psicológica? Insisten en ello porque hay pruebas sumamente respetables que respaldan también su punto de vista.

Varios síntomas asociados al SFC se observan también en enfermedades psiquiátricas, en particular en los trastornos depresivos y de ansiedad. Una parte importante de las personas que recaban ayuda médica para la fatiga crónica resultan tener finalmente un problema psicológico reconocible. Los autorizados Centros para el Control y la Prevención de Enfermedades, de Estados Unidos, han llegado a la conclusión de que aproximadamente el 45 por 100 del total de afectados por el SFC presentan alguna forma de trastorno psiquiátrico identificable *antes* del comienzo del SFC. Investigadores de la facultad de medicina de la Universidad de Connecticut descubrieron que nada menos que tres de cada cuatro casos de fatiga crónica que examinaron podían explicarse mejor por problemas psiquiátricos como la depresión. Para reforzar la opinión de que la mente desempeña un papel fundamental en la enfermedad, investigadores australianos han descubierto que los pacientes de SFC exhiben un número significativamente mayor de signos de hipocondría que otros pacientes médicos.

Las teorías psicológicas del SFC han tendido a centrarse en la depresión. Más de la mitad de los afectados por el SFC muestran signos claros de depresión clínica. En muchos casos la depresión parece haber precedido a la fatiga crónica, lo cual sugiere que podría ser causa del síndrome en vez de consecuencia. La depresión grave suele ir acompañada de reducciones prolongadas de la actividad física que podrían conducir, a su vez, a un deterioro debilitador de la función muscular. Las personas que permanecen postradas en cama durante largos períodos se tornan débiles físicamente. Las alteraciones del sueño que caracterizan a algunos trastornos depresivos podrían exacerbar también la fatiga del paciente. Por otra parte, se sabe que los trastornos depresivos graves están asociados a cambios en el sistema inmunitario.

Pero agárrense bien. Es igualmente evidente que muchos individuos aquejados de SFC se deprimen como consecuencia de su enfermedad. No es de extrañar que quienes padecen una enfermedad debilitadora pero inexplicada se depriman y se preocupen de manera anormal por su salud. Aunque haya más mujeres que hombres entre los pacientes de SFC, este dato no debe interpretarse como una prueba de que el SFC es un trastorno principalmente psicológico, como algunos entendidos sexistas han insinuado. Conocemos varias enfermedades orgánicas perfectamente respetables, como la artritis reumatoide, que muestran una acusada preferencia por un sexo en detrimento del otro.

En la actualidad, es probable que se pueda concluir sin temor a equivocarse que los argumentos que sostienen que el SFC es ante todo un problema psicológico continúan sin ser probados. Los datos que apuntan a algún tipo de disfunción inmunológica son demasiado sólidos para pasarlos por alto. Es indudable, sin embargo, que las reacciones psicológicas de los afectados por el SFC ante su enfermedad guardan una relación importante con su bienestar y su recuperación. Tanto si la depresión es causa como si es efecto del síndrome, se convierte en un problema fundamental por derecho propio y puede ser un grave obstáculo para la recuperación.

La controversia en torno al SFC se complica más si cabe debido a las actitudes de quienes lo padecen. Las personas aquejadas de un trastorno grave y debilitador como el SFC desean que se reconozca públicamente que su enfermedad tiene una causa respetable desde el punto de vista médico. La mayoría de la gente entiende por esto una causa física, como un virus o un trastorno inmunológico, y no una causa psicológica. Toda insinuación de que sus síntomas podrían ser resultado de un problema psiquiátrico tiende a provocar indignación.

Esta actitud es comprensible. Hablar de causas psicológicas suele llevar aparejada la injustificable connotación de que la enfermedad no es totalmente auténtica. Suele haber en el aire un fuerte tufillo a «contrólese y reaccione». Por otra parte, todavía a finales del siglo XX se sigue estigmatizando de manera absolutamente irrazonable la enfermedad mental. La persona tipo prefiere admitir que padece una enfermedad física, aunque sea un impreciso y «misterioso» virus o una disfunción inmunológica desconocida, pues esto la absuelve de cualquier acusación de hacerse el enfermo, ser neurótica o padecer debilidad de carácter. Uno de los importunos resultados de este deseo de explicación física es la tendencia, al menos en algunos países, a que los pacientes de SFC vayan de consulta en consulta hasta que encuentran un médico que les ofrece el diagnóstico que desean.

Irónicamente, resulta que las personas aquejadas de SFC que creen con mayor firmeza en una explicación puramente física tienen más dificultades para recuperarse de su enfermedad. La causa podría hallarse en que no afrontan ni intentan resolver los problemas psicológicos que invariablemente acompañan a la enfermedad.

Michael Sharpe y sus colegas de la Universidad de Oxford han efectuado un estudio que ha aportado pruebas que respaldan esta conclusión. Los investigadores descubrieron que una forma de la terapia del comportamiento cognitivo, en la que se ayudaba a los pacientes de SFC a reevaluar sus actitudes hacia su enfermedad, procuraba importantes beneficios. Más del 70 por 100 de los pacientes de SFC a los que se sometió a la terapia del comportamiento recuperaron su capacidad para desenvolverse normalmente, en comparación con la tasa de éxito del 27 por 100 que presentan los pacientes que sólo recibieron la asistencia médica habitual.

La presión para atribuir el SFC a causas puramente físicas ha ejercido también importante influencia en el tratamiento que se da al tema en los medios de comunicación populares. Artículos de periódicos y revistas, programas de televisión y libros de autoayuda suelen hacer hincapié en las explicaciones físicas del SFC y descuidan sus aspectos psicológicos.

Un estudio realizado por investigadores de la Universidad de Londres descubrió que el 69 por 100 de los artículos sobre el SFC que se habían publicado en diarios y revistas para mujeres de difusión nacional desde 1980 se decantaban por las causas físicas, en comparación con sólo el 31 por 100 de los artículos de investigación publicados en revistas científicas y médicas. En los medios de información populares parecía existir una inclinación sistemática a hacerse eco de las explicaciones físicas frente a las psicológicas. Incluso la elección del nombre se había visto afectada. Mientras que los trabajos científicos utilizaban típicamente el término neutro de síndrome de fatiga crónica, los medios populares preferían en cambio el de encefalomielitis miálgica, de sonido más médico.

Actitudes parecidas se aplican a otras enfermedades que, como el SFC, han sido marcadas con el sambenito. El asma y las alergias son ejemplos familiares de ello, como también lo son trastornos intestinales inflamatorios como la enfermedad de Crohn y la colitis ulcerosa. El péndulo de la opinión ha oscilado violentamente en una y otra dirección a lo largo de los años. Hace medio siglo, el asma se consideraba en términos generales una enfermedad esencialmente psicológica. En nuestros días es normal restar importancia al papel de los factores psicológicos y emocionales y centrarse casi en exclusiva en sus mecanismos inmunológicos y sus desencadenantes físicos, que van desde las moquetas de las casas hasta los humos emitidos por los tubos de escape de los automóviles. En realidad, existen motivos para creer que tanto los factores inmunológicos como los psicológicos desempeñan un papel importante en estas enfermedades. Sin embargo, la tendencia que domina de modo aplastante es la que opta por una explicación excluyendo la otra.

Como veremos en capítulos posteriores, esta oposición secular entre la mente y el cuerpo, lo mental y lo físico, lo psicosomático y lo orgánico, no es más que un engaño. Ha dificultado la comprensión y la aceptación científicas de algunos fenómenos muy importantes. El hecho de que lo que sucede dentro del cerebro de una persona influye en su salud física no tiene nada de «alternativo» ni de científicamente discutible.

Bibliografía

Aun cuando el lector no tenga intención de examinar a fondo la bibliografía, tal vez desee echar un vistazo a la lista de publicaciones que presentamos, que debe transmitir al menos la impresión del alcance del material publicado. No es posible citar más que una mínima parte de los ensayos científicos y los libros editados sobre el tema. Se trata de ofrecer una panorámica representativa, en la que se han preferido los materiales y estudios más recientes.

En las referencias correspondientes a artículos de revistas se consigna, por este orden, el título del ensayo, el nombre de la publicación, su número, la página y el año de publicación.

General

Angell, M., «Disease as a reflection of the psyche», *New England Journal of Medicine, 312,* pág. 1.570, 1985.

Carmel, S. y otros, «Coping with the Gulf War», *Social Science Medicine, 37,* pág. 1.481, 1993.

Engel, G. L., «The need for a new medical model», *Science, 196,* pág. 129, 1977.

Hall, J. G., «Emotion and immunity», *The Lancet, 2,* pág. 326, 1985.

Kark, J. D. y otros, «Iraqi missile attacks on Israel. The association of mortality with a life-threatening stressor», *Journal of the American Medical Association, 273,* pág. 1.208, 1995.

Keynes, W. M., «Medical response to mental stress», *Journal of the Royal Society of Medicine, 87,* pág. 536, 1994.

Moran, M. G., «Psychiatric aspects of tuberculosis», *Advances in Psychosomatic Medicine, 14,* pág. 109, 1985.

Phillips, D. P. y Smith, D. G., «Postponement of death until symbolically meaningful occasions», *Journal of the American Medical Association, 263,* pág. 1.947, 1990.

Ramchandani, D. y otros, «Evolving concepts of psychopathology in inflammatory bowel disease», *Medical Clinics of North America, 78,* pág. 1.321, 1994.

Serafino, E. P., *Health Psychology,* 2ª ed., Wiley, Nueva York, 1994.
Solomon, G. F., «Whither psychoneuroimmunology?», *Brain Behavior Inmunity, 7,* pág. 352, 1993.

Síndrome de fatiga crónica (SFC)
Bates, D. W. y otros, «Clinical laboratory test findings in patients with CFS», *Archives of Internal Medicine, 155,* pág. 97, 1995.
Edwards, R. H. y otros, «Muscle histopathology and physiology in CFS», *Ciba Foundation Symposia, 173,* pág. 102, 1993.
Epstein, K. R., «The chronically fatigued patient», *Medical Clinics of North America, 79,* pág. 315, 1995.
Fakuda, K. y otros, «CFS», *Annals of Internal Medicine, 121,* pág. 953, 1994.
Gunn, W. J. y otros, «Epidemiology of CFS: the Centers for Disease Control Study», *Ciba Foundation Symposia, 173,* pág. 83, 1993.
Levy, J. A., «Viral studies of CFS», *Clinical Infectious Diseases, 18,* pág. S-117, 1994.
Lloyd, A. R. y otros, «Immunity and the pathophysiology of CFS», *Ciba Foundation Symposia, 173,* pág. 176, 1993.
Maclean, G. y Wessely, S., «Professional and popular views of CFS», *British Medical Journal, 308,* pág. 776, 1994.
Natelson, B. H. y otros, «Brain magnetic resonance imaging in patients with CFS», *Journal of Neurological Sciences, 120,* pág. 213, 1993.
Richman, J. A. y otros, «CFS», *American Journal of Public Health, 84,* pág. 282, 1994.
Rowe, P. C. y otros, «Is neurally mediated hypotension an unrecognised cause of chronic fatigue?», *The Lancet, 345,* pág. 623, 1995.
Saisch, S. G. y otros, «Hyperventilation and CFS», *Quarterly Journal of Medicine, 87,* pág. 63, 1994.
Schweitzer, R. y otros, «Illness behaviour of patients with CFS», *Journal of Psychosomatic Research, 38,* pág. 41, 1994.
Sharpe, M. y otros, «Cognitive behaviour therapy for CFS», *British Medical Journal, 312,* pág. 22, 1996.
Shorter, E., «Chronic fatigue in historical perspective», *Ciba Foundation Symposia, 173,* pág. 6, 1993.

2

Sombras en el Sol

> De haber sido tan ligera como vos, de un humor tan alegre, vivo y revoltoso, no hubiera muerto sin ser abuela. Lo que os sucederá a vos, pues un corazón encendido vive mucho tiempo.
>
> William Shakespeare, *Trabajos de amor perdidos* (1595)

En la novela epistolar de Tobias Smollet *La expedición de Humphrey Clinker* (1771), el señor Matthew Bramble hace esta perspicaz observación en una carta dirigida al doctor Lewis:

> Veo que mi ánimo y mi salud se afectan el uno a la otra recíprocamente; es decir, cada cosa que descompone mi mente produce un trastorno correspondiente en mi cuerpo; y mis dolencias corporales son mitigadas extraordinariamente por aquellas consideraciones que disipan las nubes del desengaño del espíritu.

¿Es la secular idea de que la mente desempeña un papel fundamental en la enfermedad física un hecho comprobado o folklore sin fundamento? En este capítulo examinaremos algunas de las muchas corrientes de las pruebas científicas en favor y en contra de esa idea. *Cómo* afecta exactamente la mente a la salud física es una cuestión que dejaremos para más adelante. Pero en primer lugar debemos retirar del camino un obstáculo conceptual.

La idea perfectamente sensata de que la mente puede influir en nuestra propensión a la enfermedad se confunde a veces con el concepto diferente, aunque igualmente venerable, de que la mente puede causar enfermedades imaginarias que carecen de toda base orgánica. Estamos a punto de encontrarnos con la falacia psicosomática.

De acuerdo con una definición moderna bastante representativa, enfermedad psicosomática es «cualquier enfermedad en la que los síntomas físicos, *producidos por la acción de la mente inconsciente,* son definidos por el individuo como prueba de enfermedad orgánica y para la cual se procura ayuda médica» [la cursiva es mía]. Según esta definición, la desdichada víctima podría *sentirse* enferma aun cuando no tenga ninguna enfermedad física subyacente. En otras palabras, el estado mental es la causa única y suficiente de los síntomas físicos. Tales cosas suceden, desde luego, y nos ocuparemos de ellas someramente en el Capítulo 3, pero no constituyen un motivo de preocupación importante de este libro. En realidad, son una especie de distracción.

Los factores psicológicos y emocionales pueden determinar que una persona se ponga o no enferma, pero alcanzan su objetivo principalmente mediante la alteración de la propensión de esa persona a la enfermedad. En contadas ocasiones son la causa única y suficiente de la enfermedad. Una definición menos engañosa de «psicosomático» es aquella en la que los factores psicológicos desempeñan un papel coadyuvante en el desarrollo de la enfermedad, junto con otros factores como las bacterias, la hipertensión arterial o el tabaco. Pero según esta definición, puede decirse que la mayoría de las enfermedades actuales del mundo occidental son psicosomáticas.

La concepción engañosa de las enfermedades como meros fantasmas, invocados por la mente inconsciente, tiene sus raíces en las teorías psicoanalíticas de Sigmund Freud. Según Freud y sus discípulos, muchos trastornos mentales y físicos tienen sus raíces en conflictos emocionales de los cuales el paciente puede no tener conocimiento consciente. Estos conflictos emocionales inconscientes se traducen en síntomas físicos como dolor, parálisis o pérdida de sensibilidad. La persona que padece estos síntomas —aunque no necesariamente el resto del mundo— los considera signos legítimos de una enfermedad orgánica auténtica. Este discutible concepto de enfermedad psicosomática perdura y puede hallarse aún al acecho en las páginas de libros populares de salud y autoayuda.

Las teorías psicoanalíticas freudianas sentaron las bases de lo que después se llamó medicina psicosomática, disciplina que nació en los decenios de 1930 y 1940. Los primeros practicantes de la medicina psicosomática buscaron explicaciones de trastornos misteriosos como el asma, las alergias, la artritis, la hipertensión arterial y las úlceras pépticas en conflictos emocionales subyacentes y en características de la personalidad. Las teorías psicosomáticas sobre el asma, por ejemplo, giraron en torno a ideas como el miedo a perder el amor de los padres. Como consecuencia natural de sus inclinaciones freudianas, muchos de los primeros profesionales de la medicina psicosomática intentaron tratar afecciones como el asma y las alergias mediante la psicoterapia, con resultados muy variados.

Nosotros, por otra parte, nos moveremos firmemente dentro de la esfera de enfermedades «reales» como el resfriado común, el herpes, las dolencias cardíacas coronarias y el cáncer, en lugar de esas enfermedades imprecisas y misteriosas a las que se suele aplicar el epíteto de psicosomáticas. Las enfermedades en las que vamos a centrarnos en los capítulos siguientes son causadas por bacterias reales, virus reales, obstrucciones reales de las arterias o células cancerosas reales. Es indudable que no están «todas en la mente».

Muerte, desastre y vudú

A veces —con bastante frecuencia, a decir verdad— las personas caen muertas con escaso o ningún aviso porque algo va mal en su corazón. A este fenómeno se lo llama muerte cardíaca súbita, y se define normalmente como un fallo cardíaco inesperado en el plazo de veinticuatro horas a partir del momento en que se advierten los primeros síntomas (en su caso).

La muerte cardíaca súbita es la responsable de aproximadamente el 15 por 100 de la mortalidad total por causas naturales. Aunque las víctimas pueden carecer de historiales médicos de problemas cardíacos, la autopsia revela generalmente una dolencia que existía pero que no había sido descubierta hasta ese momento. Lamentablemente, en más de la mitad de los casos la primera manifestación de esta enfermedad es la muerte.

Desde hace siglos, la gente cree que el estrés psicológico severo, la pena, el miedo, la cólera u otras emociones fuertes pueden provocar la muerte cardíaca súbita. Disponemos de abundantes pruebas anecdóticas que indican que acontecimientos angustiantes como la muerte de un ser querido, la pérdida de empleo o incluso una discusión acalorada pueden provocar un ataque cardíaco mortal. En los últimos años, los científicos han acumulado una montaña de solidez convincente de pruebas sistemáticas que confirman las anécdotas.

Cuando los científicos analizan los precursores inmediatos de la muerte cardíaca súbita, descubren sistemáticamente que una gran proporción de sus víctimas han experimentado niveles excepcionalmente elevados de angustia emocional en las horas o días previos a la muerte. En un estudio, por ejemplo, se descubrió que el 40 por 100 de los hombres que murieron de improviso debido a un fallo cardíaco habían experimentado una conmoción emocional importante, como la participación en un accidente de automóvil o la recepción de una notificación de trámites de divorcio, en las veinticuatro horas inmediatamente anteriores a su muerte. Se han documentado incluso informes médicos de individuos que han muerto después de ser perturbados gravemente por pensamientos preocupantes o recuerdos de una experiencia traumática.

Uno de los precursores más comunes de la muerte cardíaca súbita es la fatiga y el agotamiento extremos que se conocen con el nombre de *surmenage* o sobrefatiga. Al igual que la consunción en el siglo XIX, el *surmenage* se ha convertido en una especie de singular símbolo de estatus. El *surmenage* goza de la consideración de «roja insignia del valor» en círculos profesionales, prueba de trabajos hercúleos y abrumadores volúmenes de trabajo. (Esto dice mucho acerca de los valores culturales actuales. En el siglo XIX la consunción otorgaba estatus porque indicaba supuestamente creatividad y pasión artística; en nuestros días valoramos a quienes se pasan el día trabajando.)

Con independencia de los matices culturales, las víctimas del *surmenage* presentan un riesgo considerablemente superior de muerte cardíaca súbita. Las personas que exhiben los síntomas clásicos de ansiedad perturbadora, irritabilidad y agotamiento mental pueden percibirlo así debido a un fallo mecánico en su corazón. En muchos casos, sin embargo, el *surmenage* es más un síntoma de estrés psicológico prolongado. En combinación con una debilidad preexistente en el corazón o las arterias coronarias puede ser fácilmente mortal. La investigación holandesa que hizo un seguimiento de la salud de una amplia muestra de hombres de mediana edad durante varios años descubrió que los individuos que afirmaban sentirse mental o físicamente agotados al final del día tenían más del doble de probabilidades de morir de un ataque cardíaco.

En el Capítulo 8 examinaremos con mayor profundidad los mecanismos biológicos en virtud de los cuales la mente puede perjudicar al corazón y las arterias coronarias. Basta con decir aquí que hay muchos mecanismos biológicos perfectamente conocidos que permiten que cambios inducidos por el estrés en el cerebro provoquen la muerte cardíaca súbita, especialmente cuando la enfermedad cardíaca coronaria está ya presente.

La muerte súbita puede también ser provocada por acontecimientos traumáticos a escala impersonal. Nos hemos ocupado ya del caso de los ciudadanos israelíes que murieron durante la guerra del golfo Pérsico debido al estrés psicológico generado por los ataques de misiles iraquíes. La naturaleza ha realizado algunos de sus propios experimentos en muerte inducida por estrés. Tomemos los terremotos, por ejemplo. El análisis de las estadísticas de mortalidad inmediatamente después de un terremoto importante revelará habitualmente un aumento momentáneo del número de muertes por fallos cardíacos y otras causas naturales, sin relación con los efectos físicos directos del terremoto. Por ejemplo, la ciudad griega de Salónica fue sacudida por dos terremotos en 1978. Los datos oficiales exhibieron un acusado incremento de los fallecimientos por causas naturales, especialmente fallo cardíaco. Durante el período de tres días que incluye los terremotos y sus secuelas inmediatas, la tasa de fallecimientos por enfermedades cardíacas aumentó un 200 por 100, y la tasa de mortalidad por otras causas naturales aumentó un 60 por 100.

Asimismo, cuando los científicos australianos investigaron las secuelas de un terremoto que afectó a Nueva Gales del Sur en 1989 descubrieron que el índice de ataques cardíacos mortales en la localidad había aumentado un 70 por 100. En estos y otros casos quedó claro que el estrés psicológico había provocado la muerte prematura de individuos vulnerables.

Están también esos extraños relatos de muerte por vudú o «maleficio». La desdichada víctima es maldecida ritualmente por un hechicero, sacerdote vudú, *bokor* u otra figura simbólica dotada de autoridad. Una vez pronunciada la sentencia de muerte, la víctima cumple su papel pasando a mejor vida, normalmente al cabo de sólo unos días. Autoridades competentes y dignas de toda confianza han documentado casos de muerte por vudú desde al menos el siglo XVI, en lugares tan alejados entre sí como África, América del Sur, el Caribe y Australia. El fenómeno no puede desestimarse diciendo que es producto de fantasías morbosas.

Los pormenores religiosos y culturales varían, pero los

informes fiables de muerte por vudú comparten ciertas características básicas. Ante todo, la víctima debe ser altamente influenciable, dotada de una fe ciega en el poder del brujo o hechicero que la maldice. Debe estar totalmente convencida asimismo de que no puede hacer nada para salvarse. La actitud de impotencia es fundamental: una vez dispuesto el hueso o pronunciada la maldición, la víctima pierde todo deseo de vivir. Los escépticos, los científicos y los turistas no mueren por maldiciones de vudú. Un tercer elemento importante es la presión social, que acelera la situación sin límites si alguna otra persona del mundo social de la víctima comparte las mismas creencias. La familia y los amigos refuerzan la fe de la víctima en el carácter inevitable de la muerte, y abandonan al desdichado individuo para que muera en completo aislamiento [1]. La enorme importancia que tienen las relaciones sociales para la salud mental y física es un tema al que volveremos más adelante.

La literatura está repleta de personajes que caen muertos debido a los efectos de una emoción abrumadora. El rey Lear de Shakespeare, por ejemplo, muere de un ataque al corazón cuando su hija predilecta, Cordelia, es cruelmente asesinada poco después de que Lear se reconcilie con ella. Al descubrir el cuerpo de Cordelia, Lear da rienda suelta a su aplastante dolor:

> ¡Aullad, aullad, aullad! ¡Oh, sois hombres de piedra! Si yo poseyera vuestras lenguas y vuestros ojos, de tal modo los emplearía que haría estallar la bóveda del firmamento. ¡Se ha ido para siempre!

Poco después, Lear cae desplomado y muere.

---

[1] La afirmación de que los ritos del vudú haitiano se basan en venenos nerviosos y no en manipulaciones psicológicas es con toda probabilidad infundada (véase W. Booth, «Voodoo science», *Science, 240,* pág. 274, 1988).

Problemas, conflictos y enfermedad

Una emoción intensa no suele hacer que una persona se desplome y muera; puede volverla simplemente más vulnerable a la enfermedad. Y aquí, de nuevo, al menos parte del saber popular ha superado el examen de los científicos. La investigación ha confirmado la existencia de vínculos sistemáticos entre factores psicológicos como la ansiedad, el estrés, la depresión y la hostilidad con una amplia gama de trastornos físicos como infecciones menores, trastornos intestinales, herpes, alergias, asma, artritis, enfermedades cardíacas coronarias y cáncer. De hecho, según algunas investigaciones típicamente polémicas realizadas por Hans Eysenck, psicólogo de la Universidad de Londres, ciertos indicadores psicológicos de la personalidad y el estilo de comportamiento tienen que ver más con qué individuos morirán de cáncer o de enfermedades cardíacas coronarias en los diez a quince años siguientes que el hecho de que sean o no fumadores.

Se ha relacionado a menudo la ansiedad y el estrés con la vulnerabilidad a la enfermedad. Numerosos estudios a largo plazo han llegado a la conclusión de que las personas que experimentan sentimientos pronunciados de tensión o ansiedad tienen muchas más probabilidades de desarrollar enfermedades arteriales coronarias, o de morir de ellas, en los años siguientes. Por ejemplo, un estudio efectuado en Estados Unidos, en el que se hizo un seguimiento de varios cientos de personas durante un período de doce años, descubrió que los individuos que presentaban niveles elevados de angustia psicológica tenían aproximadamente el doble de probabilidades de morir que aquellos que sólo tenían niveles medios de angustia. Esta relación entre la angustia y la muerte era válida aun cuando se tuvieran en cuenta otros factores de riesgo médicos como la edad avanzada, la obesidad, el consumo de tabaco, el alto nivel de colesterol en la sangre y la hipertensión arterial, por lo que no se trataba únicamente de una cuestión de sujetos angustiados que también eran viejos, gordos o fumadores. La angustia psicológica estaba relacionada con la mortalidad subsiguiente por derecho propio.

Un proyecto de la Universidad de Harvard presentó conclusiones semejantes. Se investigó la salud de ex alumnos de Harvard, cuyos perfiles psicológicos y biológicos habían sido evaluados 35 años antes, como parte de una serie de experimentos de laboratorio sobre el estrés. La manera de reaccionar los sujetos en el curso de las pruebas de laboratorio predecía su salud física años después. Los individuos que presentaban signos de ansiedad severa durante las pruebas de estrés originales padecían un número considerablemente mayor de enfermedades físicas, entre ellas las de carácter coronario, en las décadas siguientes. Responder con ansiedad a una situación estresante cuando se es un adulto joven resultó ser un indicador fiable de mala salud generalizada en la mediana edad. Otra investigación realizada por científicos en la facultad de medicina de Harvard descubrió que los niños muy vergonzosos, que sufrían ansiedad severa cuando se hallaban en situaciones sociales, eran más propensos a trastornos alérgicos, como la fiebre del heno (polinosis).

Tal vez resulte útil examinar con mayor detalle un ejemplo específico de una relación bastante sutil entre los factores psicológicos y las enfermedades subsiguientes. Un proyecto de investigación llevado a cabo en Estados Unidos en el decenio de 1970 investigó las características psicológicas asociadas a la mononucleosis infecciosa, también llamada fiebre glandular. Esta enfermedad desagradable y debilitadora está extendida entre los adolescentes y los adultos jóvenes. Entre los síntomas figuran malestar general, fiebre, dolor de garganta, pérdida de apetito y cefaleas, junto con hinchazón de los nódulos linfáticos o ganglios del cuello, las ingles y las axilas. La recuperación puede requerir muchas semanas. Ocasionalmente se presentan complicaciones serias, como daños en el hígado o el bazo.

La enfermedad es causada por un tipo de virus del herpes

llamado virus de Epstein-Barr (VEB), con el que ya nos hemos encontrado en el Capítulo 1 como explicación preferida en algún momento del síndrome de fatiga crónica. Al igual que otros virus del herpes como el herpes simple (causante del herpes labial y el herpes genital), el VEB puede permanecer latente en el cuerpo durante años sin causar ningún síntoma. En circunstancias normales, el sistema inmunitario del individuo mantiene a raya los virus latentes, pero cualquier cosa que debilite el control inmunológico sobre los virus latentes puede desencadenar la aparición de los síntomas de la enfermedad.

Los sujetos de esta investigación fueron más de 1.300 varones jóvenes que ingresaban en la academia militar de West Point. Al llegar a West Point, cada alumno fue sometido a una revisión médica para comprobar si ya estaba infectado con el VEB. Más o menos dos tercios de los alumnos eran portadores del virus, cifra que es típica de una población normal. El tercio restante no había sido infectado todavía. Estos alumnos potencialmente propensos fueron objeto de un seguimiento para determinar quiénes de ellos serían infectados por el VEB. Y aquí nos encontramos con una observación de carácter general: no todas aquellas personas que están expuestas a las bacterias o virus causantes de una enfermedad son efectivamente infectadas. De hecho, sólo uno de cada cinco de los alumnos que en un principio no portaban el virus fueron infectados por el VEB durante los cuatro años de su estancia en West Point. De los que fueron infectados, la cuarta parte desarrolló síntomas clínicos evidentes de la enfermedad. Y aquí encontramos una segunda observación general: no todos los que son infectados por virus o bacterias patógenos desarrollan una enfermedad clínica.

Las evaluaciones psicológicas revelaron que los hombres que después estuvieron aquejados de mononucleosis infecciosa compartían ciertas características psicológicas distintivas. En particular, tendían a ser aquellos que más habían padecido la presión académica. Los alumnos en cuyos casos concurría la desalentadora combinación de una fuerte motivación para obtener buenos resultados y unos resultados reales deficientes tenían más probabilidades de contraer la mononucleosis infecciosa. Y cuando ya estaban enfermos, estos alumnos muy motivados pero de rendimiento deficiente pasaban más tiempo en el hospital por término medio. Eran más propensos a la enfermedad, y cuando la contraían, la contraían con más intensidad.

Acontecimientos traumáticos relativamente insignificantes pueden hacer aumentar también las probabilidades de ponerse enfermo. Por ejemplo, científicos australianos descubrieron un acusado incremento de la hipertensión arterial, los trastornos intestinales y la diabetes en las personas que se habían visto afectadas indirectamente por un incendio de monte que había tenido lugar en el sur de Australia en 1983.

Las observaciones a largo plazo de familias normales han revelado que a menudo se registra un aumento del estrés relacionado con la familia, o cambios perjudiciales en las circunstancias familiares, en el período inmediatamente anterior a aquel en que uno o más miembros de la familia contraen infecciones. Varios estudios de familias en sus entornos familiares han sacado a la luz asociaciones entre conflictos estresantes y enfermedades infecciosas de poca importancia como tos, resfriado, gripe y dolor de garganta.

Estos episodios estresantes tienden a preceder a las infecciones y no a seguirlas, lo cual supone que el estrés contribuye a la enfermedad y no a la inversa. En otras palabras, no se trata simplemente de que surjan discusiones porque todo el mundo se siente enfermo y malhumorado. Las investigaciones efectuadas en Estados Unidos han descubierto vínculos comparables entre el estrés y la enfermedad entre niños del medio rural de Dominica. En la semana siguiente a un acontecimiento de alto estrés como una gran convulsión familiar, el riesgo de que los niños contraigan una infección del tracto respiratorio superior se multiplicaba por 3.

Hechos vitales

Durante más de treinta años los científicos han analizado sistemáticamente la idea de que el riesgo de caer enfermo aumenta cuando nos exponemos a un gran número de cambios negativos o confusión emocional. Esta investigación tuvo su origen en las observaciones informales de ciertos médicos perspicaces, que advirtieron que a menudo sus pacientes parecían haber experimentado un número excepcionalmente elevado de cambios y trastornos en el período previo a caer enfermos. Un nuevo impulso llegó de una investigación pionera sobre enfermedad y absentismo entre los empleados de la Bell Telephone Corporation en el decenio de 1950. El estudio indicó que los empleados que llevaban una vida personal inestable tendían a sufrir frecuentes episodios de enfermedad y a solicitar la baja laboral por enfermedad.

Observaciones que llaman a reflexión como las señaladas impulsaron a los psicólogos a formular el concepto de hechos vitales. Un hecho vital se define como todo cambio significativo en las circunstancias de una persona que exige que ésta haga reajustes psicológicos y prácticos. El hecho perturbador puede ser deseado o indeseado; el criterio primordial es que cause cierto grado de convulsión.

Ejemplos de hechos vitales pueden ser la muerte de la pareja o de un miembro de la familia, el divorcio, el matrimonio, el comienzo en un nuevo empleo, el cambio de domicilio o los problemas económicos. En el otro extremo de la escala, convulsiones de escasa trascendencia como las vacaciones familiares y las navidades también se clasifican como hechos vitales. La idea fundamental que subyace a esta obra es que cualquier cambio perturbador, tanto si es deseado como no deseado, es potencialmente estresante y puede hacer aumentar nuestras posibilidades de caer enfermos.

Miles de proyectos de investigación han examinado las relaciones entre los hechos vitales y la salud. La mayoría de estos estudios han utilizado un método normalizado para evaluar el estrés de los hechos vitales llamado Escala de Clasificación de Reajuste Social. En su forma más sencilla, esta metodología supone pedir a cada individuo que anote qué hechos vitales de una lista de 43 tipos ha experimentado durante un período determinado, normalmente entre seis meses y dos años.

A cada tipo de hecho vital se le asigna una puntuación estándar de acuerdo con la gravedad que se le supone, en una escala que va de 0 (gravedad mínima) a 100 (gravedad máxima). La puntuación máxima de 100 se concede a la muerte del cónyuge; el divorcio supone 73 puntos, el matrimonio 50, el cambio a una línea de trabajo distinta 36, el cambio de domicilio 20, las navidades 12, y así sucesivamente. (Personalmente, yo otorgaría a la Navidad del orden de 60 puntos, y a cualquiera que haya experimentado recientemente los horrores de una mudanza se le puede disculpar su asombro por la modesta puntuación que se le otorga.) A continuación se calcula una puntuación compuesta para cada individuo, teniendo en cuenta el número total de hechos vitales que ha experimentado y la atrocidad relativa de esos hechos vitales. Una puntuación alta puede indicar un número reducido de hechos vitales graves o numerosos hechos vitales menores[2].

Si es verdad que los hechos vitales actúan como factores de riesgo de la enfermedad, las personas que registran puntuaciones elevadas de hechos vitales deberían padecer, por término medio, más enfermedades que aquellas cuyas vidas no han sido inquietadas por el cambio. En términos generales, esto es lo que la investigación ha revelado.

Una investigación fundamental y pionera se centró en los efectos del estrés de los hechos vitales en el personal de la mari-

[2] El cálculo de una única puntuación compuesta de esta sencilla manera supone que muchos hechos vitales menores pueden tener la misma repercusión global que un hecho vital realmente desagradable. Como es lógico, no es tan sencillo.

na de guerra de Estados Unidos durante la guerra de Vietnam. Los resultados revelaron que los individuos que presentaban las puntuaciones de hechos vitales más elevadas padecieron en los meses siguientes un número de enfermedades que casi duplicó al de aquellos cuyas puntuaciones eran bajas. En otro estudio, los científicos pidieron a jóvenes de un establecimiento de instrucción de submarinos de la Armada que anotaran los hechos vitales que habían experimentado en los doce meses precedentes; como en el caso anterior, el índice de hechos vitales guardaba correlación con las enfermedades subsiguientes.

La conclusión general que se puede extraer de varios miles de estudios de este tipo es que las personas que han estado expuestas a mucho estrés por hechos vitales tienen un riesgo ligeramente superior de padecer enfermedades. Este incremento del riesgo es de aplicación general y parece abarcar prácticamente todas las formas de dolencias y enfermedades que conocemos, desde las cefaleas, los resfriados comunes, la alergias y la inflamación de las encías hasta la enfermedad mental, las enfermedades cardíacas coronarias, la leucemia, la diabetes, la tuberculosis y la esclerosis múltiple. El estrés de los hechos vitales repercute también en el parto; las mujeres que registran tasas elevadas de estrés durante aproximadamente el año que precede al embarazo tienden a dar a luz a niños de peso ligeramente menor al nacer y con un estado general ligeramente más deficiente. Los hechos vitales están asociados incluso a un aumento del riesgo de accidentes y lesiones deportivas leves.

Además de sufrir más episodios de enfermedades, las personas que presentan puntuaciones elevadas de hechos vitales tienden asimismo a estar enfermas durante más tiempo, a tener síntomas más graves y a tardar más en recuperarse.

No es de extrañar que las repercusiones negativas de los hechos vitales sean generalmente más acentuadas cuando los hechos vitales son graves, no deseados y agrupados en el tiempo. En los primeros tiempos de la investigación sobre los hechos vitales estaba muy extendido el supuesto de que los hechos vitales «buenos», como el matrimonio o el comienzo de un nuevo trabajo, eran potencialmente tan perjudiciales para la salud como los hechos vitales «malos» de efectos perturbadores comparables. Sin embargo, investigaciones más recientes han tendido a corroborar el supuesto de sentido común de que, siendo iguales las demás circunstancias, los hechos vitales no deseados son intrínsecamente más perjudiciales que los deseados.

Hay que decir que la relación entre hechos vitales y posteriores enfermedades no es tan nítida y sencilla como a veces parece. Algunas investigaciones sobre los hechos vitales han sido criticadas justificadamente por diversas razones. No es éste el lugar adecuado para debatir los abstrusos tecnicismos de la metodología de la investigación. Sin embargo, la relevancia de las dificultades inherentes a la investigación de los hechos vitales es más amplia y merece, por tanto, nuestra atención.

En primer lugar, la correlación estadística entre hechos vitales y enfermedad es sumamente constante, pero también es bastante débil. Los hechos vitales tienen relación efectivamente con la salud, pero no una relación de primordial importancia. Típicamente, los hechos vitales sólo explican del orden del 10 al 15 por 100 de la variación total en la incidencia de la enfermedad. Algunas personas entre las que están expuestas a hechos vitales estresantes se ponen enfermas, pero no la mayoría. A la inversa, es posible caer enfermo a pesar de llevar una vida de serena estabilidad. Un fenómeno sumamente significativo en un sentido estrictamente estadístico —lo cual significa que los patrones de los datos son algo más que meras variaciones aleatorias— puede no ser necesariamente muy significativo en un sentido clínico o científico.

Un segundo aspecto fundamental es que correlación no es lo mismo que causalidad. La existencia de una relación estadística entre dos cosas no prueba que una de ellas sea la causa de la otra. La población del mundo y la edad del papa del momento están correlacionadas, pero no existe una relación causal entre ellas. Una y otra resultan estar relacionadas independientemente con una tercera variable: el tiempo. Así, la correlación entre las puntuaciones de los hechos vitales y la enfermedad no demuestra por sí misma que los hechos vitales sean una causa directa de la enfermedad. La causalidad podría funcionar incluso al revés; es decir, cabe la posibilidad de que las enfermedades crónicas puedan precipitar los hechos vitales. Por ejemplo, en el matrimonio o la carrera profesional de una persona pueden surgir problemas porque esa persona está enferma. Y podría darse el caso de que cosas que se clasifican como hechos vitales, como los problemas sexuales o los cambios de los patrones de sueño, fueran en realidad síntomas de una enfermedad existente pero no diagnosticada.

Para separar causa y efecto en este tipo de investigación es fundamental establecer qué ha sido primero, los hechos vitales o la enfermedad. Son muchas las pruebas que apuntan a que los hechos vitales tienden efectivamente a preceder a la enfermedad, lo cual indica que pueden contribuir realmente a la mala salud.

Una tercera dificultad en la investigación de los hechos vitales, especialmente en sus primeros tiempos, ha sido su carácter retrospectivo. Cuando los investigadores piden a los sujetos que recuerden sus hechos vitales durante, por ejemplo, el año precedente, se deposita una confianza excesiva en memorias frágiles o deficientes. Y ahí radica una debilidad. Es una realidad vital incómoda el que la mayoría de nosotros sobreestimamos terriblemente nuestra capacidad para recordar el pasado con precisión y objetividad. No hay más que preguntar a cualquier policía, abogado o juez acerca de la fiabilidad de los testigos de la comisión de un delito. Los psicólogos han descubierto que, después de un período de diez meses, las personas pueden recordar típicamente hechos vitales con una fidelidad de sólo el

25 por 100. Así pues, las conclusiones que dependen de los recuerdos que las personas tienen de cosas que les sucedieron un año o dos atrás tienen que ser sospechosas.

Además de la dificultad inherente de recordar con fidelidad hechos pasados, existe también el peligro del sesgo sistemático. Las personas que no se sienten bien pueden centrarse en un trauma en particular de su pasado y suponer que debe ser el responsable de sus enfermedades. Todos tenemos una necesidad básica de encontrar explicaciones para nuestras enfermedades, y es comprensible que algunas personas atribuyan su precaria salud a experiencias traumáticas. Pero al actuar de ese modo debilitan sin querer la objetividad de los datos de la investigación.

Afortunadamente, no todas las investigaciones sobre hechos vitales han tenido que depender de memorias deficientes. En cambio, los científicos han supervisado grupos de sujetos inicialmente sanos durante un período de tiempo, registrando sus hechos vitales y enfermedades como y cuando tenían lugar. Este estilo de investigación se designa con el nombre de prospectivo, para distinguirlo del método retrospectivo que mira hacia atrás. Y muchos de estos estudios prospectivos han confirmado la existencia de un vínculo entre los hechos vitales y enfermedades posteriores.

Otra dificultad en potencia se halla en la ausencia de distinción entre la salud real de un entrevistado, medida de acuerdo con criterios clínicos objetivos, y lo que esa persona dice o piensa de su salud. El problema en este caso no es que la gente mienta deliberadamente; la mayoría de quienes se prestan voluntariamente a participar en la investigación científica hacen todo lo posible por ser sinceros. El verdadero problema es que pocos de nosotros somos capaces de ser totalmente objetivos acerca de nuestra propia salud. Todos percibimos e interpretamos nuestros síntomas físicos de diferentes maneras; algo que constituiría una enfermedad angustiante para una persona puede no ser advertido siquiera por otra.

También surgen problemas si intentamos medir la salud en función de lo que se llama comportamiento relacionado con la enfermedad. Esto significa comportamientos como acudir a la consulta del médico o solicitar la baja laboral por enfermedad. Evidentemente, el comportamiento relacionado con la enfermedad no es lo mismo que la auténtica enfermedad.

La respuesta del ser humano cuando piensa que está enfermo depende de otros factores además de su estado de salud, entre ellos algunas consideraciones tan prosaicas como si se dispone de acceso de modo gratuito y cómodo a un experto médico. En muchos casos, el comportamiento relacionado con la enfermedad es más un reflejo de factores psicológicos que de la salud física.

Para complicar aún más la situación, la percepción que tienen las personas de su propio estado de salud varía de acuerdo con su estado mental y emocional. Los individuos ansiosos o estresados, por ejemplo, son más propensos a notar y preocuparse por síntomas de poca importancia, a interpretarlos como prueba de enfermedad y a buscar la ayuda de expertos. Es más probable que quien haya experimentado muchos hechos vitales estresantes se sienta mal y visite a su médico, pero esto no significa necesariamente que esté de verdad enfermo.

Examinaremos esta cuestión con más profundidad en el capítulo siguiente. Baste decir aquí que hay una diferencia abismal entre creer que se está enfermo, o ir al médico, y tener una enfermedad verificable clínicamente. Por esta razón, las investigaciones que se basan por entero en autoevaluaciones de la salud o en comportamientos relacionados con la enfermedad pueden ser engañosas. Tales mediciones suelen decir más sobre el estado mental de las personas que de su verdadera salud física. Deberíamos añadir, sin embargo, que la discutible práctica de usar el comportamiento relacionado con la enfermedad a modo de medición sustitutiva de la salud es un problema omnipresente en la investigación médica y no es en modo alguno el único que actúa sobre los hechos vitales.

A pesar de estas salvedades hay pruebas consistentes, recogidas de miles de estudios científicos, de una relación entre los hechos vitales y las enfermedades subsiguientes. Es evidente ahora que incluso las prosaicas complicaciones de la vida cotidiana repercuten en la salud física. De hecho, algunos científicos han afirmado que, dada la gran frecuencia con que se presentan estas complicaciones, su influencia acumulativa sobre la salud puede ser más omnipresente que los efectos de hechos vitales menos frecuentes pero más traumáticos.

La idea general de que los factores psicológicos pueden afectar a la propensión a la enfermedad física está ampliamente respaldada por la investigación con otras especies. Como en tantos otros aspectos, el ser humano no es en absoluto excepcional en el aspecto biológico. Los trabajos experimentales realizados durante varias décadas con otras especies han confirmado que diversas formas de estrés psicológico pueden aumentar (o bien, ocasionalmente, reducir) la propensión de los animales a un amplio espectro de enfermedades, entre ellas las infecciones bacterianas y víricas, las enfermedades cardíacas y el cáncer.

Por ejemplo, cuando se expone a ratones o ratas a situaciones de estrés, como sufrir restricciones físicas o someterlos a descargas eléctricas desagradables, se hacen menos resistentes a la infección con toda una gama de bacterias, virus y parásitos, como micobacterias (el tipo de bacterias responsables de la tuberculosis), virus del herpes, virus de la gripe, virus de la poliomielitis y protozoos que causan toxoplasmosis. En un experimento, por ejemplo, atemorizar a ratones dejándolos expuestos a un gato aumentó significativamente su vulnerabilidad a la infección con una tenia parasitaria. (Se impedía que el gato atacara a los ratones; la visión del animal era suficiente por sí sola para afectarlos.) Asimismo, el estrés social derivado de la incorporación a una nidada desconocida hace que los pollos sean más propensos a infecciones bacterianas, mientras que el estrés resultante del transporte hace que el ganado vacuno sea más vulnerable a una forma de neumonía vírica causada por la reactivación de virus del herpes latentes.

El solo volumen de las investigaciones con animales en este campo hace imposible describir algo más que una mínima selección un tanto deshilvanada de ejemplos. Además, algunos experimentos, sobre todo los realizados en el pasado remoto, son demasiado truculentos y carentes de ética para que merezcan nuestra atención. Los seres humanos no somos los únicos animales cuya salud física puede ser dañada por acontecimientos negativos.

La mente y el resfriado común

La manera en que los factores psicológicos pueden afectar a nuestra propensión a la enfermedad queda ilustrada por la investigación sobre la más banal de la enfermedades, el resfriado común.

Durante siglos se ha creído que el estrés nos hace más proclives a infecciones respiratorias como los resfriados y la gripe. Esta creencia ya ha sido confirmada experimentalmente. Es sorprendente que hasta fechas recientes gran parte de las pruebas científicas relativas a los efectos de los factores psicológicos en las infecciones respiratorias fueran más indicativas que concluyentes.

En un estudio, por ejemplo, los investigadores pidieron a parejas casadas que respondieran todos los días, durante tres meses, a un cuestionario en el que se registrarían los diversos estrés y complicaciones de la vida diaria junto con su estado de salud. Los resultados mostraron que las infecciones respiratorias tendían a ir precedidas de un grado de estrés superior a la media. Típicamente, unos días antes del comienzo de los síntomas tenía lugar un aumento del número de hechos vitales desagradables y una reducción del número de hechos deseables.

Pruebas mucho más firmes se obtuvieron gracias a un experimento pionero en el que el psicólogo Richard Totman y otros investigadores colegas infectaron a voluntarios sanos con rinovirus inductores del resfriado, habiendo evaluado previamente el perfil psicológico de cada individuo. Resultó que la personalidad y la exposición previa al estrés tenía una relación significativa así con el riesgo de infección como con la gravedad del posterior resfriado. Los individuos de personalidad introvertida desarrollaban resfriados más graves, al igual que aquellos que habían experimentado ciertos tipos de hechos vitales estresantes.

Los voluntarios que participaron en este experimento fueron infectados deliberadamente con virus a fin de evitar una ambigüedad potencial que había minado investigaciones anteriores. Los críticos habían señalado que la correlación entre factores psicológicos y resfriado podía atribuirse a los diversos grados de exposición a los virus del resfriado, en vez de tener que ver con la resistencia biológica a la infección. Los individuos de personalidad tímida, por ejemplo, o aquellos que han experimentado recientemente un hecho vital traumático, podrían tener propensión a quedarse en casa, por lo que tendrían menos oportunidades de resfriarse.

Pero al exponer a todos los sujetos por igual a virus del resfriado, el experimento de Totman excluía esta posibilidad. El hecho de que las mediciones psicológicas siguieran prediciendo el resultado clínico suponía una vinculación más directa entre estado mental y enfermedad.

La técnica consistente en exponer deliberadamente a las personas a bacterias o virus a fin de evaluar su vulnerabilidad había sido utilizada antes, por cierto. En un experimento espeluznante realizado a comienzos del decenio de 1970, un grupo de voluntarios sanos (y obviamente bien motivados) fueron expuestos a bacterias que causan una enfermedad parecida a la peste, con síntomas como fiebre prolongada, vómitos, cefaleas e hinchazón de los ganglios linfáticos. Dos días antes de ser infectados, se evaluó el nivel de estrés de cada sujeto mediante las técnicas psicológicas habituales. Aquellos que registraron los niveles de estrés más elevados padecieron después las fiebres más severas.

Otras pruebas convincentes de la relación entre el estrés psicológico y el resfriado se obtuvieron hace unos años en un experimento semejante. Merece la pena examinar pormenorizadamente este experimento porque ilustra algunos puntos generales de importancia.

Sheldon Cohen y otros colegas reclutaron 420 hombres y mujeres sanos, e instalaron a estos dignos voluntarios en un alojamiento residencial en la Unidad de Resfriado Común del Consejo Británico de Investigación Médica, en Salisbury. A continuación utilizaron técnicas psicológicas habituales para evaluar el estado mental y el nivel de estrés de cada voluntario. Específicamente, los investigadores anotaron los hechos vitales que cada sujeto había experimentado durante el año precedente, la medida en que los sujetos se consideraban incapaces de responder satisfactoriamente a las demandas que les imponía la vida y el estado emocional de cada individuo en ese momento. Los voluntarios fueron expuestos después a una dosis habitual de virus del resfriado adecuada al nivel de exposición a virus que cabría esperar encontrar en la vida normal. Se hizo entrega a cada sujeto de gotas nasales que contenían uno de los cinco virus capaces de producir resfriado común[3].

Durante la semana siguiente se hizo un seguimiento de los sujetos para comprobar si habían sido infectados y, en caso afirmativo, si después habían desarrollado síntomas clínicos de res-

---

[3] Para ser exactos, a 394 sujetos se les entregaron gotas nasales que contenían uno de los cinco virus respiratorios; los 26 sujetos restantes actuaron como controles y recibieron gotas nasales salinas inertes.

friado. Todos los días, un médico los examinaba con ayuda de una lista de control para verificar la presencia de signos y síntomas de resfriado[4]. (El lector puede ver, pues, que este experimento era inmune a la crítica de que el estrés podría haber afectado al comportamiento relacionado con la enfermedad de los sujetos, a diferencia de su salud real.)

Los resultados del experimento de Cohen fueron claros y concluyentes. Cuanto mayor era el estrés al que un individuo afirmaba haber estado expuesto en el pasado, mayores eran sus probabilidades de infección con virus del resfriado y, una vez infectado, mayores eran sus probabilidades de desarrollar un resfriado clínico. Tanto el riesgo de infección vírica como el riesgo de desarrollar síntomas clínicos aumentaban en proporción directa a la cantidad de estrés.

La correlación entre estrés, infección y enfermedad era extraordinariamente fuerte. Los individuos que presentaban los máximos niveles de estrés tenían seis veces más probabilidades de ser infectados con los virus del resfriado que aquellos que registraban los niveles inferiores, y dos veces más de desarrollar un resfriado. Por añadidura, estas relaciones entre estrés, infección y enfermedad eran válidas incluso después de que los datos hubieran sido ajustados estadísticamente pára eliminar cualquier efecto de otros factores potencialmente pertinentes, como la edad, el sexo, la salud anterior, las alergias, los hábitos con respecto al tabaco y el alcohol, las pautas de sueño y ejercicio, la dieta, el peso y la educación del sujeto.

La técnica consistente en exponer deliberadamente a sujetos a los virus garantizaba que todos tuvieran idéntica oportunidad

---

[4] En algunas ocasiones se hace una distinción entre signos y síntomas de una enfermedad. Los signos son cosas que resultan evidentes al médico pero no al paciente, como los resultados de un análisis de sangre. Los síntomas son aquello que el paciente experimenta, como dolores. Utilizaremos estos términos en su sentido más amplio, coloquial.

de ser infectados. Pero se puede estar expuesto a virus sin ser infectado. Cuando se viaja en un tren o un autobús atestado, se está sometido regularmente a una lluvia de bacterias y virus exóticos, pero afortunadamente la infección no es una consecuencia inevitable. En la mayoría de los casos, estos agentes patógenos no traspasan la piel ni penetran en nuestros poco hospitalarios orificios. Para determinar que se ha sido infectado realmente, debe ser posible recuperar virus de la sangre o los fluidos corporales, o demostrar que el sistema inmunitario ha generado anticuerpos para combatir el virus.

Sin embargo, la exposición a virus y la posterior infección no son los únicos pasos en el camino a una enfermedad. No todas las infecciones se convierten en una enfermedad clínica. El número de resfriados que se sufren a lo largo de la vida representa una fracción minúscula del número de infecciones por virus del resfriado que se padecen.

El análisis pormenorizado de estos datos experimentales permitió a Cohen y sus colaboradores separar las influencias del estrés en estos dos componentes distintivos de la enfermedad. El que una persona hubiera sido infectada o no por los virus del resfriado dependía primordialmente de cómo se sentía en ese momento, especialmente su percepción del estrés y las emociones negativas. Pero una vez que había sido infectada, sus probabilidades de llegar a desarrollar un resfriado clínico dependían más de su exposición previa a hechos vitales estresantes que a su estado emocional del momento.

Estos resultados ilustran una observación general: el estado psicológico de un individuo puede ejercer diferentes influencias sobre los diversos pasos del camino que conduce a la enfermedad, desde la exposición inicial a virus o bacterias patógenos hasta el desarrollo de síntomas de la enfermedad y la respuesta de comportamiento a esos síntomas, pasando por la infección por esos virus o bacterias.

Hemos repasado algunas de las amplias pruebas de que lo

que sucede en la mente de las personas influye realmente en sus probabilidades de ponerse enfermas o morir. La siguiente cuestión es cómo. Ha llegado el momento de examinar la cuestión del mecanismo.

Bibliografía

General

Cohen, S. y Williamson, G. M., «Stress and infectious disease in humans», *Psychological Bulletin, 109,* pág. 5, 1991.

Sheridan, J. F. y otros, «Psychoneuroimmunology: stress effects on pathogenesis and immunity», *Clinical Microbiology Review, 7,* pág. 200, 1994.

Totman, R., *Mind, Stress and Health,* Souvenir Press, Londres, 1990.

Muerte, desastre y vudú

Appels, A. y Otten, F., «Exhaustion as precursor of cardiac death», *British Journal of Clinical Psychology, 31,* pág. 351, 1992.

Binik, Y. M., «Psychosocial predictors of sudden death», *Social Science Medicine, 20,* pág. 667, 1985.

Cannon, W., «Voodoo death», *Psychosomathic Medicine, 19,* pág. 183, 1957.

Carmelli, D. y otros, «Twenty-seven-year mortality in the Western Collaborative Group Study», *Journal of Clinical Epidemiology, 44,* pág. 1.341, 1991.

Dobson, A. J. y otros, «Heart attacks and the Newcastle earthquake», *Medical Journal of Australia, 155,* pág. 757, 1991.

Engel, G., «Sudden and rapid death during psychological stress», *Annals of Internal Medicine, 74,* pág. 771, 1971.

Kamarck, T. y Jennings, J. R., «Biobehavioral factors in sudden cardiac death», *Psychological Bulletin, 109,* pág. 42, 1991.

Katsouyanni, K. y otros, «Earthquake-related stress and cardiac mortality», *International Journal of Epidemiology, 15,* pág. 326, 1986.

Morse, D. R. y otros, «Psychosomatically induced death», *Stress Medicine, 7,* pág. 213, 1991.

Myers, A. y Dewar, H. A., «Circumstances attending 100 sudden deaths from coronary artery disease», *British Heart Journal, 37,* pág. 1.133, 1975.

Natelson, B. H. y Chang, Q., «Sudden death. A neurocardiologic phenomenon», *Neurological Clinics, 11,* pág. 293, 1993.

Siltanen, P., «Stress, coronary disease, and coronary death», *Annals of Clinical Research, 19,* pág. 96, 1987.

Trichopoulos, D. y otros, «Psychological stress and fatal heart attack», *The Lancet, 1,* pág. 441, 1983.

Problemas, conflictos y enfermedad

Boyce, W. T. y otros, «Influence of life events and family routines on childhood respiratory tract illness», *Pediatrics, 60,* pág. 609, 1977.

Chao, C. C. y otros, «Effects of immobilization stress on acute murine toxoplasmosis», *Brain Behavior and Immunity, 4,* pág. 162, 1990.

Eysenck, H. J., «Personality, stress and cancer», *British Journal of Medical Psychology, 61,* pág. 57, 1988.

Gross, W. B., «Effect of social stress severity on *E. coli* infection», *American Journal of Veterinary Research, 45,* pág. 2.074, 1984.

Hamilton, D. R., «Immunosuppressive effects of predator induced stress in mice», *Journal of Psychosomatic Research, 18,* pág. 143, 1974.

Jemmott, J. B. y Locke, S. E., «Psychosocial factors and human susceptibility to infectious diseases», *Psychological Bulletin, 95,* pág. 78, 1984.

Kasl, S. V. y otros, «Psychosocial risk factors in the development of infectious mononucleosis», *Psychosomatic Medicine, 41,* pág. 445, 1979.

Meyer, R. J. y Haggerty, R. J., «Streptococcal infections in families», *Pediatrics, 29,* pág. 539, 1962.

Rahe, R. H., «Anxiety and physical illness», *Journal of Clinical Psychiatry, 49,* págs. 26s, 1988.

Rosengren, A. y otros, «Psychological stress and coronary artery disease», *American Journal of Cardiology, 68,* pág. 1.171, 1991.

Russek, L. G. y otros, «The Harvard Mastery of Stress Study 35-year follow-up», *Psychosomatic Medicine, 52,* pág. 271, 1990.

Somervell, P. D. y otros, «Psychologic distress as a predictor of mortality», *American Journal of Epidemiology, 130,* pág. 1.013, 1989.

Vaillant, G. E., «Effects of mental health on physical health», *New England Journal of Medicine, 301,* pág. 1.249, 1979.

Vogt, T. y otros, «Mental health status as a predictor of morbidity and mortality», *American Journal of Public Health, 84,* pág. 227, 1994.

Hechos vitales

DeLongis, A. y otros, «Relationship of daily hassles, uplifts, and major life events to health status», *Health Psychology, 1,* pág. 119, 1982.

Lobel, M. y otros, «Prenatal maternal stress and prematurity», *Health Psychology, 11,* pág. 32, 1992.

Pagel, M. D. y otros, «Psychosocial influences on new born outcomes», *Social Science & Medicine, 30,* pág. 597, 1990.

Rabkin, J. G. y Struening, E. L., «Life events, stress, and illness», *Science, 194,* pág. 1.013, 1976.

Rahe, R. H. y Arthur, R. J., «Life change and illness studies», *Journal of Human Stress, 4,* pág. 3, 1978.

Sarason, I. G. y otros, «Life events, social support, and illness», *Psychosomatic Medicine, 47,* pág. 156, 1985.

La mente y el resfriado común

Broadbendt, D. E. y otros, «The prediction of experimental colds in volunteers by psychological factors», *Journal of Psychosomatic Research, 28,* pág. 511, 1984.

Canter, A., «Changes in mood during incubation of acute febrile disease and the effects of pre-exposure psychologic status», *Psychosomatic Medicine, 34,* pág. 424, 1972.

Cohen, S. y otros, «Negative life events, perceived stress, negative affect, and susceptibility to the common cold», *Journal of Personality and Social Psychology, 64,* pág. 131, 1993.

Cohen, S. y otros, «Psychological stress and susceptibility to the common cold», *New England Journal of Medicine, 325,* pág. 606, 1991.

Evans, P. D. y otros, «Minor infection, minor life events and the four day desirability dip», *Journal of Psychosomatic Research, 32,* pág. 533, 1988.

Graham, N. M. H. y otros, «Stress and acute respiratory infection», *American Journal of Epidemiology, 124,* pág. 389, 1986.

Stone, A. A. y otros, «Cold symptoms following rhinovirus infection and prior stressful life events», *Behavioral Medicine, 18,* pág. 115, 1992.

Totman, R. y otros, «Predicting experimental colds in volunteers from different measures of life stress», *Journal of Psychosomatic Research, 24,* pág. 155, 1980.

3

La máquina de la psique: toda la verdad

> Su sangre pura y elocuente
> hablaba en sus mejillas, y con tal claridad obraba
> que casi se podía decir que su cuerpo pensaba.
>
> John Donne,
> «Segundo aniversario», *Del progreso del alma* (1622)

¿De qué medios se vale la mente para influir en la propensión humana a la enfermedad? ¿Cómo pueden unos pensamientos o emociones incorpóreos producir un resfriado, por no hablar de una dolencia cardíaca o un cáncer? Al fin y al cabo, los resfriados son causados por virus, no por pensamientos. Hemos visto pruebas de que nuestros estados mentales y físicos se influyen mutuamente; lo que ahora necesitamos es una explicación de cómo lo hacen. Necesitamos un mecanismo.

En este capítulo examinaremos los caminos biológicos y psicológicos por los que la mente influye en la salud física, y, como veremos, cómo la salud física a su vez influye en la mente. Esta es la verdadera historia de cómo interactúan la mente y el cuerpo. Esta historia tiene tres líneas argumentales principales. En primer lugar, nuestra mente puede hacernos creer que estamos enfermos, tanto si lo estamos de verdad como si no en cualquier sentido clínico y objetivo. Nuestro estado psicológico y emocional afecta a nuestra percepción de los síntomas corporales y a nuestra reacción a esos síntomas. Esta es la conocida (y a menudo engañosa) connotación que esconden términos como «psicosomático». Pero la mente hace algo más que influir en nuestra percepción del bienestar físico: puede afectar realmente nuestra salud física. Llegamos ahora a las líneas segunda y tercera de la historia.

La mente incide en la salud física de dos maneras fundamentales: a través de nuestro comportamiento y, de modo más directo, a través de nuestra química corporal. Los factores psicológicos y emocionales pueden hacer que nos comportemos de manera poco saludable o autodestructiva, lo cual aumenta los riesgos de enfermedad, lesiones o muerte. Fumar es un ejemplo obvio. Mientras tanto, debajo de la superficie, nuestro estado mental puede alterar nuestra propensión a la enfermedad influyendo en los mecanismos de defensa biológicos del cuerpo, sobre todo en el sistema inmunitario.

La percepción de la enfermedad

Debemos hacer una distinción fundamental entre la situación en que una persona cree que está enferma y la enfermedad propiamente dicha, que es un trastorno médico definible que puede ser identificado objetivamente de acuerdo con unos criterios convenidos. Se puede padecer una enfermedad (como un cáncer o una enfermedad coronaria en fase inicial) y no sentirse mal. A la inversa, podemos sentirnos mal aun cuando el médico no pueda detectar ninguna prueba de enfermedad.

Muchas personas que terminan presentándose en la consulta del médico no padecen ninguna enfermedad orgánica identificable. Aunque aparentemente no tienen ningún mal físico, continúan acudiendo en gran número, afirmando (y, en la mayoría de los casos, creyéndolo de verdad) que están mal. A menudo se les llama, con términos un tanto tendenciosos, los «abatidos». Pero la mayoría de quienes padecen dolencias imprecisas y no diagnosticadas no fingen que están enfermos. Se sienten realmente enfermos, y su capacidad para llevar una vida normal puede verse afectada de modo significativo.

Según un informe del Real Colegio de Médicos y el Real Colegio de Psiquiatras de Gran Bretaña, nada menos que la mitad de las personas que acuden a consultas externas por razones aparentemente médicas padecen problemas psicológicos. Aunque tienen síntomas físicos como dolores, palpitaciones o dificultades respiratorias, no tienen ninguna enfermedad física detectable. Los médicos se centran en los síntomas físicos y no en los problemas psicológicos, lo cual es comprensible. Una consecuencia es que se malgastan enormes cantidades de tiempo y dinero en pruebas de diagnóstico y tratamientos para enfermedades de difícil aprehensión.

Los médicos tienen grandes dificultades para habérselas con una proporción importante de pacientes: al menos el 20 por 100. O bien sus dolencias no pueden diagnosticarse en absoluto, o bien, cuando se presenta un diagnóstico, el paciente lo considera inaceptable. El tratamiento de estos pacientes, en el caso de que llegue a prescribirse, es con frecuencia ineficaz, y continúan regresando a la consulta del médico una y otra vez, afligidos e insatisfechos. Son los pacientes «hundidos». Para entender lo que sucede debemos acudir una vez más a la mente.

La salud y la enfermedad forman un continuo. A menudo la línea divisoria entre una y otra es arbitraria, siendo un reflejo de nuestras percepciones y expectativas en la misma medida que lo es de nuestro verdadero estado de salud física. Nuestro estado psicológico y emocional afecta a nuestra sensibilidad a los síntomas corporales, a nuestra percepción e interpretación de esos síntomas y, finalmente, a nuestra propensión a recabar ayuda médica, tanto si esos síntomas son un reflejo de una enfermedad auténtica como si no.

Las personas que recaban asistencia médica lo hacen porque han notado ciertos síntomas, han llegado a la conclusión de que esos síntomas constituyen una dolencia real o potencial y han decidido actuar al respecto. Cada uno de estos pasos puede recibir influencias psicológicas y emocionales. Existen enormes diferencias entre un individuo y otro en lo que se refiere a la medida en que vigilan su salud; en su disposición a aguantar el dolor, las molestias y la preocupación; y en su disposición a hacer algo al respecto. Los procesos que culminan en la decisión de acudir a la consulta del médico dependen de factores exclusivos de cada individuo, como sus circunstancias sociales y económicas, su personalidad, su experiencia, su formación cultural y su composición genética. Mucho puede depender también de su estado psicológico y emocional de ese momento.

Cuando una persona se halla en estado de estrés o ansiedad, puede que acabe preocupándose por su salud. Hay más probabilidades de que note (o imagine) síntomas físicos; de que interprete esos síntomas como indicaciones de enfermedad; y de que su ansiedad por ellos alcance un grado suficiente como para acudir a la consulta del médico. También es posible que necesite más la atención personal que quizá no le están prestando los demás.

La excitación del despertar que acompaña a la ansiedad puede hacer que sean más perceptibles algunos síntomas corporales sutiles. Por otra parte, los cambios fisiológicos que a menudo acompañan a la ansiedad, como dolores de cabeza, retortijones de tripas o palpitaciones, pueden ser interpretados como síntomas de enfermedad. La mente puede crear inconscientemente una montaña médica de un grano de arena.

Nuestras percepciones no son las únicas que importan en lo que se refiere a evaluar nuestro estado de salud. Las percepciones de aquellos que están a nuestro alrededor también pueden desempeñar un papel importante. Las presiones sociales pueden reforzar, o incluso crear, la percepción de que estamos enfermos.

Imagínese que está sometido a un gran estrés. (Tal vez no sea necesario que se lo imagine.) Le han comunicado que se va a quedar sin empleo, su pareja le ha abandonado y su economía personal está en las últimas. A menos que sea excepcionalmente dueño de sí mismo, sus pautas de comportamiento registrarán sensibles cambios. Es posible que deje de atraerle la perspectiva de salir a tomar unas copas con los amigos; que se sienta deprimido, por lo que declinará las invitaciones sociales; que duerma mal y llegue al trabajo con aspecto cansado; que le preocupen sus problemas, por lo que su rendimiento se resentirá en consecuencia; que se vuelva irritable o estalle en sollozos; que deje de gustarle la comida y pierda peso, o quizá que se consuele comiendo y acumulando calorías.

Sus amigos y compañeros advierten estos cambios y hacen comentarios al respecto. No dejan de señalar que no tiene usted buen aspecto; debe de ser el estrés; quizá debería ir al médico. Ahora que lo piensa, no se siente usted maravillosamente. Esos dolores de cabeza y la constante fatiga podrían significar algo, y efectivamente ha perdido usted peso.

Se convence sin tardanza de que está enfermo. Por supuesto, ha leído suficientes artículos de revistas para saber que el estrés es malo para la salud. Se mete usted en la cama, o quizá sale a que le vea su médico. Por decirlo en el lenguaje de la psicología social, usted asume el «rol de enfermo». Ahora bien, puede que esté usted enfermo de verdad; como veremos, es indudable que el estrés puede hacernos más propensos a la enfermedad. Pero los procesos de pensamiento que le han conducido a la conclusión de que está enfermo fueron impulsados en gran parte por la presión social. En el proceso han intervenido las mentes de otras personas, además de la suya.

Pensemos, por ejemplo, en el caso de Colin Craven, el insufrible hipocondríaco del clásico infantil de Frances Hodgson *El jardín secreto.*

Colin, detestable y postrado en cama, ha sido tratado como un inválido, condenado a una muerte prematura, a pesar de que sólo tiene 10 años. Todas las personas que están en la órbita de Colin aceptan sin lugar a dudas que está destinado a ser un jorobado lisiado, en el supuesto de que viva, claro está. Refuerzan constantemente la creencia de Colin en su enfermedad, recordándole su debilidad e instándole a guardar reposo. Como era de esperar, la permanencia en la cama durante todo el día ha tenido un efecto gravemente debilitador sobre los músculos de

Colin; en las contadas ocasiones en que se levanta se siente realmente débil.

El grandísimo consentido yace en la cama todo el día, y los criados de la familia le aceptan todos los caprichos. Los sirvientes viven atemorizados por los berrinches histéricos de Colin y no se atreven a contradecirle. El ama de llaves reconoce en privado que Colin es víctima de la autocompasión y la hipocondría, pero no se le ocurriría decírselo a la cara. Para empeorar la situación, el médico de Colin es el primero de la fila para heredar las propiedades de la familia si Colin muere, y por tanto no es muy objetivo en lo que se refiere a la salud del niño. Se ha puesto buen cuidado en ignorar a un médico de Londres que ha tenido la temeridad de insinuar que Colin no está enfermo. Colin está inmerso en su corroedora hipocondría y en la más absoluta ignorancia de lo malcriado y poco razonable que es. Hasta que llega su prima Mary.

Mary (que tampoco es precisamente una joya de niña) echa por los suelos el supuesto estado médico de Colin en un ataque de resentimiento. Le dice a Colin sin rodeos que no hay la menor señal de bulto en su espalda y que lo único que le pasa es que es un histérico.

Al poner en entredicho la creencia incuestionable en la enfermedad de Colin, Mary tiene un efecto electrizante sobre él. El supuesto inválido no tarda en darse cuenta de que todo lo malo que hay en él es su patológico estado de ánimo. No hay bulto en la espalda; está delgado y pálido porque se niega a comer adecuadamente; y es débil porque está en la cama todo el día.

> Siempre que Colin se encerraba en su habitación y pensaba sólo en sus temores y su debilidad, en su aversión a la gente que le miraba, y pensaba en jorobas y muerte prematura, era un pequeño hipocondríaco histérico y medio loco que no sabía nada del Sol y la primavera, y tampoco sabía que podía ponerse bien y estar de pie si lo intentaba. Cuando nuevos y hermosos

> pensamientos comenzaron a expulsar a los viejos y horrendos, la sangre corrió saludablemente por sus venas y la fuerza le llegó como una inundación.

Con la ayuda de su prima Mary, su amigo proletario Dickon, de rosadas mejillas, y por supuesto el Jardín Secreto, Colin se transforma sin tardanza en una «joven cosa humana ridícula, adorable y sana» que anuncia al mundo que va a «vivir por siempre jamás».

Un ejemplo literario más delicado de una dolencia indeterminada puede hallarse en *Ana Karenina,* de Tolstói. La joven Kitty Shcherbatsky declina una proposición de matrimonio del honorable pero inexperto Levin, esperando recibir en cambio una propuesta del apuesto conde Vronsky. Cuando la proposición de Vronsky no se hace realidad, Kitty, como buena heroína decimonónica, se sume en un grave deterioro físico y mental que se prolonga durante varios meses. El asunto es grave, y todos se preocupan por la salud de la pobre muchacha. El médico de la familia de Kitty habla de su estado con un afamado especialista cuya ayuda ha sido recabada por la preocupada familia:

> —Pero naturalmente usted sabe que en estos casos hay siempre algún factor moral o emocional oculto —se permitió observar el médico de la familia con una leve sonrisa.
>
> —Sí, eso no hay ni que decirlo —respondió el afamado especialista.

Los familiares y amigos de Kitty están preocupados aun cuando saben perfectamente que su estado tiene orígenes esencialmente psicológicos. Kitty es descrita como «enferma por el amor de un hombre que la ha desairado». La salud de Kitty no mejora y se teme que pueda desembocar en un fatal desenlace, por lo que sus preocupados padres se la llevan a un viaje por el extranjero, en el curso del cual conoce a otra joven dama cuya enfermedad también «se debe a un asunto amoroso». El paso del tiempo y las distracciones que ofrece un viaje al extranjero ocasionan finalmente la recuperación de Kitty. Su enfermedad y su ausencia permiten también que las circunstancias evolucionen en su favor; regresa a Rusia, se casa con el fiel Levin y (a diferencia de la epónima Ana) vive felizmente a partir de entonces.

Otra manera de inmiscuirse los procesos mentales en la esfera de la salud física es a través de la necesidad universal de legitimidad. Cuando hemos decidido que estamos enfermos deseamos que otras personas, y especialmente nuestro médico, acepten que estamos enfermos de verdad y no simplemente haciéndonos los enfermos o siendo neuróticos. Consciente o inconscientemente, deseamos que nuestra supuesta enfermedad sea aceptada como auténtica y no sea rechazada como un producto de nuestra febril imaginación. Necesitamos legitimar nuestra enfermedad presentando al médico síntomas que sean aceptados como prueba de una enfermedad orgánica conocida. Al fin y al cabo, si no hay diagnóstico no hay tratamiento. Como hemos visto en el Capítulo 1, esto puede representar un problema auténtico para quienes padecen dolencias deficientemente comprendidas y controvertidas como el síndrome de fatiga crónica.

En su fascinante estudio histórico *From Paralysis to Fatigue,* Edward Shorter ha descrito cómo los síntomas físicos que caracterizan a las llamadas enfermedades psicosomáticas —esas dolencias imprecisas y no diagnosticables cuyas causas físicas resultan tan difíciles de aprehender— han evolucionado con el paso de los años para mantener el ritmo de lo que se considera prueba legítima de enfermedad. Así, en los siglos XVIII y XIX era corriente que las personas sucumbieran a la parálisis histérica, las convulsiones o «ataques de los vapores». La parálisis de las piernas era decididamente *de rigueur* entre las jóvenes damas acomodadas del siglo XIX. En nuestros días, algunos dirían que los síntomas de la fatiga crónica y las alergias se inscriben en la misma categoría.

El análisis histórico de Shorter es interesante por cuanto demuestra el poderoso efecto que las presiones sociales y las normas culturales ejercen sobre las pautas de los síntomas. En las sociedades industrializadas como Gran Bretaña y Estados Unidos, las expectativas generales de salud han mejorado considerablemente en las últimas décadas, y continúan mejorando. Como en tantas otras esferas de la actividad humana, una actitud consumista hacia la salud se ha convertido en la norma. La gente exige más en términos de su bienestar físico y mental, y está menos dispuesta a tolerar problemas de salud de poca importancia que deterioren su calidad de vida. Esa regla de oro esquiva —y probablemente ilusoria— de la salud total es exigida de modo creciente como un derecho aun cuando, citando a un experto, «la desviación, definida clínica o epidemiológicamente, es normal». Este énfasis en la salud positiva, en contraposición a la mera ausencia de enfermedad, se refleja en la explosión del interés por la medicina complementaria o alternativa.

Los inmensos avances en las condiciones de vida y en los conocimientos médicos han producido grandes aumentos de la esperanza de vida en muchos países en el siglo XX. Pero a pesar de ello somos aparentemente una panda de enfermos que cada vez están más enfermos, siempre que la enfermedad se defina en función de percepciones y comportamientos y no de medidas objetivas de la salud física [1]. Estudios realizados en Estados

[1] Más sutilezas verbales. Los términos dolencia, afección y enfermedad pueden tener connotaciones ligeramente distintas. Algunos autores han sugerido que «dolencia» debería limitarse a designar cómo se siente el paciente, mientras que «enfermedad» debería referirse únicamente al comportamiento manifiesto del paciente, como el hecho de recabar asistencia médica. Según este criterio, las personas pueden estar malas pero no enfermas, y viceversa. Para no complicar las cosas, empleo estos términos de modo más o menos intercambiable en su sentido coloquial más amplio.

Unidos a finales del decenio de 1920 hallaron un promedio de ocho episodios de enfermedad comunicados por cada diez personas estudiadas durante un período de varios meses, mientras que a comienzos de la década de 1980 la cifra equiparable era de veintiuna enfermedades; es decir, un aumento del 160 por 100. Si definimos enfermedad como solicitud de atención médica, una persona de nuestros días está «enferma» por término medio más de dos veces al año, en comparación con menos de una vez al año en el decenio de 1920. Estar enfermo es normal.

Naturalmente, lo que ha aumentado en el curso de las décadas no ha sido la verdadera incidencia de las enfermedades: ha sido nuestra sensibilidad a los achaques; nuestra tendencia a atribuirlos a enfermedades físicas; nuestra renuencia a aguantarlos; y nuestra disposición a recabar asistencia médica de un experto.

Dios nos libre, pero nos consta que algunos de nosotros nos hemos inventado alguna enfermedad táctica de carácter leve para salir de un apuro, quizá como excusa para evitar un terrible acto social o, de modo menos ostensible, para justificar nuestro deficiente rendimiento en un examen, en el trabajo o en nuestras relaciones personales. La mentira descarada no tiene por qué estar presente. Lo único que se necesita es un ligero autoengaño. Cuando la enfermedad se convierte en vía de escape de una situación desagradable o embarazosa, es muy fácil convencernos de que los síntomas son auténticos. El «dolor de garganta» que oportunamente permite que el niño presa de la ansiedad no tenga que actuar en el concierto escolar puede ser percibido como un dolor de garganta auténtico.

Nuestras mentes, como la de Colin Craven, pueden exagerar la gravedad e importancia de los síntomas, causándonos una aflicción innecesaria y haciendo perder tiempo al médico. Pero las percepciones pueden girar también en la dirección contraria. Un «fármaco» placebo inerte producirá en muchos casos asombrosas mejoras en los síntomas de un paciente, siempre que el paciente crea que se trata de una medicina auténtica y espere que surta un efecto beneficioso. (Volveremos sobre el efecto placebo más adelante; se trata de un ejemplo más de por qué la mente no puede separarse de la salud corporal, ni siquiera cuando nos hallamos ante enfermedades puramente físicas en apariencia.)

Todos tenemos la capacidad de borrar inconscientemente de nuestro pensamiento aquellas cosas que nos resultan demasiado incómodas o perturbadoras. Este mecanismo de defensa psicológico recibe el nombre de negación. Sin embargo, la capacidad de la mente para menospreciar o incluso ignorar síntomas tiene sus pros y sus contras. Ser excesivamente estoico o negligente acerca de nuestra salud entraña un riesgo.

Cuando una persona reacciona ante la enfermedad negando la realidad de sus síntomas, esta actitud puede ahorrarle el mal trago de tener que hacer frente a una realidad desagradable. Pero su negación puede ser decididamente peligrosa si impide que recabe atención médica a tiempo. La mujer que no repara en un bulto en su pecho, por ejemplo, o que decide no hacerle caso hasta que el cáncer de mama está en fase avanzada, puede pagar su despreocupación con la vida.

Es lamentable que haya menos probabilidades de que una persona recabe ayuda médica si le resulta difícil, incómodo o embarazoso, quizá porque está demasiado ocupada, o no puede pagar los honorarios, o simplemente porque tiene miedo de acudir al médico por una falsa alarma. Se sabe que es más probable que un ataque al corazón sea mortal durante el fin de semana, cuando es incómodo o potencialmente embarazoso buscar la ayuda de un experto médico. Podrían haberse salvado las vidas de innumerables víctimas de ataques cardíacos si éstas no hubieran atribuido equivocadamente su dolor en el pecho a una indigestión.

Las desastrosas consecuencias de la negación se exponen sombríamente en *Riceyman Steps*, de Arnold Bennett. El agarrado librero de Clerkenwell, Henry Earlforward, padece cáncer de estómago pero niega categóricamente que esté enfermo. Earlforward insiste en que se trata únicamente de una indisposición temporal y en que tiene una constitución de hierro.

Durante mucho tiempo la esposa de Earlforward interpreta la falta de interés de éste por la comida como un síntoma de su tacañería y no como un problema médico. Incluso cuando se hace evidente que está gravemente enfermo, el escuálido librero se niega a ser reconocido por un médico, y más aún a ingresar en un hospital. Su esposa le recrimina que le haya ocultado la gravedad de su enfermedad hasta que es demasiado tarde para hacer algo al respecto. Intenta por todos los medios persuadir a Henry de que acepte ayuda médica, pero se ve obligada a admitir que «nadie puede seguir luchando indefinidamente contra un colchón». Ante la indiferente obstinación de Henry, su esposa y el doctor abandonan finalmente sus intentos de ayudarle, y Earlforward muere efectivamente de cáncer, víctima de unas defensas psicológicas mal orientadas.

Tanto si una enfermedad es de origen psicológico como si no, es seguro que tendrá consecuencias psicológicas. Sentirse mal durante un tiempo es una experiencia psicológica debilitadora. Una de las ideas más sencillas pero importantes que espero transmitir en este libro es que las relaciones entre la mente, el cuerpo y la enfermedad funcionan en ambas direcciones. La mente afecta al cuerpo y por lo tanto a la salud física. A la inversa, la salud física afecta a la mente y por lo tanto a nuestros pensamientos, emociones y comportamiento.

Puede decirse que incluso la más trivial de las enfermedades produce alguna clase de reacción emocional, ya sea una leve irritación, ansiedad, ira, negación o depresión. Cuando las demás circunstancias son iguales, una enfermedad grave deberá provocar una reacción emocional más intensa que una enfermedad leve. Pero las demás circunstancias rara vez son iguales. La enfermedad significa cosas distintas para diferentes personas, y el solo hecho de que una enfermedad no suponga una amenaza para la vida no quiere decir que quien la padece no se vea afectado emocionalmente por ella. Un individuo que no haya experimentado previamente enfermedades, dolores o molestias importantes puede verse afectado por síntomas relativamente sin importancia que a una persona que ha padecido una serie de enfermedades graves pueden parecerle insignificantes.

Nuestras respuestas emocionales a la enfermedad pueden tener una relación decisiva con nuestra recuperación y nuestra salud futura. Si estar enfermo nos deprime, es posible que llegue a no importarnos seguir los consejos de nuestro médico o tomar nuestra medicina. Esta actitud, a su vez, puede impedir la recuperación. El que un paciente de cáncer cumpla o no cumpla estrictamente un programa de radioterapia o quimioterapia puede repercutir sobremanera en sus probabilidades de sobrevivir. Hay pacientes que simplemente se entregan y se hunden en el deterioro.

En casos extremos, la reacción emocional a una enfermedad puede resultar un problema mayor que la enfermedad misma. Una depresión grave es mucho más debilitadora y molesta que muchas dolencias físicas. Como veremos en el capítulo siguiente, la depresión grave también puede tener efectos nocivos sobre la función inmunitaria y la salud posterior, creando una espiral de decadencia. Los médicos y los pacientes ignoran por su cuenta y riesgo las consecuencias psicológicas y emocionales de la enfermedad.

Finalmente, ruego al lector que no se quede con la impresión de que la percepción que un individuo tiene de su salud es un índice carente por completo de sentido o engañoso, que sólo indica su grado de hipocondría. Todo lo contrario. La investigación ha demostrado que en ciertos aspectos la percepción es una buena guía de la realidad. Aunque nuestro juicio subjetivo no es siempre un índice exacto de nuestro estado de salud en un momento dado, supone un predictor razonablemente satisfactorio de nuestro riesgo a largo plazo de morir prematuramente.

Por muy deprimente que resulte el que usted sea un archihipocondríaco, la investigación indica que las personas que creen que no están sanas mueren más jóvenes por término medio. Por otra parte, la importancia de las percepciones es evidente por razones prácticas y económicas: las percepciones que las personas tienen de su salud, en lugar de ser mediciones objetivas de salud, son lo que determina en gran parte su uso inicial de servicios médicos.

Mal comportamiento

> Sexo, drogas y rock and roll
> es todo lo que mi cerebro y mi cuerpo necesitan.
> Ian Dury, «Sexo, drogas y rock and roll» (1977)

> Un primo mío que trabajó como cirujano de urgencias en Manhattan me cuenta que él y sus colegas tenían un término específico para referirse a los motoristas: donantes. Espeluznante.
> Stephen Fry, *Paperweight* (1992)

La mente puede tener profundas repercusiones en la salud física del cuerpo mediante la alteración de nuestro comportamiento. Factores psicológicos y emocionales pueden predisponernos a hacer toda clase de cosas poco saludables y autodestructivas. La autodestrucción puede ser absoluta y repentina, como en los casos de suicidio o los accidentes mortales, o gradual y acumulativa, como en el consumo de tabaco.

El estrés y la ansiedad, por ejemplo, pueden impedir que durmamos adecuadamente y hacernos más proclives a fumar, beber cantidades excesivas de alcohol, comer demasiados alimentos mal elegidos, omitir la ingestión de nuestra medicina, descuidar el ejercicio físico, consumir drogas recreativas nocivas, permitirse un comportamiento sexual arriesgado, conducir a velocidad excesiva sin llevar puesto el cinturón de seguridad, sufrir un accidente violento o incluso suicidarse (aunque normalmente no todas estas cosas a la vez).

Ana Karenina ofrece un imponente catálogo de comportamiento autodestructivo generado por trauma psicológico y emocional. Ana abandona a su esposo, el anodino burócrata Karenin, por el dinámico conde Vronsky. Pero su amor está condenado al fracaso, y las presiones emocionales sobre Ana se van acumulando hasta llegar a un clímax mortal.

Como preámbulo a su autodestrucción final, Ana está a punto de morir al dar a luz a la hija ilegítima de Vronsky. En lo que piensa que son sus últimas horas parece reconciliarse con su esposo. Loco de tormento emocional por este giro de los acontecimientos, Vronsky se marcha y se pega un tiro, aunque no mortal. Pese a que Vronsky es oficial del ejército, y por tanto presumiblemente capaz de atinar a su corazón con una bala disparada a quemarropa, no da en el blanco. Queda gravemente herido —lo suficiente para convertir el hecho en un gesto parasuicida significativo— pero no muere. Ana y la niña se van a vivir con Vronsky, pero su esposo le niega el divorcio, y Ana se convierte en una marginada de la sociedad. La tensión de su posición hace que Ana sea cada vez más inestable, y desarrolla delirios paranoides acerca de la supuesta infidelidad de Vronsky. Consumida por la locura de su pasión, Ana decide súbitamente que debe poner fin a su tormento y castigar a Vronsky por sus imaginadas fechorías quitándose ella la vida. Como es bien sabido, Ana termina sus días bajo las ruedas de un tren:

> «Ahí —se dijo a sí misma, mirando bajo la sombra de los vagones la mezcla de arena y carbonilla que cubría las traviesas—. Ahí, en el centro, y le castigaré a él y escaparé de todos y de mí misma.»

Y así lo hace. Pero hay más. Casi enloquecido de dolor por

la muerte de Ana, el desconsolado Vronsky se presenta voluntario para combatir, y probablemente para morir, en una guerra entre serbios y turcos. Vronsky ha dejado de otorgar valor a su vida y saborea la perspectiva de la muerte: «Me alegro de que haya algo por lo que pueda librarme de la vida que no sea simplemente inútil sino aborrecible para mí. Todo el mundo es bienvenido a ello...»

El melodrama del suicidio de Ana Karenina y el deseo de morir de Vronsky son decididamente comedidos en comparación con las poses afectadas de Werther, el héroe suicida de *Las desventuras del joven Werther,* de Goethe. Este ejemplo dieciochesco de sentimentalismo teutónico desbocado cuenta la trágica historia de un joven desequilibrado que se quita la vida después de una desafortunada dosis de amor no correspondido.

La historia es sencilla pero eterna. Werther ama a Lotte. ¡Oh, cómo la ama! Pero, lamentablemente, no puede conseguirla. Lotte está prometida ya al respetable Albert, y no tarda en casarse con él, dejando a Werther regodearse en el exceso emocional. Werther derrama mil lágrimas en un momento y «rebosa de embeleso» al siguiente, y cada paso del camino es narrado en copiosas cartas a su sufrido amigo Wilhelm. Así que no es de extrañar que, privado de su verdadero amor, Werther decida terminar con todo. Como no podía ser menos, a la decisión del suicidio sólo se llega después de mucho golpe de pecho, rechinar de dientes, derramamiento de lágrimas y languidecimiento general en la melancolía, y mientras tanto se puede perdonar al lector poco comprensivo si comienza a instar al muchacho a poner manos a la obra de una buena vez. Pero incluso cuando Werther se decide por fin a apretar el gatillo, tarda varias horas en morir.

Dicho sea de paso, el trágico relato del joven Werther tuvo repercusión ciertamente profunda en la salud de algunos lectores. Tal fue la resonancia de la obra de Goethe en el espíritu romántico de la época, que el libro desencadenó una epidemia de suicidios por imitación y consiguientemente fue prohibido en muchos lugares [2].

Todas las causas principales de fallecimiento en los países industrializados —entre ellas las enfermedades cardíacas, el cáncer, las lesiones ocasionadas por accidentes y el sida— dependen en cierto grado de nuestro comportamiento. El tabaco, los hábitos alimentarios, el consumo de alcohol, el ejercicio físico, las pautas de sueño, el comportamiento sexual y la decisión de ponerse el cinturón de seguridad, por citar sólo algunas, tienen repercusiones en nuestra salud y nuestro bienestar.

En las sociedades industrializadas, por ejemplo, las lesiones causadas por los accidentes y la violencia representan ya al menos la mitad del total de defunciones entre los varones jóvenes: un hecho que no carece totalmente de relación con las características de comportamiento de los varones jóvenes. En casos extremos, las personas que están muy deprimidas o desilusionadas se suicidan o se comportan deliberadamente de una manera que parece buscar lesiones graves o la muerte. Una depresión grave puede conducir a un comportamiento autodestructivo. Además de hacernos actuar de manera decididamente poco saludable, factores psicológicos como la ansiedad, el estrés o la depresión también pueden impedirnos emprender actividades beneficiosas para la salud, como la actividad física o las relaciones sociales con otras personas.

En ciertos casos, como un accidente de automóvil o el suicidio, la relación causal entre el comportamiento y el daño subsiguiente es ciertamente obvio, y no es preciso un conocimiento profundo de la ciencia médica para entenderlo así. Gracias a la

[2] *Las desventuras del joven Werther* era una obra de carácter semiautobiográfico, basada en el amor no correspondido de Goethe por una tal Charlotte Buff. La muy imitada (y parodiada) novela de Goethe fue un éxito de ventas inmediato en toda Europa. Inspiró una oleada de productos derivados: hubo óperas, poemas, obras de teatro, novelas, figuras de cera, canciones, figuras de porcelanas, joyas y pinturas. Hubo incluso un perfume: *Eau de Werther.*

educación y a la constante repetición en los medios de comunicación, también son ampliamente conocidas otras relaciones menos obvias entre el comportamiento y la salud. La opinión pública acepta la existencia de vínculos entre el tabaco y toda clase de enfermedades mortales; entre la indolencia y las enfermedades cardíacas; y entre el sexo sin protección y el sida.

Una cruda ilustración de cómo el comportamiento afecta a la salud nos la ofrece el sida. La incidencia de la infección por VIH y del sida presenta enormes variaciones geográficas. Por ejemplo, la incidencia del sida en Honduras es catorce veces más alta que en la vecina Guatemala. Incluso dentro de un mismo país o de una misma ciudad hay grandes variaciones en las tasas de infección entre diferentes grupos sociales.

Desde que se descubrió que el retrovirus VIH era el agente causal del sida, en 1983, se ha hecho evidente que estas grandes variaciones tienen su origen primordialmente en diferencias en el comportamiento de las personas, especialmente su comportamiento sexual, que sigue siendo la vía por la que el virus se transmite en la inmensa mayoría de las infecciones por VIH. Se acepta generalmente que ha de transcurrir al menos una década antes de que dispongamos de una vacuna o un remedio prácticos para el VIH/sida[3]. Mientras tanto, el único medio eficaz con que contamos para limitar su propagación consiste en cambiar nuestro comportamiento.

Hay muchas pautas de comportamiento corrientes que matan a las personas gradualmente, aunque en gran cantidad. El consumo de tabaco es el principal ejemplo. Ya en 1604, el rey Jacobo I de Inglaterra, en su tratado *A Counterblast to Tobacco,*

[3] Una vacuna contra el VIH debe cumplir varios criterios exigentes para que sea realmente eficaz y viable a escala mundial. Además de conferir inmunidad de por vida contra el virus de una vez, la vacuna debe ser barata, de fácil administración (idealmente, por vía oral), segura, estable cuando se almacene en climas adversos y eficaz contra todas las cepas de VIH. Son unos requerimientos muy difíciles.

no se andaba con miramientos cuando calificaba el moderno hábito de fumar de:

> Una costumbre detestable para la vista, aborrecible para la nariz, dañina para el cerebro, peligrosa para los pulmones, y por la emanación negra y hedionda que desprende, es lo más parecido al horrible humo estigio del pozo sin fondo.

Fumar es la cosa más peligrosa que la mayoría de las personas harán en su vida. En la actualidad, las enfermedades relacionadas con el tabaco representan del 15 al 20 por 100 del total de muertes, y sólo en Gran Bretaña se traducen en más de 100.000 muertes prematuras al año. Fumar aumenta en gran medida el riesgo de cáncer de pulmón, que ya es el cáncer mortal más habitual en Gran Bretaña. Los fumadores tienen diez veces más probabilidades de morir de cáncer de pulmón que los no fumadores, y del orden del 90 por 100 de los casos de cáncer de pulmón son imputables al tabaco.

Fumar aumenta también los riesgos de otras enfermedades mortales o debilitadoras, como las dolencias cardíacas coronarias (la primera causa de muerte en la mayoría de los países industrializados), la bronquitis crónica, el enfisema y el cáncer de esófago, vejiga y páncreas. La cuarta parte de las muertes por enfermedades cardíacas coronarias están relacionadas con el tabaco. Por si no fuera suficiente, fumar causa complicaciones en el nacimiento y duplica el riesgo de aborto en la mujer embarazada.

Pensemos en estas estadísticas de la British Medical Association. El riesgo medio de morir de leucemia antes de un año es de 1 entre 12.500, aproximadamente. El riesgo medio de morir en un accidente de automóvil es de 1 entre 8.000. Si tiene usted, por ejemplo, 40 años de edad, el riesgo de que muera por causas naturales de cualquier clase en los doce meses próximos es de 1 entre 850. Sin embargo, si usted fuma diez cigarrillos al día, sus probabilidades de morir en el plazo de un año es de 1 entre 200. Dicho de otro modo: tomemos una muestra aleatoria de 1.000 varones jóvenes fumadores; sobre la base de datos actuariales, puede predecirse con certeza que uno de estos jóvenes será asesinado finalmente, seis morirán en la carretera y 250 morirán prematuramente debido a los efectos del tabaco.

Es evidente que el fumar está estrechamente ligado a lo que sucede en la mente de las personas. Las razones por las que los individuos comienzan a fumar y por las que después les resulta imposible dejarlo no son sencillas ni son bien conocidas. Estudios psicológicos de fumadores han confirmado, sin embargo, la verdad de varios supuestos generalizados.

Es efectivamente cierto que las personas que están deprimidas o sometidas a estrés tienen más probabilidades de fumar (y, en consecuencia, más probabilidades de morir de cáncer de pulmón). Los fumadores experimentan realmente un deseo más fuerte de fumar en épocas de mayor ansiedad. Para agravar sus problemas, el estrés psicológico está asociado a una tasa mayor de fracaso entre los fumadores que intentan dejar el hábito. Un estudio a largo plazo de fumadores descubrió que los individuos que habían padecido depresión incluso nueve años antes tenían un 40 por 100 menos de probabilidades de coronar con éxito sus intentos de dejar de fumar.

La situación empeora. Los mismos factores psicológicos y emocionales que hacen que la gente tenga propensión a fumar les inducen a hacer también otras cosas poco saludables. La investigación ha demostrado que los fumadores moderados a empedernidos son, por término medio, significativamente menos conscientes de cuestiones relacionadas con la salud, mantienen actitudes menos favorables hacia un comportamiento saludable y tienen una forma de vida generalmente menos saludable en comparación con los no fumadores o poco fumadores. (A la inversa, las pautas de comportamiento sanas también se presentan agrupadas; investigadores de la facultad de medicina de la Universidad de Harvard descubrieron que los individuos que sólo bebían café descafeinado también tendían a comer mucha verdura, a hacer ejercicio regularmente y a usar los cinturones de seguridad.)

Además de impulsar a fumar, el estrés también está vinculado con el aumento del consumo de alcohol, al menos en ciertos tipos de individuo. Las repercusiones para la salud del exceso de bebida pueden ser profundas. Aproximadamente el 20 por 100 de los pacientes internos varones de los hospitales británicos tienen problemas relacionados con el alcohol. El alcohol puede pudrir el hígado y matar a las personas en accidentes causados por su consumo (aunque el alcohol no es la única droga recreativa capaz de perjudicar la salud: hay pruebas razonablemente satisfactorias, por ejemplo, de que la marihuana perjudica el sistema inmunitario, con consecuencias potencialmente adversas para la salud de los usuarios a largo plazo).

Los peligros del mosto se describen de forma divertida en *Otelo*. El intrigante Yago convence al honrado Cassio de que beba y éste se emborracha a modo, y como consecuencia se mete en líos de consideración y pierde su trabajo. Cuando se le pasa la borrachera, Cassio se lamenta de la pérdida de su reputación y maldice al demonio de la bebida:

> ¡Emborracharse! ¡Y parlotear como un loro! ¡Y disputar! ¡Baladronear! ¡Jurar! ¡Y discursear como un pelafustán con su propia sombra!... ¡Oh tú, espíritu invisible del vino! ¡Si careces de nombre con que se te pueda conocer, llamémoste demonio! [...] ¡Oh! ¡Que los hombres se introduzcan un enemigo en la boca para que les robe los sesos! ¡Que constituya para nosotros alegría, complacencia, júbilo y aplauso convertirnos en bestias!

La literatura está bien surtida de personajes que se dan a la bebida como reacción a crisis emocionales o a la infelicidad, y el alcohol les lleva a la tumba prematuramente. Están los borrachos jaraneros que beben para huir del aburrimiento o la pobreza, como el Sebastian Dangerfield de *Hombre de mazapán,* de J. P. Donleavy. Hay borrachos decididos que beben para escapar de la pena. En *Cumbres borrascosas,* el desdichado Hindley Earnshaw se convierte en un alcohólico empedernido después de la muerte de su esposa (de consunción, naturalmente) y termina en la tumba cuando sólo cuenta 27 años. Y están los borrachos sin norte que beben para olvidar su propia falta de sentido. En *Hermosos y malditos,* de F. Scott Fitzgerald, por ejemplo, tenemos a Anthony Patch, un joven independiente, adinerado y culto malogrado por la indolencia, el aburrimiento y la melancolía. Un matrimonio turbulento y la voluntaria ociosidad le impulsan al alcoholismo autodestructivo, y Patch degenera en «Anthony el pobre de espíritu, el hombre débil y destrozado con los ojos inyectados en sangre».

Por cierto, en lo que se refiere a la destrucción por el alcohol, el historial de los médicos apenas conoce rival. En cuanto profesión, ocupan el segundo puesto, superados únicamente por los propietarios y empleados de tabernas y bares en la clasificación de muertes por enfermedades hepáticas relacionadas con el alcohol. El médico tiene 3,4 veces más probabilidades que el trabajador medio de morir de cirrosis hepática. Según una evaluación de 1995, nada menos que uno de cada doce médicos británicos es adicto al alcohol, las drogas o ambas cosas, gracias principalmente al enorme estrés al que la mayoría de ellos están sometidos constantemente. (Pero no debería mostrarme demasiado autosuficiente en relación con la estadística, pues los «trabajadores literarios y artísticos» también salen mal parados, con una tasa de mortalidad por cirrosis que duplica la media.)

Por otra parte, el consumo moderado de alcohol puede ser una barrera eficaz contra el estrés, y también en este caso la ciencia no ha logrado verificar hasta fechas recientes la experiencia cotidiana de miles de años. Estudios psicológicos han confirmado lo que innumerables millones de personas han descubierto por sí mismas, a saber que cuando estamos sometidos a estrés, a menudo sentimos menos ansiedad si bebemos alcohol. (La ingestión moderada de alcohol también parece reducir el riesgo de enfermedades cardíacas coronarias, pero eso es otra historia.) La opinión de Winston Churchill era clara: «He sacado más del alcohol de lo que el alcohol ha sacado de mí.»

No es sorprendente que el alcohol tenga su lado bueno. Al fin y al cabo, es una parte íntima de la vida humana desde el alborear de la civilización. El alcohol se utilizaba con fines medicinales (en sentido literal, no eufemístico) hace más de 4.000 años, y probablemente se trasegaba con fines recreativos mucho antes.

Existen diversas opiniones acerca de cuándo el ser humano descubrió los placeres derivados de empinar el codo, pero hay pruebas de que en Transcaucasia se bebía vino hace 8.000 años, mucho antes de la invención de la rueda. Algunas autoridades sostienen que el hombre de la Edad de Piedra cultivaba la vid hace 10.000 años. La viticultura era una práctica arraigada en Oriente Medio en el año 4000 a.C., y formaba parte de la vida cotidiana en Egipto y Mesopotamia. Algo querrá decir el hecho de que el vino se mencione 150 veces en el Antiguo Testamento.

Están también los beneficios sociales que reporta el beber en comunidad, que se unen a los placeres puramente farmacológicos del alcohol. Samuel Johnson hablaba en nombre de muchos cuando declaraba: «No hay nada ideado por el hombre que produzca tanta felicidad como una buena taberna u hostería.»

Pero las cosas que nos dan placer entrañan riesgos, y nuestra evaluación de esos riegos es muy deficiente. Al mismo tiempo que exageramos los peligros que representan amenazas poco frecuentes o exóticas como accidentes aéreos, asesinatos, accidentes nucleares o ataques de tiburones, tendemos a hacer caso omiso de los riegos de asesinos habituales como las dolencias cardíacas o los accidentes de automóvil. Somos especialmente proclives a subestimar los riesgos derivados de nuestro propio comportamiento, como el hábito de fumar, los desplazamientos en automóvil, el consumo excesivo de alcohol o el sexo sin protección.

Los fumadores admiten ya el poco apetecible hecho de que su comportamiento aumenta significativamente su riesgo de morir prematuramente de dolencias cardíacas o cáncer. Sin embargo, la investigación psicológica ha establecido que subestiman gravemente la magnitud de ese riesgo. Existe entre los fumadores una «distorsión optimista» constante de los riesgos para la salud que perciben; saben que fumar es malo para ellos pero no reconocen en qué medida es malo. No importa con qué frecuencia se citen las estadísticas: ellos no parecen enterarse. Una de las razones que explican que las consecuencias sanitarias del hábito de fumar tengan una repercusión tan apagada en la percepción de las personas es el gran lapso de tiempo, a menudo medido en décadas, que transcurre entre el momento en que se comienza a fumar y el momento en que se cae enfermo.

Si usted es teleadicto, tiene sobrepeso, es adicto al tabaco, bebe y le encantan los fritos, puede encontrar algo de consuelo en el hecho de que los intentos de vivir de manera sana de los demás pueden salir mal. Las dietas, por ejemplo, fracasan casi invariablemente en su objetivo de producir el resultado deseado de una pérdida de peso sostenida. La sensación de fracaso personal que sobreviene cuando las básculas apuntan de nuevo hacia arriba puede producir una caída perjudicial de la autoestima y la sensación de pérdida del control; la respuesta de los dietistas frustrados puede ser el abandono de la dieta y, por tanto, el retorno a una gordura aún mayor. La madre naturaleza también conspira contra la persona que sigue una dieta seriamente. Las personas cuyo peso corporal oscila debido a las dietas tienen más riesgo de morir prematuramente por enfermedades cardíacas coronarias u otras causas. Las dietas fallidas pueden ser malas para la salud, y la mayoría de las dietas son fracasos en última instancia.

¿Qué nos dice la literatura acerca de la autodestrucción a través del comportamiento? La ficción está plagada de protagonistas que se exponen de modo temerario al peligro, descuidan su salud o se encaminan a una muerte prematura debido a una gran infelicidad o a desconcierto emocional.

Un caso temprano de autodestrucción aparece en *La muerte de Arturo,* la versión de las leyendas del rey Arturo y los caballeros de la Tabla redonda escrita por Thomas Malory en el siglo XV. Es la triste historia de la Bella Doncella de Astolat y su amor por Lanzarote condenado al fracaso.

El valiente, noble e irresistiblemente atractivo Lanzarote llega en su cabalgadura a Astolat de camino a una justa, y pasa la noche allí en el hogar del anciano barón Bernardo de Astolat. Bernardo tiene una hermosa, virginal y joven hija, la Bella Doncella de Astolat, que de inmediato queda prendada de Lanzarote. Thomas Malory dice con mucha gracia que la doncella está «encendida» de amor por el noble caballero: «Pues él es el primer hombre del mundo al que he amado, y en verdad que será el último que ame.» (Astolat, por cierto, es Guildford y el nombre de la doncella es Elaine. Afortunadamente, «la Bella Doncella de Astolat» tiene más resonancia artúrica que «Elaine de Guildford».)

Lanzarote es herido de gravedad y la Bella Doncella acude a cuidarle. Noche y día le cuida, hasta que sus heridas sanan y Lanzarote se muestra dispuesto a seguir su camino. La Bella Doncella de Astolat suplica a Lanzarote que se case con ella o, de no ser así, al menos que se acueste con ella. Pero el cabal caballero no aceptará el matrimonio y se niega a deshonrar a la Bella Doncella librándose a aventuras extramatrimoniales. Ella le ruega de nuevo que sea su esposo o su amante, pero en vano. «Entonces, ay, debo morir por vuestro amor», dice la doncella. El noble caballero parte de Astolat para reanudar el auténtico trabajo del hombre (el combate), abandonando a la emocionalmente destrozada Bella Doncella de Astolat. El estado mental y el comportamiento autodestructivo de ésta pronto causa estragos en su salud física:

> Ahora hablamos de la Bella Doncella de Astolat, que tenía tal pena día y noche que nunca dormía, comía ni bebía. [...] Y cuando había aguantado de este modo diez días, que tan débil estaba que debía partir de este mundo, se purificó por medio de la confesión y recibió a su Creador. [...]
>
> —Es la voluntad de Dios que muera por el amor de tan noble caballero. [...] He amado a este noble caballero, Lanzarote, fuera de medida, y por mí misma, Señor, no soportaré el ferviente amor por el que llega mi muerte.

Palabras verdaderas de la Bella Doncella de Astolat, porque muy pronto muere. En su mano sostiene con firmeza una carta en la que proclama su amor por Lanzarote. Ese amor ha mandado a la Bella Doncella a la muerte, una muerte a la que llega a través de su comportamiento.

El comportamiento insensato unido a la angustia emocional puede destruir la salud física de un individuo, tal como se ilustra en *Jude el oscuro,* la novela de Thomas Hardy que trata de «una guerra a muerte entre la carne y el espíritu».

Jude Fawley, un joven autodidacta de origen modesto, aspira a salir de su nada hermosa aldea y entrar en los sagrados portales de la Universidad de Christminster (Oxford). Pero las restricciones impuestas a Jude por la clase social y la pobreza le obligan a abrirse camino como humilde cantero. La vida romántica del protagonista es tan frustrante y carente de éxito como su vida académica. Después de verse atrapado en un malhadado matrimonio con la hija de un criador de cerdos, se enamora de su prima Sue. La pareja está unida por una afinidad casi mística, pero Sue le abandona para casarse con un hombre más viejo. Los amantes se reúnen finalmente y viven juntos, sin casarse y condenados por la sociedad, en la pobreza y la infelicidad. Por último, Jude pierde a Sue, que regresa con su marido.

Después de fracasar en su aspiración de satisfacer sus deseos intelectuales y románticos, Jude se sume en la decandencia física y mental. Como muchos héroes trágicos del siglo XIX, sucumbe a una enfermedad consuntiva que a la postre resulta terminal. El comportamiento de Jude agrava su estado médico. Con despreocupada indiferencia hacia su salud, emprende un largo viaje a pie bajo una lluvia torrencial para ver a Sue por última vez. Ésta rechaza sus súplicas y Jude regresa a Christminster, física y emocionalmente deshecho. Pero, tal como Jude explica a su ex esposa, cuando emprendió el viaje era plenamente consciente del riesgo que corría su salud:

> Decidí que un hombre recluido en su cuarto por la inflamación de los pulmones, un sujeto al que sólo le quedaban dos deseos en la vida, ver a una mujer en particular y después morir, podía colmar estos dos deseos de una sola vez emprendiendo este viaje bajo la lluvia. Eso es lo que he hecho. La he visto por última vez, y he acabado conmigo; he puesto fin a una vida febril que nunca debería haber comenzado.

Jude muere finalmente, solo y abandonado, cuando aún no ha cumplido 30 años. Hardy adopta implícitamente una visión pluricausal de la enfermedad final de Jude, pues los factores ambientales y constitucionales desempeñan un papel en ella, junto con el estrés psicológico[4]. Su angustia emocional por la

---

[4] En *Jude el oscuro* pueden encontrarse otros episodios esclarecedores, entre ellos un buen ejemplo de una enfermedad provocada por factores emocionales. Aun cuando en realidad ama a Jude, Sue se casa con un hombre más viejo, el maestro de escuela Phillotson. Sin embargo, Sue se niega a dormir con Phillotson y el desdichado maestro accede finalmente a dejarla marchar a vivir con Jude. Se produce un gran escándalo y se celebra una tumultuosa asamblea en la que se condena rotundamente la decisión de Phillotson:

pérdida de Sue y la muerte de sus hijos han actuado como desencadenante, pero la enfermedad también tiene antecedentes en la débil constitución de Jude y en las duras condiciones que hubo de soportar mientras era cantero:

> Lo cierto es que nunca he sido lo bastante robusto como para trabajar la piedra, sobre todo la colocación. Mover los bloques siempre me sometía a excesiva tensión, y aguantar las corrientes de aire en los edificios antes de que las ventanas estuvieran colocadas siempre me causaba resfriados, y creo que fue eso lo que comenzó a hacerme daño por dentro.

La mayoría de nosotros morimos antes de lo que deberíamos a causa de la manera de comportarnos y las decisiones que tomamos. Personalmente, sin embargo, siento cierta simpatía

---

> Cuando Phillotson vio correr la sangre por el rostro del rector, deploró casi entre gemidos las indecorosas y degradantes circunstancias, se lamentó de no haber renunciado a su puesto cuando le habían invitado a ello, y regresó a su casa tan enfermo que a la mañana siguiente no pudo levantarse de la cama. El triste pero ridículo hecho fue el comienzo de una grave enfermedad para él, y yació en su solitaria cama en el patético estado mental de un hombre de mediana edad que por fin se da cuenta de que su vida, intelectual y doméstica, tiende al fracaso y la melancolía.

Más adelante, Jude y Sue viven una gran tragedia. «Pequeño Padre Tiempo», el melancólico hijo de Jude en su primer y breve matrimonio, mata a los otros dos hijos de Jude y Sue y se ahorca. Sue se halla en avanzado estado de gestación en ese momento. La impresión causada por esta horrible tragedia provoca un parto prematuro y el niño nace muerto. Otra de las creaciones de Hardy que adelanta su propia muerte mediante el descuido de sí mismo es Giles Winterborne, en *Los habitantes del bosque*. Giles yace enfermo en su casita del bosque cuando su antiguo amor, Grace, se refugia allí. Ahora es la esposa de otro hombre, y el estoicismo y la extrema corrección de Giles hacen que insista en que Grace se quede dentro de la casa mientras él duerme fuera bajo un resguardo deplorablemente inadecuado. Estalla una tormenta y Giles se debilita debido a la fiebre, pero declina la invitación de Grace a entrar con ella en la cabaña. Giles comienza a delirar y muere, víctima de su personalidad pasiva y resignada y su rígido código moral.

por Publilius Sirus, que hace 2.000 años expresaba esta opinión: «Viven enfermos quienes esperan vivir siempre.»

La mente sobre la materia inmune

> Los anchos hombros y el gran pecho de Tarrou no eran sus mejores armas, sino más bien aquella sangre que Rieux había hecho brotar con la aguja y, en esa sangre, algo que era más interior que el alma y que ninguna ciencia sería capaz de traer a la luz.
>
> Albert Camus, *La peste* (1947)

Pasamos ahora a un mecanismo menos visible, pero no menos importante, por el cual la mente y el cuerpo interactúan para afectar a la salud: el sistema inmunitario. Uno de los acontecimientos más importantes de los últimos años ha sido el descubrimiento de numerosos caminos biológicos que conectan el cerebro con los mecanismos defensivos y reguladores del cuerpo. A través de estos caminos, el sistema biológico que subyace a nuestros pensamientos, emociones y comportamientos —el cerebro— puede ejercer una influencia omnipresente sobre el sistema biológico que defiende el cuerpo de la mayoría de las formas de enfermedad: el sistema inmunitario.

Nuestra salud física depende de modo fundamental de cómo funcione nuestro sistema inmunitario. Una de las razones por las que la persona que padece estrés psicológico es más propensa a los resfriados y las infecciones es porque su sistema inmunitario es menos capaz de resistir cuando es expuesta a virus o bacterias patógenos. En los capítulos siguientes analizaremos las múltiples formas en que la mente y el sistema inmunitario se afectan mutuamente. Pero antes es preciso aclarar algunas cuestiones básicas.

Hasta ahora me he referido de modo un tanto general a la

repercusión de la mente sobre el sistema inmunitario, como si el sistema inmunitario fuera un ente homogéneo cuyas actividades pudieran medirse de manera sencilla, como la temperatura o la tensión arterial. En realidad, el sistema inmunitario es un ente increíblemente complejo cuyo complicado funcionamiento dista mucho de ser comprendido plenamente. La inmunología es una de las ramas de la ciencia que ha dado los saltos más espectaculares en cuanto a comprensión en los últimos treinta años, pero aún le queda un largo camino que recorrer. Para desentrañar cómo influye la mente en la salud física debemos establecer primero qué hace y cómo funciona el sistema inmunitario.

Comprender la inmunidad

El sistema inmunitario es una de las grandes maravillas de la naturaleza, sólo parangonable al cerebro en cuanto a complejidad y elegancia de diseño. Es un sistema de defensas biológicas en varias capas cuyo fin primordial es defender al cuerpo de bacterias, virus, hongos, parásitos, toxinas, células cancerosas y otros agentes patógenos. El sistema inmunitario es efectivamente un sistema, en el sentido estricto del término: una serie sumamente compleja y coordinada de elementos interrelacionados e interactivos.

Al igual que la economía de un país, el sistema inmunitario no está situado exclusivamente en un lugar. De hecho, las células del sistema inmunitario están extendidas por todo el cuerpo. La mayoría están situadas en aquellos órganos cuya finalidad le parece a menudo ligeramente misteriosa al profano: el timo (situado en la base del cuello); el bazo (debajo y detrás del estómago); los ganglios linfáticos (nódulos de tejido localizados en las axilas, las ingles, detrás de las orejas y otros lugares); la médula ósea; las amígdalas; y recónditos puntos del intestino (placas de Peyer y apéndice).

También se encuentran células inmunitarias en la sangre.

Son los glóbulos blancos (o leucocitos). El torrente sanguíneo transporta las células inmunitarias a los lugares del cuerpo donde son necesarias, en particular aquellos puntos donde se han producido heridas o infecciones. Cuando una zona de tejido es herida o infectada, se desencadena una respuesta inflamatoria: los vasos sanguíneos se hinchan y se hacen más permeables, aumentando de este modo el suministro de sangre y células inmunitarias a la zona dañada.

Existen numerosos tipos de glóbulos blancos, pero aquí nos interesan básicamente los linfocitos, que representan aproximadamente la cuarta parte de los glóbulos blancos en el ser humano. Los linfocitos pueden subdividirse en tres categorías principales: linfocitos B, linfocitos T y las «células asesinas» naturales[5]. Estos últimos son capaces de matar espontáneamente ciertas células infectadas por virus o cancerosas.

El cuerpo está protegido por una capa sobre otra de defensas inmunitarias, en un sistema semejante al de la proverbial cebolla. Las exposiciones sencillas del sistema inmunitario (y esta es una exposición *muy* sencilla) suelen dividir sus acciones en dos categorías: las muy inteligentes y las pasmosamente inteligentes; o, dicho de modo más convencional, respuestas inmunitarias no específicas y respuestas inmunitarias específicas.

Las respuestas inmunitarias no específicas son la primera

[5] Los linfocitos B (o células B) se llaman así porque son producidos por la médula ósea, en inglés «*b*one marrow». (En las aves, los linfocitos B son producidos en un órgano diferente, que por una feliz coincidencia etimológica en inglés se llama *b*ursa, es decir bolsa.) Los linfocitos T maduran en el *t*imo y se almacenan principalmente en el bazo y los ganglios linfáticos. Aproximadamente el 80 por 100 de los linfocitos que circulan son linfocitos T, y entre el 5 y el 15 por 100 son linfocitos B. El resto son linfocitos no B/no T, como los fagocitos. Los linfocitos T, por su parte, se subdividen en dos clases principales: células CD4 (también llamadas células T4 o auxiliares), que incluyen las células T inductoras auxiliares y las células T supresoras auxiliares; y las células CD8 (a veces llamadas T8 o células supresoras/citotóxicas), que incluyen las células T citotóxicas y las células T supresoras. ¿Complicado?

línea de defensa del cuerpo contra las bacterias, los parásitos y otras materias extrañas. Su finalidad básica es impedir que materias extrañas potencialmente nocivas entren en el cuerpo en primer lugar, o destruirlas cuando entran. Alcanzan su objetivo sin reconocer con exactitud a qué materia extraña se enfrentan.

En el nivel más sencillo, entre las defensas no específicas figuran: la barrera física de la piel; los minúsculos pelillos llamados cilios, que se encuentran en el tracto respiratorio y en otros lugares y que expulsan del cuerpo las partículas extrañas; y las defensas químicas como el ácido gástrico y las enzimas destructoras de bacterias que se encuentran en la saliva y las lágrimas. Una capa más compleja de defensa inmunitaria no específica está constituida por varias clases de glóbulos blancos, especialmente los monocitos y los neutrófilos, que pueden ingerir y destruir bacterias y partículas extrañas en un proceso llamado fagocitosis (literalmente, «ingestión de células»). También ayudan a otros glóbulos blancos a matar microorganismos, y producen importantísimas moléculas de mensajeros químicos llamadas citoquinas, que coordinan diferentes aspectos de la respuesta inmunitaria.

Hemos llegado ahora a la parte pasmosamente inteligente del sistema inmunitario: la parte que puede reconocer y responder específicamente a todos y cada uno de los tipos de materias extrañas con que se encuentra. Esta es la respuesta inmunitaria específica (o adquirida). Tiene la capacidad de hacer distinciones ultrasutiles entre la materia que forma parte del cuerpo y la materia de origen extraño; en otras palabras, entre el yo y el no yo. Esto puede lograrse porque el sistema inmunitario lleva incorporada una imagen pormenorizada del cuerpo. Todo aquello que se desvía de esa imagen, incluidas algunas células cancerosas, es reconocido como extraño y atacado. La sustancia extraña que genera una reacción inmunitaria específica cuando se encuentra con el sistema inmunitario recibe el nombre de antígeno (del inglés «*anti*body *gen*erator», generador de anticuerpos).

Esta capacidad para distinguir de manera fiable entre «yo» y «no yo» permite también que el sistema inmunitario ataque a las materias extrañas sin dañar las células sanas del cuerpo. El sistema inmunitario podría detectar la diferencia entre una célula del cuerpo propio y una célula aparentemente idéntica de otro cuerpo. Por eso el trasplante de tejidos de una persona a otra puede ser un asunto tan peliagudo, que requiere el uso de fármacos inmunosupresores. Para burlar la respuesta inmunitaria, ciertos parásitos han desarrollado la estratagema de disfrazarse del tejido del huésped, engañando al sistema inmunitario de éste para que los considere «yo» en vez de «no yo».

Es útil subdividir la respuesta inmunitaria específica en dos categorías principales: inmunidad humoral (o mediada por anticuerpos) e inmunidad mediada por las células. La inmunidad humoral se ocupa de atacar a los antígenos que flotan en los fluidos corporales que rodean a las células, a diferencia de los antígenos que actúan en el interior de las células; de ahí «humorales», que tiene su origen en la antigua acepción de «humor» como fluido corporal. La inmunidad humoral supone esencialmente la producción de anticuerpos por los linfocitos B.

Los anticuerpos son un tipo de moléculas proteínicas llamadas inmunoglobulinas[6]. Son el principal pilar del cuerpo contra las infecciones bacterianas. Cada anticuerpo es exclusivo de un antígeno concreto, por lo que hay tantos tipos de anticuerpo como antígenos. Cuando un linfocito B se encuentra con el antígeno concreto al que responde, experimenta cambios biológicos

[6] Las inmunoglobulinas (Ig) se dividen en cinco clases principales, inútilmente llamadas IgG, IgA, IgM, IgD e IgE. Sus funciones son diferentes. IgG, la principal inmunoglobulina del suero sanguíneo, es un elemento crucial de las defensas del organismo contra las infecciones bacterianas. IgA es la principal inmunoglobulina de secreciones mucosas como la saliva, las lágrimas y los mocos. IgM ayuda a combatir las infecciones destruyendo bacterias o manteniéndolas unidas. IgE interviene en las reacciones alérgicas. El papel de IgD es bastante misterioso, aunque se piensa que tiene una función receptora en la superficie de los linfocitos.

y comienza a producir múltiples copias de sí mismo, en un proceso llamado proliferación. Las células recién formadas que resultan de esta proliferación, llamadas células plasmáticas, secretan después anticuerpos en la sangre. Estos anticuerpos se agarran al antígeno y, si todo funciona a satisfacción, el complejo anticuerpo-antígeno es engullido por un fagocito que pasa por allí.

La inmunidad mediada por las células, que es la otra variedad principal de respuesta inmunitaria específica, se ocupa primordialmente de atacar a los antígenos en el interior de las células, por ejemplo a los virus. También es responsable de las reacciones inmunitarias del cuerpo a los tejidos trasplantados y a los tumores. Sus principales agentes son los linfocitos T, que pueden reconocer y matar células designadas como blanco, como las infectadas con virus y células extrañas. A diferencia de los anticuerpos, sin embargo, los linfocitos T son incapaces de atacar a los antígenos que flotan a su alrededor, por lo que dependen de otras células inmunitarias que les «presentan» al antígeno, al mismo tiempo que estimulan a los linfocitos T para que ataquen mediante la liberación de sustancias mensajeras químicas llamadas citoquinas. Cuando son estimulados de este modo, los linfocitos T proliferan y se transforman en varias subclases con funciones específicas. Las células T citotóxicas atacan al antígeno, mientras las células T supresoras y las células T auxiliares regulan todo este delicado proceso. Para ello producen citoquinas que alteran la actividad de otras células inmunitarias. Las células T auxiliares también estimulan a los linfocitos B para que produzcan anticuerpos. Los mecanismos biológicos que regulan todo esto son inmensamente complejos.

El sistema inmunitario aprende y se adapta cada vez que se encuentra con un nuevo antígeno, estableciendo un patrón de respuesta para el caso de que se encuentre de nuevo con ese antígeno. Esto explica por qué es posible inmunizarse contra ciertas enfermedades, como la poliomielitis, el tifus, el tétanos, la rabia, la difteria y la varicela, y por qué hay enfermedades que se contraen una sola vez en la vida. En este aspecto, el sistema inmunitario es como el cerebro: detecta y responde a estímulos específicos en el mundo exterior y después forma una memoria perdurable de esos estímulos.

La vacunación se aprovecha de estos procesos de memoria inmunológica. Se inyecta en el cuerpo un fragmento inocuo o una versión muerta por calor de los virus o bacterias. Los antígenos contenidos en la vacuna desencadenan la producción de anticuerpos, pero no la enfermedad. De este modo, el sistema inmunitario está mejor preparado cuando se encuentra con la materia auténtica. Algunos microorganismos son capaces de mantener su apariencia bioquímica en un proceso de cambio permanente, lo cual impide que el sistema inmunitario aprenda acerca de ellos. A los virus responsables del resfriado común y de la gripe se les da especialmente bien este ardid, y por eso no desarrollamos una inmunidad permanente a esas enfermedades.

La eficacia del sistema inmunitario puede verse reducida por muchos factores, entre ellos los defectos genéticos, las drogas y las enfermedades. Se produce asimismo un declive general en la función inmunitaria en la vejez. La privación del sueño y la nutrición deficiente también tienen consecuencias señaladas sobre el sistema inmunitario. Experimentos realizados con voluntarios han establecido que dos o tres días de privación de sueño producirán reducciones significativas de diversos aspectos de la función inmunitaria. Incluso alteraciones moderadas en los patrones del sueño pueden provocar cambios medibles en el sistema inmunitario. Un estudio sobre voluntarios varones sanos reveló que privar a los hombres del sueño durante unas horas entre las 3 y las 7 de la mañana era suficiente para reducir la actividad inmunológica de sus «células asesinas» en más de un 25 por 100. Una noche de sueño satisfactorio permitía recuperar los valores normales.

¿Qué sucede cuando el sistema inmunitario comienza a funcionar mal? Aunque es vital para nuestra existencia, la mayoría de las personas sólo tienen un conocimiento impreciso de la actividad del sistema inmunitario, y no suelen reparar en él hasta que funciona incorrectamente. Si no reconoce y destruye agentes potencialmente nocivos como bacterias, virus o células cancerosas, el resultado puede ser una enfermedad grave. Las personas que nacen con defectos en sus respuestas inmunitarias humorales padecen infecciones graves y reiteradas.

El sida es un gráfico ejemplo de lo que sucede cuando el sistema inmunitario está dañado. El virus de inmunodeficiencia humana (VIH) causa sus estragos principalmente mediante la destrucción de los linfocitos T auxiliares/inductores de la víctima. El resultado final es el estado casi invariablemente mortal que recibe el nombre de síndrome de inmunodeficiencia adquirida o sida. Uno de los rasgos distintivos del sida es la espectacular reducción del número y la actividad de los linfocitos T auxiliares/inductores (CD4), aunque el VIH también afecta al sistema inmunitario en otros aspectos. El individuo cuyo sistema inmunitario es inutilizado por el VIH se convierte en presa fácil de una gama de infecciones y tumores oportunistas, como la neumonía, la tuberculosis, el sarcoma de Kaposi y el linfoma no de Hodgkin, y suele ser uno de estos agentes el que finalmente mata a la víctima.

La autoinmunidad

Además de destruir antígenos potencialmente nocivos, el sistema inmunitario debe ser capaz de identificar a su propio cuerpo y evitar atacarle. Discriminar con precisión entre «yo» y «no yo» es un requisito fundamental. Hay ocasiones, sin embargo, en que esta discriminación falla por la razón que fuere y el sistema inmunitario comienza a atacar al «yo». Los linfocitos B fabrican anticuerpos contra otras células del cuerpo, y estos autoanticuerpos comienzan a atacar tejido sano. El resultado es un trastorno autoinmunitario. Aquellos que comparan el sistema inmunitario con un ejército que repele a invasores extranjeros han empleado la esclarecedora metáfora del «fuego amigo» para describir el fenómeno de la autoinmunidad.

Se cree que la autoinmunidad desempeña un papel en al menos veinte (y quizá más de cuarenta) enfermedades, y la lista no deja de crecer. Entre las incluidas figuran la artritis reumatoide, varios trastornos tiroideos como la enfermedad de Graves y la enfermedad de Hashimoto, la cirrosis hepática biliar primaria, el lupus eritematoso sistémico, la uveítis, la anemia perniciosa, la miastenia grave y trastornos intestinales inflamatorios como la enfermedad celíaca, la colitis ulcerosa y la enfermedad de Crohn.

Los mecanismos de autoinmunidad no son plenamente conocidos. Ciertas enfermedades autoinmunitarias parecen surgir porque las células sufren diversas alteraciones —quizá por infección vírica o mutación—, de tal modo que el sistema inmunitario no las reconoce ya como «yo». En otras palabras, la autoinmunidad tiene su origen en un fallo de los mecanismos complejos y en delicado equilibrio que regulan el sistema inmunitario.

Se sabe que los factores genéticos desempeñan un papel importante en algunos trastornos autoinmunitarios. Por ejemplo, la diabetes mellitus dependiente de la insulina (también llamada diabetes de comienzo en la infancia) es el resultado de la destrucción autoinmunitaria de células del páncreas, el órgano encargado de producir la hormona reguladora del azúcar llamada insulina. Los diabéticos tienen una predisposición genética a desarrollar la enfermedad. Sin embargo, factores ambientales, entre ellos el estrés, también desempeñan su papel a la hora de determinar si un individuo predispuesto genéticamente desarrolla efectivamente la enfermedad. Aun en el caso de que uno de los dos integrantes de una pareja de gemelos genéticamente idénticos padezca diabetes, sigue habiendo un 50-70 por 100 de probabilidades de que el otro gemelo *no* contraiga la enfermedad. El estrés psicológico crónico aumenta significativamente el riesgo de que las personas genéticamente predispuestas avancen hacia la diabetes plenamente manifiesta.

Las hembras son mucho más propensas que los machos a varias enfermedades autoinmunitarias, y esto es cierto tanto en el ser humano como en otras especies. Las mujeres tienen tres veces más probabilidades que los hombres de padecer artritis reumatoide, seis veces más probabilidades de desarrollar tiroiditis autoinmunitaria, y al menos diez veces más probabilidades de sufrir lupus eritematoso sistémico. La diferencia entre los sexos en cuanto a propensión a las enfermedades es consecuencia, al menos en parte, de las diferencias hormonales; las hormonas sexuales masculinas y femeninas, como la testosterona, la progesterona y el estradiol, influyen de diversas maneras en el sistema inmunitario.

Las enfermedades autoinmunitarias son el resultado de una actividad inmunitaria excesiva o inadecuada. En consecuencia, pueden mejorarse mediante drogas que inhiban el sistema inmunitario, es decir, lo contrario de lo que sucede en las enfermedades infecciosas normales. Por eso los médicos usan drogas inmunosupresoras para tratar las enfermedades autoinmunitarias.

La medida de la inmunidad

Un requisito previo para cualquier investigación sobre las relaciones entre la mente, la inmunidad y la salud es la capacidad de medir en qué grado el sistema inmunitario hace bien o mal su trabajo. Pero como sabemos perfectamente, el sistema inmunitario no es un ente sencillo cuya actividad pueda describirse fácilmente mediante un único índice, del mismo modo que las complejidades multifacéticas de la inteligencia humana tampoco pueden condensarse plenamente en una única cifra llamada cociente de inteligencia (CI). Así pues, ¿cómo miden los científicos la inmunidad?

El funcionamiento de un sistema sumamente complejo como la economía de un país puede cuantificarse, si bien de modo ciertamente rudimentario, pero sólo mediante una variada gama de mediciones que describan distintos aspectos del sistema. Así, los economistas presentan diversos índices para cuantificar la actividad económica, como el producto interior bruto y el producto nacional bruto, las tasas de inflación manifiesta y latente, diversos tipos de interés, los índices de la oferta monetaria, la balanza comercial de importaciones y exportaciones, los tipos de cambio frente a las monedas extranjeras, diversas mediciones del desempleo (la mayoría de ellas polémicas), la deuda externa, los empréstitos del Estado, las reservas de oro y divisas, las mediciones del gasto de los consumidores, etcétera. Cada medición dice algo diferente acerca de la economía, y ninguna de ellas ofrece un cuadro completo del sistema en su integridad.

El sistema inmunitario es mucho más complejo que cualquier economía nacional. Por lo tanto, si es simplista hablar de que una economía nacional sube o baja, más simplista aún es hablar de que un sistema inmunitario sube o baja. Afortunadamente, los inmunólogos, como los economistas, disponen de varias fórmulas informativas para evaluar ciertos aspectos básicos de este complejo sistema.

Muchas investigaciones sobre la manera en que los factores psicológicos y emocionales afectan la función inmunitaria se han centrado en los glóbulos blancos, sobre todo porque son las más fáciles de realizar. Estudiar qué sucede en el interior del timo o el bazo es difícil y molesto, pero tomar una muestra de sangre es rápido e indoloro. Las técnicas modernas permiten asimismo que los científicos midan los anticuerpos presentes en la saliva, uno de los fluidos corporales de más fácil acceso.

Los científicos evalúan la función inmunitaria de los glóbulos blancos mediante los métodos fundamentales: contando tipos concretos de células para comprobar cuántas hay circulando en el torrente sanguíneo, o midiendo la eficacia con que estas células desempeñan sus funciones inmunológicas.

El enfoque más sencillo consiste en contar el número total de glóbulos blancos en un volumen dado de sangre, aunque este método produce un índice rudimentario de uso limitado. Una mejora sobre este método consiste en contar un tipo específico de glóbulo blanco, como los linfocitos T o las «células asesinas», o calcular la cantidad de una clase de anticuerpo en particular. Pero no siempre está claro el significado biológico y médico de estas medidas. El descenso del número de linfocitos en circulación puede significar simplemente que los linfocitos se han mudado a otra parte del cuerpo, probablemente al bazo. Sólo el 10 por 100 del total de linfocitos, aproximadamente, circulan en el torrente sanguíneo en un momento determinado, mientras que el resto están almacenados en órganos linfoides como el bazo y los ganglios linfáticos. Pueden obtenerse más datos calculando las proporciones relativas de diversas células, como la ratio de células T auxiliares y de células T supresoras, pues estas proporciones deben ser más o menos correctas para que el sistema inmunitario funcione adecuadamente.

El segundo enfoque, que es más revelador, se basa en lo que se denomina medidas funcionales, que evalúan en qué grado las diversas células están cumpliendo satisfactoriamente sus funciones inmunológicas. Las investigaciones sobre las relaciones entre los factores psicológicos y la inmunidad han tendido a basarse en dos medidas funcionales concretas de la actividad inmunitaria: la receptividad de los linfocitos a la estimulación y la actividad eliminadora de células de las «células asesinas». Dado su carácter fundamental para la investigación en este campo, estas dos medidas merecen un examen más minucioso.

Como ya hemos visto, los linfocitos responden a los antígenos proliferando o produciendo múltiples copias de sí mismos. Esta respuesta también puede ser provocada de modo no específico (es decir, en ausencia del antígeno específico) por sustancias químicas llamadas mitógenos. De este modo puede medirse la función de los linfocitos en un tubo de ensayo con sólo introducir mitógenos en la muestra[7]. Los linfocitos sensibles proliferarán sin control cuando sean estimulados con el mitógeno apropiado (una cosa buena), mientras que los linfocitos insensibles estarán inactivos (una cosa mala). Supóngase que es esto lo que quiero decir cuando a partir de este momento me refiera a sensibilidad de los linfocitos.

La función primordial de las «células asesinas» es destruir ciertos tipos de células infectadas por virus y células cancerosas. El método de evaluación obvio en este caso consiste en comprobar su grado de eficacia para destruir células elegidas como blancos apropiados en el tubo de ensayo. A esto se alude cuando se habla de actividad de las «células asesinas», la segunda medida fiable de la función inmunitaria que aparecerá una y otra vez en los capítulos siguientes[8].

Hay que admitir que la receptividad de los linfocitos, la actividad de las «células asesinas» y la mayoría de las restantes medidas que se usan habitualmente para evaluar la función inmunitaria tienen fallos, y sólo permiten una visión parcial de las complejidades del sistema inmunitario. Los científicos no pueden condensar el estado del sistema inmunitario de un individuo en unas cuantas cifras, del mismo modo que tampoco pueden resumir con unas cuantas cifras el comportamiento o el estado emocional de una persona.

Es curioso y lamentable a la vez que los científicos suelan

---

[7] Los mitógenos más usados para evaluar la receptividad de los linfocitos son la fitohemoglutina (PHA), la concanavalina A (ConA) y el mitógeno de la *Phytolacca americana* (PWM). PHA y ConA estimulan a los linfocitos T. PWM estimula a los linfocitos T y B.

[8] Gran parte de las investigaciones que se han realizado hasta ahora en el campo de la psiconeuroinmunología se han centrado en los linfocitos y las «células asesinas». Sin embargo, hoy es evidente que otros componentes del sistema inmunitario, como los monocitos/macrófagos, también desempeñan un papel importante en la relación mente-inmunidad.

tener más fe en las mediciones de entes tranquilizadoramente físicos, como la receptividad de los linfocitos o la actividad de las «células asesinas», que en las mediciones de entes supuestamente abstractos como los pensamientos, las emociones o el comportamiento. No existe base racional alguna que respalde este prejuicio, que no es sino otro reflejo de nuestra propensión a considerar la mente y el cuerpo como dos clases de cosas fundamentalmente distintas.

A pesar de su apariencia de objetividad y precisión, las medidas inmunológicas no son totalmente fiables y, hasta cierto punto, dependen de juicios subjetivos. A la inversa, el prejuicio al uso de que todas las medidas psicológicas son por definición subjetivas, poco fiables y vagas es una burda falacia. Algunas lo son, pero otras no. Los psicólogos experimentales y los biólogos del comportamiento llevan más de medio siglo creando fórmulas válidas y fiables para medir el comportamiento, los estados psicológicos y las emociones[9]. Las medidas psicológicas no son siempre perfectas, pero no son intrínsecamente mejores ni peores que las medidas inmunológicas en lo que se refiere a fiabilidad, validez y objetividad. (He dicho.)

Las relaciones entre mente e inmunidad

Los científicos y los médicos han tendido tradicionalmente a considerar el sistema inmunitario como un ente autónomo que funciona en gran medida independientemente de la mente y del comportamiento; una pieza perfecta de maquinaria biológica puesta a punto por millones de años de evolución a fin de actuar con autonomía para proteger el cuerpo de cualquier cosa que el mundo exterior pueda arrojar contra él. Pero hoy se sabe que esta visión es básicamente errónea.

---

[9] Para una introducción a la medición del comportamiento, véase P. Martin y P. Bateson, *Measuring Behaviour,* 2ª ed., Cambridge University Press, 1993.

Los tres principales sistemas reguladores del cuerpo —el sistema nervioso central (que incluye el cerebro), el sistema endocrino (que produce las hormonas) y el sistema inmunitario— no funcionan aislados entre sí. Por el contrario, están íntimamente relacionados y entre ellos se establecen importantes formas de interacción. Los hechos que tienen lugar en el cerebro pueden producir cambios en el interior de los sistemas endocrino e inmunitario por diversos caminos, incluidas las vías nerviosas especializadas y los mensajeros químicos. El efecto puede ser inhibir o reforzar aspectos de la función inmunitaria, con posibles consecuencias para la salud. El sistema nervioso central, el sistema inmunitario y el sistema endocrino forman parte de una red reguladora integrada que contribuye a asegurar la supervivencia y el funcionamiento eficaz de todo el organismo. No somos sólo una bolsa de pedacitos.

Otro error habitual es que el organismo trabaja de manera jerárquica, de arriba abajo, con órdenes que circulan en una sola dirección, del cerebro al resto del cuerpo. En realidad, la información circula en las dos direcciones por los diversos caminos biológicos que conectan el sistema nervioso central, el sistema endocrino y el sistema inmunitario. La actividad en el sistema inmunitario puede influir, pues, en el cerebro, el estado mental y el comportamiento.

Algunos científicos han comparado el sistema inmunitario con una especie de órgano sensorial, repartido por todo el cuerpo y que proporciona al cerebro y al sistema endocrino información acerca del entorno interno y externo. Esta analogía es pertinente desde el punto de vista biológico. El sistema inmunitario detecta la presencia de antígenos, incluidas las células de su propio cuerpo que han experimentado un cambio. A continuación transmite esta información al sistema nervioso central, junto con información sobre su respuesta inmunitaria.

El nuevo campo de investigación científica que se ocupa de las complejas interrelaciones entre factores psicológicos y emocionales, cerebro, hormonas, inmunidad y enfermedad, responde al impronunciable nombre de psiconeuroinmunología. En el siguiente capítulo examinaremos algunos ejemplos de cómo interactúan el cerebro y el sistema inmunitario. Pero antes de pasar a ocuparnos de ese aspecto, permítasenos echar un vistazo a la naturaleza de los mecanismos que conectan el cerebro y el sistema inmunitario.

Desde el decenio de 1980, los psiconeuroinmunólogos han realizado considerables avances en la comprensión de los caminos por los cuales el cerebro y el sistema inmunitario se influyen mutuamente. Estos caminos son de dos clases fundamentales: caminos eléctricos, que utilizan conexiones nerviosas, y caminos químicos, que usan hormonas, neuropéptidos y otras moléculas mensajeras químicas. La naturaleza especializada de estos mecanismos sugiere con firmeza que han evolucionado con un fin: permitir que el cerebro y el sistema inmunitario se comuniquen mutuamente.

Una buena razón para creer que el cerebro y el sistema inmunitario tienen el fin de comunicarse es que están conectados entre sí por conexiones nerviosas. Los tejidos del sistema inmunitario están conectados al sistema nervioso central por un rico surtido de nervios. Estas conexiones nerviosas son las encargadas, entre otras cosas, de ayudar a regular el desarrollo, la actividad y el movimiento de los linfocitos y otras células inmunitarias.

Los tejidos inmunitarios del bazo, la médula ósea, el timo, los ganglios linfáticos, las amígdalas y el intestino están abundantemente provistos de terminaciones nerviosas. La médula ósea, por ejemplo, está conectada al sistema nervioso central por nervios provenientes del nervio espinal que sirve a esa región del cuerpo. Es cierto que algunas conexiones nerviosas de los tejidos inmunitarios tienen otros fines, como ayudar a regular el flujo de sangre de la zona, pero es indudable que algunos nervios pasan información entre los tejidos inmunes y el cerebro. El bazo tiene una densa red de conexiones nerviosas y al menos la mitad de ellas intervienen en la transmisión de información a y desde el cerebro.

La segunda vía de comunicación principal entre el cerebro y el sistema inmunitario es a través de una serie de moléculas mensajeras químicas especiales. El sistema nervioso central y el sistema inmunitario —los dos grandes sistemas de regulación y memoria del cuerpo— tienen en común una buena cantidad de equipo de comunicaciones químicas. El hecho de que se haya descubierto una cantidad tan grande de estos mensajeros químicos indica su importancia como mecanismo de comunicación entre el sistema nervioso central y el sistema inmunitario, y también dentro de cada sistema.

Hoy se sabe que los neurotransmisores, las hormonas y otras moléculas mensajeras químicas, de las que en otros tiempos se pensaba que estaban circunscritas al cerebro y al sistema nervioso central, actúan también dentro del sistema inmunitario. A la inversa, hoy se sabe que ciertos inmunotransmisores, y otros mensajeros químicos de los que en otros tiempos se creía que eran exclusivos del sistema nervioso central, actúan sobre los sistemas endocrino y nervioso central. El cerebro y el sistema inmunitario hablan la misma lengua.

Las células del sistema inmunitario tienen en su superficie emplazamientos de receptores bioquímicos especiales que responden específicamente a los mensajeros químicos producidos por el sistema nervioso central. Los linfocitos y otras células inmunitarias responden a una serie de neuropéptidos, neurotransmisores y hormonas que o bien son producidos directamente por el sistema nervioso central, o bien cuya secreción está bajo su control. Entre estos mensajeros químicos figuran la noradrenalina, las hormonas corticosteroides, las endorfinas, las encefalinas, la hormona del crecimiento, la hormona adrenocorticotrópica (HACT), la prolactina, la sustancia P, la sustancia K, el péptido intestinal vasoactivo (PIV), la angiotensina y la somatostatina. Varios de estos mensajeros químicos se desplazan hasta el sistema inmunitario a través de la circulación sanguínea; otros, como los neuropéptidos, también son aportados localmente desde las terminaciones nerviosas.

Estos mensajeros químicos son capaces de modular aspectos de la inmunidad mediada por las células y mediada por los anticuerpos. Por ejemplo, la hormona llamada noradrenalina, que es liberada desde las glándulas suprarrenales (bajo la estimulación del cerebro) y desde terminaciones nerviosas, tiene repercusiones generalizadas sobre la función inmunitaria. La noradrenalina puede facilitar la producción de anticuerpos en diversos tejidos inmunitarios; también puede inhibir la división de los linfocitos y obstaculizar la destrucción de células infectadas por virus o de células cancerosas por el sistema inmunitario. Otra molécula mensajera, la sustancia P, hace que los linfocitos sean más sensibles a la estimulación, aumenta la producción de ciertos tipos de anticuerpos y facilita el movimiento de los linfocitos a los puntos de infección.

En el Capítulo 5 veremos cómo el estrés psicológico estimula la secreción de hormonas, entre ellas el cortisol, una hormona esteroide que inhibe varios aspectos de la actividad inmunitaria. La secreción de cortisol inducida por el estrés es controlada por una región del cerebro llamada hipotálamo. La hormona prolactina es liberada también como respuesta al estrés psicológico; a diferencia del cortisol, sin embargo, su principal efecto sobre la actividad inmunitaria es de carácter estimulativo.

La comunicación química entre el sistema nervioso central y el sistema inmunitario también es bidireccional. El sistema inmunitario envía mensajes químicos al cerebro. Las células inmunitarias producen neuropéptidos, hormonas y otros mensajeros químicos, como HACT, endorfinas, encefalinas, PVI y hormona del crecimiento, que influyen en el sistema endocrino y en el sistema nervioso central.

Algunas de las moléculas mensajeras más importantes de

las que median en la comunicación entre el sistema nervioso central y el sistema inmunitario son las citoquinas. En un principio se creía que éstas eran exclusivas del sistema inmunitario, pero hoy se sabe que también actúan sobre el sistema nervioso central y el sistema endocrino. Los científicos han descubierto que las células de varias regiones del cerebro y del sistema nervioso central contienen citoquinas o disponen de puntos receptores para ellas. Cuando las citoquinas son liberadas por las células inmunitarias activadas, pueden surtir efectos generalizados sobre los nervios, los niveles hormonales y el estado psicológico de un organismo. Por ejemplo, cuando se produce una infección, la citoquina llamada interleuquina 1 (IL-1) actúa sobre el cerebro para inducir sueño de onda lenta y pérdida de apetito; IL-1, actuando conjuntamente con la interleuquina 6 (IL-6), produce fiebre al modular los centros de control de la temperatura del cerebro; en realidad, colocando el termostato del cuerpo en una posición más alta. IL-1 e IL-6 contribuyen a hacer que sintamos calor, sueño e indiferencia al hambre cuando estamos enfermos. Las citoquinas también actúan dentro del sistema endocrino. Las citoquinas IL-1, IL-2 e IL-6, el interferón gamma y el factor de necrosis de tumores (FNT) son capaces de influir en la secreción de hormonas por la hipófisis o glándula pituitaria y por las glándulas suprarrenales.

La introducción de pequeños cambios en la estructura del cerebro produce cambios correspondientes en el sistema inmunitario, lo cual proporciona nuevas pruebas de comunicación entre ambos. Daños (o lesiones) sumamente localizados en determinadas partes del cerebro, entre ellas el cerebro anterior límbico, el hipotálamo, el bulbo raquídeo y el córtex cerebral, pueden causar cambios específicos en la función inmunitaria. Pequeñas lesiones en el hipotálamo anterior causan la reducción de la sensibilidad de los linfocitos, la actividad de las «células asesinas» naturales y la producción de anticuerpos, mientras que las lesiones en estructuras del cerebro anterior límbico como el hipocampo y el núcleo amigdaloide pueden aumentar la capacidad de respuesta de los linfocitos T. Las lesiones cerebrales pueden modificar incluso ciertas enfermedades mediadas por el sistema inmunitario. Por ejemplo, minúsculas lesiones en el hipotálamo anterior alteran el crecimiento de tumores y las respuestas alérgicas. Por añadidura, los animales que presentan ciertos defectos hereditarios en su sistema nervioso central son más vulnerables a trastornos mediados inmunológicamente, como la artritis.

Una última y fundamental observación, a la que volveremos en capítulos posteriores, es que los caminos de la comunicación eléctrica y química entre el sistema nervioso central y el sistema inmunitario funcionan en ambas direcciones. La información acerca del estado del sistema inmunitario puede transmitirse al cerebro y por tanto influir en el estado psicológico del individuo.

Son abundantes las pruebas experimentales que indican que los cambios en la actividad del sistema inmunitario van acompañados de cambios correspondientes en los niveles de hormonas, la actividad nerviosa y el estado psicológico. Los experimentos han revelado además que las pautas de actividad eléctrica y química en el hipotálamo, el cerebro anterior límbico y otras regiones cerebrales están vinculadas con cambios en la actividad inmunitaria que tiene lugar en el curso de una respuesta inmunitaria. Por ejemplo, la producción máxima de anticuerpos como reacción a un desafío inmunológico (inoculación) va acompañada de cambios en la actividad eléctrica de las células nerviosas del hipotálamo y otras partes del cerebro. Nuestro cerebro parece saber, al menos hasta cierto punto, lo que está sucediendo dentro de nuestro sistema inmunitario.

A modo de conclusión, pues, hemos visto que nuestro estado psicológico y emocional puede determinar nuestra percepción de la salud y, por tanto, nuestro comportamiento relacionado con la enfermedad. En situaciones extremas podemos, como

Colin Craven, sentirnos mal y recabar asistencia médica aun cuando no tengamos enfermedad alguna; o bien, como Henry Earlforward, podemos negar la realidad de nuestros síntomas y dejar que una enfermedad grave avance sin control.

Pero nuestra mente hace mucho más que alterar nuestra percepción de la realidad: altera la realidad misma. La mente puede afectar a nuestra propensión a enfermedades físicas reales modificando nuestro comportamiento o influyendo directamente en nuestras defensas inmunitarias, a las cuales está conectada a través de las vías de comunicación eléctricos y químicos.

Mediante estos mecanismos psicológicos y biológicos, nuestra mente puede hacernos enfermar.

Bibliografía

General

Adler, N. y Matthews, K., «Health psychology: why do some people get sick and some stay well?», *Annual Review of Psychology, 45*, pág. 229, 1994.

Farrar, W. y otros, «The immune logical brain», *Immunological Review, 100*, pág. 361, 1987.

Kiecolt-Glaser, J. K. y Glaser, R., «Psychoneuroimmunology and health consequences», *Psychosomatic Medicine, 57*, pág. 269, 1995.

Kropiunigg, U., «Basics in psychoneuroimmunology», *Annals of Medicine, 25*, pág. 473, 1993.

Reichlin, S., y otros, «Neuroendocrine-immune interactions», *New England Journal of Medicine, 329*, pág. 1.246, 1993.

Sternberg, E. M. y otros, «The stress response and the regulation of inflammatory disease», *Annals of Internal Medicine, 117*, pág. 854, 1992.

La percepción de la enfermedad

Green, S. A., *Mind and Body: the Psychology of Physical Illness*, American Psychiatric Press, Washington DC, 1985.

Kaplan, G. A. y Comacho, T., «Perceived health and mortality», *American Journal of Epidemiology, 117*, pág. 292, 1983.

Mayou, R. y Sharpe, M., «Diagnosis, disease and illness», *Quarterly Journal of Medicine, 88*, pág. 827, 1995.

Mechanic, D., «Social psychologic factors affecting the presentation of bodily complaints», *New England Journal of Medicine, 286*, pág. 1.132, 1972.

Sharpe, M. y otros, «Why do doctors find some patients difficult to help?», *Quarterly Journal of Medicine, 87*, pág. 187, 1994.

Shorter, E., *From Paralysis to Fatigue. A History of Psychosomatic Illness in the Modern Era*, Free Press, Nueva York, 1992.

Mal comportamiento

Aggleton, P. y otros, «Risk everything? Risk behavior, behavior change, and AIDS», *Science, 265,* pág. 341, 1994.

Anda, R. F. y otros, «Depression and the dynamics of smoking», *Journal of the American Medical Association, 264,* pág. 1.541, 1990.

British Medical Association, *The BMA Guide to Living with Risk,* Penguin, Londres, 1990.

Castro, F. G. y otros, «Cigarette smokers do more than just smoke cigarettes», *Health Psychology, 8,* pág. 107, 1989.

Cohen, S. y Lichenstein, E., «Perceived stress, quitting smoking, and smoking relapse», *Health Psychology, 9,* pág. 466, 1990.

Conway, T. L. y otros, «Occupational stress and variation in cigarette, coffee, and alcohol consumption», *Journal of Health and Social Behavior, 22,* pág. 155, 1981.

Lee, I. M. y Paffenbarger, R. S., «Change in body weight and longevity», *Journal of the American Medical Association, 268,* pág. 2.045, 1992.

Leviton, A. y Allred, E. N., «Correlates of decaffeinated coffee choice», *Epidemiology, 5,* pág. 537, 1994.

Lipton, R. I., «Effect of moderate alcohol use on the relationship between stress and depression», *American Journal of Public Health, 84,* pág. 1.913, 1994.

Patterson, R. E. y otros, «Health lifestyle patterns of US adults», *Preventive Medicine, 23,* pág. 453, 1994.

Perkins, K. A. y Grobe, J. E., «Increase desire to smoke during acute stress», *British Journal of Addiction, 87,* pág. 1.037, 1992.

Pohorecky, L. A., «Stress and alcohol interaction», *Alcoholism - Clinical and Experimental Research, 15,* pág. 438, 1991.

Strecher, V. J. y otros, «Do cigarette smokers have unrealistic perceptions of their heart attack, cancer, and stroke risks?», *Journal of Behavioral Medicine, 18,* pág. 45, 1995.

La mente sobre la materia inmune

Dahlquist, G., «Etiological aspects of insulin-dependent diabetes mellitus», *Autoimmunity, 15,* pág. 61, 1993.

Dwyer, J., *The Body at War. The Story of our Immune System,* 2ª ed., Dent, Londres, 1993.

Irwin, M. y otros, «Partial sleep deprivation reduces natural killer cell activity in humans», *Psychosomatic Medicine, 56,* pág. 493, 1994.

Roitt, I. M., *Essential Immunology,* 8ª ed., Blackwell, Oxford, 1994.

Solomon, G. F. y otros, «Psychoimmunologic and endorphin function in the aged», *Annals of the New York Academy of Sciences, 521,* pág. 43, 1988.

Trinchieri, G., «Biology of natural killer cells», *Advances in Immunology, 47,* pág. 187, 1989.

Weiner, H., «Social and psychobiological factors in autoimmune diseases», en Ader, R. y otros (eds.), *Psychoneuroimmunology,* 2ª ed., Academic Press, San Diego, 1991.

Las relaciones entre mente e inmunidad

Besedovsky, H. O. y Del Rey, A., «Physiological implications of the immune-neuro-endocrine network», en Ader, R. y otros (eds.), *Psychoneuroimmunology,* 2ª ed., Academic Press, San Diego, 1991.

Blalock, J. E., «A molecular basis for bidirectional communication between the immune and neuroendocrine systems», *Physiological Review, 69,* pág. 1, 1989.

Blalock, J. E., «The immune system as a sensory organ», *Journal of Immunology, 132,* pág. 1.067, 1984.

Carr, D. J. J. y Blalock, J. E., «Neuropeptide hormones and receptors common to the immune and neuroendocrine systems», en Ader, R. y otros (eds.), *Psychoneuroimmunology,* 2ª ed., Academic Press, San Diego, 1991.

Felten, D. L. y otros, «Noradrenergic and peptidergic innervation of lymphoid tissue», *Journal of Immunology, 135,* págs. 755s., 1985.

Felten, S. Y. y Felten, D. L., «Innervation of lymphoid tissue», en Ader, R. y otros (eds.), *Psychoneuroimmunology,* 2ª ed., Academic Press, San Diego, 1991.

Plaut, M., «Lymphocyte hormone receptors», *Annual Review of Immunology, 5,* pág. 621, 1987.

4

Mente e inmunidad

> Oh la mente, la mente tiene montañas; despeñaderos
> de aterradora caída, cortados a pico, no sondeados
> por el hombre. Tenerlos en poco pueden
> aquellos que nunca se han asomado.
>
> Gerard Manley Hopkins, *No worst, there is None* (1885)

La evolución ha dotado a nuestro cuerpo de mecanismos psicológicos y biológicos que permiten que el cerebro y el sistema inmunitario hablen entre sí. Examinemos ahora qué sucede cuando estos mecanismos actúan en la práctica. En este capítulo nos ocuparemos de lo que el sistema inmunitario puede hacerle a la mente y, a la inversa, de lo que la mente puede hacerle al sistema inmunitario. Veremos que los cambios que se operan en el estado mental de una persona pueden afectar a su función inmunitaria, y viceversa. A continuación examinaremos el extraordinario fenómeno del condicionamiento inmunitario, que enseña al sistema inmunitario a responder a estímulos puramente psicológicos. Analizaremos las curiosas conexiones que se establecen entre la zurdera, los trastornos del aprendizaje en el desarrollo y las enfermedades inmunitarias. Para concluir el relato, estudiaremos con mayor detalle un ejemplo específico de cómo interactúan la mente, el cuerpo y la salud, examinando las infecciones de virus del herpes.

¿Qué puede hacer la mente al sistema inmunitario?

Comencemos por la más elemental de las cuestiones psiconeuroinmunológicas. (La cuestión propiamente dicha es mucho más sencilla que su epíteto.) ¿Qué efectos tienen realmente los factores psicológicos sobre el sistema inmunitario?

La primera exposición científica de un fenómeno psiconeuroinmunológico apareció probablemente en 1919, cuando un científico japonés llamado Ishigami publicó los resultados de sus investigaciones sobre la tuberculosis en niños de escuela. Ishigami observó que un aumento de la enfermedad tubercular coincidía con un período en el que los niños y sus maestros experimentaban niveles elevados de «excitación emocional». Utilizando una medida inmunológica rudimentaria —la capacidad de los glóbulos blancos para destruir bacterias extrañas—, Ishigami pudo relacionar este recrudecimiento de la enfermedad con un declive de la función inmunitaria. Llegó a la conclusión de que el estrés emocional era el responsable del declive de la inmunidad que, a su vez, conducía al aumento de la incidencia de la enfermedad.

Desde los tiempos de Ishigami, y especialmente desde el decenio de 1980, los científicos han acumulado un inmenso y variado banco de pruebas de que los factores psicológicos y emocionales influyen en el sistema inmunitario del ser humano así como en el de otras especies, con efectos importantes sobre la salud física[1]. Es el momento de examinar algunos ejemplos.

Pérdida de seres queridos y catástrofes nucleares

La muerte del cónyuge o pareja es una de las formas más demoledoras de alteración psicológica y emocional que una per-

[1] Para reunir todas las pruebas disponibles sobre un fenómeno en particular se usa un método estadístico llamado metaanálisis, a fin de ofrecer las conclusiones más firmes posibles. El metaanálisis supone recopilar y analizar los datos de todos los estudios científicos publicados que cumplan ciertos criterios de objetividad y de diseño experimental. Tracy Bennett Herbert y Sheldon Cohen (1993; véase Bibliografía) realizaron un metaanálisis de las relaciones entre el estrés psicológico y la inmunidad en seres humanos utilizando datos tomados de 38 estudios publicados. Su metaanálisis confirmó que existen relaciones claras y constantes entre varias formas de estrés psicológico y diversas medidas de la función inmunitaria.

sona puede experimentar. También es un hecho muy común, que afecta, por ejemplo, a más de 800.000 personas al año en Estados Unidos. A la edad de 65 años, más del 50 por 100 de las mujeres estadounidenses han enviudado al menos una vez.

La pérdida de un ser querido aumenta los riesgos de muerte y enfermedad para el cónyuge que queda vivo. Los riesgos son especialmente grandes si quien queda vivo es el varón: los viudos de entre 20 y 30 años de edad tienen una tasa de mortalidad diecisiete veces mayor que las de los hombres casados del mismo grupo de edad. Por otra parte, el aumento de la tasa de mortalidad entre los viudos perdura durante varios años después de la muerte de la esposa.

Un factor de este aumento de las enfermedades y de la mortalidad entre las personas afligidas por la muerte de un ser querido puede ser que experimentan cambios en su función inmunitaria. Varios estudios han llegado a la conclusión de que a la muerte de un cónyuge le siguen reducciones medibles de la función inmunitaria del cónyuge superviviente.

En un estudio pionero de este fenómeno, efectuado en el decenio de 1970, científicos de la Universidad de Nueva Gales del Sur, en Australia, tomaron muestras de sangre de personas que habían sufrido recientemente la pérdida de un ser querido y midieron la respuesta de sus linfocitos a la estimulación por mitógenos. Los resultados se compararon con la función inmunitaria de individuos que no habían pasado ese trance, pero comparables en cuanto a edad, sexo y otros factores pertinentes. Varias semanas después de la muerte de su cónyuge, la sensibilidad de los linfocitos T de los sujetos afectados era significativamente menor.

Conclusiones semejantes se obtuvieron en un estudio prospectivo que investigó la función inmunitaria de hombres cuyas esposas padecían cáncer de mama terminal. En las semanas inmediatamente posteriores al fallecimiento de la esposa, los linfocitos de los viudos no eran tan sensibles como antes del óbito. En la mayoría de los casos, el funcionamiento de sus linfocitos retornaba finalmente a sus valores normales, aunque algunos hombres seguían presentando reducción de su sistema inmunitario un año después. Los cambios en la sensibilidad de los linfocitos no podían explicarse de manera convincente simplemente como productos derivados de cambios de comportamiento que pudieran haber seguido a la pérdida del ser querido, como la alteración del sueño, la dieta inadecuada o el mayor consumo de tabaco.

A la pérdida del ser querido le seguía también un descenso de la actividad de las «células asesinas». Los científicos han encontrado reducciones de la actividad de las «células asesinas» de las mujeres cuyos esposos murieron de cáncer de pulmón en los meses anteriores, así como en mujeres cuyos esposos se hallan en las etapas finales del cáncer de pulmón.

Como es lógico, la muerte de la pareja no es la única forma de perturbación que experimentan los matrimonios o las relaciones de larga duración. La separación y el divorcio también tienen como resultado la ruptura de vínculos y pueden repercutir en la función inmunitaria y la salud de los integrantes de la pareja. De hecho, los riesgos para la salud que tienen su origen en la separación y el divorcio son, si acaso, más graves que los asociados a la muerte del ser querido.

El estrés que concurre en la pérdida de la pareja es tan antiguo como el género humano, pero el siglo XX ha traído consigo nuevas ansiedades, como el miedo prolongado a la exposición a radiaciones peligrosas después de un accidente nuclear. Lamentablemente, se trata ya de un fenómeno bien documentado. Una de las investigaciones científicas más pormenorizadas del estrés crónico ha sido realizada sobre personas que vivían cerca de la central nuclear accidentada de Three Mile Island, en Pensilvania.

El 28 de marzo de 1979, el reactor de Three Mile Island sufrió un grave accidente. Afortunadamente, la avería se contuvo y no llegó a producirse una emisión significativa de radiación hacia el entorno circundante. Sin embargo, como es comprensible, el accidente generó gran ansiedad y angustia entre los habitantes de la zona. Los momentos inmediatamente posteriores estuvieron dominados por el pánico y la confusión; la saturación de informaciones en los medios de comunicación avivó las llamas del miedo a que el núcleo del reactor se fundiera y causase una emisión masiva de radiación. Incluso cuando la crisis inicial ya había pasado, los habitantes de la zona fueron plenamente conscientes de la operación de limpieza a largo plazo y de la constante amenaza planteada por el reactor dañado. El miedo, la ansiedad y el estrés continuaron presentes durante años.

Seis años después del incidente de Three Mile Island, científicos estadounidenses midieron la función inmunitaria de personas que residían en un radio de 8 km a partir del reactor averiado. Comparados con sujetos de control equivalentes que vivían a más distancia, los que vivían cerca de Three Mile Island presentaban daños en sus sistemas inmunitarios. Para ser exactos, tenían en circulación menos linfocitos B, menos «células asesinas», menos linfocitos T supresores/citotóxicos y reducción del control inmunológico sobre virus del herpes. Y para completar el cuadro, mostraban también un grado superior de ansiedad y de angustia psicológica, elevación de la presión arterial, elevación del ritmo cardíaco y elevación del nivel de las hormonas del estrés adrenalina, noradrenalina y cortisol.

El incidente de Three Mile Island demostró con claridad meridiana que, al margen de que tenga lugar o no una radiación nociva, el estrés psicológico que concurre en accidente nuclear puede tener una repercusión importante sobre el bienestar mental y físico. Otra conclusión general de este y otros estudios semejantes es que el sistema inmunitario no siempre se adapta al estrés de larga duración. El estrés prolongado puede producir una depresión prolongada en la función inmunitaria. Puede producir asimismo algunos efectos sutiles en los patrones de las enfermedades.

La historia se complicó. Tres años después del accidente original, un equipo de investigadores de la Universidad de Columbia descubrió una incidencia inusitadamente elevada de cáncer entre la población de la zona. En 1982, la incidencia de toda clase de cáncer entre las personas que vivían cerca de la central nuclear superaba en un 50 por 100 la norma histórica. Sin embargo, la tasa de cáncer comenzó a caer después, y en 1985 había descendido por *debajo* de la media a largo plazo. Mientras tanto, las tasas de cáncer entre los sujetos de control que vivían a mayor distancia de la central habían permanecido aproximadamente constantes. ¿Qué estaba pasando?

Varias mentes brillantes centraron su atención en este problema, y llegaron a la conclusión de que en su raíz había sutiles procesos psicológicos. Todos los datos indicaban que esta peculiar irregularidad en las tasas de cáncer no era una mera consecuencia de la exposición a la radiación emitida desde el reactor averiado. Para empezar, la radiación emitida había sido muy escasa, y los niveles también habían sido demasiado bajos como para haber causado un aumento medible del cáncer. Por otra parte, no había ninguna relación apreciable entre los niveles registrados de radiactividad y la pauta de incidencia del cáncer en la zona de Three Mile Island. Los científicos coincidían en que los casos de cáncer registrados alrededor de Three Mile Island no podían atribuirse directamente a la radiación.

Por el contrario, parecía que el origen probable del incremento pasajero de las tasas de cáncer se hallaba en el alto grado de estrés psicológico que los vecinos de la zona experimentaban. Estudios psicológicos confirmaron que cuanto más cerca de la central nuclear vivía un sujeto, más altos eran por término medio sus niveles de ansiedad y angustia.

El estrés psicológico podía haber generado el aparente aumento de las tasas de cáncer de dos maneras distintas. En primer lugar, la población local había sido bombardeada con publicidad acerca de las consecuencias del incidente para la salud, potencialmente funestas. Aquellas personas sentían más ansiedad por su salud en general, y estaban preocupadas en particular por los peligros del cáncer provocado por la radiación. Es probable, pues, que hubieran prestado más atención a su propia salud —especialmente a cualquier posible síntoma de cáncer— y hubieran recabado asistencia médica antes que los individuos cuya preocupación era menor. Este proceso explicaría por qué las tasas de cáncer se elevaron al principio y después cayeron hasta situarse por debajo de la media a largo plazo. La incidencia global a largo plazo del cáncer permaneció más o menos constante, pero en los años inmediatamente posteriores al accidente los casos de cáncer se diagnosticaban en fases anteriores de la enfermedad, de ahí la irregularidad.

Suponiendo que esta hipótesis sea verdadera, el incidente de Three Mile Island podría haber contribuido en realidad a salvar las vidas de algunas personas que habrían muerto si su cáncer hubiera avanzado sin ser advertido.

Una segunda vía, más directa, por la que el accidente de Three Mile Island podría haber influido en las tasas de cáncer es mediante cambios en la función inmunitaria provocados por el estrés. El prolongado estrés derivado de la preocupación por los peligros planteados por el reactor averiado podría haber conducido a un deterioro de la función inmunitaria, aumentando de este modo la propensión al cáncer de los habitantes de la zona o, más plausiblemente, promoviendo el desarrollo de tumores que ya existían en fases tempranas.

El incidente de Three Mile Island resultaría ser una pálida sombra de lo que sucedió siete años después en Ucrania. La catástrofe nuclear de Chernóbil, en abril de 1986, tuvo como resultado la emisión al entorno de enormes cantidades de material radiactivo. Miles de kilómetros cuadrados fueron contaminados y los habitantes estuvieron expuestos a niveles de radiación peligrosamente elevados que se cobraron miles de vidas. El estrés contribuyó al problema, agravando una situación ya de por sí terrible. El informe científico oficial realizado para el Organismo Internacional de Energía Atómica de las Naciones Unidas señalaba la presencia de niveles muy elevados de estrés psicológico incluso fuera de las regiones contaminadas.

Otro incidente nuclear que causó graves daños psicológicos y físicos, si bien de menor magnitud que Chernóbil, sucedió en Brasil al año siguiente. En septiembre de 1987, un confiado ladrón robó veinte gramos de cesio-137, un isótopo altamente radiactivo, de una clínica abandonada de Goiânia, una ciudad del interior de Brasil. Antes de que se descubriera la verdadera naturaleza del robo, la extraña sustancia que brillaba en la oscuridad había circulado entre el vecindario. Trágicamente, 118 personas fueron contaminadas por cesio-137, cuatro de las cuales murieron debido a los efectos inmediatos de la radiación. Y, al igual que en Chernóbil, toda la población de la zona circundante se enfrentó a la terrible posibilidad de que pudiera haber estado expuesta.

Cuando las autoridades brasileñas descubrieron finalmente lo que había sucedido, emprendieron la limpieza de la zona de contaminación radiactiva. Casas enteras y árboles fueron retirados, junto con camiones de tierra contaminada. Las 40 toneladas resultantes de residuos radiactivos de bajo nivel tenían que depositarse en algún lugar, y las autoridades decidieron almacenarlos bajo vigilancia armada en una ciudad llamada Abadia. El lugar elegido para el almacenamiento de los residuos distaba menos de dos kilómetros de las viviendas.

En Abadia, como antes en Three Mile Island, los vecinos no habían sufrido ninguna exposición efectiva hasta aquel momento, pero de improviso se vieron ante la amenaza de que podían quedar expuestos si algo no funcionaba correctamente en el futuro. Goiânia, por otra parte, sí había estado expuesta a la radiación y sus posibles efectos. Por añadidura, poco o nada podía hacerse en tal situación.

Tres años y medio después del incidente de Goiânia, los

científicos estudiaron su repercusión sobre las comunidades de Goiânia y Abadia. Los resultados mostraron que la repercusión había sido grave y duradera.

Los habitantes de Goiânia que habían estado expuestos a la radiación en ocasión del incidente original padecían aún las consecuencias físicas y psicológicas del trauma. Su presión arterial había subido, sus niveles de las hormonas adrenalina y noradrenalina eran altos (lo cual indicaba estrés crónico), y sufrían palpitaciones. Presentaban un número anormalmente elevado de trastornos gastrointestinales y otras dolencias físicas. Su estado mental también se había alterado: comunicaban sentimientos permanentes de temor y ansiedad, les resultaba difícil concentrarse y su capacidad para tomar decisiones había resultado dañada.

No todos estos síntomas podían atribuirse a los efectos físicos de la radiación. La repercusión psicológica del accidente también parecía desempeñar un papel importante.

Esta opinión fue corroborada por lo que los científicos hallaron entre los abadienses que residían cerca del lugar donde se almacenaban los residuos. Aunque no habían estado expuestos a radiación alguna, presentaban deterioros semejantes en su salud física y mental. Si acaso, su situación era peor que la de los goiânienses que habían sido irradiados. Gran parte de los daños parecían provenir de la repercusión psicológica del accidente y no de las consecuencias físicas de éste.

Vuelos espaciales, exámenes y otros malos ratos

El peligro y la incertidumbre pueden afectar a la función inmunitaria incluso en individuos sumamente preparados y motivados que se han expuesto voluntariamente al peligro. Desde los primeros tiempos del programa espacial tripulado se admite que el más breve de los vuelos espaciales puede producir inmunosupresión y aumento del riesgo de infección. Los astronautas presentan diversos cambios relacionados con el estrés en el número y las proporciones de sus glóbulos blancos, entre ellos un acusado descenso del número de linfocitos en circulación y la capacidad de respuesta de esos linfocitos.

Científicos noruegos de la Universidad de Bergen estudiaron las consecuencias inmunológicas de otra situación exóticamente estresante. Midieron lo que les sucedía a los sistemas inmunitarios de hombres que estaban aprendiendo a evacuar una plataforma petrolífera. El procedimiento de instrucción requería trepar por una torre de veinte metros antes de ser recogido por un bote salvavidas estanco, que a continuación era inclinado 35 grados y después caía libremente al mar, veinte metros más abajo. El procedimiento se repetía durante cuatro días consecutivos. Los participantes nunca habían hecho este ejercicio y la experiencia les resultaba molesta y estresante.

Caer en picado desde una gran altura hasta el mar en un bote salvavidas sellado provocaba varios cambios en los niveles hormonales y la función inmunitaria de los hombres. Los científicos midieron el aumento de dos hormonas relacionadas con el estrés (cortisol y prolactina) y en dos índices inmunológicos (las concentraciones de inmunoglobulina IgM y el componente complementario C3 de su sangre). Pero cuando tuvo lugar la cuarta caída los hombres se habían acostumbrado a la experiencia y su respuesta biológica era consiguientemente menos pronunciada que en los tres primeros días.

Téngase en cuenta que en este caso un breve trauma iba acompañado de un aumento de la función inmunitaria, no una reducción. Tradicionalmente se había puesto el énfasis en los efectos inmunosupresores del estrés. Sin embargo, el estrés agudo puede reforzar realmente la actividad del sistema inmunitario. No todo el estrés es malo. Volveremos a ocuparnos de este tema en el capítulo siguiente.

La angustia psicológica no tiene por qué provenir necesariamente de algo tan grave como la pérdida de un ser querido o tan peligroso físicamente como un vuelo espacial para afectar al sistema inmunitario. Incluso una actividad tan rutinaria como hacer un examen académico puede tener una repercusión.

Todos sabemos que los exámenes son una experiencia desagradable, y abundan los relatos de estudiantes que se ponen enfermos como consecuencia de ellos. Los exámenes ofrecen a los investigadores una causa de estrés psicológico previsible, ética y natural en su aparición, y al mismo tiempo los estudiantes de medicina constituyen sujetos dispuestos a cooperar y fácilmente accesibles. No es de extrañar, pues, que se hayan efectuado muchas investigaciones sobre cómo afectan los exámenes a los sistemas inmunitarios de los estudiantes de medicina. La información arrancada de la sangre de estos desventurados estudiantes revela sistemáticamente un descenso de la función inmunitaria mediada por las células y mediada por los anticuerpos, coincidiendo aproximadamente con la fecha del examen.

En una elegante serie de estudios psiconeuroinmunológicos, Janice Kiecolt-Glaser, Ronald Glaser y sus colegas de la Universidad Estatal de Ohio midieron la función inmunitaria de estudiantes de medicina antes, durante y después de hacer sus exámenes finales. Las mediciones mostraron que el estrés relacionado con los exámenes iba acompañado de numerosos cambios en la función inmunitaria.

El número y la actividad inmunológica de las «células asesinas» descendían significativamente en la época de exámenes, en comparación con los niveles básicos medidos un mes antes de las pruebas. Se registraba también una acusada reducción de la sensibilidad de los linfocitos a la estimulación por mitógenos y virus, de la capacidad de los linfocitos T para matar células infectadas por virus, del control inmunológico de tres tipos de herpes y virus latentes, y de la respuesta primaria de los anticuerpos a la vacunación. La producción por los linfocitos de la citoquina interferón gamma se dividía por 25 en época de exámenes. Por otra parte, el estrés del examen conducía a cambios en el número y las proporciones de diversas categorías de linfocitos T y en la respuesta protectora de los glóbulos blancos a la irradiación con rayos gamma. Se producían cambios asimismo en el nivel genético: la expresión de diversos genes en los glóbulos blancos de los estudiantes descendía en época de exámenes, entre ellos los genes que codifican la citoquina IL-2 (una importante molécula mensajera del sistema inmunitario). No había prueba alguna de que las alteraciones que se operaban en la función inmunitaria fueran un simple reflejo de cambios en los hábitos alimentarios o de sueño de los estudiantes.

Estas alteraciones en la función inmunitaria en época de exámenes tenían su correspondencia en cambios en la manera en que los estudiantes percibían su salud mental y física. Como tal vez fuera de prever, se sentían angustiados y afirmaban padecer más enfermedades (especialmente infecciones respiratorias leves) durante el período de exámenes que en otras épocas del curso académico.

Intentemos rememorar ahora las experiencias personales de cada cual con los exámenes, y sin duda recordaremos que el estrés y la ansiedad no se materializaban súbitamente el día fijado para el comienzo de las pruebas. Probablemente comenzábamos a sentir ansiedad al menos unos días antes. En una línea consistente con estos hechos, nuevas investigaciones sobre el estrés provocado por los exámenes han descubierto reducciones de la función inmunitaria en el período previo al examen propiamente dicho, aparentemente relacionadas con la anticipación estresante. La sensibilidad de los linfocitos y la producción de anticuerpos de estudiantes de psiquiatría sumamente estresados mostraban un acusado descenso dos semanas antes de un examen decisivo para la obtención de una beca de investigación, pero volvían a sus valores normales al cabo de unas semanas.

Las respuestas de anticipación como éstas ilustran un principio general importante. El mero pensamiento acerca de algo desagradable puede ser estresante en sí mismo. Lo desagradable en cuestión puede pertenecer al pasado o al futuro: la rememoración de un antiguo trauma o la aprensión en relación con una catástrofe inminente. Experimentos de laboratorio han confirmado que pedir a los sujetos que recuerden una experiencia estresante de su pasado es suficiente para provocar breves reducciones de su función inmunitaria.

La memoria y el pensamiento consciente del ser humano tienen el dudoso beneficio de ampliar sobremanera la escala temporal sobre la cual los factores psicológicos y emocionales pueden afectar a la inmunidad. Esta capacidad puede ser decisiva para ayudarnos a sobrevivir, planear las cosas de antemano, aprender de nuestros errores y evitar peligros, pero puede tener sus inconvenientes. El sistema inmunitario humano es más vulnerable a influencias psicológicas y emocionales que los de especies cuyo estado mental está arraigado en el aquí y ahora.

Mientras que el estrés relacionado con los exámenes es felizmente efímero, otras formas comunes de estrés, como el causado por el desempleo o por estar atrapado en un matrimonio desdichado, pueden durar años. El estrés de corta duración (agudo) y el estrés prolongado (crónico) se diferencian en sus efectos sobre la función inmunitaria y la salud. Para estudiar la repercusión del estrés crónico y la capacidad de las víctimas para adaptarse a esa presión constante, Janice Kiecolt-Glaser y sus colegas investigaron la función inmunitaria de personas que cuidaban a su cónyuge o un familiar aquejado de la enfermedad de Alzheimer. La enfermedad de Alzheimer es una dolencia progresiva y debilitadora que puede tardar hasta veinte años en recorrer íntegramente su ciclo, período durante el cual la persona afectada dependerá cada vez más de los demás, una situación que impone a la persona que cuida del enfermo constantes exigencias físicas y emocionales durante años hasta el final del proceso. Es un hecho comprobado que las personas que cuidan a familiares aquejados de Alzheimer corren más riesgo de padecer enfermedades psicológicas y físicas. ¿Pero cómo afecta al sistema inmunitario el estrés derivado de cuidar a una persona enferma?

El grupo de Kiecolt-Glaser encontró alteraciones acusadas en el sistema inmunitario de las personas dedicadas a prestar asistencia a tiempo completo. Tenían menos linfocitos T en circulación y un control inmunitario más deficiente sobre los virus del herpes latentes. Sus «células asesinas» eran menos sensibles a la estimulación de las citoquinas. Experimentaban asimismo una incidencia mayor de enfermedades físicas (sobre todo infecciones respiratorias), angustia psicológica y depresión. Resulta revelador el hecho de que los cuidadores que tenían menos respaldo social y que estaban más afectados por la demencia de su cónyuge presentaban las reducciones más elevadas de la función inmunitaria.

Relaciones como las citadas entre el estrés psicológico y la alteración de la función inmunitaria no son en modo alguno exclusivas del ser humano, y se han investigado ampliamente en otras especies. Se ha comprobado que muchas formas de situación estresante, como el hacinamiento, la manipulación por humanos, los ruidos fuertes o las restricciones físicas alteran las respuestas inmunitarias mediadas por las células y mediadas por los anticuerpos de los animales. Por ejemplo, los ratones o las ratas sometidos a períodos reiterados de restricción física muestran una acusada depresión de sus respuestas inflamatoria e inmunitaria mediada por las células a infecciones víricas, junto con un retraso en la respuesta de sus anticuerpos. Los linfocitos T de los ratones y ratas estresados son menos sensibles, la actividad de las «células asesinas» se reduce, las respuestas de los anticuerpos a nuevos antígenos son menores y los niveles de citoquinas como IL-2 e interferón gamma son más bajos.

Volviendo al ser humano, una de las conclusiones más sorprendentes de la investigación es que incluso situaciones comunes que no admiten comparación alguna con la terrible experiencia que supone, por ejemplo, la pérdida de un ser querido pueden tener una repercusión mensurable sobre la función inmunitaria. Experimentos de laboratorio efectuados con voluntarios han confirmado que algo tan banal como la realización de una tarea mental difícil de duración inferior a media hora puede tener como resultado una reducción apreciable de la sensibilidad de los linfocitos y alteraciones en el número de glóbulos blancos que circulan en la sangre. Al parecer, los vínculos entre mente e inmunidad pueden inmiscuirse en la vida cotidiana.

Son cada día más las pruebas aportadas por la investigación psiconeuroinmunológica que indican que el estrés sin importancia y las complicaciones de la vida diaria pueden ejercer diversos efectos adversos sobre la función inmunitaria en individuos por lo demás sanos. En un estudio, por ejemplo, se comprobó que las fluctuaciones diarias de la cantidad de inmunoglobulina IgA en la saliva de los sujetos estaba correlacionada con las fluctuaciones de su estado de ánimo; los niveles de IgA eran más altos los días en que los sujetos estaban de buen humor y más bajos cuando su estado de ánimo decaía. Investigadores de la Universidad de Pensilvania descubrieron que la función inmunitaria se veía afectada por niveles normales de ansiedad en personas sanas a las que no se consideraba afectadas por ningún problema psicológico o médico. Entre una muestra de voluntarios estudiantes sanos, felices de acuerdo con la media y aparentemente no estresados, los individuos que poseían una disposición más ansiosa obtenían puntuaciones más bajas en dos índices de la función inmunitaria (sensibilidad de los linfocitos y nivel de IL-1 en circulación). Todo empieza a parecer ligeramente alarmante. ¿O a serlo?

¿Es importante?

Las pruebas que indican la existencia de relaciones entre los factores psicológicos y la función inmunitaria parecen abrumadoras; los ejemplos que hemos expuesto sólo son la punta del iceberg. Pero antes de saltar demasiado lejos en nuestro avance, debemos examinar una pregunta fundamental que los escépticos refinados formulan con frecuencia. Es perfectamente posible que existan cambios de origen psicológico en el sistema inmunitario, pero ¿tienen alguna repercusión tangible sobre la salud? Dicho en la jerga médica, ¿son los efectos de los factores psicológicos sobre la función inmunitaria *clínicamente* significativos (a diferencia de estadísticamente significativos)?

Es indudable que una grave alteración de la inmunidad conduce inexorablemente a la enfermedad: el sida es un vívido ejemplo. Pero las reducciones de la función inmunitaria que están asociadas a factores psicológicos y emocionales son a menudo de dimensiones moderadas, y no es en modo alguno evidente que tengan gran repercusión sobre la salud física. Un descenso de los índices inmunológicos no es un signo infalible de que la enfermedad está en camino.

Del mismo modo que sería simplista afirmar que un virus es la causa única y suficiente de una enfermedad, es igualmente simplista pensar lo mismo de los cambios que se producen en la función inmunitaria. Las enfermedades tienen múltiples causas. Dos individuos pueden experimentar idénticas fluctuaciones en la función inmunitaria, y sin embargo lo que hace inclinarse la balanza hacia el desarrollo de una enfermedad en un caso puede no tener efectos nocivos en el otro. Las influencias psicológicas sobre la función inmunitaria tienen a menudo mayor repercusión sobre la salud de los ancianos o enfermos que sobre los jóvenes sanos y robustos.

Debemos tener siempre presentes estas advertencias, para no hacer profesiones de fe excesivamente entusiastas. Con todo, la conclusión de que la mente, la inmunidad y la salud están interrelacionadas es válida, pues existen pruebas en abundancia que la respaldan. Muchos de los índices inmunológicos que se ven afectados por factores psicológicos desempeñan un papel importante en la enfermedad. Por ejemplo, la reducción de la actividad de las «células asesinas» está asociada a consecuencias adversas en varios procesos de enfermedades, como las afecciones víricas, los trastornos autoinmunitarios y la progresión de varios tipos de cáncer. La persistencia de unos niveles bajos de actividad de las «células asesinas» tienen como resultado el aumento de las infecciones. Asimismo, la reducción de la sensibilidad de los linfocitos está vinculada con el aumento de los problemas de salud y de la mortalidad.

Más concluyente, sin embargo, es el creciente inventario de estudios psiconeuroinmunológicos que han vinculado los tres elementos de la historia. Estos estudios han demostrado que los factores psicológicos influyen en la función inmunitaria, lo cual afecta a su vez a nuestra salud física. Más adelante examinaremos estas pruebas de modo más pormenorizado.

¿Qué puede hacer el sistema inmunitario a la mente?

> ¡Oh, qué noble mente ha sucumbido aquí!
>
> William Shakespeare, *Hamlet* (1601)

En el capítulo anterior vimos cómo las vías de comunicación eléctrica y química que conectan el sistema nervioso central con el sistema inmunitario permiten que la información circule en ambas direcciones. La vinculación entre mente e inmunidad es una calle de doble dirección.

La consecuencia obvia es que los cambios que tienen lugar en el sistema inmunitario de una persona podrían influir en su estado psicológico y quizá también en su comportamiento. ¿Existen pruebas de que esto es así? ¿Tiene la inmunidad un efecto demostrable sobre la mente? Hasta el momento, la investigación apenas ha arañado la superficie de esta cuestión, y las pruebas son escasas. Los estudios se han centrado básicamente en cómo la mente altera la inmunidad, y no al revés. Sin embargo, se ha arrojado algo de luz sobre el problema.

El simple hecho de estar enfermo altera nuestro estado psicológico y nuestro comportamiento. Infecciones de escasa importancia como los resfriados y la gripe van acompañadas de cambios medibles en la memoria y otros aspectos del rendimiento mental, mientras que las infecciones graves van acompañadas típicamente de aletargamiento, depresión, pérdida de apetito y malestar general. Estos cambios psicológicos y de comportamiento suelen ayudar en el proceso de recuperación y mantener a salvo al individuo enfermo. Lejos de ser productos derivados accidentales de la enfermedad, están mediados por mecanismos biológicos específicos. La respuesta inmunitaria a la infección desencadena la emisión de mensajeros químicos (citoquinas) que actúan sobre el sistema nervioso central para provocar malestar, somnolencia, fatiga, aumento del sueño de onda corta y pérdida de apetito. Estos cambios no acompañan a la enfermedad por casualidad, sino porque así está planeado.

Varias enfermedades derivadas de trastornos inmunológicos tienen consecuencias psicológicas específicas, además de físicas. Más del 50 por 100 de las personas que padecen la enfermedad autoinmunitaria lupus eritematoso sistémico (LES) desarrollan déficits psicológicos característicos, como pérdida de memoria, deterioro del rendimiento mental y trastornos emocionales. Investigaciones realizadas con ratones propensos al LES indican que los cambios autoinmunológicos asociados a la enfermedad son también responsables de los cambios psicológicos.

Infecciones víricas pueden tener una repercusión más directa sobre el comportamiento, especialmente si los virus llegan al sistema nervioso central. Por ejemplo, una infección leve con el virus del herpes simple durante los primeros días de vida puede tener efectos perdurables sobre el comportamiento y la capacidad de aprendizaje de los ratones. Se cree que estos cambios psicológicos surgen porque la infección vírica altera el desarrollo del cerebro.

El sida es un ejemplo más familiar. Aunque en general se

piensa que el sida es esencialmente un trastorno del sistema inmunitario, el retrovirus VIH puede llegar hasta el sistema nervioso central y causar daños también en él. El resultado final, que ya es admitido como síntoma característico del sida, es una forma de demencia en la que la víctima padece alteraciones de los procesos de pensamiento y del control muscular y, en casos extremos, síntomas psiquiátricos graves como psicosis paranoide.

Además de causar daños físicos al cerebro, la infección del VIH tiene otras formas de afectar a la mente, si bien menos brutalmente directas. El conocimiento, o incluso la mera sospecha, de que están infectadas con el VIH puede generar una enorme angustia emocional en la gente. Los niveles elevados de ansiedad y depresión son comunes entre los individuos VIH-positivos y en los grupos de alto riesgo.

A lo largo de los años se ha repetido el interés por la hipótesis según la cual ciertas enfermedades mentales, entre ellas la esquizofrenia, podrían estar causadas por un virus. Esta hipótesis es obviamente atractiva, pues ofrece la tentadora perspectiva de encontrar la panacea para curar enfermedades mentales complejas. Las pruebas acumuladas hasta la fecha en relación con una causalidad vírica han sido, en el mejor de los casos, poco concluyentes. Se ha establecido, sin embargo, la existencia de vinculaciones entre enfermedades mentales psicóticas y peculiaridades de la función inmunitaria.

Estudios sobre esquizofrénicos y personas con antecedentes familiares de esquizofrenia han desvelado una serie de anormalidades en la función inmunitaria mediada por las células y mediada por los anticuerpos del sujeto. Especialmente reseñable es el descubrimiento de que algunos esquizofrénicos producen anticuerpos que atacan su propio tejido cerebral (autoanticuerpos). Este descubrimiento condujo a la teoría —aún por confirmar— según la cual la esquizofrenia podría ser una enfermedad autoinmunitaria, causada por el ataque del sistema inmunitario al cerebro. En fechas más recientes se ha renovado el interés por la idea de que los trastornos autoinmunitarios podrían estar en el origen de la esclerosis múltiple y de la enfermedad de Alzheimer. Pero por el momento no se puede emitir un veredicto.

Las relaciones causales entre enfermedad mental y anormalidades inmunológicas siguen prestándose a la duda. La vinculación entre anormalidades mentales e inmunológicas puede adoptar muchas formas menos reseñables. Por ejemplo, la infección con el virus del herpes simple (VHS) es mucho más corriente entre los pacientes de los hospitales psiquiátricos que entre la población en general, pero esto no demuestra que el VHS sea una causa de enfermedad mental. Una explicación más sencilla es que el comportamiento inusual y la forma de vida institucional de los pacientes mentales aumentan sus probabilidades de ser infectados con VHS y otros virus. El cuadro se complica más si cabe por cuanto los pacientes que padecen enfermedades psicóticas graves suelen ser medicados con fármacos potentes, que podrían ser a su vez responsables de anormalidades inmunológicas.

La depresión

Otra cuestión que sigue atormentando por su incertidumbre es la relación entre depresión, función inmunitaria y salud física.

Muchas personas enfermas se deprimen, pero esto es algo que no debe extrañarnos. Estar enfermo es una situación deprimente, sobre todo si la enfermedad es debilitadora o pone en peligro la vida de quien la padece. Las personas deprimidas también presentan una tasa de mortalidad más alta que aquellas que no lo están. Una vez más, esto no tiene por qué indicar necesariamente algo terriblemente profundo; para comenzar, las personas deprimidas tienen estadísticamente más probabilidades de sufrir accidentes o de suicidarse. Pero es posible que también en este caso suceda algo más interesante. ¿Podría la depresión hacernos más propensos a la enfermedad física? Las personas enfermas se deprimen, pero ¿se ponen enfermas las personas deprimidas?

Dejando al margen las posibles consecuencias inmunológicas, la depresión es un formidable problema de salud pública por derecho propio. En un momento dado, entre el 2 y el 3 por 100 de la población padece una enfermedad depresiva grave. Si es cierto que la depresión también aumenta nuestra vulnerabilidad a las infecciones y otras enfermedades, es evidente que se convierte en un problema aún mayor.

Existen pruebas de peso que indican que los individuos que padecen depresión grave (en contraposición al mero sentirse un poco apagado) tienen más probabilidades de ponerse enfermos o de morir prematuramente que los no depresivos. Un estudio realizado durante veinte años con 2.000 varones estadounidenses de mediana edad reveló que aquellos que mostraban signos de depresión tenían doble riesgo de desarrollar un cáncer mortal en los años posteriores, con independencia de otros factores de riesgo médico como el consumo de tabaco o los antecedentes familiares de cáncer[2].

Una de las maneras en que la depresión podría aumentar la propensión a la enfermedad sería alterando las defensas inmunitarias del cuerpo. Si el estrés psicológico puede surtir este efecto, ¿por qué no la depresión? Las pruebas disponibles indican que existe efectivamente una relación entre la depresión y la alteración de la función inmunitaria, aunque esta relación no es sencilla[3].

---

[2] Si a una persona deprimida se le diagnostica después una enfermedad grave, cabe la posibilidad de que la depresión fuera un síntoma temprano de esa enfermedad. En este estudio, sin embargo, los prolongados lapsos temporales transcurridos entre la detección de la depresión y el posterior desarrollo del cáncer hacían improbable que la depresión fuera una manifestación temprana de un cáncer no detectado.

[3] Una de las razones por las que los resultados de la investigación sobre la depresión y la inmunidad no siempre concuerdan es que la depresión puede

Los investigadores han sacado a la luz una serie de cambios inmunológicos asociados a la depresión. Entre los más constantes figuran la reducción de la actividad de las «células asesinas», de la sensibilidad de los linfocitos y del control inmunitario sobre los virus del herpes latentes. La depresión grave va también acompañada de cambios en el número y las proporciones de los diversos glóbulos blancos, así como del aumento de la producción de citoquinas como IL-1 e IL-6. Los depresivos melancólicos graves tienen menos linfocitos T y linfocitos B, una ratio mayor de linfocitos T auxiliares y supresores/citotóxicos y un número mayor de monocitos.

La depresión está asociada también a cambios en los niveles hormonales similares a los hallados en el estrés (a los cuales nos referiremos en el Capítulo 5). En particular, los depresivos tienden a presentar unos niveles más altos de las hormonas del estrés cortisol, adrenalina y noradrenalina, todas las cuales repercuten en el sistema inmunitario. Estos cambios hormonales desempeñan probablemente un papel de mediación en la relación entre la depresión y la alteración de la función inmunitaria.

El cuadro que surge es complejo. Varios de los cambios en la función inmunitaria que acompañan a la depresión son característicos de la supresión inmunitaria, pero muchos elementos del sistema inmunitario son *más* activos en los depresivos. De hecho, la depresión ha sido comparada con una clase de trastorno inflamatorio.

Otra vía que permitiría que la depresión influyese en la inmunidad es el cambio de las pautas de comportamiento. Por término medio, las personas deprimidas duermen menos, hacen

---

significar cosas distintas para diferentes científicos. La depresión puede oscilar entre un bajón relativamente leve del estado de ánimo y una enfermedad mental grave y debilitadora que requiera tratamiento hospitalario. Los psiquiatras no siempre coinciden en su diagnóstico de la depresión. Por otra parte, diferentes tipos de depresión tienen probablemente orígenes biológicos distintos.

menos ejercicio, comen alimentos menos saludables, fuman más cigarrillos, beben más alcohol y consumen más drogas (tanto terapéuticas como recreativas). Como hemos visto en el Capítulo 3, todas estas pautas de comportamiento afectan a la inmunidad y la salud por derecho propio. Algunos estudios han indicado que la reducción de la actividad de las «células asesinas» que a menudo acompaña a la depresión clínica podría tener su origen en alteraciones de las pautas del sueño y de la actividad física. Desentrañar los mecanismos exactos por los cuales la depresión actúa sobre la función inmunitaria es un problema difícil.

¿Qué decir del mundo imaginario de la literatura? La red aparentemente impenetrable de interconexiones entre enfermedad mental y física es asombrosamente evocada en *Crimen y castigo,* de Fiódor Dostoievski, la novela de infelicidad, crimen y enfermedad en el San Petersburgo del siglo XIX.

Un estudiante empobrecido, Raskólnikov, asesina a una anciana prestamista y a su hermana. ¿Pero por qué? ¿Comete Raskólnikov el asesinato en nombre de su filosofía nihilista, para afirmar su superioridad personal? ¿Lo hace simplemente porque es un indigente y necesita el dinero? ¿O es el acto irracional de un hombre enfermo cuya mente es trastornada por una enfermedad física? *Crimen y castigo* se ha prestado a innumerables interpretaciones literarias; ¿por qué no, pues, a una interpretación psiconeuroinmunológica?

En el período previo al asesinato, Raskólnikov considera y planea su crimen. Ha pasado semanas solo en su claustrofóbica habitación alquilada, aislado de la sociedad, aplastado por la pobreza y sufriendo un profundo malestar. Apenas come ni bebe, duerme sólo de manera irregular y se encuentra en un estado de ansiedad casi constante:

> Pero desde hacía cierto tiempo, el joven se hallaba en un estado de excitación y angustia rayano en la hipocondría. [...] Era difícil llegar a un mayor grado de abandono y suciedad.

Contrae una fiebre. Sus manos tiemblan y su estado de ánimo oscila entre el desasosiego y el agotamiento físico:

> Estaba pálido, le ardían los ojos, apenas le sostenían las piernas. [...] De pronto, en vez del sueño y del embotamiento, se apoderó de él una insólita y confusa agitación.

Es evidente que Raskólnikov es un hombre enfermo antes de cometer su crimen. No está claro si su enfermedad es de la mente o del cuerpo, pero el cuadro concuerda con el de un hombre que padece una grave enfermedad física que ha afectado el equilibrio de su mente.

Después tiene lugar el crimen. Cuando Raskólnikov ha asesinado a la anciana (y, sin haberlo previsto, también a su hermana) su estado va de mal en peor. Mientras reflexiona sobre el horror de lo que ha hecho, Raskólnikov degenera en la enfermedad y el delirio:

> Ahora era atacado súbitamente por unas fiebres palúdicas tan virulentas que los dientes casi le saltaban de la boca, tan violento era su castañeteo, y todo su cuerpo comenzaba a estremecerse. [...]
>
> —Creo que estás muy enfermo, ¿no es así? —observó Natasia.

Mientras Raskólnikov yace atrapado por el delirio, la lasitud y violentas oscilaciones de estado de ánimo, sus preocupados amigos se congregan a su alrededor. Uno de ellos, que es médico, llega a la conclusión de que el origen de la enfermedad de Raskólnikov es más profundo que las terribles condiciones físicas en las que ha vivido en los últimos meses:

> Es, por así decirlo, el producto de muchas y complejas influencias mentales y materiales, de ansiedades, aprensiones, preocupaciones, de ciertas ideas.

Raskólnikov no tarda en convertirse en sospechoso para la policía, sobre todo porque llama la atención públicamente sobre la posibilidad de que él pudiera ser el asesino. Comienza un prolongado juego del gato y el ratón psicológico con el investigador del estado, Porfiri Petróvich. Ambos hablan largo y tendido sobre el estado mental y físico de Raskólnikov. Aunque éste mantiene que siempre ha actuado sobre la base de decisiones conscientes y racionales, Porfiri no está convencido:

> —Es una enfermedad, Rodión Románovich, una enfermedad. Está descuidando su salud, señor. Debería consultar a un médico experimentado. [...] Lo que está mal en usted es el delirio. La verdad pura y simple es que usted lo hace todo en un estado de delirio.

Más adelante, mientras reflexiona sobre su suerte inminente, el propio Raskólnikov comienza a pensar en esta posibilidad:

> Son estas estúpidas dolencias puramente físicas, que tienen que ver con la puesta de Sol o algo así, las que hacen que un hombre haga cosas estúpidas, sin importar cuánto intente no hacerlas.

Al borde del colapso mental y físico, Raskólnikov se entrega a la ley y confiesa los asesinatos. En el juicio, el tribunal se niega a creer que haya cometido el crimen únicamente por el beneficio económico o en nombre de alguna teoría filosófica abstracta, a pesar de que el propio Raskólnikov afirma que lo hizo por el dinero. El tribunal conoce del delirium y la «hipocondría inveterada» del acusado, y de su situación enfermiza y empobrecida antes del crimen. Todos están convencidos de que Raskólnikov sólo pudo asesinar a las mujeres bajo la influencia de una locura temporal. Y así, en vez de ser ejecutado, Raskólnikov recibe la sentencia relativamente poco severa de servidumbre penal en Siberia[4].

El condicionamiento inmunitario

Una segunda línea de prueba en apoyo de la existencia de interacción entre la mente y el sistema inmunitario proviene del extraordinario fenómeno del condicionamiento inmunitario. Lo que esto muestra es que el sistema inmunitario puede aprender, por asociación, a responder a estímulos psicológicos como un sabor o un olor nuevos. El sistema inmunitario del individuo puede aprender a responder a, pongamos por caso, el dulzor de la sacarina, el olor del alcanfor, o los múltiples estímulos asociados al laboratorio, de modo muy parecido a como respondería a una poderosa droga inmunosupresora.

El condicionamiento inmunitario funciona esencialmente de la misma manera que el condicionamiento del comportamiento —el proceso por el cual los célebres perros de Pavlov aprendían a salivar al oír el sonido de una campana que antes había anunciado comida—, y la mejor forma de describirlo es quizá por analogía con los experimentos de Pavlov.

---

[4] Dostoievski era hijo de un médico. Al igual que su creación Raskólnikov, Dostoievski luchaba contra los efectos de la pobreza en la época en que escribió *Crimen y castigo*. La obra incluye varios casos de trastornos relacionados con el estrés; por ejemplo, al comienzo del juicio de Raskólnikov, su madre es aquejada por la fiebre y el delirio, «[su] enfermedad era de algún tipo extraño y nervioso y estaba acompañada de algo cercano a la locura». La mujer muere dos semanas después. La madre tísica y empobrecida de Sonia se vuelve loca en la calle después de padecer insoportables tormentos, entre ellos la muerte de su marido alcohólico y su propio desahucio, junto con sus hijos de corta edad, de su habitación alquilada. Su estado tuberculoso es agravado por el terrible estrés y muere. Hacia el final del relato, cuando Raskólnikov está en la cárcel, se aleja de todos los demás presidiarios y cae enfermo, aparentemente a causa de un colapso emocional: «Llevaba enfermo mucho tiempo, pero no fueron los horrores de la vida en la servidumbre penal [...] lo que le agotó [...] era el orgullo herido lo que le había hecho caer enfermo.»

En el experimento arquetípico de Pavlov, los perros eran expuestos reiteradamente a dos estímulos: el primero de éstos (la comida) suscita automáticamente una respuesta de comportamiento o fisiológica (salivación), el segundo (el sonido de una campana) es biológicamente neutro e inicialmente no suscita tal respuesta. Haciendo sonar sistemáticamente una campana para anunciar la llegada de la comida, Pavlov condicionó a los perros hambrientos para asociar la campana con la comida. El sonido de la campana no tardó en ser suficiente por sí solo para provocar la misma respuesta —salivación y anticipación impaciente— que la comida [5].

De acuerdo con una analogía exacta, el fenómeno del condicionamiento inmunitario supone emparejar un estímulo biológicamente neutro que inicialmente no tiene repercusión alguna sobre el sistema inmunitario (como un sabor o un olor inusuales) con un estímulo que sí afecta al sistema inmunitario (como una droga inmunosupresora). Una vez que el condicionamiento ha tenido lugar, el sabor o el olor pueden provocar el cambio de la respuesta inmunitaria sin necesidad de que se administre la droga. Es como si el sistema inmunitario hubiera aprendido que este sabor u olor en particular anuncia un cambio en la función inmunitaria y responde en consecuencia.

Increíblemente, el fenómeno del condicionamiento inmunitario fue sacado a la luz por vez primera por científicos rusos en el decenio de 1920, cuando la influencia de Pavlov estaba en su

---

[5] El condicionamiento pavloviano es una forma de aprendizaje asociativo. El otro tipo principal de condicionamiento es el condicionamiento operante (o instrumental), en el que el animal aprende que una pauta de comportamiento determinada (como pulsar una palanca) produce un resultado gratificante (como el alimento) o un resultado de aversión (como una descarga eléctrica). Las respuestas condicionadas son reversibles. Si el experimentador toca reiteradamente la campana sin dar comida al perro, éste no tarda en aprender a no salivar. Este declive de la respuesta condicionada se llama extinción. El condicionamiento inmunitario se extingue si el estímulo biológicamente neutro se presenta reiteradamente sin el estímulo inmunológicamente activo.

apogeo. Inyectaron un antígeno a cobayas, provocando así una respuesta inmunitaria inflamatoria. Este estímulo inmunológico se emparejó reiteradamente con un estímulo biológicamente neutro como arañar o calentar una parte de la piel. Una vez que el cobaya había sido condicionado de este modo, el estímulo término o táctil por sí solo bastaba para provocar la respuesta inmunitaria.

Como no podía ser menos, este trabajo pionero sobre el condicionamiento inmunitario fue olvidado hasta la década de 1950, en que fue recuperado temporalmente en la Unión Soviética, si bien para ser olvidado de nuevo, como sucede a veces en la ciencia cuando un descubrimiento empírico no encaja en un marco teórico establecido. En aquellas fechas no había forma satisfactoria alguna de explicar cómo era posible que las respuestas inmunitarias estuvieran condicionadas, y muchos científicos se limitaron a desechar los datos.

Medio siglo después, dos científicos estadounidenses —un psicólogo llamado Robert Ader y un inmunólogo llamado Nicholas Cohen— redescubrieron por casualidad el condicionamiento inmunitario. La resurrección de este fenómeno por su parte constituyó un hecho decisivo en el desarrollo del nuevo campo de investigación que después recibiría el nombre de psiconeuroinmunología.

Ader y Cohen estudiaban una forma especial de condicionamiento del comportamiento llamada aversión al sabor aprendida[6]. Como parte de su investigación, Ader y Cohen dieron a las

[6] La aversión al sabor aprendida es una de las muchas estratagemas que emplea la naturaleza para mantener vivos a los animales en un mundo peligroso. Si un animal prueba un alimento de sabor nuevo y después se pone enfermo, desarrolla una aversión perdurable a ese alimento y evitará comerlo a partir de ese momento. Lo que resulta especialmente interesante en la aversión al sabor aprendida es que el animal puede aprender fácilmente a asociar dos estímulos (el sabor nuevo y la náusea subsiguiente) aun cuando estén separados en el tiempo por varias horas. En el mundo real, el efecto sigue normalmente a la causa con poca o ninguna demora; el sonido de un predador significa que un

ratas una bebida de sabor nuevo (agua endulzada con sacarina) y después les inyectaron una droga llamada ciclofosfamida para provocarles náuseas. Las ratas pronto aprendieron, mediante el condicionamiento pavloviano, a evitar el agua de sabor dulce porque las ponía enfermas. Pero las ratas que habían sido condicionadas de este modo comenzaron a morir en número inesperadamente elevado, y parecía que cuanto más dulce era el agua que habían bebido, más probabilidades tenían de morir.

Era un hecho desconcertante. ¿Cómo podía un estímulo biológicamente neutro como el dulzor matar a una rata? Ader y Cohen sabían que además de hacer que las ratas se sintieran enfermas, la ciclofosfamida también inhibe el sistema inmunitario. De hecho, es una de las drogas que se administran después de los trasplantes de tejidos para evitar reacciones inmunitarias. Formularon, pues, la hipótesis de que podría haberse producido una forma de proceso de condicionamiento, en la que el estímulo previamente neutro (el sabor dulce) había llegado a provocar la misma respuesta biológica que la droga, a saber la inmunosupresión.

Como es lógico, Ader y Cohen sometieron a prueba su hipótesis. Condicionaron a varias ratas dándoles agua endulzada con sacarina emparejada con inyecciones de ciclofosfamida. Tres días después dieron a las ratas más agua dulce, esta vez sola. Para probar las respuestas inmunitarias de las ratas, Ader y

---

predador puede aparecer de forma inminente, no mañana. El condicionamiento se orienta, pues, a aprender acerca de asociaciones entre hechos que suceden muy juntos en el tiempo. Si existe una demora prolongada entre el momento en que se acciona una palanca y el momento en que se obtiene el alimento, una rata no puede aprender a asociarlos. Sin embargo, es cierto que algunas relaciones causa-efecto en la naturaleza llevan incorporadas largas demoras; si una rata come algo venenoso, normalmente transcurrirán horas, no segundos, antes de que comience a sentir los efectos. La aversión al sabor aprendida es específica de sabores y enfermedades; no se puede enseñar a una rata, por ejemplo, a evitar un estímulo visual o un sonido que va seguido de enfermedad horas después.

Cohen les inyectaron glóbulos rojos tomados de una oveja. Las células sanguíneas extrañas son poderosos antígenos y provocan la producción de anticuerpos.

Los resultados no admitían dudas. Las ratas que habían sido sometidas al condicionamiento inmunitario produjeron una cantidad significativamente menor de anticuerpos. El sabor dulce por sí solo había sido suficiente para reducir en un 25 por 100 la respuesta de sus anticuerpos [7]. Desde que Ader y Cohen realizaron su experimento pionero en el decenio de 1970, el hallazgo de que es posible condicionar los cambios en la función inmunitaria y provocarlos subsiguientemente mediante estímulos psicológicos se ha reproducido una y otra vez, con muchas variaciones sobre el tema básico.

Los psiconeuroinmunólogos han demostrado que el condicionamiento inmunitario puede alterar numerosos aspectos de la inmunidad mediada por las células y mediada por los anticuerpos, como la sensibilidad de los linfocitos, la actividad de las «células asesinas», la producción de citoquinas, los niveles de anticuerpos, el número de glóbulos blancos, la producción de histamina o la respuesta inmunitaria a la manipulación con tejidos extraños. Una amplia gama de estímulos psicológicos además del agua endulzada con sacarina han sido condicionados; por ejemplo, el olor a alcanfor, el sabor a vainilla e incluso los complcjos estímulos asociados al propio entorno del laboratorio. La función inmunitaria ha sido manipulada por distintos medios, entre ellos los antígenos, diversas formas de estrés y toda una serie de drogas. Por ejemplo, se han usado sonidos o pistas visuales, que previamente se emparejaban con descargas eléctricas estresantes e inmunosupresoras, para provocar una

[7] Téngase la seguridad de que el experimento de Ader y Cohen estuvo impecablemente diseñado, con numerosos grupos de control. Experimentos posteriones sobre el condicionamiento inmunitario, de los que se han hecho muchos, han utilizado diseños experimentales más complejos si cabe para asegurar que se han tenido en cuenta todos los factores de confusión imaginables.

reducción condicionada de la función inmunitaria. Ha sido posible incluso condicionar una asociación entre una bebida no alcohólica de sabor nuevo y la reacción inmunitaria alérgica al polen y a los ácaros domésticos.

Se han probado experimentalmente y se han eliminado una serie de explicaciones triviales y alternativas de los resultados observados. El condicionamiento inmunitario no es simplemente un seductor problema técnico en los datos: es un fenómeno sólido y reproducible que funciona en una amplia variedad de circunstancias y en diferentes especies.

La mayoría de tales experimentos han supuesto la supresión más que el reforzamiento del sistema inmunitario, sobre todo porque es relativamente fácil suprimir la función inmunitaria con drogas. Condicionar un aumento de la función inmunitaria es una proposición mucho más difícil. Sin embargo, se lo ha demostrado en ciertas formas, como el reforzamiento condicionado de la producción de anticuerpos y la actividad de las «células asesinas». Los científicos han experimentado con una sustancia llamada Poly I:C que refuerza la actividad de las «células asesinas» estimulando la producción de interferón. Emparejando Poly I:C con un olor, ha resultado posible suscitar un aumento condicionado de la actividad de las «células asesinas» como respuesta al solo estímulo del olor.

En fechas más recientes, el reforzamiento inmunitario condicionado ha sido demostrado en humanos. En un experimento, investigadores alemanes inyectaron a voluntarios sanos adrenalina, que suscita un aumento pasajero de la actividad de las «células asesinas». Las inyecciones de adrenalina se emparejaban con un estímulo psicológico neutro: una combinación de ruido blanco y sabor dulce (helado de agua). Tal como se había previsto, el estímulo ruido/sorbete fue capaz posteriormente de suscitar por sí solo el aumento de la actividad de las «células asesinas».

Condicionamiento inmunitario y enfermedad

El condicionamiento inmunitario puede hacer algo más que modificar la función inmunitaria. También puede producir cambios medibles en la salud. Los experimentos han demostrado que el condicionamiento inmunitario puede alterar el progreso de la artritis, el lupus, el cáncer y una serie en crecimiento de otras enfermedades.

A principios del decenio de 1980, Ader y Cohen investigaron qué podía hacerle el condicionamiento inmunitario al lupus eritematoso sistémico (LES), una grave enfermedad autoinmunitaria que afecta a la piel, el tejido conjuntivo y los órganos internos. El lector tal vez recuerde del Capítulo 3 que las enfermedades autoinmunitarias aparecen cuando, para decirlo sin rodeos, el sistema inmunitario se sale de madre y comienza a atacar los propios tejidos del cuerpo. En consecuencia, las enfermedades autoinmunitarias se tratan en muchos casos con drogas que inhiben el sistema inmunitario.

Ader y Cohen investigaron, pues, si la supresión inmunitaria condicionada podía ralentizar la progresión del LES en ratones. Condicionaron a los ratones emparejando un estímulo neutro (agua endulzada con sacarina) con inyecciones semanales de una droga inmunosupresora (ciclofosfamida). Después sustituían la mitad de las inyecciones de droga por agua dulce. Los resultados mostraron que, en los animales condicionados, el agua dulce tenía un efecto muy parecido al de la ciclofosfamida. Retrasaba de manera significativa el desarrollo de la enfermedad.

En experimentos posteriores, los científicos han demostrado que la supresión inmunitaria condicionada puede frenar la evolución de la artritis (otra enfermedad autoinmunitaria) y retrasar el rechazo de injertos de piel o tejidos trasplantados. Como cabía esperar, la supresión inmunitaria condicionada tiene el efecto contrario sobre enfermedades «normales» en las que el sistema inmunitario desempeña un papel defensivo más que ofensivo; por ejemplo, puede acelerar el crecimiento de ciertos tumores malignos.

Los efectos del condicionamiento inmunitario serían de enorme valor en el tratamiento de la enfermedad si pudieran aprovecharse clínicamente. Uno de los posibles beneficios sería la reducción de las dosis de drogas inmunosupresoras tóxicas que se necesitan para tratar a los pacientes que sufren enfermedades autoinmunitarias, o después de operaciones de trasplantes. Existe ya al menos un historial fructífero, en el que la supresión inmunitaria condicionada permitió que los médicos redujeran las dosis de droga inmunosupresora que se administraba a un niño que padecía lupus eritematoso. Más apasionante aún —aunque esquiva hasta el momento— es la perspectiva de utilizar el reforzamiento inmunitario condicionado para potenciar las defensas naturales del cuerpo contra la enfermedad.

El condicionamiento inmunitario puede producirse inadvertidamente, fuera del laboratorio, cuando se administra a los pacientes drogas inmunosupresoras. Esto puede ser un auténtico problema para los enfermos de cáncer que se someten a quimioterapia. Las potentes drogas destructoras de células que se utilizan para tratar el cáncer tienen a menudo efectos secundarios nauseabundos. Los pacientes que experimentan reiterados accesos de náusea grave asociados a la quimioterapia pueden llegar a padecer condicionamiento del comportamiento y comenzar a sentirse enfermos ante la perspectiva de su próximo tratamiento. Los estímulos psicológicos que se han asociado previamente a la quimioterapia, como la visión, el sonido, el olor, o el mero pensamiento, del hospital les hacen sentirse físicamente enfermos. Esta náusea de anticipación afecta a entre el 25 por 100 y el 75 por 100 de los pacientes de quimioterapia, y se cree que tiene su origen en el condicionamiento pavloviano. En este sentido, un médico observaba irónicamente: «He tenido más de un paciente que ha comenzado a vomitar nada más verme y que ha tenido la consideración de echar la culpa a la quimioterapia.»

La quimioterapia también puede producir cambios condicionados en la función inmunitaria. La investigación ha revelado que los enfermos de cáncer a quienes se administran drogas inmunosupresoras pueden aprender involuntariamente a asociar el entorno del hospital con la quimioterapia inmunosupresora. Una vez que este condicionamiento inmunitario se ha manifestado, el entorno del hospital puede provocar algunos de los cambios inmunitarios que antes producía la quimioterapia.

Un estudio sobre mujeres sometidas a quimioterapia por padecer cáncer de ovario descubrió un pronunciado descenso de la sensibilidad de los linfocitos inmediatamente antes de la administración de la quimioterapia. Había firmes indicios de que la culpable era la supresión inmunitaria condicionada. Un estudio reciente realizado en Suecia halló datos semejantes acerca de la supresión inmunitaria condicionada en mujeres sometidas a quimioterapia debido a cáncer de mama, especialmente en aquellas que presentaban los niveles más altos de ansiedad. Antes de la quimioterapia se detectaron reducciones de la actividad de las «células asesinas» de las mujeres, del número de monocitos en circulación y de la proporción entre linfocitos T auxiliares e inductores.

Una vez más los datos prestan su respaldo a la hipótesis de que, en ciertas circunstancias, los sistemas inmunitarios de los pacientes pueden ser suprimidos simplemente por la visión, el sonido, el olor o el pensamiento del hospital.

Retorno a la historia de la alergia

Antes de abandonar el tema del condicionamiento inmunitario, volveremos a visitar una selección de curiosidades, pertrechados de los conocimientos de la ciencia moderna. El descubrimiento del condicionamiento inmunitario ha arrojado nueva luz sobre cierto número de curiosos relatos médicos de antaño, en los cuales estímulos psicológicos arbitrarios eran aparentemente capaces de provocar una reacción inmunitaria.

El caso más conocido es quizá el del llamado resfriado de las rosas, cuyos primeras noticias datan de hace cientos de años. Se cuenta que un monje dominico del siglo XVI era «presa del síncope» (desvanecimiento) cada vez que veía rosas, sin importar a qué distancia estuvieran. En el siglo XIX, un médico describió cómo una rosa artificial podía provocar síntomas asmáticos en un paciente que era alérgico a las rosas, demostrando de este modo el papel de las «impresiones puramente físicas» en la reacción alérgica. Suponiendo que éstas y otras historias semejantes se basen en observaciones objetivas, es probable que reflejen una respuesta inmunitaria condicionada. Estímulos puramente psicológicos como la visión de la rosa —incluso de una rosa artificial— podrían provocar una reacción inmunitaria condicionada en individuos alérgicos.

La literatura médica es abundante en relatos semejantes. En 1930, por ejemplo, un médico describió el caso de un paciente aquejado de una fiebre del heno alérgica tan grave que la mera contemplación de una imagen de un campo de heno podía provocar un ataque. Otro historial del decenio de 1950 registra cómo un paciente presentaba síntomas alérgicos cuando veía una imagen de una pecera. Experimentos de laboratorio llevados a cabo en la misma década confirmaron que estímulos puramente simbólicos (es decir, no alérgicos), como imágenes visuales, podían provocar de manera fiable reacciones asmáticas o alérgicas en individuos para quienes los estímulos se asociaban a alergenos auténticos. Los mismos efectos se lograron con animales, lo cual probó que el fenómeno no podía atribuirse a engaño por parte de los sujetos ni a que éstos dejasen volar su imaginación. A la luz de los conocimientos actuales, podemos estar razonablemente seguros de que estas reacciones eran producto del condicionamiento inmunitario.

La investigación ha demostrado que la respuesta inmunitaria a la prueba intracutánea de Mantoux o de la tuberculina también puede ser modificada mediante el condicionamiento. Esta prueba se utiliza para determinar si una persona ha padecido o ha estado expuesta a la tuberculosis. Se inyecta una pequeña cantidad de tuberculina —un extracto proteínico obtenido de bacilos a partir de Koch— debajo de la piel, normalmente en el antebrazo. Si esa persona ha estado expuesta a la tuberculosis en el pasado, aparecerá al cabo de dos o tres días una inflamación alrededor del punto donde se puso la inyección, lo cual indicará cierto grado de inmunidad a la tuberculina [8].

En un experimento de condicionamiento, se administró tuberculina a voluntarios sanos en seis ocasiones consecutivas, con periodicidad mensual. En las primeras cinco ocasiones, se tomó tuberculina de un vial de color verde y se inyectó en un brazo, y se tomó un líquido inerte (solución salina) de un vial rojo y se inyectó en el otro brazo. En el curso de las cinco pruebas de condicionamiento, los sujetos llegaron a asociar inconscientemente una reacción inflamatoria positiva con el vial verde (tuberculina) y una reacción cero con el vial rojo (salino).

Después, sin que lo supieran los sujetos ni la enfermera que administraba las inyecciones, los investigadores cambiaron el contenido de los dos viales. Para la sexta y última prueba, los sujetos recibieron la tuberculina del vial rojo, que previamente estaba asociado a una reacción cero. En esta ocasión, la reacción a la inyección de tuberculina se redujo de modo significativo, lo cual indicaba que había tenido lugar alguna forma de supresión inmunitaria condicionada. La expectativa inconsciente de que una inyección del vial rojo no produciría efecto alguno fue suficiente para reducir la reacción inflamatoria a tuberculina de verdad. Efectos comparables se han demostrado en ratones, lo cual demuestra que el pensamiento consciente no es fundamental.

[8] La reacción inmunitaria a la tuberculina es un ejemplo de respuesta de hipersensibilidad del tipo retrasado.

La extraña historia del cerebro zurdo

Pasamos ahora a una tercera línea de prueba, relacionada con el sinfín de vínculos que existen entre mente e inmunidad: el descubrimiento de que las personas zurdas tienen estadísticamente más probabilidades de padecer problemas psicológicos y trastornos del sistema inmunitario.

A comienzos del decenio de 1980, dos neurólogos, Norman Geschwind, de la Universidad de Harvard, y Peter Behan, de la Universidad de Glasgow, publicaron algunas conclusiones fascinantes. Habían descubierto una incidencia inusitadamente elevada de trastornos inmunológicos y trastornos de aprendizaje en el desarrollo (como la dislexia) en individuos zurdos y sus familiares más cercanos.

Geschwind y Behan compararon una muestra amplia de personas firmemente zurdas con una muestra amplia de personas firmemente diestras. Las zurdas presentaban una incidencia de trastornos inmunitarios que duplicaba con creces la de las diestras, especialmente dolencias intestinales y tiroideas, y diez veces más trastornos de aprendizaje en el desarrollo, como dislexia y tartamudeo. Los familiares en primero y segundo grado de los zurdos también padecían tasas más altas de trastornos inmunológicos y del aprendizaje. Por otra parte, Geschwind y Behan hallaron una proporción más elevada de zurdos en pacientes hospitalarios que padecían trastornos inmunitarios o graves cefaleas.

Los resultados del trabajo de Geschwind y Behan parecieron extraños en un principio, pero concordaban con observaciones fragmentarias de investigaciones anteriores. Por ejemplo, se había advertido con anterioridad que las personas que padecen autismo o tartamudeo son más propensas a las alergias y los trastornos intestinales; y que varones y zurdos representan una proporción inusitadamente elevada de los niños que presentan discapacidades de aprendizaje del desarrollo como dislexia, tartamudeo, autismo, hiperactividad y síndrome de Tourette.

¿Qué tiene que ver todo esto con las relaciones entre mente, inmunidad y enfermedad? La respuesta se encuentra en la teoría formulada por Geschwind y Behan para explicar este extraño conjunto de conexiones entre características inmunológicas, neurológicas y de comportamiento. Plantearon la hipótesis de que las correlaciones entre la zurdera, los trastornos inmunitarios y los trastornos de aprendizaje del desarrollo tenían su origen en interacciones entre el cerebro, el sistema inmunitario y diversas hormonas que tienen lugar en etapas tempranas de la vida, dentro del útero materno.

Para comprender esta teoría es preciso conocer un hecho importante en relación con el cerebro humano. Los dos hemisferios del córtex cerebral (la parte exterior del cerebro) son diferentes en su capacidad para aprender y realizar ciertas funciones. Esta asimetría recibe el nombre de dominancia cerebral. En la mayoría de los individuos, el hemisferio izquierdo es dominante para las funciones del lenguaje, mientras que el hemisferio derecho domina las funciones espaciales. Debido al cruce de las conexiones nerviosas entre el cerebro y el resto del cuerpo, el control motor en las personas diestras reside en el hemisferio cerebral izquierdo y viceversa. En otras palabras, los diestros son zurdos cerebrales y los zurdos son diestros cerebrales. Una lesión en el hemisferio izquierdo del cerebro en etapas tempranas del desarrollo puede tener como resultado que el predominio se traslade al hemisferio derecho, produciendo una persona zurda.

De acuerdo con la hipótesis de Geschwind-Behan, cuando los fetos están expuestos a niveles anormalmente altos de la hormona sexual masculina testosterona en el útero, se retrasa preferentemente el desarrollo del hemisferio cerebral izquierdo, lo cual tiene como consecuencia la zurdera y trastornos relacionados con el aprendizaje como la dislexia y el tartamudeo. La testosterona también afecta al desarrollo del timo y otros órganos inmunitarios, aumentando con ello el riesgo de trastornos inmunitarios en etapas posteriores de la vida. Los testículos de los fetos de varones aumentan el nivel de testosterona, lo cual podría explicar por qué la zurdera, los trastornos de aprendizaje del desarrollo y los trastornos inmunitarios son más habituales en los niños que en las niñas.

Esta teoría, perfeccionada considerablemente con el paso de los años, ha generado no poca polémica y no es aceptada universalmente[9]. No todos los estudios posteriores han podido reproducir los hallazgos originales. Sin embargo, desde que Geschwind y Behan publicaron sus resultados, se ha ido acumulando una amplia variedad de pruebas que respaldan la idea general de que existen vínculos entre la zurdera, los trastornos inmunitarios (incluidos la fiebre del heno, los eczemas, el asma y la urticaria) y los trastornos de aprendizaje en el desarrollo. Por ejemplo, un estudio con niños noruegos descubrió firmes asociaciones entre zurdera, dislexia y trastornos inmunitarios. En otro experimento, los zurdos exhibieron mayor vulnerabilidad a sustancias corrientes que provocan alergia, como el polvo o el pelo de los animales. Resulta incluso que los pacientes esquizofrénicos zurdos tienen seis veces más probabilidades que los esquizofrénicos diestros de dar positivo en pruebas para detectar autoanticuerpos anormales.

Un análisis estadístico, que reunió datos de más de 50.000 casos y controles, confirmó que los zurdos tienen significativamente más probabilidades de padecer alergias y asma, corren doble riesgo de contraer enfermedades intestinales inflamatorias como la enfermedad de Crohn, y presentan una incidencia general ligeramente superior de trastornos inmunitarios que los diestros.

Una teoría más polémica es la que afirma que las personas

[9] Una de las razones de la falta de coherencia de los datos es que la lateralidad ha sido definida de diferentes formas por distintos investigadores. La lateralidad varía en un espectro continuo desde la zurdera total hasta el dextrismo total. No es lo mismo hablar de una persona que es zurda 100 por 100 que de otra que no siempre usa su mano derecha.

zurdas mueren más jóvenes que las diestras. Stanley Coren, de la Universidad de Columbia Británica en Vancouver, ha reunido datos estadísticos que indican que los zurdos tienen una vida media más breve que los diestros, y que el hecho de ser zurdo está asociado a un mayor riesgo de sufrir accidentes graves, trastornos inmunitarios, alcoholismo, adicción al tabaco, enfermedades mentales y complicaciones en el parto.

Es tranquilizador (al menos para quien esto escribe, pues es zurdo) el que las afirmaciones de Coren acerca de los peligros de la zurdera sean controvertidas, y que otros investigadores hayan comunicado datos contrarios. Por ejemplo, psicólogos de la Universidad de Durham sometieron a prueba la supuesta relación entre zurdera y longevidad analizando la duración de la vida de 6.000 jugadores de críquet británicos de primera categoría nacidos entre 1840 y 1960. Los archivos del críquet, que registran sistemáticamente si un lanzador era zurdo o diestro, revelaron que los jugadores zurdos vivían por término medio tanto como los diestros. Los datos sobre el críquet respaldaban, sin embargo, la afirmación de Coren de que los zurdos son más propensos a sufrir accidentes. Aunque la duración media de su vida no era en modo alguno inferior, un número significativamente mayor de jugadores de críquet zurdos morían por causas no naturales. En particular, tenían propensión a perecer en la guerra.

Se han sacado a la luz relaciones estadísticas aún más extrañas con la zurdera. Los varones nacidos en primavera o comienzos del verano tienen más probabilidades de ser zurdos que los nacidos en otoño o invierno. Las posibilidades de ser zurdo también son mayores en el caso de gemelos o cuando el nacimiento es traumático. Investigaciones realizadas en la facultad de medicina de Harvard han revelado una incidencia ligeramente superior a la normal de zurdera entre los homosexuales. Existen pruebas incluso que vinculan la zurdera, la dislexia y los problemas inmunitarios con niveles excepcionalmente altos de aptitud musical.

Como todo buen fenómeno biológico, las vinculaciones

entre lateralidad, comportamiento y trastornos inmunitarios son exclusivas del ser humano. Se han criado selectivamente razas de ratones que exhiben un grado elevado de lateralidad (es decir, una preferencia de comportamiento firme por el uso de una extremidad en vez de la otra) y que también presentan déficit en la función inmunitaria, incluidos unos niveles inusitadamente bajos de sensibilidad de los linfocitos T y de actividad de las «células asesinas».

Las ideas que hemos encontrado en este capítulo podrían ilustrarse con numerosos ejemplos de procesos de enfermedades que son afectados por el estado psicológico, a través de su repercusión sobre la función inmunitaria. El ejemplo que he escogido, principalmente por su carácter rutinario —es probable que ustedes y yo lo tengamos— es la infección con virus del herpes.

El maravilloso mundo del herpes

> A diferencia del matrimonio, el herpes es para toda la vida.
>
> Anónimo

Es domingo. Mañana tiene usted esa reunión tan importante. Su aspecto físico tiene que ser inmejorable. Pero cuando se mira con cara de sueño en el espejo siente en el labio un cosquilleo que no presagia nada bueno. Con un deprimente ruido sordo se da cuenta de que mañana por la mañana, precisamente cuando usted desea irradiar confianza en sí mismo, su boca estará adornada con un refulgente afloramiento de pupas que le harán sentirse tan atractivo como una solitaria. Usted sabe por experiencia que las antiestéticas ampollas del labio se convertirán en igualmente antiestéticas costras y que tendrá que pasar al menos una semana, posiblemente dos, para recuperar su estado perfecto. ¿Por qué usted? ¿Por qué ahora?

Una escuela de pensamiento defiende que las pupas son causadas por el estrés. ¿Es esto verdad? Tenemos la vaga sensación de que efectivamente tienden a salir en los peores momentos, sobre todo cuando estamos sometidos a presión en el trabajo o pasamos una mala racha en casa. Pero si los herpes labiales son cosa de la mente, ¿quién es el responsable de esas odiosas ampollas que se nos forman rápidamente en la cara?

Las pupas (o herpes labial, para usar la terminología médica) eran bien conocidas por los antiguos, y fueron descritas por el médico griego Hipócrates hace casi 2.500 años. La etiqueta griega y romana exigía que quienes pedecían un brote se abstuvieran de besar.

La gran mayoría de las pupas son causadas por un virus llamado virus del herpes simple de tipo 1 (VHS-1). Y un virus, citando la memorable definición de Peter Medawar, es «simplemente una mala noticia envuelta en proteína». Al acecho dentro del revestimiento de proteína de este virus en particular hay aproximadamente 70 genes, en forma de filamentos de ADN, cuyo único fin en la vida es hacer tantas copias de sí mismos como sea posible.

El VHS-1 tiene un pariente cercano llamado virus del herpes simple del tipo 2 (VHS-2), que suele atacar por debajo de la cintura y es el responsable del herpes genital. (Por cierto, ¿qué fue del herpes genital, aquel objeto de ineludible revuelo en los medios de comunicación a comienzos del decenio de 1980? La incidencia registrada de herpes genital ha continuado su ascenso, pero parece haber sido eclipsada ante la opinión pública por ese azote mucho mayor que es el sida.) Los dos virus están emparentados tan estrechamente que sus territorios no son totalmente excluyentes, y la infección cruzada puede presentarse como consecuencia de la práctica del sexo oral con una persona que tenga herpes labial. El VHS-1 es también el responsable de una exótica infección cutánea llamada herpes gladiatorum, que aqueja a los luchadores.

Las pupas difícilmente entrañan peligro para la vida, y su lugar se halla entre los puestos inferiores del panteón de las enfermedades. Los virus del herpes pueden resultar, sin embargo, peligrosos para las víctimas del sida y otras personas cuyo sistema inmunitario no funcione adecuadamente. Las lesiones y las úlceras producidas por el VHS-1 serán más grandes, dolorosas y duraderas en tales casos; existe también el riesgo de que se propaguen a la lengua, el paladar y otras zonas donde las pupas no se presentan normalmente. En los niños recién nacidos y en las personas cuyo sistema inmunitario está suprimido, el VHS-1 puede propagarse ocasionalmente al sistema nervioso central y causar graves problemas como encefalitis vírica o meningitis.

El herpes genital, causado por el VHS-2, es bastante más angustiante que las pupas faciales y puede causar complicaciones si aparece en las etapas finales del embarazo. Las infecciones del herpes genital también aumentan la vulnerabilidad a la infección con VIH, posiblemente porque las ampollas del herpes ofrecen un fácil camino de entrada a los retrovirus del VIH.

También hay consecuencias psicológicas. El herpes genital recurrente puede generar angustia emocional y ansiedad, alterar las relaciones y la vida sexual de quienes lo sufren, debilitar su autoestima y, en casos graves, causar depresión clínica. El daño psicológico es a veces más incapacitador que los síntomas físicos y puede requerir tratamiento por derecho propio, en forma de asesoramiento, terapia de relajación e instrucción para la gestión del estrés. He aquí un ejemplo de un problema inmunológico (el fallo del control inmunitario sobre virus latentes) que genera problemas psicológicos, y no a la inversa. Volvemos a nuestra calle de doble dirección.

El VHS-1 y el VHS-2 pertenecen a una familia de virus del herpes que son responsables de una serie de dolencias moderadamente desagradables en los seres humanos. Los otros miembros de la familia son el virus de la varicella zoster, que causa la varicela y el herpes culebrilla; el virus de Epstein-Barr (VEB), que causa la fiebre glandular (también llamada mononucleosis infecciosa); el citomegalovirus; el virus del herpes humano 6 (VHH-6); y el virus del herpes humano 7 (VHH-7). El citomegalovirus está presente en la mayoría de los adultos y normalmente produce síntomas leves parecidos al resfriado (aunque puede tener graves repercusiones en los enfermos de sida y otros cuyo sistema inmunitario se halla en una situación comprometida). El VHH-6 también está ampliamente repartido y ha sido identificado como la causa de la roséola, una enfermedad febril corriente entre los niños de corta edad. En cuanto al VHH-7, que fue aislado por vez primera en 1990, se cree que infecta al menos al 85 por 100 de la población de Estados Unidos, aparentemente sin causar ninguna enfermedad perceptible.

Por si le sirve de consuelo, está usted bien acompañado si sufre herpes labiales ocasionales. La mayoría de los adultos son infectados con el VHS-1. Los cálculos sobre su difusión presentan grandes variaciones según la población elegida como muestra y el método utilizado para detectar el virus, pero una estimación conservadora es la que afirma que al menos la mitad de nosotros portamos el virus. Algunos estudios han llegado a la conclusión de que, a partir de los 30 años de edad, más del 90 por 100 de las personas han sido infectadas por el VHS-1, aunque una cifra del 60-70 por 100 podría ser más representativa en los países industrializados modernos. El riesgo de infección con el VHS-2 depende hasta cierto punto de la actividad sexual. Cuanto mayor sea la actividad, más probabilidades se tienen de ser infectado (aunque, como en el caso del sida, una sola vez puede ser suficiente). Se calcula que el 80 por 100 de las prostitutas están infectadas con el VHS-2, frente a menos del 3 por 100 de las monjas. El número de casos de herpes genital ha aumentado con rapidez; en Estados Unidos, por ejemplo, se multiplicó por 9 entre 1966 y 1981.

Aunque la mayoría de los adultos son infectados con VHS-1

o VHS-2 (o ambos), son relativamente pocos los que padecen pupas o lesiones genitales recurrentes. Menos de la mitad de los infectados con VHS-1 llegan a experimentar un brote real de pupas. Entre los infectados con el VHS-2, sólo la cuarta parte desarrollan lesiones genitales. La infección del virus del herpes simple es un ejemplo excelente de un estado en el que el agente patógeno (en este caso, un virus) puede estar presente en una persona sin que ésta desarrolle enfermedad alguna. El ejemplo ilustra claramente por qué es tan inadecuada la simplista idea de «un germen, una enfermedad».

Para comprender cómo es posible ser infectado pero no ponerse enfermo, es necesario primero conocer un poco la biología de los virus del herpes. La infección con VHS-1 suele tener lugar en la infancia o durante los primeros años de la edad adulta. El virus se transmite por contacto directo con los fluidos corporales y suele entrar en el cuerpo a través de las membranas mucosas, es decir, los labios, la boca o, con menor frecuencia, el recto o la conjuntiva. La infección inicial puede ir acompañada de síntomas leves similares a los de la gripe y de inflamación de las encías y el revestimiento mucoso de la boca, pero a menudo pasa inadvertida.

Los virus del herpes viven en los nervios sensoriales que suministran el foco de infección. Una vez que los virus han entrado en el cuerpo, emigran por las largas y delgadas fibras nerviosas sensoriales hasta un ganglio (o nódulo nervioso sensorial), donde se establecen permanentemente, quedándose en el interior de las células nerviosas en forma latente e inactiva. El VHS-1 suele vivir en el ganglio trigémino, que está situado detrás del oído, mientras que el VHS-2 prefiere el ganglio sacro, cerca de la base de la columna vertebral.

De vez en cuando —quizá después de un intervalo de muchos años, quizá nunca— los virus se reactivan. Al igual que el salmón que regresa a desovar, emigran descendiendo por las fibras nerviosas sensoriales y comienzan a reproducirse dentro de las células cerca de la superficie de la piel. El resultado habitual es un brote de herpes labial o de herpes genital.

El primer signo de que un herpes labial se está gestando es una sensación punzante y cosquilleante de quemazón o picor en el foco de infección. Al cabo de entre doce y veinticuatro horas aparece un pequeño lunar realzado, que no tarda en transformarse en una serie de ampollitas llenas de un líquido que contiene gran cantidad de virus, glóbulos blancos muertos y los restos de las células muertas. Transcurridas entre seis y doce horas más, las ampollas revientan y supuran. A continuación se forma una costra, antes de que el foco sane finalmente. El proceso completo dura normalmente unos diez días. Los herpes labiales pueden salir en cualquier lugar de la piel o de las membranas mucosas, pero generalmente aparecen en los labios o cerca de ellos.

El único tratamiento eficaz por el momento para la infección del virus del herpes simple es la droga antivírica aciclovir. Este fármaco actúa entorpeciendo los procesos bioquímicos que permiten que los virus del herpes se reproduzcan en el interior de las células humanas. El aciclovir inhibe la síntesis del ADN vírico. La aplicación de aciclovir en cuanto se siente el primer hormigueo delator podría impedir la formación plena de los herpes labiales o genitales, pero ni el aciclovir ni ninguna otra droga que pueda adquirirse actualmente eliminará los virus del organismo.

Hay muchos factores distintos que pueden desencadenar la reaparición del herpes labial: la luz ultravioleta de la luz solar intensa, una enfermedad, la menstruación, una lesión sin importancia en el nervio donde viven los virus, o incluso un anestésico epidural. Sin embargo, muchas reiteraciones no tienen un desencadenante físico evidente y parecen estar vinculadas con catalizadores patológicos como el estrés. Los estudios confirman que la mayoría de las personas que padecen este tipo de herpes detectan una relación entre sentirse estresado, cansado o agotado y la reaparición de herpes labial. ¿Pero hay algún dato científico que corrobore esta conclusión?

Tres estudios realizados en Estados Unidos en el decenio de 1970 examinaron la relación entre el estrés y el herpes labial entre estudiantes de enfermería. Los datos revelaron que los individuos que decían estar crónicamente infelices o experimentar estados de ánimo desagradables tenían un número significativamente mayor de brotes de herpes labial en el año siguiente. La infelicidad crónica y la falta de apoyo social parecían ayudar a la reactivación de los virus del herpes latentes.

Los factores psicológicos pueden guardar relación también con los brotes de herpes genital. En más de cincuenta estudios científicos que se remontan a la década de 1920 se han encontrado asociaciones sistemáticas entre el estrés psicológico o la ansiedad y la reaparición posterior del herpes genital. Los individuos que experimentan reapariciones frecuentes del herpes genital tienden a tener un perfil de personalidad que les hace especialmente propensos al estrés y la ansiedad. La reaparición del herpes genital está asociada también con la soledad (aunque se me perdonará por especular cuál es la gallina y cuál es el huevo).

No se sabe con certeza cuáles son los mecanismos biológicos precisos que permiten que los virus del herpes permanezcan latentes durante largos períodos y después se reactiven súbitamente. Incluso cuando el VHS-1 está en su estado latente, al menos uno de los genes víricos continúa expresándose dentro de las células del anfitrión. Lo que se sabe es que el sistema inmunitario (y los linfocitos T y los macrófagos en particular) desempeña un papel decisivo a la hora de asegurar que los virus permanezcan latentes. Cualquier cosa que reduzca la competencia del sistema inmunitario puede permitir que los virus latentes comiencen a reproducirse.

Son ya abundantes las pruebas de que el estrés psicológico puede afectar la capacidad del sistema inmunitario para controlar los virus de herpes latentes. Un estudio, por ejemplo, descubrió que se producía un descenso de los niveles de linfocitos T supresores/citotóxicos aproximadamente una semana antes de que los sujetos sufrieran una reaparición del herpes genital; este descenso en la función inmunitaria estaba vinculado típicamente con un episodio de estrés o estado de ánimo deprimido.

La reactivación y la reanudación de la producción de virus del herpes provoca una respuesta del sistema inmunitario del anfitrión, que comienza a producir anticuerpos contra los virus. El aumento del nivel de anticuerpos de virus del herpes indica, pues, que el sistema inmunitario del anfitrión ha titubeado en sus esfuerzos por someter al virus. Las personas cuyo sistema inmunitario es suprimido por la quimioterapia tienen típicamente un nivel elevado de anticuerpos contra el virus del herpes. Por eso los psiconeuroinmunólogos usan a veces el nivel de anticuerpos de virus del herpes a modo de medida inversa de la función inmunitaria (cuantos más anticuerpos hay, más deficiente es la función inmunitaria).

Numerosos estudios psiconeuroinmunológicos han llegado a la conclusión de que diversas formas de estrés psicológico van acompañadas de un aumento del nivel de anticuerpos de virus del herpes, que indica un control inmunitario más deficiente sobre los virus latentes. Entre las situaciones estresantes asociadas a la elevación del nivel de anticuerpos figuran hacer un examen, estar solo, cuidar a un enfermo de Alzheimer, vivir cerca de la central nuclear averiada de Three Mile Island y separarse de la pareja o divorciarse. En este capítulo hemos examinado varios de estos ejemplos. El aumento del nivel de anticuerpos del herpes también es habitual en casos de depresión clínica. Para algunos de los afectados, el simple miedo a otro ataque de herpes genital puede ser suficiente para provocarlo.

Un singular experimento realizado en el decenio de 1940 demostró que las pupas podían ser provocadas por la hipnosis. A una paciente que sufría un trastorno psiquiátrico se le dijo, mientras estaba sometida a hipnosis profunda, que estaba agotada y debilitada. ¡Sorpresa! En el plazo de veinticuatro horas la desventurada mujer estaba adornada por múltiples ampollas de herpes. Un truco mágico.

En otro experimento, una mediadora experimentada demostró que podía modificar deliberadamente su reacción inmunitaria ante el virus del herpes de la varicella zoster. Otro estudio (aunque basado en un solo sujeto) consiguió relacionar los síntomas patológicos de la infección del VHS-1 y los cambios inmunológicos subyacentes con el estrés psicológico; durante un período de varios meses, los episodios de estrés psicológico estuvieron acompañados de una reducción de la función inmunitaria, seguida de una reaparición de las pupas. En las ocasiones de máximo estrés, la cantidad de linfocitos T auxiliares disminuía y consiguientemente aparecían las pupas en el rostro del infortunado sujeto. El estrés puede desencadenar la reactivación de virus del herpes latentes también en otras especies.

No hay duda de que la mente puede alterar —y de hecho altera— la inmunidad. Factores psicológicos y emocionales con diversas apariencias pueden influir en la función inmunitaria mediada por las células y en la mediada por los anticuerpos. Las relaciones entre mente e inmunidad han sido demostradas y reproducidas de tantas maneras y en tantos laboratorios que no pueden considerarse ya ni siquiera levemente controvertidas.

Bibliografía

General

Ader, R. y otros, «Psychoneuroimmunology: interactions between the nervous system and immune system», *The Lancet, 345*, pág. 99, 1995.

Herbert, T. B. y Cohen, S., «Stress and immunity in humans», *Psychosomatic Medicine, 55*, pág. 364, 1993.

Kiecolt-Glaser, J. K. y Glaser, R., «Stress and immune function in humans», en Ader, R. y otros (eds.), *Psychoneuroimmunology*, 2ª ed., Academic Press, San Diego, 1991.

O'Leary, A., «Stress, emotion, and human immune function», *Psychological Bulletin, 108*, pág. 363, 1990.

Stone, A. A. y Bovbjerg, D. H., «Stress and humoral immunity», *Advances in Neuroimmunology, 4*, pág. 49, 1994.

Pérdida de un ser querido

Bartrop, R. W. y otros, «Depressed lymphocyte function after bereavement», *The Lancet, 1*, pág. 834, 1977.

Irwin, M. y otros, «Impaired natural killer cell activity during bereavement», *Brain Behavior and Immunity, 1*, pág. 98, 1987.

Kaprio, J. y otros, «Mortality after bereavement», *American Journal of Health, 77*, pág. 283, 1987.

Schleifer, S. J. y otros, «Suppression of lymphocyte stimulation following bereavement», *Journal of the American Medical Association, 250*, pág. 374, 1983.

Zisook, S. y otros, «Bereavement, depression, and immune function», *Psychiatryc Research, 52*, pág. 1, 1994.

Catástrofes nucleares

Collins, D. L. y Carvalho, A. B., «Chronic stress from the Goiânia ^{137}Cs radiation accident», *Behavioral Medicine, 18*, pág. 149, 1993.

Collins, D. L. y otros, «Coping with chronic stress at Three Mile Island», *Health Psychology, 2*, pág. 149, 1983.

Hatch, M. C. y otros, «Cancer rates after the Three Mile Island nuclear accident», *American Journal of Public Health, 81*, pág. 719, 1991.

Janerich, D. T., «Can stress cause cancer?», *American Journal of Public Health, 81*, pág. 687, 1991.

McKinnon, W. y otros, «Chronic stress, leukocytes, and humoral response to latent viruses», *Health Psychology, 8*, pág. 389, 1989.

Pool, R., «A stress-cancer link following accident?», *Nature, 351*, pág. 429, 1991.

Exámenes

Dorian, B. J. y otros, «Aberrations in lymphocytes during psychological stress», *Clinical and Experimental Immunology, 50*, pág. 132, 1982.

Esterling, B. A. y otros, «Defensiveness, trait anxiety, and EBV antibody titers in healthy college students», *Health Psychology, 12*, pág. 132, 1993.

Glaser, R. y otros, «Plasma cortisol levels and reactivation of latent EBV in response to exam stress», *Psychoneuroendocrinology, 19*, pág. 765, 1994.

Glaser, R. y otros, «Stress-associated modulation of proto-oncogene expression in leukocytes», *Behavioral Neuroscience, 107*, pág. 525, 1993.

Glaser, R. y otros, «Stress-related immune suppression», *Brain Behavior and Immunity, 1*, pág. 7, 1987.

Halvorsen, R. y Vassend, O., «Effects of examination stress on cellular immunity», *Journal of Psychosomatic Research, 31*, pág. 693, 1987.

Jemmott, J. B. y otros, «Academic stress, power motivation, and decrease in salivary IgA secretion», *The Lancet, 1*, pág. 1.400, 1983.

Kiecolt-Glaser, J. K. y otros, «Modulation of cellular immunity in medical students», *Journal of Behavioral Medicine, 9*, pág. 5, 1986.

Otras formas de malos ratos

Bachen, E. A. y otros, «Lymphocyte and cellular immune response to a brief stressor», *Psychosomatic Medicine, 54*, pág. 673, 1992.

Bonneau, R. H. y otros, «Stress-induced effects on cell-mediated response to HSV infection», *Brain Behavior and Immunity, 5,* pág. 274, 1991.

Endresen, I. M. y otros, «Brief uncontrollable stress and psychological parameters influence human IgM and complement C_3», *Behavioral Medicine, 17,* pág. 167, 1992.

Esterling, B. A. y otros, «Chronic stress, social support, and persistent alterations in natural killer response», *Health Psychology, 13,* pág. 291, 1994.

Evans, P. y otros, «Secretory immunity, mood and life events», *British Journal of Clinic Psychology, 32,* pág. 227, 1993.

Farabollini, F. y otros, «Immune and neuroendocrine response to restraint», *Psychoneuroendocrinology, 18,* pág. 175, 1993.

Feng, N. y otros, «Effect of restraint stress on humoral immune response to influenza virus infection», *Brain Behavior and Immunity, 5,* pág. 370, 1991.

Keller, S. E. y otros, «Stress-induced changes in immune function in animals», en Ader, R. y otros (eds.), *Psychoneuroimmunology,* 2ª ed., Academic Press, San Diego, 1991.

Kiecolt-Glaser, J. K. y otros, «Spousal caregivers of dementia victims: changes in immunity and health», *Psychosomatic Medicine, 53,* pág. 345, 1991.

Knapp, P. H. y otros, «Short-term immunologic effects of induced emotion», *Psychosomatic Medicine, 52,* pág. 246, 1990.

Meehan, R. y otros, «The role of psychoneuroendocrine factors on spaceflight-induced immunological alterations», *Journal of Leukocyte Biology, 54,* pág. 236, 1993.

Sheridan, J. F. y otros, «Restraint stress differentially affects anti-viral immune responses in mice», *Journal of Neuroimmunology, 31,* pág. 245, 1991.

Snyder, B. K. y otros, «Stress and psychosocial factors: effects on cellular immune response», *Journal of Behavioral Medicine, 16,* pág. 143, 1993.

Stein, M. y otros, «Influence of brain and behavior on the immune system», *Science, 191,* pág. 435, 1976.

Zorilla, E. P. y otros, «Reduced cytokine levels and T-cell function in healthy males: relation to subclinical anxiety», *Brain Behavior and Immunity, 8,* pág. 293, 1994.

¿Es importante?

Goodkin, K. y otros, «Clinical aspects of psychoneuroimmunology», *The Lancet, 345*, pág. 183, 1995.

Levy, S. M. y otros, «Persistently low natural killer cell activity and plasma beta-endorphin: risk factors for infectious disease», *Life Sciences, 48,* pág. 107, 1991.

Murasko, D. M. y otros, «Immune reactivity, morbidity, and mortality of elderly humans», *Aging Immunol. Infect. Dis., 2,* pág. 171, 1990.

¿Qué puede hacerle el sistema inmunitario a la mente?

Cover, H. e Irwin, M., «Immunity and depression», *Journal of Behavioral Medicine, 17,* pág. 217, 1994.

Crnic, L. S., «Behavioral consequences of virus infection», en Ader, R. y otros (eds.), *Psychoneuroimmunology,* 2ª ed., Academic Press, San Diego, 1991.

Darko, D. F. y otros, «Plasma beta-endorphin and natural killer cell activity in major depression», *Psychiatry Research, 43,* pág. 111, 1992.

Herbert, T. B. y Cohen, S., «Depression and immunity», *Psychological Bulletin, 113,* pág. 472, 1993.

Husband, A. J., «Role of CNS and behaviour in the immune response», *Vaccine, 11,* pág. 805, 1993.

Kronfol, Z. y otros, «Depression, cortisol excretion and lymphocyte function», *British Journal of Psychiatry, 148,* pág. 70, 1986.

Maes, M., «Evidence for an immune response in major depression», *Progress in Neuropsychopharmacologie and Biological Psychiatry, 19,* pág. 11, 1995.

Muller, N. y otros, «Cellular immunity, antigens, and family history of psychiatric disorder in endogenous psychoses», *Psychiatry Research, 48,* pág. 201, 1993.

Schiffer, R. B. y Hoffman, S. A., «Behavioral sequelae of autoimmune disease», en Ader, R. y otros (eds.), *Psychoneuroimmunology,* 2ª ed., Academic Press, San Diego, 1991.

Schleifer, S. J. y otros, «Major depressive disorder and immunity», *Archives of General Psychiatry, 46,* pág. 81, 1989.

Shekelle, R. B. y otros, «Depression and the 17-year risk of death from cancer», *Psychosomatic Medicine, 43,* pág. 117, 1981.

Smith, A. P. y otros, «Selective effects of minor illnesses on human performance», *British Journal of Psychology, 78,* pág. 183, 1987.

Stein, M. y otros, «Depression, the immune system, and health and illness», *Archives of General Psychiatry, 48,* pág. 171, 1991.

Weisse, C. S., «Depression and immunocompetence», *Psychological Bulletin, 111,* pág. 475, 1992.

El condicionamiento inmunitario

Ader, R. y Cohen, N., «Behaviorally conditioned immunosuppression and murine systemic lupus erythematosus», *Science, 215,* pág. 1.534, 1982.

Ader, R. y Cohen, N., «Psychoneuroimmunology: conditioning and stress», *Annual Review of Psychology, 44,* pág. 53, 1993.

Ader, R. y otros, «Conditioned enhancement of antibody production», *Brain Behavior and Immunity, 7,* pág. 334, 1993.

Bovbjerg, D. y otros, «Acquisition and extinction of conditioned suppression of a graft-versus-host response», *Journal of Immunology, 132,* pág. 111, 1984.

Bovbjerg, D. y otros, «Anticipatory immune suppression and nausea in women receiving chemotherapy», *Journal of Consulting and Clinical Psychology, 58,* pág. 153, 1990.

Buske-Kirschbaum, A. y otros, «Conditioned manipulation of natural killer cells in humans», *Biological Psychology, 38,* pág. 143, 1994.

Cohen, N. y otros, «Pavlovian conditioning of the immune system», *International Archives of Allergy and Immunology, 105,* pág. 101, 1994.

Fredrikson, M. y otros, «Trait anxiety and anticipatory immune reactions in women receiving chemotherapy», *Brain Behavior and Immunity, 7,* pág. 79, 1993.

Gee, A. L. y otros, «Behaviorally conditioned modulation of natural killer cell activity», *International Journal of Neuroscience, 77,* pág. 139, 1994.

Gorczynski, R. M. y otros, «Tumor growth enhancement in mice demonstrating conditioned immunosuppression», *Journal of Immunology, 134,* pág. 4.261, 1985.

Grochowicz, P. M. y otros, «Behavioral conditioning prolongs heart allograft survival in rats», *Brain Behavior and Immunity, 5,* pág. 349, 1991.

Lysle, D. T. y otros, «Suppression on adjuvant arthritis by a conditioned aversive stimulus», *Brain Behavior and Immunity, 6*, pág. 64, 1992.

Smith, G. R. y McDaniels, S. M., «Psychologically mediated effect on the delayed hypersensitivity reaction to tuberculin», *Psychosomatic Medicine, 45*, pág. 65, 1983.

Smith, G. R. y otros, «Psychologic modulation of the human immune response to varicella zoster», *Archives of Internal Medicine, 145*, pág. 2.110, 1985.

Spector, N. H. y otros, «Immune enhancement by conditioning of senescent mice», *Annals of the New York Academy of Sciences, 741*, pág. 283, 1994.

Zalcman, S. y otros, «Immunosuppression elicited by stressors and stressor-related odors», *Brain Behavior and Immunity, 5*, pág. 262, 1991.

La extraña historia del cerebro zurdo

Aggleton, J. P. y otros, «Handedness and longevity: archival study of cricketers», *British Medical Journal, 309*, pág. 1.681, 1994.

Behan, P. O. y Geschwind, N., «Hemispheric laterality and immunity», en Guillemin, R. y otros (eds.), *Neural Modulation of Immunity,* Raven Press, Nueva York, 1985.

Coren, S., «Handedness and allergic response», *International Journal of Neuroscience, 76*, pág. 231, 1994.

Coren, S. y Halpern, D. F., «Left-handedness: a marker for decreased survival fitness», *Psychological Bulletin, 109*, pág. 90, 1991.

Fride, E. y otros, «Immune function in mice selected for high or low degrees of behavioral asymmetry», *Brain Behavior and Immunity, 4*, pág. 129, 1990.

Geschwind, N. y Behan, P., «Left-handedness: association with immune disease, migraine, and developmental learning disorder», *Proceedings of the National Academy of Science of the USA, 79*, pág. 5.097, 1982.

Hassler, M. y Gupta, D., «Functional brain organisation, handedness and immune vulnerability in musicians», *Neuropsychologia, 31*, pág. 655, 1993.

Kang, D. H. y otros, «Frontal brain asymmetry and immune function», *Behavioral Neuroscience, 105*, pág. 860, 1991.

McManus, I. C. y otros, «Handedness and autoimmune disease», *The Lancet, 341*, pág. 891, 1993.

Tønnessen, F. E. y otros, «Dyslexia, left-handedness, and immune disorders», *Archives of Neurology, 50,* pág. 411, 1993.

Wittling, W. y Schweiger, E., «Neuroendocrine brain asymmetry and physical complaints», *Neuropsychologia, 31,* pág. 591, 1993.

El maravilloso mundo del herpes

Bonneau, R. H. y otros, «Stress-induced modulation of immune response to HSV infection», *Journal of Neuroimmunology, 42,* pág. 167, 1993.

Corey, L. y Spear, P. G., «Infections with HSV», *New England Journal of Medicine, 314,* pág. 686, 1986.

Dobbs, C. M. y otros, «Mechanisms of stress-induced modulation of viral pathogenesis and immunity», *Journal of Neuroimmunology, 48,* pág. 151, 1993.

Gibson, J. J. y otros, «A cross-sectional study of HSV types 1 and 2 in college students», *Journal of Infectious Diseases, 162,* pág. 306, 1990.

Glaser, R. y Kiecolt-Glaser, J. K., «Stress-associated depression in cellular immunity: implications for AIDS», *Brain Behavior and Immunity, 1,* pág. 219, 1991.

Glaser, R. y otros, «Stress-related activation of EBV», *Brain Behavior and Immunity, 5,* pág. 219, 1991.

Kemeny, M. E. y otros, «Psychological and immunological predictors of genital herpes recurrence», *Psychosomatic Medicine, 51,* pág. 195, 1989.

Koff, W. C. y Dunegan, M. A., «Neuroendocrine hormones suppress macrophage-mediated lysis of HSV-infected cells», *Journal of Immunology, 136,* pág. 705, 1986.

Kusnecov, A. V. y otros, «Decreased HSV immunity and enhanced pathogenesis following stressor», *Journal of Neuroimmunology, 38,* pág. 129, 1992.

Longo, D. y Koehn, K., «Psychosocial factors and recurrent genital herpes», *International Journal of Psychiatry and Medicine, 23,* pág. 99, 1993.

Schmidt, D. D. y otros, «Stress as a precipitating factor in recurrent herpes labialis», *Journal of Family Practice, 20,* pág. 359, 1985.

VanderPlate, C. y otros, «Genital HSV, stress, and social support», *Health Psychology, 7,* pág. 159, 1988.

5

El demonio del estrés

La mente tiene su lugar propio, y en sí misma
puede hacer un cielo del infierno, un infierno del cielo.

John Milton, *El paraíso perdido* (1667)

En el mundo tendréis tribulación.

San Juan, 16, 33

El estado mental que con mayor frecuencia asociamos a la mala salud es el estrés. A juzgar por el espacio que le dedican los medios de comunicación, el demonio del estrés parece haberse convertido en el actual flagelo de la vida occidental. El estrés es eterno tema de conversación y una especie de símbolo de posición social entre los ambiciosos ejecutivos de empresa. Merece incluso una breve mención en los libros de texto de medicina más modernos, a pesar de la casi inevitable ausencia de toda referencia a la psiconeuroinmunología. Los medios de comunicación y la industria de la autoayuda ofrecen consejos ilimitados (aunque a veces contradictorios) sobre cómo sobrellevarlo. Pero para estar en condiciones de examinar los efectos del estrés, debemos conocer primero a la bestia. En este capítulo examinaremos qué es el estrés, cómo funciona y qué nos hace.

¿Qué es el estrés?

No hay nada bueno ni malo, sino que el pensarlo lo hace así.

William Shakespeare, *Hamlet* (1601)

Comencemos por el principio: ¿qué entendemos por estrés?

No se trata de áridas sutilezas semánticas. El concepto de estrés es confuso, y su uso excesivo lo ha desprovisto prácticamente de significado.

En el lenguaje coloquial, el término «estrés» puede utilizarse de modo intercambiable para designar dos cosas muy distintas. En primer lugar, puede definir una fuerza exterior desagradable o potencialmente nociva que nos somete a una presión. Las noticias de los medios de comunicación tienden a insinuar que cualquier cosa carente de atractivo o fastidiosa puede considerarse «estresante» y por tanto potencialmente nociva, por lo que nos proporciona una excusa legítima —si no un deber vinculante— para evitarla. De ahí la moda actual de preocuparse por el estrés.

Por otro lado, el término «estrés» puede definir también nuestra respuesta a hechos desagradables o potencialmente nocivos; en otras palabras, algo que sucede dentro del cuerpo. Nos sentimos ansiosos o deprimidos, luego estamos estresados. Walter Cannon y Hans Selyé, los científicos que llevaron a cabo gran parte de las investigaciones pioneras sobre la biología del estrés en la primera mitad del siglo XX, consideraban la respuesta de estrés como la forma con que el organismo mantiene su estado constante interno ante las alteraciones externas.

Afortunadamente, es posible resolver este enredo. En nuestros días, cuando los científicos aluden al estrés suelen referirse a algo que abarca tanto las alteraciones externas como la respuesta interna del individuo a esas alteraciones. En este sentido, el estrés remite al resultado de una interacción entre un organismo y las demandas que le impone el entorno.

Para decirlo de manera más formal, podemos definir el estrés psicológico como el estado que se presenta cuando el individuo percibe que las demandas que se le imponen exceden (o amenazan con exceder) su capacidad para hacerles frente, y por tanto ponen en peligro su bienestar. Aunque el cerebro desempeña un papel fundamental en todo el proceso, el pensamiento consciente no tiene por qué intervenir. Nuestro cerebro puede reconocer el estrés sin que tengamos que pensar en él. Lo mismo sucede con el cerebro de una rata o el de un mono.

Para que esta distinción quede más clara, se da el nombre de estresantes o agentes estresantes a las cosas desagradables o potencialmente nocivas que suceden en el entorno, mientras que las reacciones psicológicas y biológicas que provocan reciben el nombre de respuesta de estrés[1]. Los estresantes pueden ser físicos además de psicológicos: las heridas, la enfermedad, las intervenciones quirúrgicas, la desnutrición y los extremos de calor o frío son potentes estresantes. Los individuos sanos que se someten a una intervención quirúrgica incluso sin importancia, por ejemplo, muestran un descenso medible de su función inmunitaria. En estas páginas, sin embargo, nos centraremos en los estresantes psicológicos en detrimento de los físicos, pues son los primeros los que afectan a la mayoría de la gente la mayor parte del tiempo en los países industrializados.

Nuestra definición de estrés incluye un concepto crucial. El estrés depende de cómo evaluemos las demandas que se nos imponen y nuestra capacidad para hacerles frente. El estrés psicológico está en función tanto de cómo vemos el mundo como de cómo es realmente el mundo. Las percepciones son importantísimas, idea que está descrita memorablemente en este diálogo entre Hamlet y Rosencrantz:

> —Dinamarca es una prisión.
>
> —Entonces lo es el mundo.
>
> —Y muy grande, con muchas celdas, calabozos y mazmorras, siendo Dinamarca una de las peores.
>
> —No lo creemos así, señor.
>
> —Pues entonces no lo es para vosotros; pues no hay nada bueno ni malo, sino que el pensarlo lo hace así. Para mí, es una prisión.

---

[1] Sólo para confundir, algunos científicos llamaban «estrés» a los hechos exteriores (es decir, los estresantes) y «aflicción» a la respuesta de estrés.

Dado que es un producto de la interacción de un organismo con su entorno, el estrés no es ni una característica del organismo ni una característica del entorno. Los individuos son muy diferentes entre sí en cuanto a sus respuestas a estresantes idénticos, dependiendo de factores que son exclusivos de cada uno, como experiencia pasada, creencias, educación, personalidad, salud física, composición genética y entorno social. Como veremos en el capítulo siguiente, por ejemplo, las personas que poseen ricas redes de relaciones sociales que les apoyan son generalmente menos vulnerables a los estresantes que aquellas que están solas y socialmente aisladas.

Una situación que es sumamente estresante para una persona puede tener escasas o nulas consecuencias —o incluso ser decididamente estimulante— para otra. El estrés, como la belleza, depende en parte del cristal con que se mire.

Una persona que está a punto de hacer su primer salto con paracaídas exhibirá probablemente una respuesta de estrés mayor que un paracaidista avezado (suponiendo que hasta ahora haya conseguido aterrizar sin romperse las dos piernas). La experiencia previa de un individuo en una situación de peligro ejerce una gran influencia sobre la respuesta de su cuerpo y su mente ante esa situación la próxima vez quc se presente.

El poder de la experiencia para transformar la percepción se pone de manifiesto en *La roja insignia del valor,* de Stephen Crane. La novela, cuya acción transcurre durante la guerra civil de Estados Unidos, cuenta la historia de un joven e inexperto recluta de la Unión y su bautismo de fuego.

Henry Fleming está ávido de gloria, y a pesar de la oposición de su madre, se alista en el ejército de la Unión. En el período que precede a su primera batalla, Henry considera la posibilidad de que pueda tener demasiado miedo para combatir, pero la rechaza. Lleva toda la vida soñando con la batalla y ahora tiene la oportunidad de saborearla. Después de algunas falsas alarmas, Henry experimenta finalmente lo que significa un verdadero enfrentamiento, tropas enemigas vivas. A su alrededor los hombres caen muertos o heridos. No es como lo había soñado. En el preciso momento en que se felicita porque la batalla ha terminado, el enemigo ataca de nuevo. Es demasiado para Henry Fleming. Arroja su fusil y corre sin pensárselo dos veces, como un conejo.

> Su rostro exhibía todo el terror de las cosas que imaginaba. [...] Desde que dio la espalda al combate, sus temores se acrecentaron extraordinariamente.

Presa del terror y la confusión, Henry se pierde en un bosque lindante con el campo de batalla. Intenta preguntar a otro desertor de la Unión, pero el hombre, asustado, arremete contra él con su fusil dejándole inconsciente. Al recobrar el sentido, Henry se reincorpora a su regimiento en el frente. Sus camaradas suponen erróneamente que la herida de la cabeza —su «roja insignia del valor»— le ha sido infligida por una bala enemiga. Esta actitud de los soldados le hace levantar el ánimo.

Al poco tiempo, Henry se ve inmerso de nuevo en el fragor de la batalla. En esta ocasión, sin embargo, es un hombre cambiado. Ha conocido el horror de la guerra y ha sobrevivido. La experiencia le ha transformado. Ahora, en vez de huir presa del pánico, combate como un gato salvaje. Cuando el sargento de color es alcanzado por un disparo, Henry agarra la bandera del regimiento y encabeza una carga. Es elogiado por su valentía, y cuando abandona el campo de batalla por segunda vez Henry reflexiona sobre los profundos cambios que le han sobrevenido:

> Se había creído destinado a una muerte grandiosa, y había descubierto que al cabo sólo existe la gran muerte. [...] Y aconteció que mientras sus pasos iban dejando el lugar de la sangre y de la ira, su alma cambió. Dejó las rejas ardientes del arado y se

> adentró en visiones de tréboles, y fue como si los arados ardientes jamás hubieran existido. Las cicatrices se ajaron como flores. [...] Se había liberado de la dolencia roja de la guerra. La pesadilla asfixiante pertenecía al pasado.

La literatura científica nos ofrece numerosos ejemplos de cómo el mismo estresante puede tener consecuencias diferentes para distintos individuos. Un estudio realizado en Estados Unidos examinó los efectos hormonales del estrés en estudiantes de medicina que se sometían a un examen (sí, ellos de nuevo). El estresante del examen provocó cambios hormonales significativos, pero sólo en los candidatos que percibían el examen como un hecho altamente estresante. Aquellos que se sentían menos traumatizados por el examen presentaban pocos cambios en sus niveles hormonales. La respuesta biológica dependía de la percepción psicológica del estresante.

Otro estudio estadounidense investigó las relaciones existentes entre hechos vitales estresantes, angustia psicológica y función inmunitaria en voluntarios sanos. También en este caso, hechos vitales semejantes afectaron a los individuos de distintas maneras; unos eran más capaces de sobrellevarlos que otros. Los «malos sobrellevadores» exhibían signos de angustia, depresión o ansiedad como respuesta a estresantes en forma de hechos vitales y tenían una actividad de las «células asesinas» inferior a la de los «buenos sobrellevadores», que lograban soportar estresantes comparables sin experimentar efectos psicológicos negativos.

Un supuesto habitual pero falaz es el que dice que el estrés puede medirse objetivamente en función de nuestras circunstancias externas. Se ha dicho que la obsesión actual por el estrés es simplemente la autoobsesiva queja de una generación consentida que en realidad ha estado expuesta a menos estrés que cualquier generación anterior de la historia. ¿Cómo puede esta generación quejarse del estrés, continúa el razonamiento, cuando contempla el espantoso sufrimiento de aquellos que han vivido guerras o hambrunas? Es indudable que un jefe autoritario o un matrimonio tormentoso no pueden compararse con recibir un disparo, pasar hambre, ser bombardeado o estar recluido en un campo de concentración.

Sin embargo, la evaluación del carácter estresante de una situación no es tan sencillo como podría parecer. La gente puede verse más afectada, tanto psicológica como fisiológicamente, por cosas aparentemente triviales que por problemas serios. El grado de perturbación que nos causa un estresante depende de varias cosas, entre ellas nuestra sensación de control personal sobre las circunstancias y el apoyo que recibimos de quienes están a nuestro alrededor. No existe una relación sencilla entre nuestro entorno físico y la cantidad de estrés psicológico que experimentamos.

Por ejemplo, investigaciones efectuadas con soldados estadounidenses en la guerra de Vietnam descubrieron que el nivel de hormonas del estrés de ciertos militares era más bajo durante el combate activo que cuando esos hombres estaban libres de servicio. Esto era especialmente cierto en el caso de los miembros de unidades de élite, poseedores de un nivel de adiestramiento muy elevado y de un firme sentido de cohesión de grupo. El control personal y el apoyo social ejercen gran influencia, como veremos más adelante. Es de general conocimiento en medicina militar que cuanto más cerca están los soldados de la línea de combate menos probable es que se quejen de enfermedades. (Naturalmente, las lesiones violentas y la muerte son otra cuestión.) Los agobiados administrativos contables pueden pasarlo peor ciertamente que los integrantes de un comando de infantería de marina.

Un rasgo del estrés que suele pasarse por alto es su carácter contagioso. Además de sufrir el estrés nosotros, podemos transmitírselo a los demás mediante nuestros comportamientos y actitudes. En el Capítulo 7 veremos que cuando una persona está sometida al estrés de larga duración del desempleo o la inseguridad laboral, su familia también lo sufre.

El estrés no es, pues, únicamente algo que nos sucede, una fuerza de la que somos víctimas pasivas. Es fruto de la evaluación que hagamos de nuestro entorno y de la respuesta que le demos. Somos —o podemos ser— agentes activos en el proceso. La consecuencia práctica es que cambiando nuestra forma de ver el mundo, aceptar los desafíos o evaluar nuestra capacidad para hacerles frente, podemos modificar nuestra propensión al estrés.

La fórmula obvia para mitigar el estrés consiste en eliminar el estresante en su origen. Si nos amenaza un león que ha escapado de su jaula, o un atracador, huyamos; si nos preocupa suspender un examen, trabajemos lo suficiente para estar seguros de aprobarlo. Lamentablemente, muchas de nuestras estrategias rutinarias para superar el estrés hacen poco para eliminar la causa del problema y, por añadidura, pueden ser decididamente nocivas. Pienso a este respecto en esas antiquísimas técnicas de gestión del estrés como fumar, beber cantidades de alcohol embotadoras, tragar píldoras o engullir alimentos consoladores.

Nuestra definición de estrés sugiere un enfoque alternativo del hecho de hacer frente, que es cambiar nuestra evaluación del estresante. En el nivel más rudimentario, podemos hacerlo negando la existencia misma del problema. Pero la negación puede ser peligrosa, como hemos visto en el Capítulo 3: negarse a hacer frente a la posibilidad de que podamos padecer una enfermedad grave puede resultar fatal si ello nos impide recabar asistencia médica sin demora.

Una solución menos extrema es desviar el foco de atención de asuntos fastidiosos. Ésta parece ser una estrategia que goza de gran aceptación en los abarrotados trenes de cercanías. Apretujados entre los cuerpos sudorosos e incapaces de cambiar el carácter desagradable de su entorno físico, los pasajeros se distancian mentalmente de él mediante la ensoñación, anestesiando su mente con un estéreo personal o incluso leyendo un libro. Este tipo de mecanismo de defensa psicológico —pues de eso se trata— puede atemperar las emociones desagradables y la ansiedad asociada a una situación estresante, aun cuando es evidente que no hace nada para cambiar la realidad.

Algunos psicólogos llaman reformulación a una versión más activa de esta estrategia, que conlleva el cambio deliberado de la percepción consciente que se tiene de una situación para centrarse en sus aspectos positivos y manejables e identificar soluciones prácticas o, en ausencia de éstas, aceptar lo inevitable. Los asesores en gestión del estrés emplean el concepto de reformulación cuando enseñan a sus clientes a entender sus estresantes a través de un prisma nuevo y positivo. Los reveses se transforman mágicamente en nuevos desafíos estimulantes y las catástrofes se convierten en valiosas oportunidades para el crecimiento personal. A pesar de la aureola que rodea a la escuela de gestión del estrés, la reformulación tiene efectivamente sus usos, como también los tienen las viejas perlas de la sabiduría popular, como el fijarse objetivos realistas, no ser perfeccionista, no perder de vista la verdadera dimensión de las cosas y tener sentido del humor.

La forma característica en que, en cuanto que individuos, tendemos a ver el mundo —nuestro estilo explicativo—, guarda una relación importante con nuestra propensión a las adversidades de la vida cotidiana. Hay pruebas convincentes de que las personas cuya visión del mundo es esencialmente pesimista —que consideran los problemas como algo omnipresente, perdurable, insoluble y culpa suya— son más perjudicadas por el estrés que los irritantes optimistas que siempre ven el lado bueno de la vida.

Una serie de notables estudios de larga duración realizados en Estados Unidos, que siguieron a los sujetos durante más de treinta años, descubrieron que los pesimistas eran más proclives a la enfermedad y morían más jóvenes por término medio que los optimistas. Estas variaciones en la salud aparecían años después, lo cual parece indicar que el estilo explicativo precedía a la mala salud y a la inversa; es improbable que los pesimistas se volvieran optimistas, porque su salud ya era precaria. Los pesimistas también obtenían peores resultados como estudiantes, tanto en las actividades deportivas como en el trabajo.

El estilo explicativo pesimista está asociado también a niveles inferiores de la función inmunitaria en personas de edad avanzada. Un estudio descubrió que los individuos que atribuían los hechos negativos de sus vidas a rasgos de la personalidad fijos y omnipresentes presentaban ratios inferiores de linfocitos T auxiliares y supresores. A la inversa, hay pruebas de que las personas que tienen una actitud optimista en términos generales, expectativas positivas y alta autoestima padecen menos enfermedades. Los optimistas también se recuperan de las intervenciones quirúrgicas antes que los pesimistas y disfrutan después de una calidad de vida más elevada.

La ficción se ha ocupado ampliamente de los conceptos de reformulación y estilo explicativo. Un caso extremo de estilo explicativo optimista y de reformulación está personificado en la heroína de 11 años del clásico infantil de Eleanor H. Porter titulado *Pollyanna*.

La huérfana epónima Pollyanna Whittier tiene una estrategia secreta para sobrellevar los innumerables pesares y desgracias que le ocurren a ella y a quienes la rodean. Hace uso del Juego Especial que aprendió de su padre. El juego en cuestión consiste en encontrar algo para estar alegre en cada circunstancia, sin importar lo desesperada y deprimente que pueda ser, y exhibir «una alegría abrumadora, insaciable, por todo lo que ha sucedido o va a suceder».

A fuerza de usar esta sencilla estrategia de reformulación, Pollyanna logra permanecer asombrosamente optimista ante la atroz adversidad. Al poco tiempo, los solitarios, tristes y enfermos habitantes de Beldingsville caen bajo el conjuro del Juego

Especial de Pollyanna y sus vidas se transforman. Gracias a Pollyanna, la melancólica señora Snow, enferma desde hace quince años, se da cuenta de que «había estado demasiado ocupada deseando que las cosas fueran diferentes para encontrar mucho tiempo para disfrutar de las cosas como eran». La empalagosa niña conmueve incluso el corazón de su tía solterona emocionalmente traumada. El médico de la población reconoce rápidamente cuánto han beneficiado Pollyanna y su Juego Especial a la salud mental y física de los habitantes de Beldingsville. Así habla a la enfermera:

> —Me gustaría prescribirla —y comprarla— como si fuera una caja de píldoras; aunque si llegase a haber muchas como ella en el mundo, usted y yo podríamos también ponernos a vender cintas y cavar zanjas por el dinero que ganaríamos de la enfermería y la medicina.

Como episodio final del catálogo de incesantes desdichas de Pollyanna, es atropellada por un automóvil. (Su puntuación de hechos vitales estresantes sería preocupantemente alta ya, incluso para un optimista.) Pollyanna queda paralizada de la cintura para abajo, y el dictamen de un eminente especialista es que nunca volverá a andar. Sin embargo, el Juego Especial permite que Pollyanna supere sus graves lesiones. Con poderes paranormales de reformulación optimista, Pollyanna logra ver el lado bueno de estar paralizada. Después, en una milagrosa proeza de recuperación, desafía a los médicos y aprende a andar de nuevo. Sólo un pesimista homicida y armado podría parar en seco a Pollyanna.

El profundamente religioso compañero de cabaña de Iván Denisóvich Sujov, Aliosha, es otro que adopta una visión perversamente positiva de la adversidad en *Un día en la vida de Iván Denisóvich,* el desgarrador relato de la vida en un campo de trabajo estalinista escrito por Alexandr Solyenitsin. Aliosha no puede comprender por qué alguien puede ansiar la liberación de los atroces rigores del trabajo forzado en las estepas heladas del norte de Kazajstán:

> —¿Por qué deseas la libertad? En libertad, tu último grano de fe sería ahogado por la maleza. Deberías alegrarte de estar en prisión. Aquí tienes tiempo para pensar en tu alma.

De hecho, al cabo de ocho años en los campos, el propio Iván Denisóvich ha dejado de estar seguro de que desee ser libre. Al reconciliarse con su encarcelación ha adquirido una extraña conformidad con los horrores cotidianos de su existencia y ahora teme el cambio.

El optimista de ficción probablemente más conocido es el filósofo doctor Pangloss, del *Cándido* de Voltaire. El joven Cándido, bien intencionado pero ingenuo, abandona la seguridad de su castillo de Westfalia y emprende una serie de aventuras extraordinarias y frecuentemente catastróficas alrededor del mundo. En todo momento de sus viajes se le recuerda a Cándido la máxima de su respetado tutor, el doctor Pangloss, según la cual «todo es lo mejor en el mejor de los mundos posibles». Esta visión del mundo universalmente tranquilizadora ayuda a sostener a Cándido y Pangloss en los muchos y espantosos destinos que les aguardan.

La aparente sabiduría del punto de vista panglossiano se pone de manifiesto cuando los héroes se encuentran con el noble veneciano señor Pococurante, un hombre que vive rodeado de belleza y lujo pero encuentra defectos a todo:

> —¡Oh, qué hombre tan extraordinario —seguía diciendo Cándido entre dientes—. ¡Qué gran genio es este Pococurante! Nada le puede agradar.

El peligro de adoptar una postura tan absolutamente optimista como Pangloss o Pollyanna es que salta hecha añicos ante la realidad. La deslumbrante luz del optimismo ciego puede ser sustituida con harta facilidad por la oscuridad total del pesimismo profundo. Alguien, presumiblemente un pesimista, definió al pesimista como un optimista en posesión de los datos. Y así, Cándido pierde la fe al final:

> Después de sufrir un número prodigioso de puntapiés en las posaderas, azotes en las costillas, vergajazos en las plantas de los pies; después de sentir un terremoto; después de estar presente en el ahorcamiento del doctor Pangloss, y después de ver cómo le quemaban vivo; después de ser desvalijado por orden del diván, y abrumado por una compañía de filósofos; no obstante todo esto, creía que todo era para mejor; pero ahora estoy completamente desengañado.

La biología del estrés

La finalidad fundamental de la respuesta de estrés es permitir que los organismos, incluidos el de usted y el mío, hagan frente de forma rápida y eficaz a los desafíos que suponen una amenaza para la vida. A tal efecto, nos prepara para la acción inmediata. Estratégicamente, la respuesta de estrés a corto plazo —más conocida como respuesta de luchar o huir— supone un rápido cambio de prioridades de la supervivencia a largo plazo a la supervivencia a corto plazo. Los recursos biológicos se encauzan hacia los sistemas que puedan necesitarlos para hacer frente a desafíos inminentes. Tanto si se tiene que huir como quedarse y luchar, el cuerpo necesitará energía adicional, y rápidamente.

Muchos de los cambios biológicos que acompañan a la respuesta de estrés están diseñados para movilizar las reservas de combustible del cuerpo, convertirlas en una forma apta para el consumo inmediato y transportar ese combustible, junto con el oxígeno adicional requerido para quemarlo, a los órganos que con toda probabilidad los necesitarán, en particular el cerebro y los músculos principales. Esto se hace a costa de otros sistemas biológicos, como el crecimiento y la reproducción que, aun siendo esenciales a largo plazo, no son decisivos para la supervivencia inmediata. Los sistemas hormonales que regulan el crecimiento y la reproducción se conectan a la respuesta de estrés y están profundamente influidos por ella. El estrés prolongado inhibe la secreción de la hormona del crecimiento y de las hormonas sexuales. Al fin y al cabo, ¿de qué sirven la libido o una buena estatura si somos destrozados por un tigre o apaleados por un atacante?

Las manifestaciones de estas reacciones biológicas al estrés están compendiadas a la perfección en este breve pasaje de la novela *The Ghost Road,* por la que Pat Barker recibió el Booker Prize en 1995. El fragmento describe las sensaciones de un soldado de la primera guerra mundial mientras espera entrar en combate:

> Los síntomas habituales: boca seca, palmas de las manos sudorosas, corazón latiendo de prisa, vejiga irritada, pies fríos. Qué precisión tan brutal tenía la expresión «pies fríos». Si bien es cierto que «cagarse» —la otra expresión brutalmente exacta— *no* venía al caso. Llevaba todo el día bebiendo tintura de opio.

¿Qué sucede debajo de la superficie durante una respuesta de estrés? La respuesta de estrés a corto plazo está mediada primordialmente por una parte del sistema nervioso llamada sistema nervioso simpático, que se ocupa de las funciones de gobierno doméstico del cuerpo en circunstancias normales, y por tanto está bien situada para reajustar rápidamente las prioridades. El pulso, la presión arterial y el ritmo de la respiración aumentan para aumentar el suministro de energía disponible; de ahí los rápidos latidos. Además de latir más rápido, el corazón bombea más sangre con cada latido, mientras que los bronquios se dilatan para permitir la entrada de una cantidad mayor de aire en cada inspiración. Los vasos sanguíneos que abastecen a los músculos se dilatan. Las palmas de las manos y las plantas de los pies comienzan a transpirar porque una superficie húmeda permite más capacidad de agarre (la respuesta de estrés se desarrolló para hacer frente en un mundo sin calzado). Las pupilas se dilatan para dejar que entre más luz y mejorar la visión. El alerta mental se mejora y los tiempos de reacción se aceleran.

Si la situación se pone realmente aterradora, el sistema nervioso parasimpático activa involuntariamente la micción y la defecación. Mancillarse de este modo puede ser desagradable, pero tener el intestino y la vejiga vacíos puede ser útil si la situación llega a ser desesperada. Nos hace más ligeros y, quizá, menos apetitosos para un predador potencial.

Mientras tanto, las funciones biológicas que no son decisivas para la supervivencia a corto plazo son desconectadas. Las reservas de energía a largo plazo en forma de grasa almacenada se descomponen en ácidos grasos y glicerol, que pueden metabolizarse inmediatamente. Los hidratos de carbono almacenados en el hígado se movilizan mediante su conversión en glucosa. La sangre se desvía de las extremidades hacia los músculos, el corazón y el cerebro, y los vasos sanguíneos periféricos se estrechan; de ahí los pies y las manos fríos. (Cuando a una persona se le ponen los «pies fríos» en previsión de un hecho desagradable, está mostrando signos clásicos de respuesta de estrés.) Los procesos digestivos que consumen energía, incluida la producción de saliva, son clausurados; de ahí la boca seca, la pérdida de apetito y los retortijones de tripas.

En la China de la antigüedad, los interrogadores de la policía tenían fama de aprovechar el efecto de estrés de la sequedad de la boca para identificar a los infractores de la ley. Obligaban a los sospechosos a llenarse la boca con arroz hervido seco. Los culpables tendrían la boca seca como consecuencia del estrés y por consiguiente serían incapaces de tragar el arroz. Este uso de una respuesta fisiológica para evaluar el estado mental de una persona era, en realidad, una versión primitiva del polígrafo (y probablemente igual de exacta). Los retortijones de tripas son otro síntoma clásico de la respuesta de estrés a corto plazo. Cuando una persona «se pega un susto», está exhibiendo los efectos fisiológicos de la activación del sistema nervioso simpático. Las funciones sexuales también se ponen en suspenso hasta que se den unas circunstancias más propicias para el retorno de la caída de la libido que acompaña típicamente al estrés.

Medida en función de su contribución a la supervivencia en un mundo hostil y peligroso, es evidente que la respuesta de estrés es una cosa buena. Un organismo fisiológicamente despierto puede afrontar mejor las situaciones de vida o muerte. En otras palabras, la respuesta de estrés es absolutamente normal; el ser humano y otras especies han evolucionado para responder de este modo a los estresantes. No hay nada extraño ni es un error de adaptación encontrar desagradables las amenazas a nuestro bienestar y procurar evitarlas. Otra cuestión, como veremos más adelante, es si la respuesta de estrés sigue siendo algo bueno cuando es activada varias veces al día, un día sí y otro también, en circunstancias evolutivamente poco comunes.

El estrés tiene consecuencias psicológicas, amén de causas psicológicas. Regresamos una vez más a nuestra calle de doble dirección. El estrés cambia la manera en que percibimos el mundo: afecta a los sentidos, la memoria, la capacidad de juicio y el comportamiento. Por ejemplo, la manera en que el sistema nervioso procesa la información sensorial es modificada por la hormona del estrés llamada cortisol. Un nivel alto de cortisol (característico del estrés) va acompañado de una reducción de la agudeza sensorial (es decir, la capacidad para detectar estímulos muy débiles) y de una mejora concomitante de la discriminación sensorial, lo cual nos permite hacer distinciones más sutiles entre estímulos distintos[2]. Todos los sentidos, incluidos el gusto, el olfato, el oído y el equilibrio, se ven afectados. Así, una persona que tenga un nivel muy elevado de cortisol puede no ser capaz de detectar la presencia de, por ejemplo, un sonido muy débil, pero se reforzará su capacidad para diferenciar dos sonidos ligeramente distintos.

Cualquiera que sea su origen evolutivo, este reajuste de las capacidades sensoriales tiene buen sentido biológico. Cuando tenían que habérselas con un tigre macairodo o un adversario hostil, las probabilidades de supervivencia de nuestros antepasados de la Edad de Piedra habrían aumentado si sus sentidos se hubieran optimizado para hacer frente a la amenaza inmediata y pasar por alto todo lo superfluo. Esto suele significar ser capaz de hacer discriminaciones sutiles entre estímulos relativamente intensos en vez de detectar la presencia de estímulos muy débiles. Han surgido pruebas sólidas de que otra de las hormonas secretadas durante la respuesta de estrés —a saber, la noradrenalina— refuerza la capacidad de procesar señales de nuestros sistemas sensoriales.

---

[2] Las personas que padecen la enfermedad de Addison presentan niveles anormalmente bajos de cortisol. Una de las consecuencias menos conocidas de la enfermedad de Addison es su notable repercusión sobre los sentidos de los afectados. La capacidad de éstos para detectar estímulos sensoriales débiles puede multiplicarse hasta superar en más de 10.000 veces los valores normales, mientras su capacidad para reconocer y discriminar entre estímulos diferentes queda gravemente dañada. A la inversa, las personas que padecen el síndrome de Cushing, cuyos niveles de cortisol son anormalmente elevados, experimentan lo contrario: su agudeza sensorial queda dañada, pero su discriminación mejora. La relación entre percepción sensorial y nivel de cortisol también se pone de manifiesto en las fluctuaciones diarias de los niveles de hormonas que se producen naturalmente en todos nosotros. Independientemente del estrés, nuestro nivel de cortisol en sangre varía según un factor de dos o tres durante el período de veinticuatro horas, de acuerdo con un ritmo cardíaco regular. El cortisol alcanza su valor máximo en la madrugada, cuando aún estamos dormidos, y desciende a su nivel más bajo al caer la tarde y en las primeras horas de la noche. Nuestras capacidades sensoriales también varían rítmicamente, en paralelo con estos cambios en el cortisol.

Las manifestaciones psicológicas y de comportamiento del estrés están firmemente transmitidas en *Carpe diem,* de Saul Bellow. Esta obra es el relato de un día en la vida de Tommy Wilhelm, un hombre de mediana edad al borde de la desesperación.

Wilhelm tiene grandes problemas y el mundo se le viene encima. Ha fracasado como actor, como viajante de comercio, como esposo y como hijo. Vive solo en Nueva York, en una habitación de hotel, su esposa se niega a concederle el divorcio, no tiene trabajo ni dinero, y su padre rico no le ayudará. En general, las cosas están mal. Wilhelm no ve una salida a estos problemas y piensa que «le aplastarían si tropezase». A medida que sus relaciones personales se desintegran y sus deudas aumentan, se encuentra sometido a una presión intolerable, cuyos signos delatores son advertidos por su padre:

> ¿Por qué demonios no puede estarse quieto mientras hablamos? O se sube y se baja los pantalones desde los bolsillos o baila con los pies. Se está convirtiendo en un montón de tics.

Para Wilhelm es casi imposible tomar una decisión, y cuando lo hace suele optar por la equivocada. Le falta concentración y está constantemente distraído. Por dentro siente como si estuviera a punto de estallar; está atascado y tiene dificultades para respirar. Cuando Wilhelm discute por teléfono con su esposa, de la que se ha separado, sus síntomas se agravan:

> Golpeó la pared de nuevo, esta vez con los nudillos, y apenas le quedaba aire en los pulmones para hablar con un susurro, porque su corazón empujaba hacia arriba con una presión espantosa.

En su cólera, destroza el teléfono y rechina los dientes, aunque es por naturaleza un hombre bueno y sensible que nunca haría daño a sabiendas.

Wilhelm exhibe las pautas de comportamiento autodestructivas de un hombre que está al límite. Tiene los ojos «enrojecidos de fumar demasiado»; se queda sentado, solo, en su habitación del hotel, bebiendo ginebra de una jarra de café; consume drogas para conjurar su amargura; no puede dormir, a pesar de las píldoras. No se preocupa de lavarse o afeitarse adecuadamente, y su habitación es un pozo de miseria. Incluso actividades triviales como desayunar se convierten en una lucha contra la desesperación:

> Ese pensamiento [...] se transformaría en un arrebato de pasión si le permitía continuar. Por consiguiente, dejó de hablar y comenzó a comer. [...] Sus dedos dejaron una ligera suciedad en la clara del huevo después de retirar el cascarón.

¿Cuáles son los mecanismos biológicos que subyacen en la respuesta de estrés? Cuando un estresante provoca una respuesta de estrés en una persona (o en una rata, si así se lo desea), una compleja serie de mecanismos biológicos entran en acción, que afectan a innumerables conexiones nerviosas y mensajeros químicos. Los pormenores son complejos, e intentaré no abrumar al lector con ellos. Ciertos principios son, sin embargo, decisivos.

La respuesta de estrés se inicia en el cerebro y es coordinada por el cerebro. Antes de que un estresante pueda provocar una respuesta de estrés, el organismo debe percibir previamente una amenaza para su bienestar. Esto puede suponer toda clase de pensamientos conscientes e inconscientes, creencias, recuerdos y emociones. Muchas partes distintas del cerebro desempeñan un papel fundamental en el procesamiento de toda esta información, entre ellas la corteza o córtex cerebral y otros centros llamados superiores. El pensamiento consciente no tiene por qué intervenir necesariamente.

Cuando el cerebro decide (consciente o inconscientemente)

que no todo está bien, el hipotálamo se activa. Esta región de la parte anterior del cerebro es la fuente de muchas de las señales eléctricas y químicas primarias que desencadenan toda la respuesta de estrés en el resto del cuerpo. (El hipotálamo dedica normalmente su tiempo a ayudar a regular funciones más placenteras como comer, beber y el sexo.) En otros lugares del cerebro, el sistema activador reticular potenciará el nivel general de excitación y conciencia, haciéndonos más sensibles a las señales de los órganos sensoriales y menos atentos a la información que no tiene una pertinencia inmediata, como dolores o sensaciones corporales de escasa importancia. No queremos ser distraídos por un picor de nariz cuando una catástrofe está a punto de ocurrirnos.

Los dos sistemas biológicos principales que intervienen en la mediación de la respuesta de estrés son el sistema nervioso simpático y el sistema hipotalámico-hipofisario-suprarrenal. El primero vincula al cerebro con los demás órganos internos y transporta los mensajes de organización doméstica necesarios para regular funciones esenciales como la respiración, el ritmo cardíaco y la digestión. El papel normal del sistema nervioso simpático consiste en mediar la regulación inconsciente de funciones corporales básicas. En una situación estresante, es también el mediador principal de la reacción de alarma inmediata del cuerpo: la llamada respuesta de luchar o huir.

En los momentos iniciales de una respuesta de estrés, el hipotálamo estimula las terminaciones nerviosas del sistema nervioso simpático y las glándulas suprarrenales, haciendo que liberen las hormonas noradrenalina y adrenalina[3]. Una actividad

[3] El ser humano tiene dos glándulas suprarrenales. Son de forma aproximadamente triangular y se encuentran situadas inmediatamente encima de los riñones (de ahí su nombre). Cada glándula suprarrenal tiene dos partes diferenciadas. La corteza externa recibe el nombre de córtex suprarrenal, y segrega diversas hormonas esteroides. El núcleo interno se llama médula suprarrenal. La adrenalina (también llamada epinefrina) es segregada por la médula

ligeramente estresante, como hablar en público, provocará típicamente un aumento del 50 por 100 en la cantidad de noradrenalina que circula por el torrente sanguíneo y duplicará el nivel de adrenalina. En una rata de laboratorio, la manipulación o la apertura de la puerta de la jaula pueden provocar un aumento del 800 por 100 en los niveles de adrenalina. Los seres humanos que padecen estrés o ansiedad crónicos registran niveles permanentemente elevados de adrenalina y noradrenalina.

Pasamos ahora al segundo actor principal en la respuesta de estrés: el sistema hipotalámico-hipofisario-suprarrenal. Cuando este sistema se activa, una cascada de información brota del cerebro. El hipotálamo envía mensajes eléctricos y químicos (como la hormona liberadora de corticotrofina, o HLC) a la hipófisis o glándula pituitaria, una excrecencia del cerebro del tamaño de un guisante situado inmediatamente debajo del hipotálamo. La HLC estimula la sección anterior o frontal de la pituitaria para liberar una segunda hormona llamada corticotrofina (por otro nombre, hormona adrenocorticotrófica, o HACT). El torrente sanguíneo transporta rápidamente la HACT a las glándulas suprarrenales, donde estimula la sección externa de cada glándula (el córtex suprarrenal) para liberar una serie de hormonas. Estas hormonas, a su vez, actúan sobre otras partes del cuerpo, modificando la manera en que trabajan. Todo el proceso está controlado por una compleja red de circuitos de acción y reacción que normalmente aseguran que la respuesta no se va de la mano[4].

---

suprarrenal. La noradrenalina (también conocida por el nombre de norepinefrina) es segregada desde las terminaciones nerviosas del sistema nervioso simpático y la médula suprarrenal. La adrenalina y la noradrenalina son ejemplos de una clase de mensajeros químicos llamados catecolaminas.

[4] He aquí dos ejemplos de los numerosos circuitos de control: la adrenalina y la noradrenalina estimulan la liberación de ACTH por la pituitaria, mientras que los glococorticoides liberados por el córtex suprarrenal regulan la producción de adrenalina y noradrenalina. Todo es muy complejo y extremadamente inteligente.

Para nuestros fines, las hormonas más importantes que el córtex suprarrenal segrega cuando es activado el sistema hipotalámico-hipofisario-suprarrenal son las glucocorticoides, una clase de hormonas esteroides semejantes a los esteroides que los médicos utilizan para tratar inflamaciones y alergias. En el ser humano, la principal hormona glucocorticoide se llama cortisol[5]. La principal finalidad del cortisol es ayudar a convertir las reservas de energía del cuerpo en una forma apta para el consumo inmediato, pero es de especial interés en este punto debido a sus efectos sobre el sistema inmunitario, una cuestión de la que nos ocuparemos en breve.

Gran parte de la investigación biológica sobre el estrés en los últimos cincuenta años se ha centrado en la activación relacionada con el estrés del sistema nervioso simpático y el sistema hipotalámico-hipofisario-suprarrenal. De hecho, para algunos científicos de este campo, «estrés» es sinónimo de la liberación de hormonas por estos dos sistemas. Según esta definición operativa, la persona que presenta niveles elevados de «hormonas de estrés» (principalmente adrenalina, noradrenalina o cortisol) está exhibiendo una respuesta de estrés.

En su integridad, la respuesta de estrés supone un aluvión de señales eléctricas y químicas que culmina en la liberación de un cóctel compuesto por más de treinta mensajeros químicos. Algunos de ellos son: adrenalina, noradrenalina, cortisol, endorfinas, encefalinas, hormona estimuladora de los melanocitos, tiroxina, tirotrofina, vasopresina, aldosterona, renina, hormona del crecimiento, glucagón, prolactina, hormona paratiroidea, calcitonina y gastrina. Estas sustancias surten una amplia gama de efectos sobre los órganos destinatarios distribuidos por todo

[5] Las diversas hormonas esteroides liberadas por el córtex suprarrenal reciben el nombre colectivo de corticosteroides. Las dos categorías principales de hormonas corticosteroides son los glucocorticoides, de los cuales el cortisol (o hidrocortisona) es el ejemplo fundamental en el ser humano, y los mineralocorticoides, un ejemplo de los cuales es la aldosterona.

el cuerpo, como el corazón, los vasos sanguíneos, el intestino, los pulmones, los músculos y el sistema inmunitario. La tiroxina, por ejemplo, estimula la liberación de energía almacenada en la grasa, mientras que la aldosterona (entre otras cosas) hace subir la presión arterial.

La pauta exacta de los mensajes eléctricos y químicos emitidos durante la respuesta de estrés depende de la naturaleza del estresante que la provoca y de la evaluación que el organismo haga de ese estresante. Hay datos que indican que se produce más noradrenalina en aquellas situaciones en que el individuo puede controlar el estresante, mientras que el miedo o la ansiedad provocan una producción mayor de adrenalina. Hasta el momento, sin embargo, no ha resultado especialmente fructífera la hipótesis que afirma que cada tipo de estresante psicológico tiene una huella dactilar hormonal propia y fácilmente identificable.

El sistema hipotalámico-hipofisario-suprarrenal y el sistema nervioso simpático trabajan en escalas temporales un tanto distintas. La activación del sistema nervioso simpático se produce rápidamente: por regla general, la respuesta del tipo «luchar o huir» está en marcha en el plazo de veinte o treinta segundos a partir del sonido de los timbres de alarma, y remite más o menos una hora después de interrumpirse el estresante. El sistema hipotalámico-hipofisario-suprarrenal tarda más en ponerse en marcha —minutos u horas, en vez de segundos— y sus efectos pueden prolongarse durante días o semanas. Así pues, un breve estresante puede provocar aumentos a corto plazo de los niveles de adrenalina y noradrenalina sin elevar necesariamente el nivel de cortisol.

Los efectos del estrés no se circunscriben a los adultos. La respuesta de estrés puede observarse también en niños recién nacidos. Por ejemplo, el estresante físico de la circuncisión provoca la multiplicación por tres o por cuatro de los niveles de cortisol en los niños en el plazo de media hora a partir de la operación. Por otra parte, existe una clara relación entre los componentes de comportamiento y hormonales de la respuesta: cuanto mayor sea la angustia de comportamiento del niño, mayores serán los niveles de cortisol. El solo hecho de que un niño de cuatro días sea incapaz de emprender acciones legales no significa que no esté estresado. Para que luego hablen los que siguen afirmando que cortar el prepucio a un niño no es estresante.

¿Qué es lo contrario de una respuesta de estrés? El humor es un firme aspirante al título. Cuando reímos, nuestro estado psicológico y emocional está lo más alejado que puede estar de la ansiedad que hace revolverse las tripas y de la solemnidad con cara de pocos amigos del estrés. En primer lugar, una actitud humorística puede impedir en muchos casos la aparición de una situación estresante. Como escribió el poeta inglés del siglo XVIII Matthew Green,

> No hay más que tirar una piedra, el gigante muere.
> Ríe y pásalo bien.

Los científicos han investigado lo que sucede en el interior del organismo cuando una persona se ríe un rato y —quién lo iba a decir— han descubierto que los cambios biológicos son prácticamente el reverso de los que tienen lugar durante una respuesta de estrés. Cuando científicos estadounidenses hicieron ver a los voluntarios un vídeo divertido y después midieron sus niveles de hormonas en sangre, descubrieron que los niveles de cortisol y adrenalina habían descendido significativamente.

Estrés, inmunidad y salud

La repercusión del estrés psicológico sobre la salud ha dejado de ser un problema no reconocido y desatendido. Por el contrario, la idea de que el estrés psicológico hace aumentar nuestra vulnerabilidad a la enfermedad impregna ahora los medios de comunicación populares. En todo caso, los riesgos para la salud corren el peligro de ser degradados por la vía de la hipérbole. Se nos induce a creer que el menor tufillo a estrés puede dejarnos postrados por la enfermedad. Naturalmente, la cuestión es más compleja. Pero, en primer lugar, ¿cómo hace el estrés lo que nos hace?

Hemos visto ya que un elemento fundamental de la respuesta de estrés es la activación del sistema hipotalámico-hipofisario-suprarrenal, que desencadena la liberación de cortisol de las glándulas suprarrenales. Se admite desde hace tiempo que las hormonas glucocorticoides como el cortisol ejercen profunda influencia sobre el sistema inmunitario. A mediados del siglo XIX, Thomas Addison, médico y endocrinólogo pionero británico, observó que los pacientes que presentaban niveles anormalmente bajos de hormonas glucocorticoides (trastorno que después se llamaría enfermedad de Addison) tenían un número inusitadamente elevado de glóbulos blancos en la sangre. En el decenio de 1930, Hans Selyé descubrió que cuando se sometía a las ratas a estresantes físicos, se producían cambios visibles en sus tejidos inmunitarios. El estrés prolongado hacía que el timo se secara, mientras que las glándulas suprarrenales crecían.

A finales de la década de 1940, los científicos habían establecido que las hormonas glucocorticoides pueden reducir la inflamación e inhibir diversos aspectos de la función inmunitaria. Los esteroides que se obtuvieron como resultado de estas investigaciones se convirtieron en las drogas maravillosas de la década de 1950, y continúan teniendo muchas aplicaciones clínicas en el tratamiento de trastornos inflamatorios, alergias y enfermedades autoinmunitarias como la artritis reumatoide.

Las hormonas glucocorticoides como el cortisol actúan de varias maneras sobre el sistema inmunitario. Alteran la distribución y el movimiento (o «tráfico») de los glóbulos blancos en el interior del cuerpo. Al estimular la eliminación de glóbulos blancos del torrente sanguíneo, reducen el número de los que están en circulación e impiden que los glóbulos blancos se acumulen en los puntos de inflamación. Bloquean la producción de nuevos linfocitos en el timo (por ello el timo mengua en los animales sometidos a estrés grave). Pueden causar la destrucción selectiva (o muerte celular programada) de los linfocitos, proceso que recibe el nombre de apoptosis. También pueden inhibir la producción y liberación de citoquinas, mediadores inflamatorios, neurohormonas y otros mensajeros químicos que intervienen en la regulación del sistema inmunitario, haciendo de este modo que los linfocitos sean menos sensibles a la estimulación.

Varios de estos efectos actúan en el nivel genético. La mayoría de las células del sistema inmunitario tienen puntos receptores especiales en su superficie con los que se enlazan las moléculas de hormonas glucocorticoides. Cuando esto sucede, la hormona cambia la expresión de los genes dentro de la célula inmunitaria y altera con ello su actividad biológica[6].

Sin embargo, no toda inhibición de la inmunidad inducida por estrés es en modo alguno mediada por hormonas glucocorticoides. El estrés provoca cambios en los niveles de distintos mensajeros químicos, y algunos de ellos influyen en el sistema inmunitario. En particular, la función inmunitaria se ve afectada por la adrenalina y la noradrenalina, que son liberadas cuando es activado el sistema nervioso simpático. Hay una firme vinculación entre las cantidades de adrenalina y noradrenalina segregadas como respuesta a un estresante y el grado de fluctuación de la función inmunitaria.

Dado que el sistema hipotalámico-hipofisario-suprarrenal es más lento en responder a la provocación que el sistema ner-

[6] Como muchas otras funciones biológicas, el sistema inmunitario presenta un ritmo diario (circadiano) en su actividad. Diversos aspectos de la función inmunitaria fluctúan regularmente en el trancurso del ciclo de veinticuatro horas de sueño y vigilia. Los niveles de cortisol también varían rítmicamente, pero en la fase contraria a la función inmunitaria. Ésta es más elevada cuando el cortisol es más bajo, y viceversa. Nuestra propensión a infecciones bacterianas también fluctúa a lo largo del período de veinticuatro horas, en sincronía con las variaciones de la función inmunitaria y el nivel de cortisol.

vioso simpático, es posible que un estresante de corta duración desencadene la liberación de adrenalina y noradrenalina sin que haya una elevación correspondiente de cortisol. Pero la velocidad y la facilidad con que el sistema hipotalámico-hipofisario-suprarrenal responde a los estresantes varían de una persona a otra. La investigación ha revelado que algunas personas son especialmente sensibles a los estresantes breves y presentan aumentos inusitadamente grandes de los niveles hormonales, el ritmo cardíaco y la presión arterial. Estos «reactores altos» parecen tener unos sistemas hipotalámico-hipofisario-suprarrenales extrasensibles. Exhiben un aumento del cortisol como respuesta a estresantes breves que no activarían la liberación de cortisol en la mayoría de las personas.

Es interesante reseñar la existencia de pruebas, obtenidas en trabajos con otras especies, que indican que los individuos que son inusitadamente reactivos a los estresantes tienden a ser más vulnerables a la adicción a las drogas. Un estudio permitió descubrir que los ratones cuyo sistema hipotalámico-hipofisario-suprarrenal mostraba la mayor respuesta a un estresante relativamente leve (como ser expuesto a un entorno nuevo) tenían más riesgo de convertirse en adictos a las anfetaminas cuando se les daba la oportunidad de administrarse la droga ellos mismos. Este descubrimiento encaja con la hipótesis general que afirma que la adicción a las drogas que alteran el estado de ánimo, incluido el alcohol, depende en parte del grado de reactividad del individuo a los estresantes ambientales.

Se ha demostrado que una activación excesiva del sistema hipotalámico-hipofisario-suprarrenal y el sistema nervioso parasimpático tienen consecuencias negativas que van más allá de la inhibición de la inmunidad. Se ha establecido la existencia de vinculaciones con ciertas formas de depresión clínica, trastornos de pánico e incluso adicción al alcohol. De hecho, cualquier perturbación grave de los complejos mecanismos que regulan estos sistemas puede tener graves repercusiones en la salud física y mental, ya sea por hipoactividad o hiperactividad. Se dispone de pruebas de que unos niveles de actividad inusitadamente bajos del sistema nervioso simpático y el sistema hipotalámico-hipofisario-suprarrenal están relacionados con una serie de trastornos complejos, entre ellos la depresión atípica, el trastorno afectivo estacional (TAE), el trastorno de estrés postraumático (TEP) y, posiblemente, el síndrome de fatiga crónica.

Otro grupo de mensajeros químicos que desempeñan importante papel en los cambios de la función inmunitaria relacionados con el estrés son los opioides endógenos. Estas moléculas de péptidos, producidas naturalmente en el cerebro y otras partes del cuerpo, son semejantes desde el punto de vista químico a drogas derivadas del opio como la morfina y la heroína. Pueden dividirse en dos categorías principales: endorfinas (como la betaendorfina, que es secretada por la glándula pituitaria) y las encefalinas (como la metaencefalina, liberada por las glándulas suprarrenales).

Una de las propiedades más útiles de los opioides endógenos es su capacidad para reducir la percepción del dolor. El estrés grave —como el que acompaña a un traumatismo físico grave o a las heridas de guerra— desencadena la liberación de opioides endógenos que surten efectos mitigadores del dolor semejantes a los de dosis elevadas de morfina. Esto tiene el misericordioso efecto de hacer a la víctima prácticamente impermeable al dolor, un fenómeno que se conoce con el nombre de analgesia inducida por estrés. Los efectos de los opioides endógenos no son, sin embargo, beneficiosos en su totalidad, pues el «estrés de los opioides» puede inhibir la actividad inmunitaria de las «células asesinas» y los linfocitos, y por tanto aumentar la propensión a los tumores.

La supresión del sistema inmunitario no es la única manera en que el estrés puede perjudicar directamente nuestra salud. La movilización de las reservas de combustible del cuerpo —un elemento clave en la respuesta de estrés— conlleva la rápida liberación de ácidos grasos libres al torrente sanguíneo. Estas sustancias contribuyen a la acumulación de depósitos grasos nocivos en las paredes interiores de las arterias, proceso que conduce a enfermedades cardíacas coronarias. Examinaremos esta cuestión de modo más pormenorizado en el Capítulo 8, en el que estudiaremos qué puede hacerle la mente al corazón.

La naturaleza del estrés

¿Qué hace que un estresante sea estresante? Aunque hay estresantes de todas las formas, colores y tamaños, es posible descubrir las pautas generales entre la interminable variedad.

Obviamente, algunos estresantes son intrínsecamente más severos que otros. Perder al cónyuge o el trabajo, por ejemplo, provocará un estrés mayor que hacer cola en el supermercado o perder un calcetín. Una conclusión igualmente poco sorprendente que surge de la investigación es que los estresantes intensos provocan típicamente cambios mayores en los niveles hormonales y en la función inmunitaria que los estresantes menos intensos del mismo tipo. Sin embargo, también han salido a la luz algunas generalizaciones menos evidentes.

Los estresantes comparten ciertas características básicas que guardan importante relación con la magnitud de cualquier respuesta de estrés resultante. Además de la intensidad, las cualidades de un estresante que contribuyen a determinar su repercusión biológica son su duración (¿es el estresante breve o duradero?), su momento (¿cuándo tiene lugar el estresante en relación con otros hechos significativos desde el punto de vista biológico, como la exposición a agentes causantes de enfermedades?) y su controlabilidad (¿se puede hacer algo para alterar o eliminar el estresante?). En igualdad del resto de condiciones —algo que, naturalmente, nunca sucede—, un estresante tiene mayor impacto si llega sin previo aviso, dura mucho tiempo y no se tiene control sobre él.

Consideremos en primer lugar la duración. La relación entre la duración de un estresante y su repercusión biológica no es tan evidente como podría suponerse. Un estresante puede ser un hecho breve y diferenciado, como efectuar un salto en paracaídas o dar un examen. Puede ser una serie prolongada de hechos intermitentes, como tener problemas sexuales con la pareja o enfrentamientos agresivos con el jefe. O puede ser prácticamente continuo y duradero, como una grave enfermedad crónica o las secuelas de la pérdida de un ser querido, el divorcio o el despido del trabajo.

Gracias a la capacidad de la mente humana para no detenerse en los horrores del pasado y no imaginar horrores venideros, a menudo resulta difícil determinar cuándo un estresante empieza y cuándo termina. Si tenemos que dar un examen importante dentro de seis meses, ¿cuándo empezamos a estar estresados? Casi con seguridad mucho antes del día del examen. ¿Y cuándo termina el estrés? Si el examen se hace muy mal, se pueden revivir sus horrores y sentir inquietud semanas después. Un estudio de larga duración sobre personas que cuidaban a familiares que padecían demencia progresiva reveló que el estrés continuaba mucho después del fallecimiento del enfermo de demencia. Las personas que los habían cuidado seguían exhibiendo síntomas de depresión más de un año y medio después. Como decían los investigadores en el subtítulo de su ensayo, «El estrés crónico no termina cuando termina.»

La distinción entre estresantes efímeros (agudos) y estresantes prolongados (crónicos) tiene especial proclividad a difuminarse cuando se trata de estresantes sociales. Cuando una persona está sometida a estrés porque, por ejemplo, su matrimonio se está rompiendo, es difícil determinar si esa persona experimenta muchos estresantes breves o un estresante largo.

A pesar de estas complejidades, es no obstante posible descubrir las constantes generales en la masa de datos experimentales. Por lo general, se confirma la predicción del sentido común:

los estresantes duraderos tienden a infligir mayor daño que los estresantes breves (pero por lo demás semejantes).

De hecho, los estresantes breves pueden tener el efecto contrario que los estresantes prolongados sobre la función inmunitaria. Un estresante breve y relativamente leve suele provocar un *aumento* pasajero en ciertos aspectos de la función inmunitaria, como el número de linfocitos T en circulación y la cantidad de actividad de las «células asesinas». Los estresantes prolongados, por su parte, tienden a tener un efecto uniformemente inhibidor sobre el sistema inmunitario.

Aunque los medios de comunicación populares tienden a pasarlos por alto, los efectos de reforzamiento inmunitario de los estresantes breves han sido bien documentados por los psiconeuroinmunólogos. En un experimento, por ejemplo, voluntarios que habían sido expuestos a un breve estresante de laboratorio (cálculos mentales acompañados de grandes ruidos) mostraron aumentos pasajeros en el número de linfocitos T supresores/citotóxicos y la actividad de las «células asesinas». Asimismo, investigadores médicos alemanes descubrieron que los paracaidistas que hacían su primer salto presentaban un aumento pasajero en el número y la actividad de sus «células asesinas».

Una de las razones por las que los efectos de un estresante dependen en parte de su duración es que la respuesta de estrés está compuesta de elementos que reaccionan a diferentes velocidades. Hemos visto que mientras que el sistema nervioso simpático puede ser activado por un estresante en cuestión de segundos y estimular la liberación de adrenalina y noradrenalina, el sistema hipotalámico-hipofisario-suprarrenal requiere mucho más tiempo para comenzar a generar cortisol adicional.

Podría suponerse que los organismos se adaptan a estresantes prolongados, de modo semejante a como se adaptan o habitúan a estímulos duraderos. Pero esto no siempre es así. En el capítulo precedente vimos varios ejemplos de cómo personas y animales no se adaptan al estrés de larga duración. La función inmunitaria de las personas que cuidan a víctimas de la enfermedad de Alzheimer no mostraba signo alguno de adaptarse. Incluso años después de exposición sin tregua a este estresante, los cuidadores continuaban teniendo una función inmunitaria y un bienestar psicológico más deficiente. Asimismo, los vecinos del reactor nuclear averiado de Three Mile Island seguían exhibiendo déficits de la función inmunitaria relacionados con el estrés, alteración de los niveles hormonales, presión arterial más alta y mayor angustia psicológica durante años después del accidente. Los experimentos de laboratorio han producido hallazgos semejantes. Por ejemplo, la exposición de roedores a meses de estresante leve (en forma de cambios en el ciclo luz-oscuridad) produce una reducción prolongada de la sensibilidad de los linfocitos.

Se sabía que los estresantes prolongados provocaban cambios complejos en la función inmunitaria. En el decenio de 1970, Andrew Monjan y Michael Collector, de la Universidad Johns Hopkins en Baltimore, realizaron un experimento en el que expusieron a ratones a sesiones diarias de un estresante en forma de ruido durante un período de cinco semanas y media. Durante las primeras semanas el estresante producía la reducción esperada en la función inmunitaria (una caída de la sensibilidad y de la capacidad de destrucción de células de los linfocitos B y T). Este descenso en la función inmunitaria iba acompañado de un aumento del cortisol. Más adelante, después de aproximadamente tres semanas de estrés sonoro continuo, el cuadro cambiaba: la función inmunitaria se recuperaba hasta sus niveles normales y después ascendía hasta superar los valores de animales de control no estresados, para a continuación caer de nuevo hasta sus valores normales después de cinco semanas de estrés. Este experimento demostraba que los efectos biológicos de un estresante continuo pueden variar de forma notoria a lo largo del tiempo, y de hecho pueden invertirse.

El puesto siguiente en nuestra lista de las cualidades que

determinan la repercusión de un estresante está ocupado por su momento en relación con otros acontecimientos. De especial importancia en este punto es cuándo se produce el estresante en relación con la exposición a agentes causantes de enfermedades (o patógenos), como bacterias o virus. Las pruebas experimentales son complejas, pero el cuadro general que ha aparecido es éste. Cuando un estresante tiene lugar inmediatamente antes de la exposición a patógenos, puede reforzar la función inmunitaria y aumentar la resistencia del organismo a la enfermedad. Sin embargo, si el estresante tiene lugar durante la exposición a los patógenos o poco después de ésta, puede alterar la función inmunitaria y hacer que el organismo sea menos resistente a la enfermedad.

Este efecto variable del tiempo fue demostrado en varios experimentos con animales realizados en el decenio de 1960. En uno de estos experimentos, una muestra de ratones fue estresada exponiendo a los individuos a grandes ruidos, y después se les inoculó un virus, mientras que una muestra equivalente fue inoculada primero y estresada después. Los ratones que habían sido estresados antes de ser expuestos a los virus eran más resistentes de lo normal a la infección, mientras que los que fueron estresados después de la exposición a los virus eran menos resistentes de lo normal. Se ha demostrado que el momento del estresante tiene efectos semejantes sobre el desarrollo de tumores en ratones.

La previsibilidad de un estresante también puede guardar relación con su repercusión biológica. Por lo general, el hecho de poder anticiparse a un estresante poco antes de que llegue es bueno. Los experimentos de laboratorio han demostrado que los estresantes son menos aversivos cuando son previsibles; por ejemplo, si el estresante está precedido fiablemente de una señal de aviso. Cuando a los animales se les da a elegir entre un estresante previsible y un estresante imprevisible, no muestran la menor vacilación: prefieren el estresante previsible, aunque sea más intenso. Si se les ofrece la posibilidad de elegir, los roedores optarán por recibir una descarga eléctrica anunciada por una señal de aviso, aun cuando sea tres veces más intensa y dure nueve veces más que la descarga imprevisible.

La previsibilidad también disminuye la repercusión de los estresantes sobre la función inmunitaria. Investigadores franceses descubrieron que las descargas eléctricas imprevisibles reducían la sensibilidad de los linfocitos, mientras que la misma cantidad de descargas no tenía ningún efecto inmunosupresor cuando iba precedida de una señal de aviso. Una vez más, una variable puramente psicológica —la previsibilidad— tenía una relación importante con las repercusiones biológicas de un estresante.

La desventaja de los experimentos de este tipo es que tratan la previsibilidad en un sentido bastante estrecho y poco realista. Saber con certeza que un hecho desagradable va a ocurrir en el espacio de unos segundos es una cosa; puede ser de utilidad al dejar un respiro para la preparación mental y física. Pero sospechar que algo desagradable podría suceder en las próximas semanas o meses es una cuestión totalmente distinta, sobre todo si ese saber está en duda.

En la vida real, estresantes importantes como la muerte de un ser querido o la pérdida del empleo suelen tener un elemento de previsibilidad, quizá semanas o meses antes de que tenga lugar el hecho, pero en contadas ocasiones pueden predecirse con absoluta certeza. Preocuparse por catástrofes potenciales que puedan ocurrirnos en alguna ocasión futura es una propensión que engrosa la suma de la infelicidad humana, aun cuando sea cierto que nos ayuda a evitar el desastre aislado.

Control, control y control

Se dice que el valor económico de una casa depende de tres factores: situación, situación y situación. Algo parecido puede decirse de la relación entre el estrés y el control.

La repercusión de cualquier estresante en particular depende en una medida considerable del grado en que pueda ser controlado; es decir, la medida en que la persona receptora tiene poder para alterar, eliminar o escapar del estresante.

Ejercemos control sobre los estresantes dando cualquier respuesta de comportamiento que nos permita escapar del estresante, acabar con él o reducir su severidad. Huimos del tigre macairodo, lo abatimos con nuestro garrote o lo mantenemos a raya. El control también puede ejercerse mentalmente. Podemos ignorar el estresante, negar su realidad o reformularlo para que deje de parecer amenazador.

No es extraño que nuestra mente —y las de otras especies— esté tan adaptada a una sensación de control personal, pues el control sobre el entorno inmediato es vital para la supervivencia de la mayoría de los organismos. Control significa autonomía, dominio y capacidad de decisión sobre la propia vida, ese mantra de la década de 1990. Falta de control significa ser víctima pasiva, transportada por la corriente. Control es lo que no poseemos cuando el tren de cercanías en el que viajamos a diario se detiene sin razón aparente, o cuando nuestro automóvil se para con un frenazo en una congestión de tráfico y no tenemos la menor idea de cuánto tiempo vamos a estar atascados. Control es lo que las personas mayores y enfermas pueden llegar a perder cuando son internadas en una institución. Control es lo que les quitamos a las personas cuando las encerramos en la cárcel. Control es el ingrediente que falta cuando usted, humilde ciudadano, lidia infructuosamente con las oscuras e inmóviles fuerzas de la burocracia. Pensemos en el pobre Josef K. de la novela de Franz Kafka titulada *El proceso,* cuyo sabor transmite su primera frase:

> Alguien debió de haber calumniado a Josef K., puesto que, sin haber hecho nada malo, fueron a arrestarlo una mañana.

Estresantes de la vida real como la muerte de un ser querido o el desempleo suponen con frecuencia una profunda pérdida de control personal sobre las circunstancias. Los depresivos sienten a menudo como si hubieran perdido el control sobre su vida, lo cual equivale a perderlo efectivamente.

La importancia del control a la hora de determinar la repercusión de los estresantes ha sido subrayada en numerosos experimentos, tanto con seres humanos como con otras especies. Muchos de estos experimentos han empleado lo que se conoce como diseño «uncido», en el que dos personas (o dos ratas) son sometidas a exactamente el mismo estresante en exactamente los mismos momentos, pero sólo a una de las dos se le concede la capacidad de controlar ese estresante mediante una respuesta de comportamiento.

En un experimento típico, voluntarios humanos eran expuestos a un estresante en forma de ruido fuerte e intermitente. Los que experimentaban el estresante controlable podían desconectar el ruido pulsando una secuencia de mandos. Los que experimentaban el estresante incontrolable oían exactamente los mismos ruidos, exactamente al mismo tiempo (estaban «uncidos» a los otros sujetos), pero sus mandos no surtían efecto. La única variable entre unos y otros era psicológica: el control.

El estresante incontrolable provocaba una respuesta de estrés mayor que el estresante controlable (pero por lo demás idéntico). Cuando eran expuestos al ruido incontrolable, los voluntarios experimentaban más sentimientos de impotencia, infelicidad, tensión, ansiedad y depresión. Sus reacciones emocionales se reflejaban en una acentuación de la respuesta fisiológica: el ruido incontrolable provocó una activación mayor de los sistemas hipotalámico-hipofisario-suprarrenal y nervioso simpático, lo cual tuvo como resultado una liberación mayor de hormonas. Como en muchos experimentos comparables, un estresante incontrolable amplificó los cambios en el estado de ánimo, los niveles hormonales y la actividad nerviosa. Por cierto, si este experimento pareciera artificial, piénsese en lo estresante que puede ser el tener vecinos ruidosos que hacen caso omiso de las súplicas de paz, una experiencia que en ocasiones ha llevado a algunas personas al asesinato o el suicidio.

Los experimentos clásicos sobre el control fueron realizados en la década de 1960 y comienzos de la de 1970 por Jay Weiss, que demostró que un estresante en forma de descarga eléctrica era mucho más nocivo para la salud de las ratas si éstas no podían controlar el estresante. Las ratas que experimentaban descargas incontrolables perdían peso, desarrollaban úlceras de estómago y mostraban claros signos de angustia en el comportamiento. Aquellas que recibían descargas de idéntica gravedad pero se les daba posibilidad de desconectar la energía mediante una respuesta de comportamiento, como girar una rueda, saltar sobre una plataforma o presionar un panel, sufrían escasos o nulos efectos adversos.

Los estresantes incontrolables tienen también, por lo general, mayor repercusión sobre la función inmunitaria. Los experimentos llevados a cabo por Mark Laudenslager y otros científicos en la Universidad de Colorado a comienzos de la década de 1980 revelaron que una sola sesión de descargas eléctricas inevitables reducía sustancialmente la sensibilidad de los linfocitos de las ratas, mientras que cantidades idénticas de descargas controlables no tenían efecto alguno sobre la función inmunitaria. De nuevo. la repercusión del estresante dependía de su controlabilidad, una variable puramente psicológica.

Un análisis más detenido de los datos humanos revela que lo que importa realmente no es tanto el control efectivo que el individuo tiene sobre el estresante, sino el grado de control que *cree* tener. Las percepciones tienen una importancia fundamental. Lo mismo sucede con las expectativas: el deseo frustrado de control parece ser peor que el no tener ningún control en absoluto. Este extremo fue confirmado por investigaciones realizadas en la Universidad de Yale. Los hombres que eran expuestos a un ruido fuerte estresante que percibían como incontrolable mostraban una reducción de la actividad de sus «células asesinas», mientras que los hombres que creían que podían controlar el ruido no sufrían ese descenso en la función inmunitaria. Por otra parte, la reducción en la función inmunitaria era mayor en los individuos que tenían un intenso deseo de tener el control.

La inseguridad acerca de la capacidad para controlar un estresante parece empeorar la situación. Hay pruebas de que los estresantes de controlabilidad incierta tienen una repercusión mayor sobre la salud posterior que los estresantes que son obviamente incontrolables. Esta investigación refuerza la secular sabiduría que dice que debemos centrar nuestros esfuerzos en los problemas que podemos controlar y dejar de inquietarnos por las cosas por las que nada podemos hacer.

Los efectos psicológicos de los estresantes dependen asimismo del control. Los estresantes incontrolables entrañan un riesgo más alto de provocar depresión psicológica que los estresantes igualmente severos pero controlables. Alguna investigación famosa (y macabra) con animales ha subrayado la importancia del control. Cuando los animales son sometidos a estresantes severos e incontrolables pueden desarrollar un estado mental llamado impotencia aprendida, que tiene muchas de las características de la depresión clínica en los seres humanos.

Un animal al que se ha hecho dar el salto a la impotencia aprendida se hace muy pasivo. Deja de intentar escapar y actúa como si creyera que no puede hacer nada para eludir el estresante, aunque pudiera. Una vez que ha caído en un estado de impotencia aprendida, al animal le resulta más difícil caer en la cuenta de que ciertas respuestas de comportamiento proporcionan alivio. De hecho, se sume en un abismo de abatimiento del que ya no intenta escapar [7]. La impotencia aprendida va acompaña-

[7] La desesperanza y la impotencia de un hombre que se cree incapaz de alterar su destino se describen descarnadamente en el relato de Ernest Hemingway titulado *Los asesinos*. Dos sicarios irrumpen en una cafetería de

da de un deterioro general del estado físico y mental. El animal desarrolla úlceras de estómago y abandona todo intento de comportamiento social o sexual.

El control tiene múltiples ramificaciones para el bienestar mental y físico. Por ejemplo, ayuda a los pacientes a habérselas con el dolor crónico. Una persona que siente que ejerce el control sobre su dolor y sobre su vida será sistemáticamente más capaz de afrontar niveles elevados y prolongados de dolor que la que se siente impotente. La investigación ha confirmado que fomentar la sensación de control personal del paciente ayuda en la gestión del dolor. Se trata de una importante cuestión práctica para los pacientes de cáncer y para otros que padecen dolor crónico.

El control también influye en el estrés relacionado con el trabajo, tema del que nos ocuparemos en el Capítulo 7. Los trabajos más estresantes se caracterizan por una combinación de altas demandas y bajos niveles de control personal; en otras palabras, contar poco a la hora de decidir cómo o cuándo se realizan las tareas.

Finalmente, sospecho que el control podría ser el ingrediente mágico de algunos remedios populares para el estrés, como las diversas técnicas de meditación, relajación y terapia del comportamiento. La medicina alternativa ofrece típicamente al paciente una sensación mayor de control personal sobre su problema que los tratamientos médicos convencionales, lo cual podría explicar su gran atractivo. Lo que se hace para mitigar el

---

una pequeña ciudad buscando a Ole Andreson, ex boxeador profesional de peso pesado. Su intención es matar a Andreson cuando éste acuda al local a cenar. Por suerte, Andreson no aparece esa noche y los asesinos se marchan. Alguien de la cafetería corre a avisar a Andreson del peligro, pero él se limita a quedarse tumbado en la cama, incapaz de motivarse para hacer algo al respecto. Rechaza la sugerencia de informar a la policía. Aunque probablemente podría eludir a sus eventuales asesinos, Andreson opta por echarse a esperar la muerte. En lo que a él respecta, los asesinos le han alcanzado y la muerte es el resultado inevitable.

estrés puede ser menos importante que el hecho de que se está haciendo algo —cualquier cosa— y, por tanto, se está tomando el control de la situación. Quizá no deberíamos preocuparnos tanto por qué técnica de gestión del estrés utilizamos. Lo mejor podría ser simplemente asumirlo y disfrutar de los beneficios de ejercer el control.

El placer del estrés

> Dulces son los usos de la adversidad.
>
> William Shakespeare, *Como gustéis* (1599)

> Me gustan las sensaciones fuertes.
>
> Ian Fleming, *Desde Rusia con amor* (1957)

El estrés tiene una imagen absolutamente negativa. Los medios de comunicación nos condicionan para asociar el estrés con la ansiedad, las canas, las úlceras, la infelicidad, toda clase de enfermedades y la muerte prematura. En nuestros intentos de escapar de sus garras malignas, fumamos cigarrillos, bebemos alcohol, tragamos píldoras, mordisqueamos chocolate, escuchamos música, hacemos deporte, vemos televisión, meditamos o rezamos. Podemos asistir a costosos cursos de técnicas de gestión del estrés o leer libros que nos instruyen sobre cómo proscribir el estrés de nuestra vida. En términos de relaciones públicas, el estrés es una zona catastrófica. Pero esta imagen negativa sin paliativos del estrés es, por decir lo mínimo, desequilibrada.

Dejando a un lado el prejuicio y examinando con más calma las pruebas científicas, queda de manifiesto que no todo el estrés es en modo alguno malo. El estrés relativamente leve, breve y controlable puede ser estimulante y placentero. Hans Selyé reconoció esto hace más de medio siglo, y acuñó un nombre especial para las formas beneficiosas de estrés, a las que llamó «eustrés». Los libros de autoayuda más progresistas predican ya los beneficios potenciales del estrés, trabajando a partir de la razonable premisa de que un nivel óptimo de estrés controlable puede hacer a las personas más sanas y felices.

Dentro de unos límites, nuestro rendimiento es mejor cuando estamos ligeramente estresados. Estas mejoras a corto plazo en el rendimiento están asociadas a la liberación de adrenalina y noradrenalina, dos hormonas que ayudan a preparar a los organismos para la acción y mejoran su capacidad para afrontar los desafíos inmediatos. Así, entre los estudiantes que hacen un examen académico, aquellos que exhiben los mayores incrementos de adrenalina suelen obtener los mejores resultados. Correlaciones semejantes entre la respuesta de estrés y el rendimiento se registraron en un amplio estudio sobre aspirantes a paracaidistas del ejército noruego. Aquellos que exhibían los incrementos más grandes de adrenalina y noradrenalina cuando realizaban un salto de instrucción tenían también mejor rendimiento cuando después saltaban desde un avión y en las pruebas escritas de competencia técnica. Por añadidura, las hormonas del estrés volvían a sus niveles normales con más rapidez en los que obtenían mejores resultados.

La relación típica entre el rendimiento y el estrés presenta la forma de una U invertida: un nivel extremadamente alto o bajo de estrés tiene efectos claramente perjudiciales, pero un nivel intermedio va de la mano con un rendimiento óptimo.

En contraste con los efectos beneficiosos de la activación del sistema nervioso simpático, la liberación de cortisol del sistema hipotalámico-hipofisario-suprarrenal está asociada generalmente a un descenso en el rendimiento. Los paracaidistas noruegos que presentaban los mayores aumentos de cortisol durante la instrucción eran los que peores resultados obtenían cuando saltaban. Se registraron niveles elevados de cortisol en aquellos que no respondían bien a las exigencias de la instrucción en el salto con paracaídas y en aquellos que más miedo sentían.

Una imagen semejante puede observarse respecto de la relación entre el estrés y la función inmunitaria. El estrés moderado y de corta duración puede fortalecer el sistema inmunitario en vez de suprimirlo. Un caso a propósito es el aumento de la sensibilidad de los linfocitos que tiene lugar en las ratas cuando se las coloca en un entorno nuevo. Estas mejoras a corto plazo en la función inmunitaria están mediadas primordialmente por los aumentos en la adrenalina y noradrenalina que acompañan a la activación del sistema nervioso simpático.

Pero también en este contexto el cortisol surte un efecto uniformemente negativo. Cuando el estrés es lo bastante severo o prolongado como para desencadenar una liberación de cortisol, suele seguirse un descenso en la función inmunitaria. Si existe una respuesta de estrés ideal, es probable que se caracterice por un rápido pero efímero aumento de la adrenalina y la noradrenalina sin aumento del cortisol.

La exposición a un estrés breve y moderado también puede reportar beneficios a más largo plazo. En el decenio de 1960, los científicos descubrieron que cuando se expone reiteradamente a las crías de ratas o ratones a una experiencia ligeramente estresante, como ser manipulado por un ser humano, acaban siendo más resistentes al estrés cuando son adultas. Los animales que son manipulados cuando son jóvenes presentan niveles sistemáticamente más bajos de hormonas del estrés; presentan respuestas de estrés más pequeñas y más breves; y se comportan de manera más calmada cuando se los pone en situaciones que suponen un desafío. En general, el estrés moderado en las horas tempranas de la vida parece hacerlos más capaces para afrontar el estrés en épocas posteriores de la vida (un pensamiento reconfortante, quizá, para los padres de niños pequeños)[8].

---

[8] Naturalmente, esta estrategia sólo funciona dentro de ciertos límites. No hay indicios de que el estrés severo o prolongado pueda ser beneficioso. A

Richard Dienstbier, de la Universidad de Nebraska, ha afirmado que una activación fisiológica moderada e intermitente, semejante a la que tiene lugar en la respuesta de estrés a corto plazo, puede surtir un efecto endurecedor, análogo a los beneficios del ejercicio reiterado. Esta sugerencia está respaldada por la convincente prueba de que la activación biológica frecuente puede mejorar la capacidad del cuerpo y de la mente para hacer frente a los estresantes, conduciendo a una mejora del rendimiento en condiciones de estrés, a una mayor estabilidad emocional y a menor daño para la salud.

Si estas hipótesis son verdaderas, se desprende que intentar eliminar todas las fuentes posibles de estrés de nuestra vida podría no ser una estrategia acertada. Merece la pena recordar que el aburrimiento es un poderoso estresante. En este sentido, Nietzsche escribió: «¡Creedme! El secreto de recoger el mayor provecho y el mayor goce de la vida es *vivir peligrosamente.*» O, como diría un experto en gestión del estrés contemporáneo, es mejor quemarse que «oxidarse.»

Los buscadores de estrés

Un rasgo característico del ser humano es que de vez en cuando decide ponerse en situaciones peligrosas o estresantes, por puro placer. Poner en peligro voluntariamente la vida lanzándose en paracaídas o saltando con gomas elásticas induce

menudo se descubre que personas que han experimentado estrés extremo —como los supervivientes de campos de concentración— presentan daños psicológicos duraderos. Una consecuencia puede ser que tengan menos capacidad para hacer frente a otros estresantes en etapas posteriores de la vida. Por ejemplo, un estudio de los supervivientes israelíes del holocausto nazi durante la guerra del golfo Pérsico reveló que su reacción a un estresante severo en el pasado (el holocausto) podía ser reactivada décadas después por un nuevo estresante (los ataques iraquíes con misiles sobre Israel). Los supervivientes del holocausto cuyos hogares resultaron dañados por misiles iraquíes padecieron niveles inusitadamente elevados de trauma psicológico.

una respuesta de estrés y una activación psicológica, pero el hecho de que el individuo haya decidido experimentar el estresante y mantenga el control de la situación (al menos hasta cierto punto) modifica la respuesta.

Los estudios sobre individuos que toman parte en actividades moderadamente estresantes, como aprender a lanzarse en paracaídas, han revelado que una respuesta de estrés aparece normalmente antes del hecho real. La anticipación es la mitad de la batalla. Inmediatamente antes de hacer su primer salto en paracaídas, los niveles de adrenalina y noradrenalina de la persona que salta se sitúan muy por encima de los valores normales, al igual que la presión arterial y el ritmo cardíaco. También experimenta muchos de los síntomas de la respuesta de luchar o huir: ansiedad, sequedad en la boca, retortijones de tripas, frío en las extremidades y pérdida de apetito. Si el aprendiz se siente muy inquieto por la situación en su conjunto y siente verdadero miedo a resultar herido, su nivel de cortisol puede comenzar a elevarse a medida que se active el sistema hipotalámico-hipofisario-suprarrenal.

En cuanto termina el salto (y suponiendo que no termine en muerte o heridas graves), la mayoría de estos cambios hormonales se invierten rápidamente y la ansiedad es sustituida por el júbilo, que es presumiblemente la causa de que la gente decida hacer tales cosas por diversión. La investigación alemana sobre saltadores con gomas elásticas principiantes descubrió que la euforia inducida por su primer salto iba acompañada de una gran liberación de betaendorfina, uno de los opioides endógenos. Los saltadores que experimentaban más euforia eran aquellos cuyos niveles de betaendorfina aumentaban más. La diversión y la fisiología estaban estrechamente entrelazadas.

Muchos personajes de ficción, y algunos de sus creadores, han prosperado a partir del peligro y la excitación. Ernest Hemingway describió los atractivos del peligro en sus relatos y lo buscó activamente en su vida. En su novela *Fiesta,* por ejemplo, describe el atractivo de las fiestas taurinas durante los sanfermines de Pamplona en la década de 1920. La excitada multitud corre delante de los toros enfurecidos camino de la plaza donde serán lidiados. Un hombre de la multitud tropieza, es corneado gravemente en la espalda y muere. El muerto tenía veintiocho años, estaba casado y tenía dos hijos, pero era un verdadero *aficionado*. Un camarero, que evidentemente no es *aficionado*, hace agrios comentarios sobre la muerte del hombre:

> —Todo por deporte. Todo por placer. [...] Una gran cornada. Todo por diversión. Sólo por diversión. [...] ¿Lo oye? Muerto. Ha muerto. Atravesado por un cuerno. Todo para divertirse por la mañana.

La vida del propio Hemingway se caracterizó por la búsqueda de estimulación. Se alistó voluntario como soldado en la primera guerra mundial y fue gravemente herido en 1918 cuando servía en una unidad de ambulancias en el frente italiano. Más adelante trabajó como corresponsal de guerra en la guerra greco-turca de 1922, la guerra civil española y la segunda guerra mundial. Cuando no buscaba guerras, Hemingway se sumergía apasionadamente en el mundo del boxeo profesional, la pesca de altura, la caza mayor, las corridas de toros o incluso la doma de leones.

Para concluir, naturalmente, tenemos la auténtica apoteosis de los buscadores de emociones: James Bond, el agente 007, un hombre para quien el peligro y la excitación son la vida misma y a quien no se le podría mencionar siquiera cualquier forma de predictibilidad doméstica. Qué mejor nota para poner fin a este apartado que el siguiente pasaje de *El hombre de la pistola de oro.*

Bond está en una situación difícil. Está atrapado en un tren privado que recorre el desierto rural jamaicano. Sus únicos compañeros de viaje son Scaramanga, el asesino más mortífero del mundo (a quien Bond tiene orden de matar), un importante agente del KGB y un surtido de mafiosos armados hasta los dientes. Todos ellos están decididos a matar a Bond. La situación no es en modo alguno agradable. Pero a Bond no le importa. Todo lo contrario: ha urdido deliberadamente este enfrentamiento con la muerte y lo espera con fruición:

> James Bond esbozó una sonrisa forzada para sí mismo. Se sentía feliz. No habría podido explicar la emoción. Era la sensación de estar preparado, tensado. Era el momento, después de veinte manos, en que se recibe una baza con la que se puede apostar; no necesariamente ganar, pero apostar. Hacía seis semanas que andaba detrás de aquel hombre. Hoy, esta mañana quizá, llegaría el desenlace al que se le había ordenado llegar. Era ganar o perder. [...] La adrenalina corría al torrente sanguíneo de James Bond. Su pulso comenzó a correr un poco más rápido. Lo sentía en la muñeca. Respiró profunda y lentamente para bajarlo. Se dio cuenta de que estaba sentado hacia adelante, tenso. Se sentó de nuevo e intentó relajarse. Todo su cuerpo se relajó excepto su mano derecha. Ésta tenía el control de alguien más.

Bibliografía

General

Chrousos, G. P. y Gold, P. W., «The concepts of stress and stress system disorders», *Journal of the American Medical Association, 267,* pág. 1.244, 1992.

Sapolsky, R. M., *Why Zebras Don't Get Ulcers: A Guide to Stress, Stress-Related Diseases, and Coping,* W. H. Freeman, Nueva York, 1994. [Trad. cast., *¿Por qué las cebras no tienen úlcera?,* Alianza, Madrid, 1995.]

Smith, J. C., *Understanding Stress and Coping,* Macmillan, Nueva York, 1993.

¿Qué es el estrés?

Cooper, C. L. y otros, *Living with Stress,* Penguin, Londres, 1988.

Kamen-Siegel, L. y otros, «Explanatory style and cell-mediated immunity», *Health Psychology, 10,* pág. 229, 1991.

Locke, S. E. y otros, «Life change stress, psychiatric symptoms, and natural killer cell activity», *Psychosomatic Medicine, 46,* pág. 441, 1984.

Malarkey, W. B. y otros, «Influence of academic stress on ACTH, cortisol and beta-endorphin», *Psychoneuroendocrinology, 20,* pág. 449, 1995.

Peterson, C. y otros, «Pessimistic explanatory style is a risk factor for physical illness», *Journal of Personality and Social Psychology, 55,* pág. 23, 1988.

Ursin, H., «Stress, distress, and immunity», *Annals of the New York Academy of Science, 741,* pág. 204, 1994.

La biología del estrés

Axelrod, J. y Reisine, T. D., «Stress hormones», *Science, 224,* pág. 452, 1984.

Berk, L. S. y otros, «Neuroendocrine and stress hormone changes during laughter», *American Journal of Medical Science, 298,* pág. 390, 1989.

Cacioppo, J. T., «Social neuroscience: autonomic, neuro-endocrine and immune responses to stress», *Psychophysiology, 31*, pág. 113, 1994.

Fehm-Wolsdorf, G. y otros, «Auditory reflex thresholds elevated by stress-induced cortisol secretion», *Psychoneuroendocrinology, 18,* pág. 579, 1993.

Henkin, R. I., «The effects of corticosteroids and ACTH on sensory organs», *Progress in Brain Research, 32,* pág. 270, 1970.

Keller, S. E. y otros, «Stress-induced suppression of immunity in adrenalectomized rats», *Science, 221*, pág. 1.301, 1983.

Kiecolt-Glaser, J. K. y otros, «Acute psychological stressors and short-term immune changes», *Psychosomatic Medicine, 54,* pág. 680, 1992.

Manuck, S. B. y otros, «Prediction of individual differences in cellular immune response», *Psychological Science, 2,* pág. 111, 1991.

Shavit, Y. y otros, «Stress, opioid peptides, the immune system, and cancer», *Journal of Immunology, 135*, págs. 834s., 1985

Terman, G. W. y otros, «Intrinsic mechanisms of pain inhibition: activation by stress», *Science, 226,* pág. 1.270, 1984.

La naturaleza del estrés

Bodnar, J. C. y Kiecolt-Glaser, J. K., «Caregiver depression after bereavement», *Psychology and Aging, 9,* pág. 372, 1994.

Breier, A. y otros, «Controllable and uncontrollable stress in humans», *American Journal of Psychiatry, 144,* pág. 1.419, 1987.

Keller, S. E. y otros, «Suppression of immunity by stress», *Science, 213,* pág. 1.397, 1981.

Kort, W. J., «Effect of chronic stress on the immune response», *Advances in Neuroimmunology, 4,* pág. 1, 1994.

Laudenslager, M. L. y otros, «Coping and immunosuppression», *Science, 221*, pág. 568, 1983.

Monjan, A. A. y Collector, M. I., «Stress-induced modulation of the immune response», *Science, 196,* pág. 307, 1977.

Schedlowski, M. y otros, «Psychophysiological, neuroendocrine and cellular immune reactions under psychological stress», *Neuropsychobiology, 28,* pág. 87, 1993.

Sgoutas-Emch, S. A. y otros, «Effects of an acute psychological stressor on cardiovascular, endocrine and cellular immune response», *Psychophysiology, 31*, pág. 264, 1994.

Sieber, W. J. y otros, «Modulation of human natural killer cell activity by exposure to uncontrollable stress», *Brain Behavior and Immunity, 6,* pág. 141, 1992.

Suls, J. y Mullen, B., «Life events, perceived control and illness: the role of uncertainty», *Journal of Human Stress, 7,* pág. 30, 1981.

El placer del estrés

Dienstbier, R. A., «Arousal and physiological toughness», *Psychological Review, 96,* pág. 84, 1989.

Hennig, J. y otros, «Biopsychological changes after bungee jumping», *Neuropsychobiology, 29,* pág. 28, 1994.

Rauste-von Wright, M. y otros, «Psychological characteristics and catecholamine excretion during achievement stress», *Psychophysiology, 18,* pág. 362, 1981.

Ursin, H. y otros, *Psychobiology of Stress: a Study of Coping Men,* Academic Press, Nueva York, 1978.

6

Los otros

La compañía es cielo, y la falta de compañía infierno:
la compañía es vida, y la falta de compañía muerte.
William Morris, *A Dream of John Ball* (1888)

Pasamos a ocuparnos ahora de un aspecto fundamental de la vida humana, un aspecto decisivo para nuestra salud mental y física. Este capítulo trata de nuestras relaciones personales con otras personas: pareja, familia, amigos, compañeros de trabajo y extraños. Las relaciones sociales no suelen ser lo primero que se nos viene a la mente cuando pensamos en la enfermedad, pero es indudable que tienen una repercusión importante. Investigaciones científicas realizadas durante más de veinte años han permitido acumular pruebas abrumadoras de que tener unas relaciones firmes y que apoyen es bueno para la salud mental y física.

Las relaciones son, sin embargo, una espada de doble filo. Aunque constituyen un rasgo esencial de la vida humana y una fuente indispensable de socorro, también pueden ser una poderosa fuente de estrés. Estar solo o aislado socialmente es malo para la salud, pero las relaciones también pueden ser causa de tormento. Comenzaremos examinando su lado oscuro.

¿El infierno son los otros? Las relaciones como estresantes

El infierno son los otros.
Jean-Paul Sartre, *A puerta cerrada* (1944)

Cuando van mal, las relaciones sociales pueden actuar como agentes estresantes poderosos y prolongados. Por añadidura, son estresantes que se resisten al control y de los que no es fácil escapar.

Pensemos en el matrimonio, por ejemplo. La existencia de vínculos entre el estado del matrimonio de una persona y el estado de salud de esa persona es algo que no se pone en duda hoy en día. Las personas que están descontentas con su matrimonio son significativamente más propensas a la depresión y a padecer problemas de mala salud. Las consecuencias del fracaso matrimonial se extienden a la mayoría de los restantes aspectos de la vida, y a menudo alteran las relaciones con hijos, amigos y compañeros de trabajo.

Una investigación efectuada por Janice Kiecolt-Glaser, Ronald Glaser y su equipo en la Universidad Estatal de Ohio ha arrojado nueva luz sobre las repercusiones biológicas y psicológicas del conflicto matrimonial. Para comenzar, el equipo de Kiecolt-Glaser estableció que las mujeres cuyo matrimonio era de mala calidad tendían a presentar peor estado, tanto mental como físicamente, que las mujeres cuyo matrimonio iba viento en popa. Las mujeres con matrimonios de mala calidad estaban más deprimidas y su función inmunitaria registraba valores más bajos. Lo mismo podía decirse en esencia de los hombres: aquellos cuyo matrimonio era de mala calidad tenían un control inmunitario más deficiente sobre virus de herpes latentes y una ratio inferior de linfocitos T auxiliares y supresores.

El grupo de Kiecolt-Glaser investigó después las consecuencias biológicas a corto plazo del conflicto matrimonial. Se utilizaron técnicas de extracción de muestras de sangre no invasivas para evaluar los niveles hormonales, las respuestas cardiovasculares y la función inmunitaria de 90 parejas recién casadas. Mientras cada pareja discutía el estado de su matrimonio, los científicos vigilaban el estado de sus organismos. Todos los voluntarios, por cierto, estaban sanos y afirmaban estar sumamente satisfechos con su matrimonio.

Los datos revelaron una relación clara entre el conflicto emocional y las respuestas biológicas. Las parejas que presentaban la mayor hostilidad mutua obtenían puntuaciones significativamente más bajas en varias mediciones de la función inmunitaria, entre ellas la actividad de las «células asesinas», la capacidad de respuesta de los linfocitos y el control inmunitario sobre virus de herpes latentes. Por razones que no están del todo claras, el conflicto tenía una repercusión mayor sobre la función inmunitaria de las mujeres que sobre la de los hombres. Las parejas discutidoras también presentaban aumentos más grandes y duraderos de la presión arterial.

Estas interacciones levemente hostiles iban acompañadas de una acumulación temporal de las hormonas de estrés, adrenalina y noradrenalina. Sin embargo, los niveles de cortisol no aumentaban, lo cual indicaba que este conflicto relativamente benigno era suficientemente excitante como para activar el sistema nervioso simpático pero no el sistema hipotalámico-hipofisario-suprarrenal. Otra investigación ha revelado que las personas cuyo sistema nervioso simpático se activa más cuando interactúan con sus cónyuges tienen muchas más probabilidades de sentirse descontentas años después con el estado de su matrimonio, y muchas más probabilidades de tener una salud más precaria.

Las relaciones entre el matrimonio y la salud son complejas y sutiles. Un estudio de larga duración efectuado en Estados Unidos reveló que el riesgo de que los hombres casados desarrollasen enfermedades cardíacas aumentaba si sus esposas eran muy cultas. Los datos recogidos a partir de parejas casadas de mediana edad durante un período de diez años en los decenios de 1960 y 1970 revelaron que los hombres cuyas esposas habían cursado más de 12 años de enseñanza académica tenían 2,6 veces más probabilidades de desarrollar enfermedades cardíacas que los hombres cuyas esposas sólo tenían una educación equivalente a la enseñanza secundaria. ¿Qué podía estar pasando?

La vinculación entre la educación de la esposa y el riesgo de que el marido padeciera enfermedades cardíacas sólo se aplicaba a los hombres cuyas esposas trabajaban. Y el riesgo para estos esposos era mucho mayor si sus cónyuges habían experimentado problemas en el trabajo, como haber sido ignoradas para un ascenso. Una explicación posible, por tanto, era que la frustración de las mujeres en el trabajo se extendía a sus relaciones matrimoniales, y las tensiones emocionales resultantes tenían efectos nocivos sobre el corazón de su esposo.

Las interacciones hostiles entre los cónyuges provocan un aumento a corto plazo del ritmo cardíaco y de la presión arterial que, si se repite constantemente, puede contribuir a causar hipertensión arterial y enfermedades cardíacas coronarias. En línea con esta teoría, los investigadores han descubierto que el riesgo de que un esposo padezca enfermedades cardíacas es mayor si su personalidad es marcadamente distinta de la de su esposa. Tales diferencias de personalidad entre los integrantes de la pareja tienden a agravar el conflicto emocional, lo cual conduce a más disputas y rencores larvados y —parece ser— a más enfermedades.

La interacción entre los cónyuges puede elevar su ritmo cardíaco y su presión arterial aun cuando esta interacción no sea abiertamente hostil. Por ejemplo, nuestro sistema cardiovascular es estimulado cuando intentamos ejercer control social sobre otra persona, sobre todo si no lo conseguimos. En un experimento, los científicos vigilaron el corazón de hombres que, o bien podían discutir un problema con su esposa de una manera neutra, o bien intentaban deliberadamente influir en ella o convencerla. Los hombres que intentaban ejercer control social sobre sus esposas presentaban incrementos mayores de la presión arterial, tanto antes como durante la discusión, que los hombres que se limitaban a hablar. Resulta interesante el hecho de que cuando se cambiaban las tornas y las esposas intentaban controlar a sus maridos, la presión arterial de las mujeres no aumentaba. (Tal vez a las esposas les resultaba más fácil controlar a sus maridos que a la inversa. O quizá había menos *ego* en juego. Podríamos especular indefinidamente.) La investigación ha revelado que quienes tienen una necesidad más acuciante pero reprimida de influir en otras personas —característica que los psicólogos llaman motivación de poder inhibida— tienden a tener una función inmunitaria más deficiente y una incidencia mayor de enfermedades.

Nuestras relaciones con otras personas pueden amplificar los efectos de los estresantes no sociales, haciendo que sintamos culpabilidad o vergüenza ante un problema y aumentemos de este modo nuestro estrés. Cuando experimentamos hechos vitales perturbadores o dificultades en el trabajo, nuestras interacciones con los miembros de la familia y los compañeros pueden empeorar la situación en vez de mejorarla.

Los humanos no son los únicos animales que tienen vida social. Otras especies también han desarrollado los medios biológicos y psicológicos para habérselas con relaciones sociales complejas. Las interacciones sociales también guardan relación con su función inmunitaria y su salud.

Si dos ratas (o dos monos rhesus o dos pájaros, tanto da) experimentan un encuentro agresivo, que no tiene por qué implicar necesariamente violencia física, los niveles hormonales del individuo derrotado pueden experimentar cambios sustanciales y su función inmunitaria puede verse afectada negativamente. Entre los animales que viven en grupos sociales, como los cérvidos y los primates, los resultados de las continuas interacciones sociales influyen en el estatus social del individuo. Cuando un animal dominante es desafiado y vencido por un subordinado y pierde su posición dominante, puede terminar siendo un marginado social, expulsado por el resto del grupo. No es infrecuente que un animal desplazado de este modo sucumba a una infección y muera poco después de su caída del poder.

Científicos de las universidades de Illinois y Stanford lograron notables avances en el conocimiento de las consecuencias biológicas de las relaciones sociales gracias a un estudio de larga duración efectuado con babuinos en libertad en África oriental. Los machos subordinados de un grupo de babuinos suelen ser los receptores de graves agresiones del macho dominante y por lo general lo pasan bastante mal. El sistema hipotalámico-hipofisario-suprarrenal de estos machos subordinados se activa continuamente, lo cual tiene como resultado unos niveles crónicamente elevados de cortisol. Al mismo tiempo, su sangre tiene un nivel bajo de LDA-C (lipoproteína de densidad alta-colesterol). Esta es una mala noticia para los machos subordinados, porque la LDA-C impide que los depósitos de grasa revistan las paredes de las arterias coronarias. Los bajos niveles de LDA-C en los machos subordinados parecen estar asociados al estrés crónico derivado de su posición social.

Este trabajo con babuinos en libertad subrayó también los efectos biológicos de la turbulencia social. Un grupo social que venía siendo estudiado por los investigadores desde hacía tiempo recibió a un nuevo miembro: un macho adulto joven y hostil que apareció súbitamente en escena y decidió incorporarse al grupo. Los principales objetivos de su agresión cuando intentó establecer su posición social fueron las hembras adultas. El cambio en la estructura social que siguió fue sumamente estresante, tanto para el nuevo macho como para el resto del grupo. Las muestras de sangre revelaron que el intruso tenía un nivel de cortisol alto (que indicaba una respuesta de estrés prolongada) y una cantidad de linfocitos baja, junto con un nivel excepcionalmente alto de la hormona sexual masculina testosterona. Sus niveles de cortisol estaban en su nivel máximo, y su cantidad de linfocitos en el mínimo, durante el período de mayor turbulencia social durante el cual se estaba estableciendo en la jerarquía. Otros babuinos del grupo que eran víctimas frecuentes de la agresión del nuevo macho tenían cantidades más bajas de linfocitos que aquellos individuos que escapaban a sus atenciones. Era evidente que la alteración causada por la inserción de este individuo en el grupo generó considerable estrés y afectó al sistema inmunitario de todos los implicados.

Fenómenos semejantes se han observado en estudios de laboratorio con monos, grandes simios y otras especies sociales. La alteración de un grupo social establecido (mediante la reorganización de sus esquemas de vida, por ejemplo) puede aumentar el riesgo de que los miembros del grupo desarrollen enfermedades cardíacas coronarias.

La crueldad del hombre para con el hombre ha sido descrita ampliamente en los anales de la literatura. La novela de William Golding titulada *Ritos de paso* contiene una descripción perturbadora de la destrucción de un hombre por el estrés social. El relato se desarrolla en un velero durante la larga y lenta travesía desde Inglaterra hasta las antípodas a comienzos del siglo XIX. Cuenta la vida del reverendo Robert Colley, persona poco atractiva y no muy amada que muere de vergüenza poco después de ser sometido a humillaciones degradantes a manos de los demás pasajeros y la tripulación.

La naturaleza no ha sonreído al reverendo Colley, hombre de origen humilde poco atractivo física y socialmente. Colley es de baja estatura, mal vestido y feo. Aunque servicial en exceso y deseoso de agradar, de alguna manera logra provocar desagrado o glacial indiferencia. Al poco tiempo, todos aquellos que se hallan a bordo de la nave hacen el vacío a Colley o le gastan bromas crueles. Cuando el barco cruza el ecuador, Colley es humillado públicamente y aterrorizado en una ceremonia de chapuzones que va demasiado lejos. A continuación es conducido a las entrañas de la embarcación y apremiado a beber por una tripulación aparentemente jovial. Pero Colley, que no está acostumbrado al alcohol, se emborracha de forma inmisericorde. Se convierte en un espectáculo ridículo, cantando, dando tumbos medio desnudo y orinando en cubierta delante de los pasajeros y la tripulación. Cuando se le pasa la borrachera siente una espantosa vergüenza. Pero lo peor está por llegar, cuando trasciende que ésta no era toda la profundidad de su humillación. Mientras estaba borracho como una cuba, Colley le hizo una felación a un joven marinero.

Enmudecido de horror por lo que ha hecho, Colley se encierra en su «cuchitril» y se niega a moverse de allí. Todos los intentos de estimularle o comunicarse con él caen en saco roto mientras Colley yace en su sucio lecho días y días, por lo que un oficial alarmado proclama: «El señor Colley está deseándose la muerte. [...] Sabía que esto sucedía entre los pueblos salvajes. Son capaces de tumbarse y morir.» Y poco después Colley es efectivamente encontrado muerto. El narrador concluye:

> En el no demasiado amplio volumen del conocimiento que el hombre tiene sobre el hombre, insertemos esta frase. El hombre puede morir de vergüenza.

El diario privado de Colley, descubierto después de su muerte, registra esta lamentable angustia por la indiferencia de la sociedad hacia él y su necesidad insatisfecha de compañía humana[1].

---

[1] La crueldad de un grupo social para con alguno de sus miembros es también tema de la primera novela de William Golding, *El señor de las moscas*. La obra cuenta la historia de un grupo de escolares abandonados en una isla tropical inhabitable después de un accidente de avión. El barniz de la civilización no tarda en desconcharse, la estructura social se desintegra y los muchachos retornan al estado salvaje. La emprenden sin piedad con ciertos individuos. Un chico es vejado, otro es golpeado. El gordo y poco atractivo Piggy es apedreado y después matado (y probablemente devorado).

¿El infierno es estar solo? Los efectos nocivos del aislamiento

> ¿Qué es el infierno?
> el infierno es uno mismo;
> el infierno es estar solo...
>
> T. S. Eliot, *The Cocktail Party* (1950)

> En soledad,
> ¿qué felicidad? ¿Quién puede gozar solo,
> o gozándolo todo, qué satisfacción encontrar?
>
> John Milton, *El paraíso perdido* (1667)

Las relaciones pueden ser una fuente potencial de estrés, ¿pero qué se puede decir de la otra cara de la moneda? ¿Qué sucede si no tenemos relaciones estrechas?

El mensaje que se desprende inequívocamente de los datos científicos acumulados desde mediados de la década de 1970 es que tener una cantidad y calidad razonables de relaciones sociales es fundamental para el bienestar mental y físico. La soledad y el aislamiento social pueden infligir más daños a nuestra salud que el estrés social. Hemos visto, por ejemplo, que el conflicto matrimonial es estresante y potencialmente nocivo para la salud. No obstante, los datos indican que, en lo que a la salud respecta, a las personas casadas les va mucho mejor que a las que están libres de ataduras[2]. Las estadísticas indican que estas últimas registran una tasa de mortalidad significativamente superior y una incidencia mayor de accidentes, enfermedades infecciosas y enfermedades mentales que las personas casadas de la misma edad. Las estadísticas señalan también que, por término medio, los hombres obtienen más beneficios mentales y

[2] Me veo en el deber de añadir que la ceremonia del matrimonio propiamente dicha no parece tener magia ninguna; lo que de verdad importa para la salud es ser parte de una relación estrecha, a largo plazo y amorosa. Para un número creciente de personas, esto no supone necesariamente un matrimonio formal.

físicos del matrimonio que las mujeres. Pero esto tiene un precio. La salud de los hombres sufre más deterioro si su matrimonio es interrumpido por la muerte de la esposa, la separación o el divorcio. El suicidio y la enfermedad mental son más frecuentes entre los viudos que entre las viudas, y su tasa de mortalidad global es más alta.

Cuando Sartre dice que «el infierno son los otros», sólo nos cuenta una cara de la historia; Bertrand Russell se acercó más a la verdad cuando escribió en su *Historia de la filosofía occidental*: «El hombre no es un animal solitario, y en tanto perdure la vida social, la realización personal no puede ser el principio supremo de la ética.»

La idea de que los individuos solitarios y retraídos tienden a ser poco sanos, tanto de mente como de cuerpo, es conocida desde hace mucho tiempo. En el siglo XIX, el sociólogo pionero francés Émile Durkheim escribió que los individuos que no estaban integrados en la sociedad tenían un riesgo mayor de suicidarse. Las investigaciones efectuadas en el siglo XX han confirmado esta conclusión y han establecido vínculos entre el aislamiento social y la incidencia de la enfermedad y la depresión, por no hablar de la reducción de la esperanza de vida. Tales vínculos son ciertos aun cuando otros factores de riesgo médicos como el tabaco, el consumo excesivo de alcohol, la obesidad, la falta de ejercicio y el estatus socioeconómico bajo se hayan tomado en cuenta y no puedan ser descartados, por tanto, como un mero artefacto estadístico superfluo.

Por otra parte, el aislamiento social ocupa hoy un lugar ciertamente importante entre los factores de riesgo. Su repercusión sobre la salud y la mortalidad es comparable a la de la hipertensión arterial, la obesidad y la falta de ejercicio. La investigación indica que los factores sociales pueden tener tanta repercusión sobre la salud como el consumo de tabaco.

Está muy bien demostrar estadísticamente que los solitarios son propensos a la enfermedad. Pero ¿qué es primero, la gallina del aislamiento social o el huevo de la enfermedad? ¿Entraña la soledad un riesgo para la salud, o la gente se aísla socialmente porque ya está enferma? Al fin y al cabo, es perfectamente verosímil que una persona que está enferma pueda tener dificultades para desarrollar o mantener relaciones personales como consecuencia de su estado físico. ¿O tal vez lo que sucede es que la mala salud y el aislamiento social no están relacionados directamente entre sí, sino que una y otro son productos derivados de un tercer factor, como una concepción misantrópica de la vida?

La solución más sencilla de esta adivinanza consiste en vigilar la vida social y la salud de un grupo de personas durante un período prolongado para discernir si los factores sociales precedieron a la mala salud o viceversa. Esta clase de investigación prospectiva se viene realizando desde el decenio de 1970, y ha establecido que el aislamiento social suele ser causa de enfermedad y no consecuencia.

Uno de los primeros estudios a gran escala para investigar los vínculos entre los factores sociales y la salud se basó en una muestra de 5.000 habitantes del condado de Alameda, en California. Al comienzo del estudio, en la década de 1960, los investigadores catalogaron detalles de la vida social de los sujetos, registrando si estaban casados, el alcance de su contacto social con familiares y amigos y su participación en clubs, iglesias u otros grupos sociales. Los investigadores también registraron otros factores que podrían ser relevantes para la salud futura, entre ellos el estado de salud actual, el uso de servicios médicos, los hábitos en cuanto al tabaco, el consumo de alcohol, el ejercicio y las pautas de actividad, el peso corporal y el estatus socioeconómico. (La clase social —o el estatus socioeconómico, para usar el término técnico— es uno de los predictores estadísticos más poderosos de la salud futura.) Después, se vigiló la salud de los sujetos durante los años siguientes.

Los resultados fueron claros. Los individuos menos integrados socialmente y con menos relaciones sociales tenían el doble de probabilidades de morir en el transcurso del estudio que aquellos que tenían más relaciones sociales. Esta correlación entre aislamiento social y mortalidad era cierta aun cuando los datos se habían ajustado para tener en cuenta todos los demás factores de riesgo médico. Era un hecho insoslayable: una vida social de mala calidad iba de la mano con un riesgo mayor de morir prematuramente.

Estudios comparables basados en muestras suficientemente amplias se han realizado en otras zonas de Estados Unidos, en Escandinavia y en otros lugares del mundo. Las conclusiones han mostrado un grado extraordinario de coincidencia. Por ejemplo, un estudio efectuado durante seis años sobre 17.433 hombres y mujeres suecos reveló que los individuos que tenían menos interacciones sociales y menos relaciones sociales registraban una tasa de mortalidad superior en un 50 por 100 a la de aquellos que tenían una vida social rica. Asimismo, un estudio efectuado en Estados Unidos con hombres de mediana edad reveló que las tasas de mortalidad eran más bajas entre los hombres que daban y recibían más apoyo social, participaban en más actividades sociales, pertenecían a clubs y organizaciones, tenían muchos amigos y estaban casados.

Con variaciones únicamente menores, la vinculación entre aislamiento social y la subsiguiente mala salud es cierta para ambos sexos, para todas las edades, para las personas que viven en grandes ciudades y para aquellas que residen en pequeñas comunidades rurales, y también para varios países. El fenómeno no es definitivamente exclusivo de los hombres blancos y de clase media de Estados Unidos, como han insinuado los escépticos.

La vinculación entre aislamiento social y enfermedad también abarca una amplia gama de enfermedades, entre ellas las enfermedades cardíacas coronarias y el cáncer. En el estudio del condado de Alameda, por ejemplo, se descubrió que durante un período de más de diecisiete años, las mujeres aisladas socialmente tenían un riesgo significativamente mayor de desarrollar todo tipo de cáncer que las mujeres que tenían unas relaciones satisfactorias[3]. Otro estudio, en esta ocasión sobre hombres suecos de mediana edad, reveló que los individuos aislados socialmente tenían muchas más probabilidades de padecer un ataque cardíaco. La soledad es incluso un factor de predisposición para la reactivación de virus de herpes latentes, como vimos en el Capítulo 4.

Además de aumentar el riesgo de desarrollar una enfermedad, el aislamiento social puede dificultar la recuperación de una enfermedad. Las personas solitarias tardan más en mejorar y, si la enfermedad es grave, tienen más probabilidades de morir como consecuencia de ella. Esto confirma lo que los buenos médicos siempre han sabido: que uno de los mejores tónicos para una persona que está enferma es tener unas relaciones cordiales y que presten apoyo.

Un ejemplo nos lo ofrece la investigación británica que estudió una muestra amplia de personas que habían sobrevivido a ataques al corazón. Los resultados demostraron que los individuos que mantenían un contacto regular con familiares o amigos, o que eran miembros de un club, organización o grupo religioso, tenían más probabilidades de sobrevivir en los tres años siguientes que aquellos que estaban aislados socialmente. Algo muy parecido puede decirse del cáncer. Un análisis de 27.779 enfermos de cáncer reveló que los pacientes no casados tenían un riesgo de morir de su cáncer un 23 por 100 mayor que los pacientes casados pero por lo demás comparables.

El apoyo social también tiene que ver con un proceso sumamente natural como es el parto[4]. Por término medio, las mujeres

---

[3] En este estudio en particular, no se comprobó que los hombres aislados socialmente tuvieran un riesgo significativamente mayor de desarrollar cáncer. Sin embargo, tenían menos probabilidades de sobrevivir al cáncer si lo desarrollaban.

[4] Los científicos sociales usan el término red social para designar a todo el grupo con el que un individuo tiene alguna forma de contacto social regular. La red social incluye a los amigos, los parientes y los compañeros de trabajo, además de la familia inmediata. La ayuda que estas personas proporcionan al individuo (o que se percibe que proporcionan), en la forma que sea, se llama apoyo social.

que gozan de una cantidad y calidad elevadas de apoyo social durante el embarazo tienen partos más breves y fáciles, dan a luz a niños con más peso y en mejor estado general y padecen menos depresiones posnatales.

Experimentos realizados en Estados Unidos y en otros países han confirmado que las madres tienen un comportamiento mejor durante el parto si son atendidas por otra mujer que les preste apoyo emocional y conversación. Incluso esta forma limitada de apoyo social acorta el parto y reduce las probabilidades de mortinatalidad, inducción, angustia fetal u otras complicaciones. Las investigaciones estadounidenses han demostrado que la presencia de un cónyuge, compañero o amigo que apoye durante el parto reduce el riesgo de que la mujer sea objeto de cesárea en un 10 por 100, por término medio, y hace disminuir el uso de anestésicos epidurales nada menos que en un 75 por 100. Un científico social ha calculado que si todas las mujeres estadounidenses tuvieran a alguien que las apoyase durante el parto, los costes de maternidad en Estados Unidos podrían reducirse en 2.000 millones de dólares al año.

Las relaciones sociales de apoyo son algo bueno, por lo que cabría esperar que todo aquello que altere esas relaciones sea algo malo. Son innumerables las pruebas de que la alteración o disolución de relaciones sociales establecidas puede tener efectos nocivos sobre nuestra salud física y mental. Como hemos visto, la muerte de la pareja, el divorcio y la separación pueden desembocar en enfermedades mentales y físicas, así como en un aumento de las tasas de suicidio y mortalidad en los cónyuges que se quedan.

De hecho, la separación matrimonial y el divorcio conllevan riesgos para la salud que, si acaso, son mayores que los asociados a la muerte de la pareja. En las personas que se separan o divorcian aumenta considerablemente el riesgo de enfermedad, enfermedad mental y muerte prematura. Para un hombre estadounidense divorciado, el riesgo de morir de enfermedades cardíacas coronarias es doble que el de un hombre casado de la misma edad. (Según las estadísticas, los hombres que están inmersos en el proceso de divorcio o de separación también tienen más probabilidades de ser víctimas de un ataque delictivo. Está claro que no se puede ganar.)

Como sucede con la mayoría de los aspectos de nuestra biología y psicología, los humanos no tenemos nada en exclusiva. Algo análogo al dolor por la muerte de un ser querido se ha observado en algunas otras especies en las que los individuos establecen relaciones a largo plazo. La reacción a la pérdida del ser querido es a menudo una incesante búsqueda de la pareja o compañero perdido, junto con el retraimiento y la apatía; de hecho, los signos exteriores de la depresión. En su libro *El anillo del rey Salomón*, el zoólogo Konrad Lorenz, galardonado con el premio Nobel, describía cómo un ganso se veía afectado por la pérdida de su pareja. El ave se impacientaba y recorría volando distancias cada vez mayores para buscar en los lugares donde pudiera encontrarse la hembra.

El aislamiento social y sus efectos corrosivos también constituyen un tema habitual en la ficción. Es un hilo argumental fundamental, por ejemplo, en *El alcalde de Casterbridge,* de Thomas Hardy. La perdición del principal protagonista, Michael Henchard, es consecuencia en gran medida de su incapacidad para establecer una relación fructífera con los demás. Se pelea con su socio comercial, el negocio fracasa y Henchard se hunde en la ruina y la pobreza. El carácter impulsivo y malhumorado de Henchard hace que se distancien quienes intentan ayudarle después de su caída en desgracia. Completamente abatido y desilusionado, su salud se deteriora y finalmente muere, solo y rechazado por todos excepto por Abel Whittle, un fiel pueblerino que le debe un favor. Clavado al lecho de Henchard se encuentra su testamento, último y amargo testimonio de su aislamiento que es leído por Elizabeth-Jane, la mujer a la que en un tiempo creyó su hija:

TESTAMENTO DE MICHAEL HENCHARD

Que no se diga a Elizabeth-Jane Farfrae que he muerto, ni se la haga llorar por mí.
Y que no sea enterrado en suelo consagrado.
Y que no se avise a sacristán para que doblen las campanas.
Y que no se pida a nadie que contemple mi cadáver.
Y que no me sigan dolientes en mi funeral.
Y que no se planten flores sobre mi tumba.
Y que nadie me recuerde.
Todo lo cual firmo con mi nombre.

Michael Henchard

La importancia de las relaciones sociales para el bienestar mental y físico fue profundamente comprendida por el doctor Samuel Johnson. El gran sabio padeció frecuentes episodios de melancolía y enfermedad durante toda su vida. (Es interesante especular hasta qué punto pudieron estar interrelacionadas la depresión y las dolencias físicas de Johnson.) Johnson creía que había heredado su «inmunda melancolía» de su padre. La dolencia le supuso grandes tribulaciones. James Boswell escribió lo siguiente en *La vida del doctor Samuel Johnson*:

> La «malsana melancolía» que acechaba en su constitución, y a la que podemos atribuir aquellas particularidades y aquella aversión a la vida normal que, en una época muy temprana, marcó su carácter, acopió tal fuerza en su vigésimo año que le afligió de manera atroz [...]
>
> [...] En 1729 se sintió abrumado por una horrible hipocondría, con constante irritación, irritabilidad e impaciencia; y con un abatimiento, un pesimismo y una desesperación que convertían la existencia en sufrimiento. De esta funesta dolencia nunca llegó a recuperarse del todo.

Además de su tristeza constitucional, Johnson soportó un catálogo de enfermedades físicas. En 1783, el año anterior a su muerte, Boswell registró cómo la fortaleza y la paciencia de su amigo fueron sometidas a severas pruebas. Johnson había sufrido ya un «ataque de parálisis» y estaba aquejado de gota. Después desarrolló un tumor en un testículo, aunque para inmenso alivio de Johnson remitió antes de que fuera necesaria la intervención quirúrgica. A finales del año Johnson fue presa de «un asma espasmódica de tal violencia que quedó confinado en su casa» y «una enfermedad opresiva y fatal, una hidropesía».

En el mismo año, Johnson registró sus propios pensamientos acerca de su sombrío estado de salud. En una carta a uno de sus amigos más íntimos definió su melancolía como su «perro negro», expresión que después sería usada por Winston Churchill para describir sus propios ataques periódicos de depresión. Johnson describió de manera conmovedora cómo la soledad que había llegado con la vejez hacía más difícil afrontar a su perro negro.

> El perro negro al que siempre espero resistir, y con el tiempo domesticar, aunque me veo privado de casi todo aquello que solía ayudarme. [...] Cuando me levanto mi desayuno es solitario, el perro negro espera para compartirlo, del desayuno a la cena continúa ladrando, salvo que el doctor Brocklesby le mantenga a distancia un poco. [...] Llega por fin la noche, y unas horas de desasosiego y confusión me llevan de nuevo a un día de soledad. ¿Qué impedirá la entrada del perro negro en una morada así?

Varios años antes, Boswell había registrado este aforismo del doctor Johnson sobre el tema de las relaciones, presagiando la soledad de su vejez:

> Si un hombre no hace nuevos conocimientos a medida que avanza por la vida, no tardará en descubrir que se ha quedado solo. Un hombre, señor, debe mantener su amistad en constante reparación.

¿Cómo funciona?

> No es tanto la ayuda de nuestros amigos lo que nos ayuda como el saber con certeza que nos ayudarán.
>
> Epicuro (341-270 a.C.)

Si las personas solitarias y aisladas socialmente son menos sanas que aquellas que llevan una vida social rica, ¿cómo llegan a esa situación? ¿Por qué medio nuestras relaciones afectan a nuestra salud? El lector habrá adivinado ya que las relaciones inciden en la salud de diversas maneras. Nuestras percepciones, nuestro comportamiento y nuestra función inmunitaria desempeñan un papel de mediación.

Una de las maneras en que las relaciones pueden ayudarnos es proporcionando un antídoto que reduzca la repercusión de los estresantes. Nuestra respuesta psicológica a una situación estresante se diluye cuando una persona conocida está presente. Pensemos en el padre o la madre que acompañan al niño inquieto a la consulta del dentista, por ejemplo. El apoyo continuo de la pareja o de un amigo puede ayudar también a protegernos de estresantes prolongados.

Las personas que carecen de apoyo social tienden a estar expuestas plenamente a los efectos nocivos de la muerte de un ser querido y otros hechos vitales estresantes. Un estudio sobre los padres que habían perdido a un hijo en la guerra o por muerte accidental reveló que la pérdida del ser querido estaba asociada con un aumento de la tasa de mortalidad de padres y madres en los 10 años siguientes, pero sólo entre aquellos que eran viudos o estaban divorciados. Los padres o madres de luto que eran protegidos por una relación estrecha con su cónyuge no tenían más riesgo estadístico de muerte prematura que los que no habían perdido a un hijo. Asimismo, un estudio sobre hombres jóvenes que se preparaban para ser submarinistas de la marina de guerra reveló que los hechos vitales estresantes tenían una repercusión mayor sobre la salud de aquellos que presentaban un nivel bajo de apoyo social que sobre la de los hombres que disfrutaban de una vida social rica con sus amigos y familiares.

Los efectos amortiguadores a corto plazo del apoyo social han sido verificados por numerosas observaciones científicas. Investigadores de la Universidad de Cornell y del Hospital de Nueva York realizaron un sencillo experimento en el que una serie de voluntarios tomaron parte en una discusión acalorada mientras se vigilaba su ritmo cardíaco y su presión arterial. En estos debates cada voluntario era atacado verbalmente por dos miembros del equipo de investigación, una situación estresante que provocaba sistemáticamente un aumento del ritmo cardíaco y la presión arterial. Una cuarta persona también estaba presente durante la discusión y apoyaba al sujeto o bien no decía nada. Los resultados mostraron que cuando la cuarta persona proporcionaba apoyo, la reacción cardiovascular del sujeto se reducía, confirmando que el apoyo social podía atemperar los efectos del estresante. En otro experimento, se pidió a varias mujeres que realizaran tareas ligeramente estresantes en un marco de laboratorio. Cuando la mujer tenía con ella en la sala a una persona amiga durante las pruebas, su ritmo cardíaco y su presión arterial no aumentaban tanto como cuando tenía que actuar sola.

No sólo nos beneficiamos de la presencia de un compañero cuando estamos estresados, sino que también experimentamos un deseo mayor de compañía. Experimentos de laboratorio realizados con voluntarios en el decenio de 1950 establecieron que cuando las personas se hallan en una situación estresante sienten una necesidad emocional mayor de tener cerca a una persona conocida. Según la jerga de la psicología social, el estrés nos hace más afiliativos. (El lector podría pensar que esta afirmación pertenece al más evidente y simple sentido común. Pero el sentido común, como dice la máxima, tiene la curiosa propiedad de ser más correcto retrospectivamente que mirando hacia el futuro. Albert Einstein definió memorablemente el sentido común como «la colección de prejuicios adquiridos a la edad de 18 años».)

Además de protegernos del estrés, las relaciones tienen beneficios positivos por sí mismas. Pueden fomentar el bienestar mental y físico influyendo en nuestra percepción, nuestro comportamiento y nuestra función inmunitaria. Para comenzar, otras personas pueden ayudarnos a formar percepciones exactas y objetivas de nuestro propio estado de salud. Si tenemos suerte, nuestra pareja, nuestros amigos o familiares nos alejarán de los peores excesos de la hipocondría o, en el otro extremo, del peligroso abandono de nosotros mismos y de la negación. Hablar de nuestras ansiedades puede reducir nuestra ansiedad acerca de síntomas triviales y, por tanto, nos mostraremos menos propensos a buscar asistencia médica cuando nada malo nos sucede. Las otras personas proporcionan un punto de referencia en el que podemos poner a prueba nuestros síntomas y obtener una segunda opinión informal. A menudo, lo único que de verdad necesitamos es que nos tranquilicen. Los individuos aislados socialmente no pueden recurrir a este control de la realidad y, por consiguiente, pueden verse impulsados a la consulta del médico por ansiedades infundadas.

A la inversa, las otras personas pueden darnos el ánimo necesario para buscar asistencia médica a tiempo cuando estamos enfermos de verdad. Pueden protegernos del peligroso descuido de nosotros mismos, de la negación y la complacencia. Hablar con un amigo o con su pareja puede hacer que un individuo que padece una enfermedad grave consulte con un médico en una fase temprana, en vez de esperar hasta que sea demasiado tarde. La atención inmediata puede ser decisiva si la enfermedad entraña un peligro para la vida. Los datos disponibles indican que las personas que tienen redes sociales ricas tienden a buscar asistencia médica en fases más tempranas que aquellas que están aisladas socialmente. Las presiones sociales también pueden proporcionar el estímulo necesario para que los pacientes acaten los consejos del médico o sigan el tratamiento que se les ha prescrito, como tomar su medicina cuando deben hacerlo.

Otra manera en que las relaciones sociales pueden beneficiar la salud es fomentando un comportamiento más sano. Las personas que llevan una vida social de gran calidad (que puede consistir en una única relación muy íntima) tienden a mostrar más consideración por su salud y a evitar las cosas que pueden perjudicarla. Las personas que viven solas son más proclives a excederse en la comida, el alcohol o el tabaco. El aislamiento social puede fomentar la autodestrucción: es demasiado fácil caer en la tentación y permitirse ese helado, cigarrillo o whisky de más. La presencia de amigos o relaciones, por otra parte, tiende a moderar nuestros potenciales excesos por miedo a incurrir en desaprobación social. Las presiones sociales pueden alentarnos a tomar medidas positivas, como dejar de fumar, mejorar nuestra dieta, perder peso o hacer ejercicio regularmente. Los estudios han revelado que los fumadores tienen más probabilidades de tener éxito a la hora de dejar el hábito cuando tienen un buen apoyo social, y tienen más probabilidades de recaer cuando carecen de apoyo social. Un sociólogo estadounidense ha descubierto que los individuos que poseen vínculos sociales fuertes tienen muchas más probabilidades de llevar puesto el cinturón de seguridad. Sin embargo, sería estúpido negar que las presiones sociales también pueden impulsarnos en la dirección contraria, empujándonos a pautas de comportamiento poco sanas o autodestructivas.

Evidentemente, las personas que nos rodean pueden prestarnos también un tipo de ayuda puramente práctico: proporcionando ayuda, dinero u oportunidades para escapar del estrés. Al ayudarnos a centrar nuestros pensamientos, a tomar las decisiones correctas, conseguir tiempo o evitar los peores excesos del estrés, nuestros amigos y familiares pueden ejercer gran influencia cuando las cosas van mal. Un individuo aislado socialmente debe hacer frente a lo que fuere solo y sin ayuda. Poniendo un ejemplo trivial, los abuelos que ejercen la función de niñera pueden ofrecer a los padres que están sometidos a una gran presión la oportunidad de recargar sus baterías emocionales y pasar tiempo juntos y solos. Y la ayuda económica puede ser decisiva, especialmente en los países donde la calidad de la asistencia sanitaria depende de la capacidad que la persona tenga para pagar. Un estudio sobre mujeres que se recuperaban de cirugía practicada por cáncer de mama reveló que la recuperación física era mejor entre las mujeres que tenían un buen respaldo económico.

La importancia decisiva del simple apoyo material que proporciona una red social es descrito meticulosamente en *Un día en la vida de Iván Denisóvich*, de Alexandr Solyenitsin. Si un preso quería sobrevivir en las atroces condiciones de los campos de trabajo de Stalin, tenía que ser un miembro plenamente integrado de su equipo de trabajo, obedecer sus reglas no escritas, ayudar a sus compañeros y al jefe de su equipo cuando fuera necesario y ser ayudado por ellos a cambio. Cada hombre tenía que saber en quién confiar, quién le ayudaría y quién se negaría a hacerlo, quién guardaría su escasa ración de comida para él cuando no pudiera recogerla por sí mismo, quién le dejaría gorronear la colilla de un precioso cigarrillo, y quién le delataría a las autoridades del campo. La supervivencia dependía del comercio continuo de pequeños favores. Para un hombre, perder el apoyo de su equipo de trabajo —y especialmente del jefe de su equipo— significaba la muerte casi segura ante el frío siberiano, el trabajo extenuante y la permanente escasez de alimentos.

Relaciones sociales e inmunidad

Las relaciones sociales pueden influir en nuestra salud por medios más directos que la alteración de nuestras percepciones o comportamientos. Investigaciones con seres humanos y de otras especies han producido datos concluyentes que indican que la soledad y el aislamiento social están asociados a reducciones de la función inmunitaria y, a la inversa, que unas relaciones de apoyo pueden atenuar la repercusión inmunológica del estrés.

En una serie de estudios psiconeuroinmunológicos, Janice Kiecolt-Glaser y sus colegas de la Universidad Estatal de Ohio descubrieron fuertes vinculaciones entre la soledad o el aislamiento social y la alteración de la función inmunitaria. Entre muestras de estudiantes de medicina razonablemente sanos y felices, por ejemplo, los más solitarios obtenían puntuaciones significativamente inferiores en varias mediciones de la función inmunitaria. Específicamente, los estudiantes más solitarios tenían menos «células asesinas» en circulación, sus linfocitos T eran menos sensibles, su control inmunitario sobre los virus de herpes latentes más deficiente y sus niveles de cortisol más elevados. Se ha demostrado, además, que los individuos que tienen un nivel bajo de apoyo social ofrecen una respuesta inmunitaria más débil cuando se les inocula la vacuna de la hepatitis B.

Asociaciones semejantes entre la soledad o la falta de apoyo social y la reducción de la función inmunitaria han sido descubiertas en grupos tan diversos como los jubilados mayores, pacientes psiquiátricos hospitalizados recientemente y personas de mediana edad que cuidan a un familiar que padece una enfermedad crónica.

Se han aportado pruebas fundadas de que el apoyo social puede proporcionar cierto grado de protección contra los efectos inmunológicos adversos del estrés. Un estudio sobre personas que estaban sometidas a estrés severo y prolongado porque sus cónyuges padecían cáncer reveló que aquellos que carecían de apoyo social tenían una actividad de las «células asesinas» más baja y menor sensibilidad de los linfocitos. (Esta asociación no guardaba relación con la depresión.) Finalmente, investigadores del Instituto del Cáncer de Pittsburgh descubrieron que en las mujeres que padecían las primeras fases de cáncer de mama, aquellas que recibían un apoyo emocional de buena calidad de su cónyuge o de otra persona cercana registraban niveles más elevados de actividad de las «células asesinas». Este descubrimiento es potencialmente importante porque se cree que las «células asesinas» desempeñan un papel significativo en lo relativo a evitar la propagación de ciertos tumores.

La alteración de las relaciones personales estrechas puede ser especialmente nociva para la inmunidad y la salud. Hemos visto ya que la muerte de un ser querido puede tener como resultado reducciones acusadas en la función inmunitaria. El divorcio y la separación pueden tener repercusiones semejantes.

El equipo de Kiecolt-Glaser descubrió que las mujeres cuyo matrimonio se había roto en el año anterior obtenían puntuaciones significativamente más bajas que las mujeres casadas en varias mediciones de la función inmunitaria. Las mujeres divorciadas o separadas tenían menos «células asesinas» en circulación que las mujeres casadas comparables. La capacidad de reacción de sus linfocitos era inferior, la proporción de linfocitos T auxiliares en su sangre más baja y el control inmunitario sobre virus de herpes latentes más deficiente. Las mujeres cuyo sistema inmunitario se veía más afectado por su ruptura matrimonial eran aquellas que conservaban una vinculación emocional más fuerte con su anterior pareja. El cuadro era análogo en el caso de los hombres. Los hombres separados o divorciados tenían una función inmunitaria más deficiente, se sentían más angustiados y tenían más enfermedades que los hombres casados comparables. En el caso de los hombres, las consecuencias de la separación o el divorcio dependían, hasta cierto punto, de su sensación de control personal. Los hombres que habían iniciado la ruptura matrimonial padecían una alteración inmunitaria menos acusada, menos angustia psicológica y menos enfermedades que los hombres cuyas parejas habían iniciado la separación.

Una vez más, nada es exclusivo del ser humano. La alteración de unas relaciones estrechas también puede dañar la función inmunitaria en otras especies. Las pruebas más pormenorizadas provienen de una serie de experimentos meticulosamente diseñados realizados con monos por Christopher Coe, Seymour Levine, Martin Reite, Mark Laudenslager y otros investigadores de Estados Unidos. Estos experimentos estudiaron las consecuencias biológicas de la separación temporal de una cría de mono de su madre. (La separación tiene lugar normalmente cuando la cría ha sido destetada totalmente y es físicamente autosuficiente, aunque sigue vinculada emocionalmente a su madre.)

Cuando una cría de mono ardilla o de macaco rhesus es separada de su madre, tanto la madre como la cría exhiben claros signos de comportamiento de angustia y la cría emite llamadas de aislamiento distintivas. Incluso la separación temporal produce cambios medibles de los niveles hormonales y la función inmunitaria de ambos individuos. Al cabo de aproximadamente media hora de estar separados, la madre y la cría muestran niveles elevados de cortisol, que indican que el estrés ha activado sus sistemas hipotalámico-hipofisario-suprarrenales. En las horas siguientes parecen calmarse y los signos externos de comportamiento de angustia disminuyen. En el interior de sus cuerpos, sin embargo, la situación es distinta, y los niveles de cortisol continúan subiendo. (Una de las facetas interesantes de estos experimentos es cómo las apariencias externas —el comportamiento— pueden ofrecer una impresión engañosa de lo que sucede en el interior del cuerpo.) También se producen cambios en la función inmunitaria: la madre y la cría separadas tienen menos linfocitos en circulación, menor sensibilidad de los linfocitos, niveles inferiores de anticuerpos en circulación y reducción de la respuesta de los anticuerpos. Estas reducciones en la función inmunitaria se invierten normalmente cuando la madre y el hijo se reúnen.

El apoyo social puede proteger a la cría de mono del estrés

de la separación. Este fenómeno fue demostrado en una serie de experimentos en los que la cría era alojada con individuos que le eran conocidos después de ser separada de su madre. Cuando la cría separada era encerrada en una jaula junto con otras crías de su grupo social, o con una hembra adulta conocida (una «tía»), la repercusión biológica de la separación se reducía sustancialmente. La cría separada registraba un aumento menor del cortisol y reducciones más pequeñas de la función inmunitaria, lo cual indicaba que la presencia de individuos conocidos atenuaba los efectos hormonales e inmunológicos de la separación. Otros experimentos con primates han revelado que la presencia de un individuo amistoso y conocido puede reducir el impacto de diversos estresantes crónicos sobre la función inmunitaria. Las cosas no son tan malas cuando hay un amigo con nosotros.

La relación madre-cría no es la única que importa, ni siquiera para las crías de mono. Los amigos también son importantes. Los primates que viven en grupos sociales estables desarrollan relaciones con sus compañeros, especialmente los de edad semejante. La separación de estos iguales puede afectar a la función inmunitaria. Experimentos realizados con jóvenes monos ardilla y macacos de cola de cerdo han revelado que la separación de un individuo de sus iguales es estresante y puede provocar reducciones temporales de la sensibilidad de los linfocitos y de otros aspectos de la función inmunitaria. Como sucede en la separación madre-cría, los efectos negativos de la separación de los iguales se aminora gracias al apoyo social.

Hay incluso algunos datos que indican que los efectos saludables de las interacciones sociales pueden trascender las fronteras entre especies. Se ha hablado mucho a lo largo de los años de los efectos supuestamente beneficiosos de los animales domésticos (o animales de compañía, como ahora les llaman los expertos). La idea de que los animales tienen poderes curativos es antiquísima. Los griegos de la antigüedad creían que las enfermedades humanas podían curarse si la parte del cuerpo afectada era lamida por un perro, aunque también creían que los perros en cuestión eran en realidad dioses disfrazados. En la Inglaterra isabelina, se alentaba a las mujeres a tener un perro faldero como medida profiláctica porque los doctos médicos de la época sostenían que un perro pequeño estrechado contra el pecho absorbería las enfermedades que emanasen de otras personas. En la década de 1980 se exhumó la idea de que los animales domésticos eran buenos para nuestra salud, desempolvada y reformulada en un molde adecuadamente científico. La «terapia de los animales domésticos» se ha convertido ya en una industria en desarrollo.

Aunque los terapeutas de animales domésticos son blanco fácil de burlas, disponemos de datos provisionales que indican que la posesión de un animal doméstico podría ser beneficiosa para nuestra salud física. Cuando Erika Friedmann y sus colegas de la Universidad de Maryland estudiaron a un grupo de pacientes que habían padecido un ataque cardíaco no mortal descubrieron que, en igualdad de otras circunstancias, aquellos que poseían un animal doméstico tenían una probabilidad ligeramente mayor de seguir vivos un año después. James Serpell, de la Universidad de Cambridge, descubrió que las personas que adquirían un perro de compañía experimentaban una reducción sostenida de problemas sanitarios menores y (lo cual no es sorprendente) hacían mucho más ejercicio físico. Otros estudios han indicado que la compañía de un animal doméstico puede facilitar el bienestar psicológico de algunas personas en épocas de estrés.

Estar en presencia de un animal doméstico es una experiencia satisfactoria y relajante (aunque no para todo el mundo) y puede provocar una respuesta de relajación fisiológica. Aaron Katcher, de la Universidad de Pensilvania, informó que la respuesta de la presión arterial de un grupo de voluntarios a un estresante leve se reducía ligeramente cuando su animal doméstico estaba presente. Es concebible que para algunos individuos la presencia tranquilizadora y calmante de su animal doméstico pueda ayudarles a afrontar estresantes ligeros y cotidianos, reduciéndose así el riesgo de que desarrollen hipertensión arterial.

Los animales domésticos pueden actuar como catalizadores de las relaciones humanas al facilitar los contactos sociales entre extraños. El zoólogo británico Peter Messent descubrió que los propietarios de animales domésticos que sacaban a pasear a sus perros tenían un número significativamente superior de interacciones sociales con otras personas que aquellos que salían sin compañía. De hecho, los propietarios de perros obtenían mejores resultados en ese aspecto que los adultos que iban acompañados de niños pequeños, lo cual dice algo bastante deprimente acerca de las actitudes británicas hacia los niños pequeños. El perro actuaba como un rompehielos social; una excusa oportuna y no amenazadora para que personas extrañas hablen entre sí[5].

El futuro en soledad

No deja de ser una ironía pensar que la ciencia ha despertado recientemente a la importancia de las relaciones sociales humanas para la salud física, precisamente cuando estamos per-

[5] Los beneficios interespecies de las interacciones sociales pueden funcionar también en la otra dirección. Estudios experimentales con animales han revelado que la presencia tranquilizadora de un ser humano conocido puede aumentar la resistencia de un animal a la enfermedad. Por ejemplo, un estudio descubrió que la interacción con humanos contrarrestaba el desarrollo de enfermedades cardíacas en conejos. Se alimentó a dos grupos de conejos con una dieta rica en colesterol, que produce arteriosclerosis. Una persona conocida visitó varias veces al día a los conejos de un grupo, les habló, los acarició y jugó con ellos, mientras que un grupo de control no recibió ninguna atención humana adicional. Seis semanas después los conejos fueron sacrificados, se les practicó la autopsia y se los reconoció para detectar la presencia de enfermedades cardíacas. Sorprendentemente, los conejos que habían interactuado a diario con un ser humano tenían menos dañadas —un 60 por 100— las arterias coronarias.

diendo esas relaciones. En la mayoría de los países industrializados, el número de individuos aislados socialmente aumenta con rapidez debido a los efectos de la fragmentación social, la ruptura de las familias nucleares y el número creciente de personas mayores.

Hoy son más las personas que viven solas; algunas por elección, pero muchas porque son separadas, divorciadas, viudas o simplemente no queridas. La vida solitaria predomina en particular entre las personas mayores. En Gran Bretaña, por ejemplo, más de la mitad de las personas mayores de 75 años viven solas. El tamaño de la familia media ha registrado un constante descenso durante el presente siglo: ha descendido desde más de cuatro personas por familia en 1911 a 2,4 a comienzos de la década de 1990, y el descenso continúa. A principios de la década de 1970, una de cada once personas británicas vivía sola; veinte años después, esta cifra se había elevado hasta una persona de cada siete. De continuar las tendencias actuales, más de un tercio de los hogares británicos estarán ocupados por una persona solitaria en el año 2016.

Los conocimientos científicos actuales sugieren que pagaremos un alto precio por la fragmentación de nuestra sociedad, tanto en costes médicos como en sufrimiento humano.

Bibliografía

General

Berkman, L. F., «The role of social relationships in health promotion», *Psychosomatic Medicine, 57,* pág. 245, 1995.

House, J. S. y otros, «Social relationships and health», *Science, 241,* pág. 540, 1988.

¿El infierno son los otros? Las relaciones como estresantes

Alberts, S. C. y otros, «Behavioral and immunological correlates of immigration by an aggressive male into a primate group», *Hormones and Behavior, 26,* pág. 167, 1992.

Brown, P. C. y Smith, T. W., «Social influence, marriage, and the heart», *Health Psychology, 11,* pág. 88, 1992.

Eaker, E. D. y otros, «Spouse behavior and coronary heart disease in men», *American Journal of Epidemiology, 118,* pág. 23, 1983.

Ewart, C. K., y otros, «High blood pressure and marital discord», *Health Psychology, 10,* pág. 155, 1991.

Kiecolt-Glaser, J. K. y otros, «Negative behavior during marital conflict and immunological down-regulation», *Psychosomatic Medicine, 55,* pág. 395, 1993.

Malarkey, W. B. y otros, «Hostile behavior during marital conflict alters pituitary and adrenal hormones», *Psychosomatic Medicine, 56,* pág. 41, 1994.

Manuck, S. B. y otros, «Social instability and atherosclerosis in monkeys», *Nuroscience and Behavioral Rewies, 7,* pág. 485, 1983.

Sapolsky, R. M. y Mott, G. E., «Social subordinance in wild baboons is associated with suppressed HDL-C», *Endocrinology, 121,* pág. 1.605, 1987.

Swan, G. E. y otros, «Spouse-pair similarity and husband's coronary heart disease», *Psychosomatic Medicine, 48,* pág. 172, 1986.

Weiss, R. L. y Aved, B. M., «Marital satisfaction and depression as predictors of physical health», *Journal of Consulting and Clinical Psychology, 46,* pág. 1.379, 1978.

¿El infierno es estar solo? Los efectos nocivos del aislamiento

Berkman, L. y Breslow, L., *Health and Ways of Living: Findings from the Alameda County Study,* Oxford University Press, Nueva York, 1983.

Berkman, L. F. y Syme, S. L., «Social networks, host resistance, and mortality», *American Journal of Epidemiology, 109,* pág. 186, 1979.

Brown, G. W. y Harris, T., *Social Origins of Depression,* Tavistock, Londres, 1978

Cohen, S. y Syme, S. L. (eds.), *Social Support and Health,* Academic Press, Nueva York, 1985.

Collins, N. L. y otros, «Social support in pregnancy», *Journal of Personality and Social Psychology, 65,* pág. 1.243, 1993.

Eriksen, W., «The role of social support in the pathogenesis of coronary heart disease», *Family Practice, 11,* pág. 201, 1994.

Goodwin, J. S. y otros, «The effect of marital status on treatment and survival of cancer patients», *Journal of the American Medical Association, 158,* pág. 3.125, 1987.

Gorkin, L. y otros, «Psychosocial predictors of mortality», *American Journal of Cardiology, 71,* pág. 263, 1993.

Hanson, B. S. y otros, «Social network and social support influence mortality in elderly men», *American Journal of Epidemiology, 130,* pág. 100, 1989.

Jenkinson, C. M. y otros, «Influence of psychosocial factors on survival after myocardial infarction», *Public Health, 107,* pág. 305, 1993.

Kaplan, G. A. y otros, «Social functioning and overall mortality», *Epidemiology, 5,* pág. 495, 1994.

Kennel, J. y otros, «Emotional support during labor», *Journal of the American Medical Association, 265,* pág. 2.197, 1991.

Orth-Gomer, K. y Johnson, J. V., «Social network interaction and mortality», *Journal of Chronic Disease, 40,* pág. 949, 1987.

Orth-Gomer, K. y otros, «Lack of social support and coronary heart disease», *Psychosomatic Medicine, 55,* pág. 37, 1993.

Reynolds, P. y Kaplan, G. A., «Social connections and risk for cancer», *Behavioral Medicine, 16,* pág. 101, 1990.

Sosa, R. y otros, «Effect of a supportive companion on perinatal problems», *New England Journal of Medicine, 303,* pág. 597, 1980.

Vogt, T. y otros, «Social networks as predictors of heart disease, cancer, stroke and hypertension», *Journal of Clinical Epidemiology, 45,* pág. 659, 1992.

¿Cómo funciona?

Baron, R. S. y otros, «Social support and immune function among spouses of cancer patients», *Journal of Personality and Social Psychology, 59,* pág. 344, 1990.

Broman, C. L., «Social relationships and health-related behavior», *Journal Behavioral Medicine, 16,* pág. 335, 1993.

Cohen, S. y otros, «Chronic social stress, affiliation, and immune response in primates», *Psychological Science, 3,* pág. 301, 1992.

Friedman, E. M. y otros, «Effects of peer separation on lymphocyte responses in juvenile squirrel monkeys», *Development Psychobiology, 24,* pág. 159, 1991.

Gerin, W. y otros, «Social support in social interaction: a moderator of cardiovascular reactivity», *Psychosomatic Medicine, 54,* pág. 324, 1992.

Gust, D. A. y otros, «Effect of a preferred companion in modulating stress in rhesus monkeys», *Physiology Behavior, 55,* pág. 681, 1994.

Jemmott, J. B. y otros, «Motivational syndromes associated with natural killer cell activity», *Journal of Behavioral Medicine, 13,* pág. 53, 1990.

Kennedy, S. y otros, «Immunological consequences of stressors: mediating role of interpersonal relationships», *British Journal of Medical Psychology, 61,* pág. 77, 1988.

Kiecolt-Glaser, J. K. y otros, «Cortisol, cellular immunocompetency and loneliness in psychiatric inpatients», *Psychosomatic Medicine, 46,* pág. 15, 1984.

Kiecolt-Glaser, J. K. y otros, «Marital discord and immunity in males», *Psychosomatic Medicine, 50,* pág. 213, 1988,

Kiecolt-Glaser, J. K. y otros, «Marital quality, marital disruption, and immune function», *Psychosomatic Medicine, 49,* pág. 13, 1987.

McIntosh, W. A. y otros, «Life events, social support, and immune response in elderly individuals», *International Journal of Aging and Human Development, 37,* pág. 23, 1993.

McNaughton, M. E. y otros, «Stress, social support, and immune status in elderly women», *Journal of Nervous and Mental Disease, 178,* pág. 460, 1990.

Nerem, R. M. y otros, «Social environment as a factor in diet-induced atherosclerosis», *Science, 208,* pág. 1.475, 1980.

Serpell, J., «Beneficial effects of pet ownership on human health and behaviour», *Journal of the Royal Society of Medicine, 84,* pág. 717, 1991.

Thomas, P. D. y otros, «Effect of social support on stress-related changes in cholesterol, uric acid and immune function», *American Journal of Psychiatry, 142,* pág. 735, 1985.

Unden, A. L. y otros, «Cardiovascular effects of social support in the work place», *Psychosomatic Medicine, 53,* pág. 50, 1991.

7

El precio del trabajo

¿Por qué he de dejar que el sapo del *trabajo*
se instale en mi vida?

Philip Larkin, «Toads» (1955)

Lo único que importa es el amor y el trabajo.

Sigmund Freud (1856-1939)

Y ahora pasemos al trabajo. Del mismo modo que nuestras relaciones sociales con otras personas, el trabajo tiene dos caras. Puede ser causa de estrés y, a la inversa, de bienestar mental y físico. Un trabajo insatisfactorio, del mismo modo que un matrimonio insatisfactorio, puede amargarnos la vida y hacernos enfermar. Pero no tener trabajo, o preocuparse ante la posibilidad de perderlo en el futuro, puede tener una repercusión aún mayor sobre nuestra salud mental y física. Nos ocuparemos en primer lugar del lado oscuro del trabajo.

El sapo del trabajo

El almuerzo es para peleles

Gordon Gekko, *Wall Street* (1987)

El estrés relacionado con el trabajo se ha convertido en una cuestión de gran importancia para los medios de comunicación populares, los trabajadores y la mayoría de los empresarios inteligentes[1]. En Estados Unidos, los trastornos del estrés relaciona-

[1] Las estadísticas de la primera parte de este capítulo han sido seleccionadas de diversas fuentes, entre ellas el Consejo Ejecutivo de Salud y Seguridad

do con el trabajo constituyen la categoría de problema médico que experimenta un crecimiento más rápido. Según un informe basado en una investigación fidedigna, la mitad de los trabajadores británicos afirman sentirse estresados y agotados al término de una jornada de trabajo normal. Entre mediados de la década de 1980 y mediados de la década actual se ha duplicado el número de personas que reciben algún tipo de terapia para tratar el estrés relacionado con el trabajo. Más de la mitad de los trabajadores creen actualmente que su trabajo es la principal causa de estrés en su vida, mientras que hace una década sólo un tercio pensaban de este modo. ¿Qué está pasando?

Las prácticas laborales de las sociedades industrializadas han experimentado una serie de cambios revolucionarios desde los primeros años del decenio de 1980. El culto a las fuerzas del mercado y a las teorías de las escuelas de administración de empresas ha acabado con las prácticas más relajadas de las décadas de 1960 y 1970, a las que han sustituido por un énfasis mucho más directo en la competencia, tanto a nivel organizativo como individual.

La «racionalización» ha suprimido funciones directivas de los estratos medios y la radical «reconversión» de empresas ha eliminado muchos puestos de trabajo. La mayoría de los empresarios han acometido amplias «reestructuraciones», ese eufemismo orwelliano que significa despidos. Puestos de trabajo que antes pertenecían al sector público han sido privatizados, de tal modo que carreras profesionales seguras se han transformado en contratos precarios. Mientras tanto, las personas que aún tienen empleo trabajan un número de horas muy superior. En la mayoría de los países occidentales, el número medio de horas trabajadas por los empleados de la escala directiva aumentó un 25 por

del Reino Unido, el Estudio de Actitudes Sociales del Reino Unido, Harris Research, Demos y el Centro de Riesgos de Londres. Salvo indicación en sentido contrario, las cifras se refieren a la década de 1990.

100 en la década de 1980. Más de uno de cada cuatro empleados varones de Gran Bretaña trabajan ahora más de 48 horas semanales. Las muchas horas de trabajo provocan inevitablemente conflictos entre la carrera profesional y la vida familiar, sobre todo para las mujeres que trabajan.

Este «mundo feliz» del trabajo ha marcado el comienzo de una época de inseguridad generalizada. En nuestros días son muchos más los trabajadores que trabajan en régimen de autoempleo o desempeñan trabajos a tiempo parcial, temporales o eventuales. En 1971, el 18 por 100 de los asalariados británicos trabajaban a tiempo parcial; en 1991 esta cifra se había elevado hasta el 26 por 100 y continúa creciendo con rapidez. En ciertas áreas de actividad, como el sector de ventas al por menor, el empleo a tiempo parcial es ahora la norma. Para algunos, las nuevas pautas de trabajo ofrecen una flexibilidad bien recibida, que les permite equilibrar las demandas enfrentadas del trabajo, la familia y los intereses exteriores. Otros, sin embargo, ven cómo las nuevas pautas de trabajo significan inseguridad e incertidumbre.

El concepto en otros tiempos reconfortante de empleo seguro para toda la vida ha desaparecido prácticamente. La persona tipo puede esperar ahora tener varios empleos a lo largo de su vida. Muchas pasarán su vida laboral como trabajadores periféricos en vez de empleados asalariados, cumpliendo contratos de corta duración. Todos seremos «consultores» antes de que pase mucho tiempo.

Según investigaciones recientes, más de un tercio de los oficinistas británicos creen que su empleo no es seguro, un porcentaje más alto, por cierto, que el del resto de Europa. En una encuesta efectuada en 1995, el 41 por 100 de los encuestados afirmaban que estaban preocupados por la posibilidad de perder su trabajo en el plazo de un año. Su temor no es irracional. De acuerdo con cifras oficiales, al menos el 80 por 100 de los trabajadores británicos conocen personalmente a alguna persona que se ha quedado en el paro en los últimos años. (Y, como ha demostrado la epidemia del sida, la experiencia personal es mucho más eficaz que la mera estadística a la hora de propagar el miedo y cambiar el comportamiento. Una cosa es leer frías estadísticas sobre el sida o el desempleo, y otra muy distinta el impacto que representa ser testigo de primera mano de sus consecuencias.) La falta de seguridad en el empleo y el miedo al paro impulsan a las personas que tienen trabajo a trabajar más tiempo, más duramente y de forma más competitiva, aunque no siempre más productiva.

En resumen, el entorno laboral moderno es cada día más estresante. Los cambios habidos en las pautas de trabajo, unidos a la recesión y el desempleo, han supuesto dos cosas para la mayoría de los trabajadores: mayores exigencias y más incertidumbre. Cuando estos dos ingredientes se unen, el resultado es el estrés. Aunque las pruebas científicas sean casi innecesarias, digamos que la investigación ha confirmado la existencia de una vinculación estrecha entre seguridad en el empleo y bienestar psicológico. Muchas personas carecen ahora de ambas cosas.

Además de hacer desdichada a la gente, el estrés laboral es malo para su salud y, por tanto, mal amigo de los libros de contabilidad de las empresas. Los empleados estresados por su trabajo son más proclives a los accidentes y al absentismo, y son menos productivos. Según cálculos basados en sólidas investigaciones, nada menos que el 60 por 100 del absentismo guarda alguna relación con el estrés. Las organizaciones comienzan a darse cuenta ahora de que el estrés puede repercutir en la salud de sus empleados tanto como exponerlos a máquinas peligrosas.

La repercusión económica es enorme. No es fácil calcular las consecuencias económicas del estrés y las enfermedades relacionadas con el trabajo, y en modo alguno es una ciencia exacta; las estimaciones presentan amplias oscilaciones dependiendo de quién haga el cálculo y los métodos que utilice. A pesar de su variabilidad, todas las cifras apuntan a la misma conclusión: el estrés relacionado con el trabajo constituye un problema económico y social importante en la sociedad industrializada.

Examinemos esta selección de estadísticas. En Estados Unidos, los costes económicos del estrés —medidos en términos de absentismo, pérdida de productividad y asistencia sanitaria— han sido calculados en hasta 150.000 millones de dólares al año. La Organización Internacional del Trabajo calcula que los costes del estrés en el Reino Unido son del orden del 1 por 100 del producto nacional bruto. Según cifras oficiales, las enfermedades relacionadas con el estrés hacen perder a la economía británica unos 80 millones de jornadas de trabajo cada año, con un coste anual aproximado de 7.000 millones de libras. Una estimación más cautelosa del Departamento de Salud cifró el coste del absentismo derivado del estrés y de problemas mentales en más de 5.000 millones de libras anuales. De un modo u otro, es mucho dinero, suficiente para construir algunos miles de escuelas cada año. Los expertos han calculado que los problemas relacionados con el estrés pueden reducir los beneficios de una empresa a entre el 5 y el 10 por 100. La situación es muy parecida en otros países industrializados.

Incluso la legislación británica, que no es célebre por subirse al carro de las tendencias, ha reconocido formalmente la realidad del estrés relacionado con el trabajo. En una causa pionera, en noviembre de 1994, el Tribunal Superior dictaminó que un empleador —el Consejo del Condado de Northumberland— había incumplido su obligación de procurar un entorno de trabajo razonablemente seguro. Uno de sus gerentes de trabajo social, un tal John Walker, había sufrido dos crisis nerviosas tras haber sido agobiado con un creciente volumen de trabajo sobre casos difíciles de malos tratos infantiles sin que se le hubieran asignado recursos o apoyo adicionales. El desdichado señor Walker padecía los síntomas clásicos del estrés prolongado e incontrolable: agotamiento, ansiedad, insomnio, dolores de cabeza, inestabilidad emocional e irritabilidad. Era la primera ocasión en que un tribunal británico declaraba responsable a un empresario de daños «mentales» (a diferencia de los «físicos») derivados del entorno de trabajo.

Se ha abierto un nuevo y lucrativo campo de litigios para los abogados británicos, a medida que los trabajadores hagan cola para demandar a sus empresas por el estrés relacionado con el trabajo. Mientras los abogados se frotan las manos ante el trabajo que se les avecina, las compañías de seguros se preparan para una epidemia de costosos pleitos. En Estados Unidos, donde los pleitos por este tipo de estrés constituyen ya una tradición establecida, una de cada siete reclamaciones de indemnización por enfermedad está relacionada con el estrés. Por otra parte, los contables de las empresas deben ser perfectamente conscientes de que la cantidad media que se paga en concepto de indemnización por reclamaciones relacionadas con el estrés supone aproximadamente el doble de lo que se abona por daños físicos.

La prueba más clara de que el estrés relacionado con el trabajo se toma ya en serio es quizá la suma que las empresas invierten en programas para controlar el estrés entre sus empleados. En Gran Bretaña, más de la cuarta parte de los asalariados trabajan ya para organizaciones que toman medidas para contrarrestar el estrés, tales como proporcionar terapia, formación para la gestión del estrés o programas de asistencia al empleado.

Organizaciones insensibles y con ánimo de lucro como las empresas no acometen esta clase de inversión simplemente para que sus empleados se sientan amados y deseados. Lo hacen porque tienen sentido económico. Se calcula que las empresas ahorran por término medio 5 libras por cada libra que gastan en programas de gestión del estrés, sobre todo gracias a la reducción del absentismo por enfermedad y la mejora de la productividad. Cuando la ola de espectaculares reclamaciones de indemnizaciones que se prevé llegue a la orilla, los atractivos económicos del control del estrés resultarán evidentes para todos.

¿Quién sufre y por qué?

¿Quiénes son las víctimas de esta epidemia de estrés relacionado con el trabajo? A todos nos resulta familiar el estereotipo del hombre de negocios sumamente estresado, que asiste a desayunos de trabajo y quiere abarcar demasiado. A los altos ejecutivos les encanta recordarnos sus extenuantes volúmenes de trabajo, sus enormes cargas de responsabilidad y sus frenéticos horarios (sobre todo cuando sus descomunales remuneraciones son objeto de examen). Tal vez sea natural, pues, dar por supuesto que nuestros capitanes de la industria sufren más que el resto de los mortales debido a los efectos nocivos del estrés. ¿Será verdad que las agotadoras demandas que se imponen a estos colosos los ponen en una situación de mayor riesgo de estrés, enfermedades y muerte prematura que a los proletarios de la planta de producción o los humildes funcionarios del departamento de contabilidad?

Pues no. En realidad, la verdad es precisamente todo lo contrario. La vida, como suelen decir los irritantes filósofos de taberna, no es justa. La investigación ha revelado sistemáticamente que cuanto más alto sea el puesto en el escalafón o el estatus profesional de una persona (y, por tanto, cuanto más alto sea su salario), mejor será su salud mental, su salud física y su longevidad. La mortificante verdad es que los potentados tienen menos probabilidades de ponerse enfermos o morir prematuramente que los que están más abajo en la cucaña. Lo siento, pero no hay la más mínima *Schadenfreude* que llevarse a la boca.

Uno de los primeros estudios científicos que descubrió la existencia de una correlación positiva entre la escala laboral y la salud se publicó en la década de 1960, y estaba basado en datos obtenidos de más de 250.000 empleados de la Bell Tele phone Company. Los datos revelaron que cuanto más alto era el lugar que un individuo ocupaba en la jerarquía de una organización, menos probabilidades tenía de padecer enfermedades cardíacas coronarias. Esta relación entre jerarquía y salud estaba vinculada, hasta cierto punto, con la educación: los individuos menos afectados por enfermedades cardíacas tendían a ser aquellos que habían alcanzado niveles educativos más elevados, que también solían ser los que ocupaban los puestos más altos de la jerarquía. Los empleados que poseían formación universitaria tenían un 30 por 100 menos de problemas cardíacos que los no titulados. La educación por sí sola, sin embargo, no podía explicar plenamente la relación entre estatus laboral y salud. Incluso después de ajustarse los datos para tomar en consideración las diferencias educativas, las personas que ocupaban los peldaños inferiores de la escala de la empresa seguían teniendo el doble de probabilidades de padecer enfermedades cardíacas graves que el personal superior.

Conclusiones semejantes se obtuvieron en un estudio clásico sobre enfermedades cardíacas y pautas de mortalidad entre más de 17.000 funcionarios británicos de mediana edad en la década de 1970. Los datos revelaron que los funcionarios que ocupaban los puestos más bajos del escalafón tenían 3,6 veces más probabilidades de morir prematuramente a causa de enfermedades cardíacas que los que ocupaban los escalones superiores. De hecho, un puesto de trabajo de la parte baja de la escala era un predictor más firme de muerte prematura por ataque cardíaco que factores de riesgo arquetípicos como el tabaco, la obesidad o la hipertensión arterial [2].

La misma relación básica entre escala laboral y salud se ha

[2] Para complicar ligeramente las cosas, los funcionarios que ocupaban los puestos más bajos del escalafón presentaban también índices superiores de consumo de tabaco, obesidad, hipertensión arterial e inactividad física que los de escalones superiores. Sin embargo, incluso cuando se eliminaban estadísticamente estos otros factores de riesgo, los datos seguían mostrando una firme relación entre la escala laboral y la salud.

encontrado en diversos escenarios. Sigue siendo cierto para prácticamente todas las enfermedades y causas de muerte importantes. Por otra parte, no se la puede explicar mediante diferencias económicas o de clase social en factores de riesgo médicos como el tabaco, la dieta o el ejercicio. Las personas de posición socioeconómica más elevada tienden efectivamente, por término medio, a fumar menos, ingerir alimentos más sanos y hacer más ejercicio, aunque no lo suficiente como para explicar las espectaculares ventajas en cuanto a salud que disfrutan. La escala laboral es muy importante para la salud física y mental por sí misma. ¿Por qué es así?

Una posible explicación es que los trabajadores de los estratos inferiores están menos sanos porque su trabajo los expone a más estresantes, o bien a estresantes más perjudiciales que a aquellos que están arriba. Esto parece contradecirse con lo que nos dicta la intuición, pero dejemos a un lado los prejuicios que podamos albergar acerca de qué hace que un trabajo sea estresante. El estrés no consiste sólo en tener un sinfín de cosas terriblemente importantes y costosas que hacer, ni en trabajar un número impresionante de horas. Como vimos en el Capítulo 5, el estrés psicológico aparece cuando las exigencias percibidas superan la capacidad percibida de afrontarlas. Los trabajos pueden ser estresantes simplemente porque hay demasiadas cosas que hacer en el tiempo de que se dispone, pero también pueden serlo porque la persona que ocupa el puesto de trabajo carece de los conocimientos, las aptitudes, la formación o la motivación necesarios para hacer el trabajo como es debido. El estrés no es exclusivamente una característica del trabajo; también depende de las características del trabajador.

Los individuos que llegan a las categorías superiores de su profesión tienen más capacidad (en teoría, aunque no siempre en la práctica) para hacer frente a mayores demandas, a fuerza de experiencia cuando no por capacidad natural. Han sido seleccionados ya, en parte, por su capacidad para afrontar las dificultades, las exigencias y los agentes estresantes de su trabajo. No es probable que una persona alcance los escalones superiores si se desmorona bajo las presiones normales de trabajo.

Otro elemento fundamental es el control, o por mejor decir la falta de control. El carácter estresante de una situación se intensifica cuando no hay escapatoria, o cuando el individuo carece de todo control sobre el estresante. En términos generales, los subordinados tienen menos control sobre su entorno de trabajo inmediato que los empleados que ocupan puestos superiores de la jerarquía. En una organización mal gestionada, los empleados pueden no estar seguros de cuáles son sus responsabilidades exactas y los niveles que se esperan de ellos, lo cual agrava su sensación de indefensión.

Investigadores del hospital St. George de la facultad de medicina de Londres realizaron un experimento que puso de relieve la importancia del control personal en el estrés relacionado con el trabajo. Se pidió a voluntarios sanos de mediana edad que realizaran tareas que entrañaban cierto nivel de exigencia, como dibujar imágenes especulares de objetos en un marco de laboratorio. Los sujetos tenían que efectuar las tareas de acuerdo con un programa de trabajo impuesto —situación en la que tenían escaso control—, o bien se les permitía realizar sus tareas a su propio ritmo. Los sujetos que debían actuar de acuerdo con un programa determinado por agentes externos presentaban aumentos muy superiores del ritmo cardíaco y de la presión arterial relacionados con el estrés que aquellos a los que se permitía fijar su propio ritmo de trabajo. La falta de control aumentaba el grado de estrés y amplificaba la respuesta cardiovascular. (Y, por si algún experto en administración está leyendo estas líneas, los sujetos a los que se permitía trabajar a su ritmo desempeñaban su cometido con mayor precisión.)

La falta de control aparece sistemáticamente como causa primordial del descontento en el trabajo y ofrece una explicación de por qué la masa padece con más intensidad que los jefes los problemas relacionados con el estrés en el trabajo. Conceder a los trabajadores una sensación mayor de control personal suele ser una fórmula eficaz para moderar el estrés y mejorar la productividad.

Se ha apuntado que la falta de control puede desempeñar un papel hasta ahora no reconocido en el «síndrome del edificio enfermo», aquella *cause célèbre* médica de la década de 1980. Una gran proporción de las personas que trabajan en los llamados edificios enfermos padecen dolores de cabeza persistentes, aletargamiento, congestión nasal, ojos llorosos y otras dolencias físicas. La productividad puede caer hasta un 40 por 100 por debajo de los valores normales y el absentismo aumenta. En alguna ocasión ha sido necesario clausurar tales edificios por resultar insoportable trabajar en ellos.

Se ha culpado tradicionalmente del síndrome del edificio enfermo a las características físicas del edificio, como una ventilación deficiente o las emanaciones producidas por los materiales sintéticos, o bien a la supuesta hipocondría, histeria y haraganería del personal. Pero la investigación ha revelado que el entorno físico, aun siendo importante, no es lo único que importa. Factores psicológicos como el control también aparecen en la ecuación. Aunque la atmósfera sea objetivamente más limpia y la temperatura y la humedad óptimas en una oficina provista de aire acondicionado, sus ocupantes no ejercen control alguno sobre su entorno cuando las ventanas están cerradas de manera hermética y permanente. Si se les da a elegir, la mayoría de las personas prefieren trabajar en una oficina en la que puedan abrir las ventanas aun cuando, según mediciones objetivas, al tenerlas abiertas su entorno huela peor, sea más ruidoso y esté más contaminado.

Si tener demasiado trabajo que hacer es malo, y no tener ningún control es malo, la combinación de estos dos factores es decididamente terrible. La investigación ha establecido que la mayoría de los trabajos estresantes son aquellos que combinan un alto nivel de exigencia —gran volumen de trabajo y tiempo insuficiente para resolverlo— y un nivel bajo de control, es decir cuando la opinión del trabajador no cuenta lo suficiente en el cómo o el cuándo realizar las tareas. Utilizando la terminología técnica, se dice que los trabajos que combinan altas demandas y bajo control tienen un nivel elevado de tensión laboral.

Los datos indican que los trabajadores que desempeñan puestos de trabajo de alta tensión tienen más probabilidades de padecer hipertensión arterial, enfermedades cardíacas coronarias y ataques cardíacos. Por ejemplo, en una investigación se examinó a un gran número de hombres aparentemente sanos que desempeñaban diversas profesiones en Nueva York. Se utilizaron monitores no agresivos de la presión arterial para medir la presión de los sujetos durante la jornada de trabajo normal. Los datos indicaron que los hombres que desempeñaban trabajos de alta tensión tenían tres veces más probabilidades de manifestar hipertensión arterial que aquellos que se ocupaban de trabajos de baja tensión, aun cuando se tuvieran en cuenta factores de riesgo como la edad, el peso, el consumo de tabaco y la actividad física. Lo mismo puede decirse de las mujeres.

Hasta ahora hemos hablado del problema, pero ¿qué podemos decir del remedio? ¿Qué se puede hacer para mitigar el estrés en el lugar de trabajo? Muchos empresarios y organizaciones se esfuerzan sinceramente por mitigar los problemas del estrés relacionado con el trabajo. Hasta el momento, sin embargo, suelen adoptar una visión bastante unilateral del problema. Este tipo de estrés tiene su origen tanto en deficiencias de la organización como en deficiencias de los trabajadores. Muchos empleados padecen estrés a causa de su trabajo porque están mal dirigidos o inadecuadamente formados. Sin embargo, los remedios al uso suponen hacer a los trabajadores más resistentes al estrés en vez de eliminar las causas de su estrés. Los programas habituales de gestión del estrés que ponen en marcha la mayoría de las organizaciones tienen como objetivo enseñar a los empleados a afrontar la presión, ya sea mediante una gestión eficaz del tiempo o de ejercicios de respiración profunda.

En este sentido, los estresantes psicológicos siguen recibiendo un tratamiento fundamentalmente distinto de otros peligros del lugar de trabajo. La ley obliga a los empresarios a eliminar los riesgos que entrañan un peligro físico, como las emanaciones tóxicas y las máquinas peligrosas. En lo que a estresantes psicológicos se refiere, los empresarios siguen siendo libres para «curar» a los trabajadores en vez de eliminar el peligro.

¿Qué podemos decir del estrés relacionado con el trabajo en la literatura? Siento la tentación de citar pasajes del *Cuento de Navidad*, pero dejaré a un lado a Ebenezer Scrooge, Bob Cratchit y Tiny Tim. *La muerte de un viajante,* obra teatral de Arthur Miller, es una descripción más reconociblemente moderna del desmoronamiento de un hombre bajo la presión del fracaso en el trabajo y la disolución de su «sueño americano» particular.

Willy Loman, viajante de Brooklyn, lleva 35 años en la carretera. Se presenta ante el mundo como un gran éxito. Pero las cosas no son como él las cuenta. Ha sido degradado a trabajar a comisión exclusivamente, en vez de percibir un sueldo fijo. Aunque ha cumplido ya 60 años, Loman debe soportar las constantes presiones de un programa de trabajo agotador y unos objetivos de ventas imposibles. Es incapaz de hacer frente a sus deudas, pese a que trabaja 10 o 12 horas diarias. El suyo es un trabajo de alta tensión clásico, con grandes demandas y poco control.

Agotado mental y físicamente, Loman es presa de lapsus de memoria y sufre molestas ensoñaciones sobre su pasado. En este estado no es de ninguna utilidad para el negocio, por lo que su insensible jefe le despide. Vence el plazo para saldar el último pago de la vivienda familiar de los Loman, y Willy llega a la conclusión de que su seguro de vida le hace ser más valioso muerto que vivo. Termina su último viaje de ventas en un accidente de automóvil suicida.

Las demandas del entorno laboral de Willy y su falta de control personal sobre su destino se resumen en este epitafio:

> Willy era viajante. Y para un viajante la vida no tiene fondo. No ajusta la tuerca al tornillo, no te dice cuál es la ley ni te da la medicina. Es un hombre ahí lejos en la inmensidad, viajando en una sonrisa y en el brillo de un zapato. Y cuando comienzan a no devolver la sonrisa..., es un terremoto. Y luego aparecen un par de manchas en el sombrero, y estás acabado.

El azote del desempleo

> El trabajo impide que aparezcan los tres grandes males: el aburrimiento, el vicio y la pobreza.
>
> Voltaire, *Cándido* (1759)

En el capítulo anterior vimos cómo, por muy estresantes que sean las relaciones sociales, su ausencia puede ser aún más perjudicial para nuestra salud mental y física. Algo parecido sucede con el trabajo. Si pensamos que tener que trabajar como un burro en un trabajo horrible es malo para la salud, es indudable que no tener trabajo es peor aún para la salud. La sola amenaza del desempleo puede ser suficiente para hacer daño.

Existen pruebas claras y sistemáticas, provenientes de distintas fuentes, de que no tener trabajo aumenta de manera significativa el riesgo de enfermar y reduce la esperanza de vida. En lo que a la salud física y mental respecta, los desempleados salen mucho peor parados que las personas que tienen trabajo: tienen una incidencia más alta de enfermedades graves como cáncer de pulmón, enfermedades cardíacas y bronquitis; más problemas psicológicos como depresión, neurosis y ansiedad crónica; e índices mucho más altos de suicidio e intento de suicidio. La correlación entre desempleo y mala salud es tan fuerte que los planificadores regionales pueden utilizarla para calcular las necesidades futuras de servicios de salud.

Los científicos sociales y los epidemiólogos son conscientes de la relación entre desempleo y mala salud desde la década de 1930. Estudios de larga duración realizados en Estados Unidos y Gran Bretaña después de la segunda guerra mundial confirmaron que los períodos de inestabilidad económica y crecimiento del desempleo tienden a ir seguidos de acusados aumentos de la mortalidad, sobre todo en los sectores de la sociedad afectados de modo más negativo por los cambios económicos. (Estas fluctuaciones se superponen al declive general a largo plazo de las tasas de mortalidad que ha tenido lugar durante el siglo XX.)

Podemos ver cómo los factores macroeconómicos podrían afectar a la salud pública mediante una sencilla cadena de acontecimientos: la recesión trae desempleo e inestabilidad; el desempleo y la inestabilidad traen estrés, tanto para quienes pierden su trabajo como para quienes temen perderlo; y el estrés trae mala salud. Los trabajadores que conservan su puesto de trabajo también se ven afectados negativamente porque la recesión hace que su trabajo sea más estresante. Cuando la situación económica es difícil, se espera que los asalariados trabajen más y participen menos en la toma de decisiones; en otras palabras, su tensión laboral aumenta. Por otra parte, tienen que soportar la carga psicológica de la inseguridad.

A pesar de los estereotipos en creciente desuso, no es un problema que aqueje en exclusiva a los hombres. La salud de las mujeres desempleadas es peor que la de las mujeres que trabajan[3]. Pero es más, los efectos nocivos del desempleo se

[3] Las estadísticas indican que las mujeres que trabajan presentan también tasas de mortalidad más bajas y mejor salud que las amas de casa, algunas de las cuales han decidido presumiblemente no trabajar.

extienden más allá de los individuos sin trabajo para llegar a sus familiares inmediatos, que presentan una tasa de mortalidad y una incidencia de enfermedades significativamente más altas que los cónyuges y los hijos de las personas que tienen trabajo.

Un estudio clásico de las vinculaciones entre desempleo y salud se llevó a cabo en Gran Bretaña en la década de 1970 bajo los auspicios de la Oficina de Censos de Población y Encuestas (OPCS). Los investigadores evaluaron la salud, durante un período de diez años, de hombres que estaban en paro y buscaban trabajo en el momento de confeccionarse el censo de 1971. Los datos revelaron que entre los hombres desempleados se registraba una tasa de mortalidad superior en un 20 por 100 a la de los hombres que tenían trabajo. Las esposas de los hombres desempleados también presentaban una tasa de mortalidad significativamente más alta. Estudios posteriores a gran escala de hombres y mujeres desempleados en Gran Bretaña, Dinamarca, Finlandia y otros países han revelado aumentos semejantes —o mayores— de la mortalidad asociada al desempleo. El incremento de la tasa de mortalidad se aplica sistemáticamente a las parejas y las familias de los desempleados, además de a los propios individuos sin trabajo.

Por si el lector se lo estaba preguntando, podemos eliminar de inmediato una interpretación alternativa de estas estadísticas. La firme relación entre desempleo y mortalidad no surge simplemente porque a las personas enfermas les resulte más difícil conseguir trabajo (aunque es cierto que esto sucede en cierta medida). El mayor número de enfermedades y el incremento de la mortalidad entre los desempleados es sobre todo una *consecuencia* de su desempleo, no una causa. Por otra parte, esta tasa de enfermedades y de mortalidad no puede explicarse plenamente por las diferencias en otros factores que se sabe que afectan a la salud física, como la edad y la posición socioeconómica. Las vinculaciones entre desempleo, enfermedad y mortalidad son indudablemente complejas y sutiles. Pero una cosa es cierta: no son meros artefactos estadísticos.

El desempleo y la inseguridad económica también van unidos al aumento de las enfermedades mentales y el suicidio. Se da una firme correlación entre las tasas de desempleo y las tasas de suicidio en la mayoría de los países desarrollados. Desde mediados de la década de 1970 se ha registrado un constante y alarmante aumento del número de suicidios entre los hombres jóvenes del Reino Unido y otros países europeos. Hay firmes indicios de que este incremento puede atribuirse en parte al aumento del desempleo masculino de larga duración.

Además del enorme precio en sufrimiento humano, la mala salud asociada al desempleo se cobra cuantiosos costes económicos. Los parados y sus familias acuden con más frecuencia a la consulta del médico, utilizan más los hospitales y otros servicios médicos y se les prescriben más medicamentos que a las personas que tienen trabajo. Un estudio que analizó las secuelas del cierre de una fábrica reveló que la frecuencia con que los hombres que se habían quedado sin trabajo acudían a la consulta de su médico aumentó un 57 por 100, y sus visitas al hospital se elevaron en un 208 por 100. Unos años después de perder su trabajo, los hombres acudían a los departamentos de pacientes de los hospitales cuatro veces más que cuando tenían un trabajo seguro. Si tenemos en cuenta que el número de parados de larga duración no deja de crecer en las sociedades industrializadas, el mayor uso que este colectivo hace de la asistencia sanitaria tiene repercusiones económicas trascendentales.

¿Por qué la salud de los parados es peor que la de las personas que tienen un empleo seguro? ¿Cuáles son los mecanismos biológicos y psicológicos que vinculan el desempleo con la enfermedad y la muerte prematura? Se trata de un problema complejo, y sería demasiado fácil ofrecer explicaciones simplistas y acordes a un prejuicio u otro. Como de costumbre, parecen intervenir varios mecanismos, incluida la conocida trinidad que forman la percepción, el comportamiento y la inmunidad.

El desempleo, junto con los profundos cambios en la forma de vida que genera, tiende a aumentar la ansiedad de las personas en relación con su salud y les da más tiempo para actuar con respecto a sus ansiedades. El cambio de percepción podría explicar en parte el aumento del comportamiento relacionado con la enfermedad que se observa en los desempleados, como las frecuentes visitas al médico. Pero no puede explicar el hecho de que los parados sean más sensibles a la enfermedad y que se reduzca su esperanza de vida. No es simplemente que el desempleo fomente la hipocondría.

El comportamiento es otro mecanismo que contribuye a la mala salud entre los desempleados. En el nivel más rudimentario, una de las razones por las que la tasa de mortalidad entre los parados es más alta es porque tienen más probabilidades de contraer una depresión grave y de suicidarse. Pero el suicidio sólo es la punta del iceberg. Por debajo hay una masa de enfermedades, que van desde infecciones sin importancia hasta el cáncer y las enfermedades cardíacas. El crecimiento del índice de suicidios no explica por sí solo el aumento de la tasa de mortalidad entre los desempleados y sus familias.

Los cambios en el comportamiento que acompañan al desempleo pueden ser más insidiosos que la depresión grave y el suicidio. Por término medio, la forma de vida de los desempleados es más insana que la de las personas que tienen trabajo. Estudios de larga duración han revelado que quedarse en paro puede hacer a algunos individuos más propensos a hábitos autodestructivos como fumar, beber en abundancia o permitirse una dieta poco saludable. Para algunas personas sin trabajo, el tabaco o el alcohol son los únicos placeres que les quedan en la vida, que les ayudan a aliviar la angustia y el aburrimiento inmediatos. Un estudio realizado durante cinco años con jóvenes que terminaban su período de escolarización en

Suecia reveló que aquellos que engrosaban las filas de los parados de larga duración tenían más probabilidades que sus homólogos afortunados que conseguían un trabajo de fumar y beber en exceso, consumir cannabis, desarrollar hipertensión arterial y verse involucrados en delitos. Como cabía esperar, los jóvenes sin trabajo también experimentaban más problemas físicos y psicológicos.

Los expertos han subrayado a menudo la existencia de una relación estadística entre desempleo y delincuencia, aunque los políticos desdeñan a menudo esta relación, quizá incómodos porque pueda insinuarse que sus políticas económicas acaso sean uno de los factores que intervienen en el aumento de las cifras de delincuencia. Tanto si delinquen como si no lo hacen, lo cierto es que los parados tienen más probabilidades de ser víctimas de la delincuencia. Datos procedentes de Estados Unidos indican que las personas desempleadas corren mucho más riesgo de ser víctimas de delitos violentos.

Los cambios en el comportamiento no pueden explicar, sin embargo, todas las diferencias en cuanto a salud entre las personas que tienen trabajo y las que están en paro. Debajo de la superficie existen otros factores. Los psiconeuroinmunólogos han sacado a la luz pruebas de peso de que el estrés, el aislamiento social y la pérdida de autoestima que acompañan al desempleo contribuyen a la mala salud al afectar al sistema inmunitario.

Un estudio reveló, por ejemplo, que la capacidad de respuesta de los linfocitos de las mujeres suecas desempleadas era muy inferior nueve meses después de haber perdido el trabajo. Este cambio en la función inmunitaria no podía explicarse por los efectos económicos directos del desempleo. Gracias a las disposiciones vigentes en Suecia en materia de seguridad social, las mujeres continuaban recibiendo unos ingresos que representaban del orden del 90 por 100 de su salario original. Esto parece indicar que los cambios en la función inmunitaria tenían su origen en las consecuencias psicológicas y emocionales del desempleo y no en sus consecuencias económicas.

El desempleo lleva consigo un fárrago de problemas personales, sociales y económicos que añadir a la carga. Perder el trabajo es un hecho vital estresante por sí mismo. Pero también prepara el terreno para toda una serie de estresantes adicionales, como rupturas en las relaciones personales y crisis económicas.

Para empezar, el desempleo puede ser muy perjudicial para las relaciones personales y la vida familiar. Los índices de divorcio, violencia doméstica y malos tratos infantiles son significativamente más altos en las familias afectadas por el desempleo. Las probabilidades de que una pareja en la que ambos miembros están en el paro se divorcie son el doble que las de aquellas parejas en las que al menos uno de los cónyuges tiene trabajo. Los hijos de los desempleados tienen más riesgo de pasar a depender de instituciones oficiales. El desempleo conspira para destruir las relaciones sociales de las personas en el momento en que más las necesitan.

Es evidente que el desempleo genera problemas económicos, y existen pocas dudas de que estos problemas contribuyen sobremanera al estrés. La investigación ha confirmado que las personas sin trabajo que padecen problemas económicos llevaderos tienen mejores perspectivas en cuanto a salud mental y física que aquellas que se encuentran sin trabajo y con dificultades económicas graves. Un estudio sobre individuos sin trabajo reveló que aquellos que se habían visto obligados a pedir dinero prestado en el año precedente tenían dos veces más probabilidades de padecer depresión que aquellos que no habían tenido que recurrir a préstamos. El desempleo genera un ciclo interminable de privación, en el que nuevas deudas se suman a las preocupaciones existentes.

Para empeorar la situación, las estadísticas indican que cuando una persona ha experimentado un período de desempleo tiene más probabilidades de volver a quedarse en paro en el futuro, aun cuando encuentre otro trabajo.

El dinero, sin embargo, no es el único problema. El trabajo contribuye al bienestar mental y físico de diversas maneras, además del dinero que proporciona. Un empleo satisfactorio puede ofrecer un norte e impulsar la autoestima. Muchos de nosotros nos definimos por aquello que hacemos para ganarnos la vida. Ir a trabajar da una estructura al día, genera contacto social con otras personas y ofrece un grado de estimulación mental y física. Aun en el caso de que estuviéramos libres de la necesidad económica de trabajar, la mayoría de nosotros seguiríamos siendo probablemente más felices y más sanos desarrollando alguna clase de trabajo importante que quedándonos en casa y no haciendo nada en todo el día. Esto se ve confirmado en los países donde unas prestaciones públicas relativamente generosas proporcionan un amortiguador frente a las consecuencias económicas más negativas del desempleo: las personas desempleadas padecen problemas de salud de todos modos.

La repercusión de los factores psicológicos y emocionales sobre la salud se pone de relieve merced al descubrimiento de que el *miedo* al desempleo puede ser casi tan perjudicial como la pérdida del empleo propiamente dicha. Parece ser que la salud de una persona comienza a deteriorarse a partir del momento en que cree que se va a quedar sin trabajo, y no cuando se queda realmente en el paro. En el estudio sobre el cierre de una fábrica que hemos mencionado más arriba, los empleados comenzaron a utilizar con más frecuencia los servicios de salud cuando el empresario anunció la necesidad de cerrar la fábrica en un futuro. Esto sucedió por lo menos dos años antes de que los hombres se quedaran en el paro.

Pruebas concluyentes de que la ansiedad relativa a la seguridad en el empleo puede afectar negativamente la salud se encuentran en un estudio realizado por investigadores del University College de Londres, publicado en *British Medical Jour-*

nal a finales de 1995. Este estudio hacía un seguimiento, durante un período de varios años, de la salud de una nutrida muestra de funcionarios británicos que desempeñaban trabajos de oficina en Londres. Mientras se realizaba el estudio, el gobierno anunció una política de privatización de gran número de puestos de trabajo de funcionarios, comenzando por un departamento en particular (el primero de muchos). A partir de ese momento, varios cientos de empleados de este departamento hubieron de hacer frente a una considerable incertidumbre en relación con su empleo futuro. Las pautas de trabajo se hicieron más exigentes y las relaciones profesionales se volvieron más tensas. Al término de 1994, cuando su departamento fue privatizado por completo, más de un tercio de estos funcionarios no tenían ya trabajo.

El período de cuatro años que precedió a la privatización fue una época de terrible estrés y ansiedad para estos funcionarios, y el estrés pareció repercutir en su salud. En comparación con sus colegas de departamentos menos amenazados por la pérdida de empleos, manifestaban un descenso constante de su estado de salud general y experimentaron un número significativamente mayor de problemas médicos. Los hombres se vieron más afectados que las mujeres, al menos en lo que a salud física se refiere. Este deterioro de la salud no podía explicarse por cambios en el comportamiento, como el aumento del consumo de tabaco o alcohol. En todo caso, los funcionarios que afrontaron la pérdida de su puesto de trabajo llevaban un estilo de vida ligeramente más saludable, por término medio, que sus colegas de otros departamentos. Una explicación más probable es que su salud se deterioró debido al estrés psicológico.

Los cambios habidos en las pautas de empleo significan que un número muy superior de personas viven ahora con el temor constante al desempleo, hecho que podría guardar alguna relación con el implacable crecimiento de los problemas relacionados con el estrés entre las personas que trabajan.

¿Qué se puede hacer para mitigar los efectos nocivos del desempleo sobre la salud mental y física de las personas desempleadas y sus familias? No abundan los datos concluyentes sobre la eficacia de diferentes formas de terapia, y lo poco que se sabe apenas nos lleva más allá de un atisbo de lo evidente. Por ejemplo, un estudio llevado a cabo en Estados Unidos ha realizado el poco interesante descubrimiento de que ofrecer al desempleado cierto grado de seguridad económica ayuda a mantener su salud mental y física.

La investigación ha revelado, sin embargo, algo más interesante: que el apoyo social puede diluir los efectos nocivos del desempleo, especialmente sobre la salud mental. Los individuos sin trabajo que disfrutan de una cantidad y calidad altas de relaciones personales son mucho menos vulnerables a la depresión, la ansiedad y las enfermedades físicas que aquellos que se ven obligados a afrontar la situación solos. Estos datos son totalmente coherentes con lo que hemos visto en el capítulo anterior y constituyen otro ejemplo de cómo las relaciones sociales pueden protegernos de los agentes estresantes. Por desgracia, el desempleo también ayuda a destruir esas mismas relaciones sociales. Una vez más, se trata de una situación sin salida para quienes no tienen trabajo.

Samuel Johnson estaba en lo cierto cuando escribió estas palabras a Boswell en 1779:

> Si estás ocioso, no estés solo;
> si estás solo, no estés ocioso.

Lamentablemente, no siempre podemos elegir.

Bibliografía

General

Bartley, M., «Unemployment and ill health», *Journal of Epidemiology and Community Health, 48,* pág. 333, 1994.

Fletcher, B., *Work, Stress, Disease and Life Expectancy,* Wiley, Chichester, 1991.

Wilson, S. H. y Walker, G. M., «Unemployment and health», *Public Health, 107,* pág. 153, 1993.

El sapo del trabajo

Fenwick, R. y Tausig, M., «The macroeconomic context of job stress», *Journal of Health and Social Behavior, 35,* pág. 266, 1994.

Haan, M. N. y otros, «Job strain and ischaemic heart disease», *Annals of Clinical Research, 20,* pág. 143, 1988.

Karasek, R. A. y otros, «Job characteristics in relation to myocardial infarction», *American Journal of Public Health, 78,* pág. 910, 1988.

Marmot, M. G. y otros, «Employment grade and coronary heart disease in civil servants», *Journal of Epidemiology and Community Health, 32,* pág. 244, 1978.

Pelletier, K. y Lutz, R., «Healthy people, healthy business», *American Journal of Health Promotion, 2,* pág. 5, 1988.

Schnall, P. L. y otros, «Job strain, workplace blood pressure and left ventricular mass index», *Journal of the American Medical Association, 263,* pág. 1.929, 1990.

Siegrist, J. y otros, «Low status control, high effort at work and ischemic heart disease», *Social Science & Medicine, 31,* pág. 1.127, 1990.

Steptoe, A. y otros, «Control over work pace, job strain and cardiovascular responses», *Journal of Hypertension, 11,* pág. 751, 1993.

El azote del desempleo

Arnetz, B. B. y otros, «Immune function in unemployed women», *Psychosomatic Medicine, 49,* pág. 3, 1987.

Beale, N. y Nethercott, S., «The nature of unemployment morbidity», *Journal of the Royal College of General Practice, 38,* pág. 200, 1988.

Burton, P. y otros, «Increasing suicide rates among young men in England and Wales», *British Medical Journal, 300,* pág. 1.695, 1990.

Catalano, R., «The health effects of economic insecurity», *American Journal of Public Health, 81,* pág. 1.148, 1991.

Crombie, I. K., «Can changes in unemployment rates explain recent changes in suicide rates?», *International Journal of Epidemiology, 19,* pág. 412, 1990.

Eales, M. J., «Depression and anxiety in unemployed men», *Psychological Medicine, 18,* pág. 935, 1988.

Ferrie, J. E. y otros, «Health effects of anticipation of job change and non-employment», *British Medical Journal, 311,* pág. 1.264, 1995.

Hammarstrom, A., «Health consequences of youth unemployment», *Public Health, 108,* pág. 403, 1994.

Martikainen, P., «Unemployment and mortality», *British Medical Journal, 301,* pág. 407, 1990.

Morris, J. K. y otros, «Non-employment and changes in smoking, drinking and body weight», *British Medical Journal, 304,* pág. 536, 1992.

Moser, K. A. y otros, «Unemployment and mortality», *British Medical Journal, 294,* pág. 86, 1987.

Smith, R., «"I'm just not right": the physical health of the unemployed», *British Medical Journal, 291,* pág. 1.627, 1985.

Smith, R., «"We got on each other's nerves": unemployment and the family», *British Medical Journal, 291,* pág. 1.707, 1985.

Townsend, P. y otros, *Inequalities in Health,* Penguin, Londres, 1992.

Winefield, A. H. y otros, «The psychological impact of unemployment and unsatisfactory employment», *British Journal of Psychology, 82,* pág. 473, 1991.

Yuen, P. y Balarajan, R., «Unemployment and consultation with the general practitioner», *British Medical Journal, 298,* pág. 1.212, 1989.

8
Corazón enfermo

Hervimos a diferentes temperaturas.
Ralph Waldo Emerson, *Sociedad y soledad* (1870)

Corazones y mentes

En este capítulo examinaremos cómo las interacciones entre la mente y el cuerpo inciden en las enfermedades cardíacas, que constituyen la primera causa de fallecimiento en los países industrializados modernos. Las enfermedades cardíacas explican más del 40 por 100 del total de muertes en la mayoría de los países desarrollados. En Gran Bretaña, por ejemplo, casi la mitad de las muertes son consecuencia de enfermedades cardíacas, frente a la cuarta parte que causa el segundo agente mortífero, el cáncer. (Las enfermedades infecciosas, que encabezaban la tabla clasificatoria en siglos anteriores, son las causantes de menos de una muerte de cada doscientas.) Pero en primer lugar, ¿qué es una enfermedad cardíaca?

Para seguir vivos, el cerebro, los músculos y otros tejidos corporales necesitan un suministro constante de oxígeno y nutrientes de la sangre. Para satisfacer esta demanda, el corazón debe bombear entre 5 y 15 litros de sangre por minuto, a un ritmo que varía según las necesidades del momento. El corazón es también un músculo, y muy activo ciertamente. Más que ningún otro músculo del cuerpo, exige un abastecimiento constante de sangre.

Si se interrumpe el suministro de sangre al corazón puede dañarse una parte del músculo cardíaco debido a la falta de oxígeno, causando un ataque cardíaco (o infarto de miocardio). Esto, a su vez, puede hacer que el corazón deje de bombear por completo (parada cardíaca). Las enfermedades del corazón o de los vasos sanguíneos también pueden tener como resultado la interrupción del suministro de sangre al cerebro, más conocida por apoplejía o derrame cerebral. Para abreviar, utilizaremos el término enfermedad cardíaca en su sentido más general, para designar las enfermedades del corazón y sus vasos sanguíneos asociados.

De todos los tipos de enfermedad cardíaca, son las dolencias de las arterias coronarias las que se cobran un número mayor de víctimas, pues causan aproximadamente el 80 por 100 del total de enfermedades cardíacas en los países industrializados. El término abarca de hecho diversos trastornos que afectan a las arterias coronarias, es decir los vasos sanguíneos que abastecen al músculo cardíaco. Debido a un proceso llamado arteriosclerosis, las arterias coronarias engordan y se endurecen, y su diámetro interno se reduce como consecuencia de la acumulación progresiva de tejido de cicatrización y depósitos de grasa (o placas).

La arteriosclerosis es un trastorno silencioso y progresivo. Se desarrolla gradualmente durante un período de varios años y al principio no produce ningún signo externo de que algo va mal. La arteriosclerosis puede afectar a las arterias de cualquier parte del cuerpo, pero su máxima gravedad se presenta cuando ataca a las arterias que abastecen al corazón o al cerebro. Si la víctima tiene suerte, recibirá signos de aviso en forma de los dolores pectorales recurrentes llamados angina de pecho. El dolor indica que algunas partes del músculo cardíaco están siendo privadas de oxígeno. Para los aquejados de arteriosclerosis desafortunados no habrá ningún signo de aviso; la enfermedad se manifestará por vez primera en forma de un ataque cardíaco o de apoplejía fatales. Durante la guerra de Corea, las autopsias practicadas a soldados estadounidenses caídos en combate revelaron que el 77 por 100 de ellos tenían cierto grado de arteriosclerosis, aun cuando todos habían sido considerados aptos y sanos.

Décadas de investigación intensiva han permitido ampliar sobremanera nuestros conocimientos acerca de la naturaleza y los orígenes de las enfermedades cardíacas. Se sabe que diversos factores aumentan las probabilidades de que una persona padezca una enfermedad cardíaca; entre ellos figuran el tabaco, la hipertensión arterial, la edad, el ser varón, la obesidad, los antecedentes familiares de enfermedades cardíacas, los niveles elevados de colesterol en la sangre [1], la falta de ejercicio físico, la diabetes, el desempleo y la posición socioeconómica baja.

La relación entre el tabaco y las enfermedades cardíacas es especialmente llamativa. La nicotina contenida en el humo del cigarrillo hace que las arterias coronarias se estrechen y fomenta la acumulación de placas y coágulos. El hábito de fumar es el factor de riesgo más fuerte y claro de las enfermedades cardiovasculares. La persona que fuma 20 cigarrillos al día triplica su riesgo de padecer enfermedades cardíacas coronarias. La agresiva comercialización de cigarrillos en los países en desarrollo ha contribuido a la propagación de las enfermedades cardíacas en todo el mundo.

La hipertensión arterial ocupa también un lugar destacado en la lista de factores de riesgo; fomenta la arteriosclerosis al estimular la acumulación de depósitos de grasa y la creación de pequeñas cicatrices en las paredes de las arterias coronarias. La hipertensión arterial contribuye a aproximadamente el 20 por 100 del total de fallecimientos.

Uno o más de los factores de riesgo principales está presente en nueve de cada diez adultos británicos. Aproximadamente

[1] Tener mucho colesterol en los alimentos y mucho colesterol en la sangre son dos cosas distintas que no deben confundirse. Las pruebas de que las variaciones en la ingestión de colesterol en la dieta tienen gran repercusión en los niveles de colesterol de la sangre (y por tanto en las enfermedades cardíacas) no son en modo alguno concluyentes. Un nivel muy alto de colesterol en la sangre —que sí es un factor de riesgo de enfermedades cardíacas— tiene su origen a menudo en un defecto genético u otro trastorno, y no en la ingestión de alimentos ricos en grasa.

entre el 10 y el 20 por 100 de los adultos de más de 40 años tienen hipertensión arterial [2], más del 25 por 100 son fumadores habituales y el 20 por 100 no hace ejercicio. Algunas personas presentan todos los factores de riesgo que hemos enumerado y algunos más. Los diversos riesgos no actúan de manera independiente y no pueden examinarse aislados. Dos factores de riesgo actuando de manera concertada pueden generar más daños que los que podría causar la suma de sus efectos individuales. Por ejemplo, además de ser un importante factor de riesgo por sí mismo, el tabaco amplifica los efectos negativos del colesterol de la hipertensión. Asimismo, la obesidad aumenta el riesgo al acumularse a la hipertensión arterial.

Aunque se han acumulado enormes cantidades de datos durante décadas, la presencia de factores de riesgo convencionales como el tabaco y la dieta alimentaria no es en modo alguno un predictor perfecto de quién morirá de ataque cardíaco. Todos los factores de riesgo convencionales pueden explicar únicamente la mitad de la pauta global de enfermedades cardíacas de la población. Una persona que presenta varios factores de riesgo puede estar libre de enfermedades cardíacas, mientras que otra que sólo manifiesta unos cuantos se verá afectada. Ha llegado el momento de examinar el papel de la mente.

La mente en la muerte cardíaca súbita y el ataque cardíaco

Una relación sencilla entre la mente y las enfermedades cardíacas debería ser ya evidente. Algunos de los factores de riesgo importantes de las enfermedades cardíacas dependen claramen-

---

[2] La línea divisoria entre presión arterial alta y normal es esencialmente arbitraria, y las definiciones de qué constituye hipertensión varían. La presión arterial normal también cambia con la edad. Sin embargo, para un país industrializado como Gran Bretaña, la presión arterial normal es del orden de 100-140 mm de Hg (sistólica) por 60-90 mm de Hg (diastólica), con un promedio de 120/80. Según la Organización Mundial de la Salud, la persona cuya presión arterial esté constantemente por encima de 160/95 es hipertensa.

te de nuestro comportamiento. El tabaco y la inactividad física son ejemplos obvios. La obesidad también puede ser un reflejo de ciertas actitudes y pautas de comportamiento. Los individuos que se encaminan prematuramente a la tumba fumando, atiborrándose de comida y holgazaneando actúan así debido a lo que sucede en su mente. La mente, sin embargo, puede influir en el corazón y los vasos sanguíneos de maneras más directas. El estrés psicológico puede infligir daños al corazón y los vasos sanguíneos durante escalas temporales muy variadas. Los daños pueden ser insidiosos, se pueden acumular gradualmente a lo largo de muchos años, o pueden ser espectaculares e instantáneos.

Desde tiempo inmemorial es evidente que emociones fuertes como la ira, el miedo y la pena profunda pueden precipitar la parada cardíaca o la apoplejía. Los casos de este tipo abundan en la literatura.

Pensemos en el conde de Gloucester del *Rey Lear* de Shakespeare. Gloucester, que ha sido cegado como castigo por su lealtad a Lear, se reúne con su hijo Edgar, a quien había perdido hacía tiempo. Gloucester se da cuenta de golpe que su hijo ilegítimo Edmund le engañó para que fuera cruelmente injusto con Edgar. Esta desagradable revelación deja a Gloucester desgarrado entre dos extremos de la emoción: dicha por encontrar vivo a Edgar y angustia por el terrible mal que le ha hecho. Este torbellino emocional es demasiado para que el sistema cardiovascular de Gloucester lo soporte:

> Pero su quebrantado corazón
> ay, demasiado débil para superar el conflicto,
> entre los extremos de la pasión, el gozo y el dolor,
> estalló sonriente.

Hay, naturalmente, multitud de personajes que mueren por tener el corazón destrozado, aunque no siempre por las razones románticas tradicionales. *Sin blanca en París y Londres,* el relato autobiográfico (y, por tanto, posiblemente verdadero) que hace George Orwell de la vida en la parte baja de la escala social, presenta la historia de Roucolle, un conocido tacaño parisino tan insoportablemente avaro que come carne de gato, se pone papel de periódico en vez de ropa interior y se hace los pantalones con arpillera. Dos embaucadores convencen a Roucolle de que invierta 6.000 francos en un sistema supuestamente infalible para introducir cocaína en Inglaterra desde Francia. Seis mil francos es una mínima parte de la riqueza del avaro —sólo en el colchón de su cama tiene una cantidad muy superior—, pero para él es «angustioso deshacerse de una moneda». Sin embargo, después de no poco engatusamiento, su renuencia es superada y es convencido de invertir en el plan. Lamentablemente para Roucolle, la cocaína resulta ser polvos faciales y los estafadores desaparecen, dejando al avaro emocionalmente deshecho:

> El pobre Roucolle estaba totalmente deshecho. Se metió en la cama de inmediato, y todo aquel día y la mitad de la noche pudieron oírle retorcerse, hablando entre dientes y a veces gritando con toda la fuerza que su voz le permitía:
>
> —¡Seis mil francos. *Nom de Jésus Christ!* ¡Seis mil francos!
>
> Tres días después sufrió una especie de apoplejía, y en un par de semanas había muerto, de un ataque al corazón, según dijo Charlie.

¿Cómo pueden las emociones fuertes hacer que el corazón humano deje de latir? La mayoría de las víctimas de muerte cardíaca súbita presentan ya un grado significativo de enfermedad, como arteriosclerosis. El estrés psicológico puede actuar después como desencadenante final de diversas maneras.

La actividad excesiva o no coordinada del sistema nervioso

simpático es un factor que contribuye con frecuencia a causar la muerte cardíaca súbita. Es fácil entender por qué. El funcionamiento momento a momento del corazón y los vasos sanguíneos está controlado por el sistema nervioso autónomo (del que forma parte el sistema nervioso simpático). Señales nerviosas procedentes del cerebro ajustan constantemente el funcionamiento del sistema cardiovascular para hacer frente a las exigencias del momento. Reacciones emocionales violentas como la ira o el miedo van acompañadas de la activación del sistema nervioso simpático, lo cual tiene como consecuencia la estimulación del sistema cardiovascular. Esto deja sentirse como una aceleración súbita del ritmo cardíaco. Cuando experimentamos un choque o una emoción fuerte, nuestro pulso se acelera.

Las reacciones psicológicas y emocionales pueden estimular el sistema cardiovascular del mismo modo que el esfuerzo físico. Un estrés agudo o una emoción fuerte pueden duplicar con creces el ritmo cardíaco —llevándolo a más de 180 pulsaciones por minuto— y causar un marcado aumento de la presión sanguínea. De hecho, los médicos piensan que el acto de medir la presión sanguínea de un paciente en cirugía puede ser suficiente en sí mismo para provocar un aumento de la presión, sobre todo si la persona siente ansiedad por el resultado o no está acostumbrada al procedimiento.

Las oscilaciones del ritmo cardíaco y la presión arterial inducidas por motivos psicológicos apenas causan daños por sí mismas a un corazón normal y sano. Pero es muy distinto cuando el corazón o las arterias coronarias están afectados. En una persona que padece enfermedad cardíaca coronaria, un aumento brusco de la actividad del sistema nervioso simpático puede producir alteraciones pasajeras en el sistema de control eléctrico que coordina los complejos movimientos de bombeo del músculo cardíaco. Estas alteraciones, llamadas arritmias, son la causa inmediata de la mayoría de las muertes cardíacas súbitas. El tipo más habitual de arritmia, que representa en torno al 70 por 100 de las muertes cardíacas súbitas, se llama fibrilación ventricular.

La mejora de las técnicas de vigilancia ha permitido que los científicos efectúen un seguimiento de los cambios pasajeros que tienen lugar en el corazón de pacientes conscientes, con resultados sorprendentes. Ahora sabemos que estresantes ligeros y cotidianos pueden provocar disfunciones cardíacas menores con mucha más facilidad de lo que se pensaba hasta ahora. En una persona que padece una enfermedad cardíaca coronaria, incluso algo tan inocuo como realizar tareas mentales difíciles en un marco de laboratorio puede provocar breves interrupciones del suministro sanguíneo al corazón. Tales interrupciones pueden tener lugar sin causar dolor en el pecho ni otros síntomas abiertos, y reciben el nombre de isquemias silenciosas (la isquemia es simplemente un suministro sanguíneo insuficiente causado por un bloqueo parcial del vaso sanguíneo que nutre a esa parte del cuerpo).

La mayoría de los episodios de isquemia en la vida diaria no tienen lugar durante esfuerzos físicos violentos, como podría suponerse, sino durante actividades relativamente sedentarias. La mayoría están desencadenados por factores psicológicos y emocionales y no por la actividad muscular.

Experimentos realizados en la Universidad de Yale con personas aquejadas de enfermedades cardíacas han mostrado que el estrés psicológico agudo es, si acaso, un desencadenante más potente aún de la isquemia silenciosa y otras disfunciones que pedalear vigorosamente en una bicicleta estática. En un estudio realizado por investigadores en la Universidad de California en Los Ángeles, un grupo de pacientes de enfermedades coronarias fueron vigilados mientras realizaban tareas estresantes como hablar en público sobre un tema personal o cálculos mentales. Los estresantes psicológicos causaron grandes aumentos de la presión arterial y movimientos anormales en la pared cardíaca en más de la mitad de los pacientes. Estas anormalidades eran comparables a las causadas por el ejercicio físico, y en la mayoría de los casos tuvieron como consecuencia una isquemia silenciosa[3].

El sistema cardiovascular se ve afectado en particular por estresantes psicológicos que tienen una significación personal para el individuo afectado. Obligar a una persona a hablar en público acerca de sí misma o sobre su pareja provoca aumentos mayores de la presión arterial que ordenarle que haga una tarea mental abstracta. Y emociones fuertes como la ira pueden tener efectos dramáticos sobre las arterias coronarias de los pacientes cardíacos. Investigadores de la Universidad de Stanford descubrieron que podían provocar estrechamientos perceptibles de las arterias coronarias de pacientes cardíacos con sólo pedirles que recordaran un hecho reciente que les hubiera puesto furiosos. (Recordemos la ambivalente bendición de la mente humana: la capacidad de ser estresada por hechos del pasado o el futuro.)

Las personas que padecen enfermedades cardíacas coronarias son especialmente vulnerables a los efectos del estrés psicológico porque las arterias coronarias afectadas no responden de manera normal a la estimulación nerviosa. En una persona sana, una respuesta de estrés agudo hace normalmente que las arterias coronarias se dilaten, ayudando a impulsar el flujo de sangre al corazón. El estrés puede tener, sin embargo, el efecto contrario en pacientes que presentan arteriosclerosis de las arterias coronarias; sus arterias coronarias se contraen en vez de dilatarse, con lo que reducen el suministro de sangre al corazón precisamente cuando las demandas que se le hacen aumentan.

El aumento brusco de la presión arterial provocado por un estresante psicológico agudo puede hacer ocasionalmente que un depósito de grasa en el interior de una arteria coronaria afectada se desprenda de la pared arterial. La placa desprendida pue-

[3] En otro experimento, dos pacientes expuestos a estresantes psicológicos suaves en el laboratorio sufrieron edema pulmonar agudo (acumulación repentina de fluido en el pulmón que a menudo tiene su origen en un fallo cardíaco).

de bloquear la arteria, causando un ataque cardíaco, o bloquear un vaso que suministra sangre al cerebro y causar apoplejía

El estrés psicológico agudo puede ayudar también a precipitar la muerte cardíaca súbita mediante la activación parcial de mecanismos coaguladores de la sangre. El lector recordará que la respuesta de estrés está concebida para preparar el cuerpo para una posible herida. Como parte de este mecanismo de defensa preventivo, ciertos componentes del proceso de coagulación sanguínea se activan. Ya en el decenio de 1950, los investigadores descubrieron que la sangre de los contables fiscales se coagulaba más rápidamente en las épocas del año en que sus niveles de estrés relacionado con el trabajo eran especialmente altos. (Me abstendré de hacer comentarios sobre los atractivos de una investigación que requiere grandes volúmenes de sangre de contables fiscales.) El estrés psicológico estimula las plaquetas, pequeñas células sanguíneas con forma de disco que ayudan a contener la hemorragia, y afectan a los volúmenes de fibrinógeno, otra sustancia que interviene en el proceso de coagulación[4].

Para una persona cuyas arterias coronarias están obstruidas por depósitos de grasa, esta activación parcial de los mecanismos de coagulación puede reducir aún más el flujo de sangre que llega al corazón o causar la formación de un coágulo sanguíneo (trombosis), que tiene consecuencias potencialmente mortales. Para empeorar la situación, la activación relacionada con el estrés de los mecanismos de coagulación sanguínea es

---

[4] Como vimos en el Capítulo 7, un estudio clásico sobre funcionarios británicos reveló que aquellos que ocupaban puestos inferiores del escalafón tenían tres veces más probabilidades de morir de enfermedades cardíacas coronarias que los que tenían rangos superiores. El personal de menor jerarquía y alto riesgo también presentaba los niveles más altos de fibrinógeno en la sangre. Se ha insinuado que las diferencias en los niveles de fibrinógeno relacionadas con el estrés podrían contribuir a las diferencias generales relacionadas con el escalafón en las enfermedades cardíacas.

más pronunciada en las personas que padecen enfermedades cardíacas que en los individuos sanos.

Son varias, pues, las maneras en que el estrés psicológico agudo puede precipitar una catástrofe cardíaca en una persona que ya padezca una enfermedad cardíaca o de las arterias coronarias. Pero no todos los efectos del estrés son tan repentinos. El estrés puede contribuir a la enfermedad cardíaca subyacente de modo gradual e insidioso, dañando el corazón y los vasos sanguíneos gradualmente durante un período de años en vez de minutos. ¿Cómo?

Recordemos lo que sucede durante la respuesta de estrés. Los estresantes psicológicos activan el sistema nervioso simpático, estimulando la secreción de adrenalina, noradrenalina y otras hormonas, y aumentando el ritmo cardíaco y la presión arterial. Una función primordial de la respuesta de estrés es movilizar las reservas de energía del organismo para su uso inmediato. Los depósitos a largo plazo se convierten en ácidos grasos libres que se incorporan al torrente sanguíneo, donde ayudan a formar depósitos en las paredes de las arterias coronarias, contribuyendo a la arteriosclerosis. Además, el rápido aumento de la presión arterial que acompaña a la respuesta de estrés puede causar diminutas heridas en las paredes de las arterias coronarias. El tejido de cicatrización resultante contribuye después a la arteriosclerosis.

Cuando la respuesta de estrés tiene lugar un día sí y otro también durante un período de años, este proceso puede infligir daños graduales y acumulativos al corazón y los vasos sanguíneos.

El entorno en el que vivimos ahora ha agravado el problema. La respuesta de estrés evolucionó durante millones de años para permitirnos hacer frente a las amenazas inmediatas que normalmente culminarían en la lucha o la huida; en otras palabras, una actividad muscular vigorosa. La respuesta de estrés inicial hace aumentar el ritmo cardíaco y contrae los vasos sanguíneos de la piel y los órganos internos, produciendo un rápido aumento de la presión arterial. La actividad muscular intensa puede contrarrestar parcialmente este aumento de la presión, porque los vasos sanguíneos que abastecen a los grandes músculos se dilatan cuando estos músculos se utilizan. Pero si la respuesta de estrés no va acompañada de actividad muscular, el aumento de la presión arterial no cesa. En las sociedades industrializadas no es habitual responder a los estresantes psicológicos con una actividad física vigorosa. No escapamos a la carrera ni luchamos; nos sentamos y echamos pestes. Por consiguiente, nuestra presión arterial permanece alta.

Abundan las pruebas que vinculan los factores psicológicos con el desarrollo de la hipertensión. Un estudio de larga duración, que hizo un seguimiento de miles de sujetos inicialmente sanos durante 20 años, descubrió que los hombres que exhibían niveles elevados de ansiedad al principio del estudio tenían el doble de riesgo de desarrollar hipertensión arterial en fases posteriores de su vida.

El estrés psicológico en sus diversas apariencias es igualmente capaz de fomentar las enfermedades cardíacas en otras especies. Por ejemplo, el estrés social que surge cuando un grupo social estable es alterado acelera el comienzo de la arteriosclerosis en monos alimentados por una dieta alta en grasas. Los monos que desarrollan la arteriosclerosis más grave son aquellos cuyas vidas son más estresantes; a saber, los machos dominantes, que deben luchar constantemente para mantener su posición social, y las hembras subordinadas, que son acosadas y hostigadas en todo momento. El estrés social puede hacer que ciertas razas de ratas desarrollen hipertensión arterial crónica.

En otro paralelismo con el ser humano, investigadores de la Universidad de Pittsburgh pudieron impedir esta arteriosclerosis inducida por el estrés en monos mediante la administración de una droga betabloqueadora llamada propranolol. Los betabloqueadores se utilizan normalmente para tratar la hipertensión arterial, la angina de pecho, los ritmos cardíacos anormales o la ansiedad en seres humanos. Estas sustancias reducen la actividad del sistema nervioso simpático y ralentizan el ritmo cardíaco.

Personalidades propensas a enfermedades coronarias y enfermedades cardíacas

> Pero aquel que esconde un alma oscura y pensamientos innobles
> ignorante camina bajo el sol del mediodía;
> él mismo es su propio calabozo.
>
> John Milton, *Comus* (1637)

La creencia en que los individuos que tienen ciertas características de la personalidad son especialmente propensos a enfermedades cardíacas es antigua. Desde hace siglos se ha especulado acerca del papel que desempeñan rasgos como la hostilidad, la ambición y la impaciencia en la génesis de las enfermedades cardíacas. Todos conocemos el estereotipo popular del ataque al corazón inminente: el hombre de negocios estresado, agresivo, competitivo y de mediana edad. En 1910, el gran médico británico William Osler observó:

> No es la persona delicada y neurótica la que es propensa a la angina de pecho, sino el hombre robusto, el vigoroso de mente y cuerpo, el entusiasta y ambicioso, el indicador de cuyo motor está siempre a toda velocidad hacia adelante.

En la década de 1930 Franz Alexander, uno de los pioneros de la medicina psicosomática, propuso que la gente que tiene hipertensión arterial se distinguía por la hostilidad y la ira reprimidas. Según Alexander, que sostuvo posiciones freudianas, la represión de estos impulsos emocionales profundamente arraigados producía un conflicto interior que se manifestaba en la subida de la presión arterial. (La observación empírica era correcta aunque la interpretación teórica era equivocada.)

La investigación moderna sobre las vinculaciones entre personalidad y enfermedades cardíacas fue configurada por la obra pionera de dos cardiólogos estadounidenses, Meyer Friedman y Ray Rosenman. Todo comenzó en el decenio de 1950, cuando Friedman y Rosenman advirtieron que una proporción notablemente elevada de sus pacientes cardíacos compartían rasgos de personalidad distintivos. Estos hombres (pues eran en su mayoría hombres) eran ambiciosos, competitivos e impacientes. Sus movimientos corporales y sus pautas de lenguaje eran bruscos e intensos. Detestaban tener que esperar o perder su tiempo. Friedman y Rosenman advirtieron que las sillas de la sala de espera estaban tan desgastadas y relucientes porque estos pacientes eran muy inquietos.

Friedman y Rosenman perfeccionaron sus observaciones informales para convertirlas en una teoría susceptible de verificación: que los individuos que presentaban este conjunto de rasgos de comportamiento y personalidad tienen un riesgo significativamente mayor de padecer enfermedades cardíacas coronarias. Estas características supuestamente propensas a enfermedades coronarias observadas por Friedman y Rosenman recibieron el nombre de pauta de comportamiento del tipo A [5]. En una prueba

[5] No es éste el lugar adecuado para un tratado sobre la distinción entre personalidad y comportamiento. Empleo estos términos en su sentido coloquial, más que en el técnico. Comportamiento se refiere a lo que las personas *hacen,* sus actos manifiestos; puede ser observado y medido objetivamente por otras personas. Personalidad se refiere a la suma total de características psicológicas, emocionales y de comportamiento que distinguen a un individuo de otro. Así pues, la personalidad incluye formas distintivas de pensamiento y respuesta emocional, además de actos. Las teorías acerca de la mente y las enfermedades cardíacas se ocupan principalmente de la personalidad en el sentido amplio, más que de las pautas de comportamiento manifiesto exclusivamente, pues la manera de pensar y responder emocionalmente de los individuos también es importante. Pero a efectos prácticos, los científicos suelen medir las

preliminar de esta teoría (la primera de muchas), Friedman y Rosenman dividieron la muestra de hombres en dos grupos, de acuerdo con si presentaban o no características del tipo A. A continuación buscaron signos de enfermedades cardíacas coronarias. Los resultados fueron coherentes con la hipótesis del tipo A: el 28 por 100 de los hombres de tipo A mostraban signos clínicos de enfermedades cardíacas, frente a sólo el 4 por 100 de los hombres que no eran del tipo A [6]. El trabajo de Friedman y Rosenman dio origen a décadas de investigación sistemática sobre las vinculaciones existentes entre las enfermedades cardiacas y la pauta de comportamiento del tipo A.

La pauta de comportamiento del tipo A

Pero ¿qué es exactamente la pauta de comportamiento del tipo A? No es fácil contestar a esta pregunta, que nos lleva directamente a uno de los problemas principales de todo este campo de investigación. El comportamiento del tipo A es un concepto general que carece de definición precisa de manual; significa cosas un tanto diferentes para diferentes científicos, y la definición ha evolucionado con el paso de los años. Por otra parte, la categoría del tipo A abarca varios rasgos de la personalidad y varias pautas de comportamiento. A pesar de estas dificultades, es posible identificar el bosque entre los árboles.

La pauta de comportamiento del tipo A describe el estilo de comportamiento general con el que una persona responde a su entorno físico y social. Ha sido resumida como el comporta-

---

pautas de comportamiento manifiesto. De ahí que exista la tendencia (reflejada en mi exposición) a usar los términos personalidad y comportamiento de manera más o menos intercambiable.

[6] Para complicar las cosas, los hombres del tipo A también presentaron más factores de riesgo convencionales de enfermedades cardíacas. Tenían unos niveles de colesterol en la sangre muy superiores y tenían más probabilidades de ser fumadores, tener antecedentes familiares de enfermedades cardíacas, trabajar más horas y dormir menos. Volveremos a este punto más adelante.

miento de una persona encerrada en una lucha incesante y agresiva para lograr más y más en menos y menos tiempo. (¿Conoce el lector a alguien que no se haya sentido así alguna vez?) Bajo el término general del tipo A se han agrupado diversas combinaciones de más de 30 características de comportamiento específicas. Esta falta de claridad en lo referente al significado del tipo A ha dado origen inevitablemente a incoherencias en los datos de las investigaciones.

Afortunadamente, existe cierto grado de consenso en cuanto a los elementos que constituyen lo fundamental del tipo A. Son:

- hostilidad sin causa aparente
- agresividad
- competitividad
- una sensación constante y agobiante de urgencia de tiempo
- impaciencia
- búsqueda constante de objetivos mal definidos
- pautas vigorosas y bruscas de lenguaje y movimiento.

Hay muchas variaciones sobre este tema básico, pero todas equivalen más o menos a lo mismo. Dependiendo de cómo se defina y se mida el comportamiento del tipo A y de qué población se elija como muestra (hombres estadounidenses de clase media y blancos, una muestra representativa de todos los adultos, niños de corta edad, mujeres, suecos de edad avanzada...), puede clasificarse como tipo A un porcentaje que oscila entre el 15 y el 70 por 100 de la población.

¿Qué se es cuando no se es del tipo A? Con impasible previsibilidad, la antítesis del tipo A se llama tipo B. La personalidad del tipo B resulta más difícil de definir. En esencia no significa otra cosa que no es del tipo A. La persona del tipo B típica es sosegada, relajada, no agresiva, de trato fácil, fácilmente satisfecha y no impulsada por la ambición.

Uno de los puntos débiles del concepto del tipo A/B se pone

de manifiesto de inmediato. Es evidente que se trata de una simplificación excesiva dividir la rica e interminablemente compleja variación que se registra en la personalidad humana en sólo dos categorías generales. No hace falta ser psicólogo profesional para entender que hay más de dos tipos de personas en el mundo. Es perfectamente posible que una persona sólo tenga algunas características del tipo A; por ejemplo, hay muchos individuos impacientes que no son especialmente ambiciosos o competitivos. Además, la definición del tipo B como «tipo no A» es excesivamente imprecisa. Para ser justos, los investigadores suelen dividir a sus sujetos en al menos cuatro categorías: A1 (tipo A pleno), A2 (tipo A parcial), X (una mezcla de A y B) y B. Aun así, esto no representa una gran mejora.

Como cualquier intento de dividir a toda la humanidad en unas cuantas categorías a modo de cajón de sastre, la clasificación de tipo A/B está condenada a ser insuficiente. Los científicos médicos que fueron los pioneros en este campo de investigación sobresalían en el lado médico de las cosas, pero sus formulaciones psicológicas distaban mucho de la perfección. Sin embargo, a pesar de su indudable tosquedad, el concepto del tipo A ha resultado sorprendentemente fructífero, como veremos más adelante.

Tal vez sea más fácil transmitir el espíritu, si no la letra exacta, del concepto del tipo A ofreciendo una selección de ilustraciones tomadas del mundo de la ficción. Hay innumerables personajes del tipo A entre los que elegir. Uno de los más divertidos es Basil Fawlty, el histérico y maniático propietario del hotel creado por John Cleese en la serie televisiva *Fawlty Towers*. Fawlty es un tipo A con todas las de la ley. Todos los signos de peligro principales (excepto, posiblemente, la competitividad) están presentes de forma extrema: intensa impaciencia, terrible irritabilidad, sarcasmo corrosivo, forma de lenguaje machacona, furioso desdén por prácticamente todos los individuos que conoce y una mecha azul tan corta que estalla frenético a la mínima provocación. En su trato con los clientes de su hotel, Fawlty es, citando a su asombrosamente serena esposa Sybil, capaz de hallarse «escupiéndoles veneno como una víbora bufadora de benzedrina».

En la obra de Shakespeare *La fierecilla domada* tenemos otro tipo A en la persona de Catalina, «una malhumorada molesta y pendenciera» famosa en todo Padua por su mal carácter y su lengua afilada.

> Su único defecto —y ya es bastante defecto—
> es que es intolerablemente áspera,
> una furia atrevida, tan fuera de toda medida...

«Áspera», por cierto, significaba de mal carácter; «furia», perversa; y «atrevida», terca o testaruda. La cáustica (o debo decir iracunda) Catalina ata a su hermana, estampa un laúd en la cabeza de su preceptor de música y golpea a su futuro esposo en su primer encuentro. En marcado contraste, su hermana menor Blanca es amable, modesta, sosegada y bondadosa. Tan insolente es Catalina, tan dispuesta a ofenderse, tan fácilmente monta en cólera, tan agresiva es en su trato con los demás, que su padre desespera de encontrar un esposo para ella.

Pero Catalina encuentra la horma de su zapato en su futuro esposo Petruchio, hombre enérgico e irascible —en palabras de la propia Catalina, «un rufián loco, lleno de bilis»— que es tan tipo A como ella. Su mecha es, si acaso, más corta aún que la de Catalina, retuerce las orejas de los sirvientes por un malentendido trivial, les arroja la comida y los platos cuando una comida no le agrada y golpea al sacerdote durante la ceremonia de su boda. Uno de los sirvientes de Petruchio, comparando a su amo con Catalina, comenta que «es más furia que ella». Petruchio se amilana ante la perspectiva de que sus «dos fuegos destructores» se unan. El noviazgo es un proceso de guerra psicológica, al final de la cual Petruchio logra quebrar el espíritu de Catalina y domar a la fierecilla, convirtiéndola en este modo en una dócil esposa. (¿O no es así?)

Un tipo A de épocas posteriores es el teniente coronel Gowrie, el oficial al mando en *A Breed of Heroes*, de Alan Judd. Esta novela tan celebrada de la vida militar moderna se desarrolla durante un período de servicio en Irlanda del Norte en la época de grandes disturbios. El oficial al mando es un fanático que fija objetivos imposibles para sí mismo y para todos los demás, manejando a sus hombres de manera despiadada. Defiende firmes convicciones sobre la mayoría de los asuntos y no tolerará oposición alguna. Cuando alguien le enfada por algo —cosa que sucede todo el tiempo—, las venas de las sienes le sobresalen, los dientes le rechinan y la cara se le pone roja. Su forma de hablar también es típicamente del tipo A: intensa, exagerada y a menudo acompañada de movimientos agresivos con el dedo o el bastón[7]. La hostilidad está constantemente en el aire: «La personalidad del oficial al mando impregnaba el edificio y provocaba en todos los que entraban en él una sensación de urgencia rayana en el pánico.»

El número dos del batallón, complemento perfecto del oficial al mando, es un tipo B maravillosamente afable llamado Anthony Hamilton-Smith:

---

[7] Otro personaje que exhibe las pautas de lenguaje explosivas y exageradas del tipo A es Pistola, el antiguo compañero de tabernas del rey Enrique en *Enrique V,* de Shakespeare. El nombre dice mucho de su carácter: «Pues Pistola tiene una lengua asesina y una espada sosegada.» Es un hombre de palabras más que de acción. Y sus palabras son en su mayoría jactanciosas, bravuconas y grandilocuentes. Su discurso está lleno de aliteraciones y ritmos machacones, salpicado de frases pomposas, mientras el fanfarrón Pistola no deja de «tragar como un pavo». Pistola monta en cólera fácilmente. Cuando discute con su viejo amigo Nym, sus insultos se cuentan entre los más escogidos que se hayan proferido en la lengua inglesa; «Mal hayas, perro de Islandia, bellaco de orejas puntiagudas de Islandia» es una reprimenda suave de acuerdo con los criterios de Pistola.

> [Hamilton-Smith] nunca tenía prisa, nunca se preocupaba y no se sabía que nunca hubiera estado furioso. Tampoco se sabía que nunca hubiera trabajado. Nadie sabía qué hacía durante todo el día, pero había una coincidencia general en que su presencia prestaba cierto tono al batallón.

Calificado por uno de sus hombres como el último de los grandes *amateurs,* el comandante Hamilton-Smith ha sido saltado a la hora del ascenso, situación que le deja impasible. Es imperturbable y serenamente indiferente con respecto a los dramas de vida y muerte que a diario se desarrollan a su alrededor. A diferencia de sus colegas, nunca parece cansado, deprimido o irritable, cualesquiera que sean las presiones. Afronta las crisis de una manera desenfadada rayana en la displicencia, en marcado contraste con su intensamente serio oficial al mando. A juicio de Hamilton-Smith, hay muy pocas cosas en la vida que no puedan esperar hasta mañana.

El tipo A: los datos

¿Qué fuerza tienen los datos que pretenden probar la vinculación entre el comportamiento del tipo A y las enfermedades cardíacas? El concepto del tipo A ha sido cubierto por una nube de dudas en los últimos años, y actualmente se considera una hipótesis prometedora que no satisfizo las grandes expectativas de todo el mundo. Pero ¿es éste un juicio justo?

Las observaciones iniciales de Friedman y de Rosenman indicaban que algo interesante estaba sucediendo, pero no eran concluyentes. En las décadas siguientes se emprendieron algunos proyectos de investigación importantes para investigar las supuestas relaciones entre la personalidad y las enfermedades cardíacas. Estos estudios comenzaron típicamente con una muestra amplia (a menudo medida en millares) de personas que estaban libres de enfermedades cardíacas y, por lo demás, sanas.

Los sujetos fueron evaluados para determinar las características del tipo A y la presencia de factores de riesgo médico como el hábito de fumar, un índice elevado de colesterol en sangre y la obesidad. A continuación fueron vigilados durante un período de varios años (en algunos estudios, los sujetos fueron seguidos durante más de 20 años) para comprobar quién desarrollaba enfermedades cardíacas o moría debido a ellas. Los investigadores pudieron determinar después si las características de la personalidad de los individuos guardaban relación con la pauta consiguiente de enfermedades cardíacas y mortalidad.

Una de las primeras investigaciones a gran escala comenzó en 1960. La muestra abarcaba más de 3.000 hombres sanos de mediana edad. Al principio, se determinó que aproximadamente la mitad de ellos eran del tipo A. Ocho años y medio después, los datos revelaron que la incidencia de enfermedades cardíacas coronarias era el doble entre los hombres del tipo A que entre los del tipo B, aun cuando se tuvieran en cuenta otros factores de riesgo como el consumo de tabaco. El comportamiento del tipo A se planteó como un claro factor de riesgo de enfermedades cardíacas por sí mismo, comparable en fortaleza al tabaco, la hipertensión arterial o el índice elevado de colesterol en sangre. Nuevos estudios en gran escala realizados en Estados Unidos y en otros países han encontrado asociaciones semejantes entre el comportamiento del tipo A y el posterior riesgo de enfermedades cardíacas.

Para alcanzar las conclusiones más firmes posibles en relación con la vinculación entre el tipo A y las enfermedades cardíacas, los científicos han hecho un fondo común con los resultados de todos los estudios publicados sobre el tema y después los han analizado colectivamente, procedimiento que recibe el nombre de metaanálisis. Cuando se ha hecho esto se descubre una correlación fiable, si bien modesta, entre las características del tipo A y las enfermedades cardíacas coronarias. A mediados del decenio de 1980, Stephanie Booth-Kewley y Howard Friedman, de la Universidad de California en Riverside, llevaron a cabo un metaanálisis fidedigno, utilizando datos procedentes de 87 estudios distintos publicados en la literatura científica desde la década de 1940. La revisión de Booth-Kewley y Friedman confirmó que la pauta de comportamiento del tipo A tiene una correlación fiable con las enfermedades cardíacas y es comparable en cuanto a su repercusión con otros factores de riesgo más convencionales.

A comienzos del decenio de 1980, la pauta de comportamiento del tipo A había adquirido un estatus oficial aprobado por el gobierno de Estados Unidos como factor de riesgo de las enfermedades cardíacas. El Grupo para el Estudio del Comportamiento Propenso a Enfermedades Coronarias, un grupo autorizado de eminentes científicos, decretó en un informe oficial que el tipo A debía añadirse a la lista oficial de factores de riesgo de enfermedades cardíacas coronarias, junto con el tabaco, el índice elevado de colesterol en sangre y la hipertensión arterial.

Muchas de las investigaciones que se efectuaron en los primeros tiempos sobre el tipo A se centraron en el estudio de varones. Y las investigaciones posteriores, sin embargo, demostraron que la vinculación entre el comportamiento del tipo A y las enfermedades cardíacas es válida también para las mujeres. Las mujeres del tipo A, al igual que los hombres del tipo A, tienen el doble de probabilidades que las del tipo B de sufrir enfermedades cardíacas. La proporción de mujeres que presentan un comportamiento del tipo A es comparable a la de los hombres. El comportamiento del tipo A —y las enfermedades cardíacas, si así se lo desea— deberían dejar de considerarse afecciones predominantemente masculinas.

El examen de las consecuencias de la modificación del comportamiento del tipo A ha proporcionado datos complementarios. Si el comportamiento del tipo A fomenta el desarrollo de enfermedades cardíacas, la eliminación de tal comportamiento debería reducir, lógicamente, el riesgo de enfermedades cardíacas. En términos generales, esto es en concreto lo que sucede.

Resulta bastante factible modificar el comportamiento del tipo A, y las consecuencias de hacerlo son sistemáticamente beneficiosas. Enseñar a los individuos a identificar y evitar situaciones en las que exhiben un comportamiento del tipo A, a relajarse y controlar su ira, puede atenuar elementos clave de la pauta del comportamiento, como la hostilidad y la impaciencia.

La modificación de este modo del comportamiento del tipo A reporta toda suerte de efectos beneficiosos; por ejemplo, reduce la hipertensión arterial y el colesterol en sangre. Pero la verdadera prueba es que moderar el comportamiento del tipo A en personas que padecen enfermedades cardíacas coronarias reduce el riesgo de estas personas a morir prematuramente.

Entre los primeros estudios que subrayaban este efecto figuraba el Proyecto de Prevención Coronaria Recurrente, un estudio de larga duración sobre más de mil hombres que ya habían padecido al menos un ataque cardíaco no mortal. Una selección aleatoria de estos hombres recibió asesoramiento especial encaminado a refrenar todos los aspectos de su comportamiento del tipo A. El asesoramiento logró reducir el comportamiento del tipo A de los hombres, sobre todo su hostilidad y su sentido de urgencia. Asimismo, redujo a la mitad su riesgo de padecer un nuevo ataque cardíaco. El hecho de que la reducción del comportamiento del tipo A de este modo pueda reducir el riesgo de padecer enfermedades cardíacas indica, sin lugar a dudas, que el comportamiento del tipo A y las enfermedades cardíacas están relacionados.

¿Refrenar el comportamiento del tipo A podría reducir el riesgo de padecer enfermedades cardíacas? Pero, ¿es esto algo totalmente bueno? Es creencia generalizada que el comportamiento del tipo A va de la mano con un mayor rendimiento y éxito en el trabajo, lo cual podría explicar por qué las organizaciones tienden a preferir aún a las personas del tipo A cuando se seleccionan candidatos para cubrir vacantes o para ascender. A primera vista, el competitivo, impulsivo y ambicioso tipo A parece ser una apuesta mejor que el apático tipo B.

La idea de que las personas del tipo A tienen más éxito que las del tipo B es otro de esos supuestos de sentido común que resulta ser en gran medida incierto. Existen pocas pruebas convincentes de que los individuos del tipo A rindan más por término medio que las del tipo B. Por otra parte, la formación de los empleados para moderar su comportamiento del tipo A no parece reducir su eficacia o eficiencia. Esto ha sido confirmado en profesiones tan diversas como viajantes y oficiales del ejército. En todo caso, dominar los excesos del tipo A hace aumentar la eficiencia y eficacia de los empleados, además de hacer que tengan menos probabilidades de terminar en una sala de enfermos cardíacos o en un depósito de cadáveres.

Hasta el momento, pues, la teoría del tipo A parece sólida y convincente. Varios estudios científicos realizados satisfactoriamente, en los que se hacía un seguimiento de muestras suficientemente amplias de hombres y mujeres durante largos períodos, han encontrado sistemáticamente relaciones entre la pauta de comportamiento del tipo A y posteriores enfermedades cardíacas. Además, investigadores y terapeutas han demostrado que la reducción del comportamiento del tipo A conduce a una apreciable reducción del riesgo de enfermedades cardíacas.

Y sin embargo... Por muy concluyente que todo esto pueda parecer, hay incómodas incoherencias en los datos de la investigación y una sombra de incertidumbre se cierne ahora sobre el concepto del tipo A. Un amplio número de estudios publicados no han encontrado una vinculación significativa entre el comportamiento del tipo A y las enfermedades cardíacas. Las discrepancias han inducido a varios críticos fidedignos a proclamar que el concepto de comportamiento del tipo A como factor de riesgo de enfermedades cardíacas es prácticamente caduco.

Ante tales críticas, defensores del concepto del tipo A han señalado que muchas de las incoherencias de los datos tienen su origen en las debilidades de los métodos de investigación utilizados, y no en las debilidades del concepto del tipo A propiamente dicho. A riesgo de descender a tecnicismos, permítaseme que exponga algunos de los problemas principales.

Una de las dificultades de la investigación en este campo es que se han utilizado varias técnicas para medir el comportamiento del tipo A. Lamentablemente, cada una de estas técnicas mide algo diferente. El método original y mejor para evaluar si una persona es del tipo A consiste en utilizar una entrevista a su medida[8]. La entrevista estructurada es costosa y requiere mucho tiempo, pero es fiable y produce datos sólidos. Se la considera generalmente un patrón oro. Los investigadores que han usado entrevistas estructuradas para evaluar el tipo A han hallado, en general, relaciones estadísticamente significativas entre el comportamiento del tipo A, la hipertensión arterial y las posteriores enfermedades cardíacas.

Desde la década de 1970 han surgido algunos métodos de lápiz y papel como alternativas a la entrevista estructurada que, además, permiten ahorrar tiempo[9]. Estos métodos utilizan voluntarios que responden por escrito a preguntas estándar. Su gran ventaja es que son fáciles de aplicar y permiten que los investigadores estudien muestras más amplias de lo que sería factible si fuera preciso entrevistar a cada sujeto. Lamentablemente, estas técnicas también han resultado ser menos eficaces

---

[8] El entrevistador busca una serie de indicadores estándar de la personalidad del tipo A. Éstos reflejan el contenido de las respuestas del sujeto y el comportamiento del sujeto durante la entrevista. El entrevistador anda a la caza de características como hablar alto, enfático y apresurado; hostilidad; impaciencia; gestos bruscos; respuesta desabrida a provocaciones o irritaciones ligeras; y deseo de ejercer control sobre la situación social.

[9] Las diversas técnicas de lápiz y papel, como la medición de actividad de Jenkins, la escala del tipo A de Framingham y la escala de evaluación de Bortner, parecen medir cosas distintas y no coincidir entre sí en todos los aspectos. Unos métodos son mejores para reconocer la impaciencia o la competitividad, mientras que otros son mejores para detectar la hostilidad.

que la entrevista estructurada. Los estudios que utilizan métodos de lápiz y papel han encontrado generalmente vinculaciones más débiles (si acaso) entre el comportamiento del tipo A y las enfermedades cardíacas. Esto puede ser consecuencia de deficiencias en los instrumentos de medición, en la misma medida que las debilidades de las relaciones reales entre el comportamiento del tipo A y las enfermedades cardíacas. Tal vez no sea una coincidencia el que las incoherencias de los datos de la investigación comenzaran a aparecer a finales de la década de 1970, más o menos en la misma época en que comenzó a generalizarse el uso de los métodos de papel y lápiz.

Un segundo problema es que no es probable que la repercusión del comportamiento del tipo A en una persona sana sea idéntica a la repercusión que tendría en un paciente aquejado de una enfermedad cardíaca. Algunas de las conclusiones negativas publicadas en la literatura científica han tenido su origen en estudios de pacientes de enfermedades cardíacas coronarias, mientras que los sujetos de investigaciones anteriores eran en su mayor parte personas sanas en el momento en que comenzaron los estudios. El comportamiento del tipo A podría representar una diferencia escasa para una persona con enfermedades cardíacas coronarias graves, pero esto no significa que sea irrelevante para las personas sanas [10].

---

[10] Otros factores pueden haber contribuido a incoherencias en los datos de la investigación. Para comenzar, la relación entre comportamiento del tipo A y enfermedad cardíaca varía probablemente según el grupo social que se estudie. La mayoría de las investigaciones originales se realizaron sobre varones estadounidenses blancos, de clase media y mediana edad; la relación podría ser diferente para las mujeres, los niños u otros grupos étnicos y socioeconómicos. Otra complicación son los cambios que tienen lugar en el comportamiento con el paso del tiempo, de tal manera que una persona que fue evaluada como tipo A podría no ser ya del tipo A diez o veinte años después. Esto podría explicar la caída en la correlación entre el tipo A y las enfermedades cardíacas en ciertos estudios de larga duración. Además, la repercusión del comportamiento del tipo A puede cambiar con el tiempo, a medida que las circunstancias del individuo cambian; por ejemplo, el comportamiento del tipo A

A pesar de las ambigüedades del concepto del tipo A y de las innegables discrepancias en los datos de las investigaciones, es evidente que existe en este punto un núcleo sólido de verdad. Hay motivos fundados para creer que ciertos elementos en la pauta de comportamiento del tipo A actúan como factores de riesgo de enfermedades cardíacas en etapas posteriores de la vida. La pregunta es: ¿qué elementos?

Ira y hostilidad

Los investigadores han intentado deshacer el baúl de viaje de la categoría del tipo A para comprobar cuáles de sus muchos elementos son auténticamente significativos. Este enfoque más sutil ha confirmado que algunas características del tipo A desempeñan un papel más importante que otras en el fomento de las enfermedades cardíacas. De hecho, diversos rasgos que se han agrupado tradicionalmente bajo el concepto general del tipo A pueden no tener en realidad ninguna repercusión. Actualmente, existe coincidencia general en que los elementos decisivos del grupo del tipo A son la hostilidad y la ira.

La idea de que las personas que tienen una personalidad hostil son más propensas a las enfermedades cardíacas está presente en la literatura científica desde la década de 1940. Desde

---

podría tener una repercusión mayor en los primeros años de la vida o en los años centrales, cuando las personas están sometidas a un estrés mayor en el trabajo y en el hogar, que en años posteriores. Otra complicación que podría ser relevante para nuestra exposición es el descenso general de las enfermedades cardíacas que tiene lugar en sociedades industrializadas en los últimos 20 o 30 años. Incluso en Gran Bretaña, que ha estado bastante a la zaga en este aspecto, la mortalidad por enfermedades cardíacas ha comenzado a descender (entre algunos sectores de la población al menos). A medida que las personas son más conscientes de los riesgos, algunas responden dejando de fumar, comiendo grasas menos saturadas o haciendo más ejercicio. Cabe pensar que estos cambios a largo plazo en el comportamiento y la disminución asociada de las enfermedades cardíacas puedan haber difuminado la relación con el comportamiento del tipo A.

mediados del decenio de 1980, esta vinculación ha sido confirmada reiteradamente por la observación.

La hostilidad y la ira presentan una correlación sistemática con las enfermedades cardíacas, un estado de salud general más precario y un aumento de la mortalidad. Esta afirmación se desprende de prácticamente todos los estudios en los que se han medido estos factores, incluidos los estudios que no han encontrado correlación alguna entre las enfermedades cardíacas y la categoría mucho más amplia del tipo A. Un estudio de seguimiento publicado en 1995 evaluó la salud de médicas de mediana edad que habían obtenido su título en la facultad de medicina de la Universidad de California en San Francisco en el decenio de 1960. Las mujeres que en su evaluación inicial se habían caracterizado por tener niveles bajos de hostilidad presentaban un estado de salud mejor en términos generales al llegar a la mediana edad que sus colegas más hostiles.

Una relación especialmente fuerte ha surgido entre las enfermedades cardíacas y lo que los psicólogos llaman «ira interior»: la tendencia a sentirse furioso pero no expresar abiertamente esta cólera, ni siquiera en circunstancias en que sería adecuado hacerlo. Un estudio realizado en Estados Unidos, en el que se hizo un seguimiento de varios cientos de personas durante un período de 22 años, reveló que los individuos que reprimían su ira cuando eran provocados (por ejemplo, en enfrentamientos con su cónyuge) presentaban una tasa de mortalidad superior en un 70 por 100 a la de aquellos que expresaban abiertamente su cólera. En consecuencia, muchos expertos en gestión del estrés recomiendan ahora que demos rienda suelta a nuestra bilis —preferiblemente de manera constructiva y controlada— en vez de reprimirla. Adelante: quéjese al camarero, reprenda al vecino que tiene un perro que no le deja dormir por la noche, escriba esa carta airada al periódico, diga lo que de verdad piensa sobre las actitudes de gestión de su jefe.

Del mismo modo que la ira y la hostilidad han resultado ser

factores de riesgo decisivos de las enfermedades cardíacas, también, a la inversa, otros atributos del tipo A han resultado ser en gran medida irrelevantes. El conocido «mal de la prisa», que se considera arquetípicamente del tipo A, apenas tiene que ver con el riesgo de enfermedades cardíacas. Otro componente tradicional del grupo del tipo A que no tiene vinculación clara con las enfermedades cardíacas es el dinamismo o la implicación en el trabajo. En pocas palabras, el estereotipo familiar del adicto al trabajo ambicioso y propenso a enfermedades coronarias no se ve confirmado por los datos. La investigación traza un cuadro distinto sobre la futura víctima de enfermedades cardíacas coronarias: un misántropo malhumorado, agresivo e irascible.

¿Cómo funciona?

Una cosa es descubrir una relación estadística entre el comportamiento del tipo A y posteriores enfermedades cardíacas, pero ¿cuáles son los mecanismos biológicos que subyacen a esta relación? ¿Cómo consigue la pauta de comportamiento del tipo A causar daños a largo plazo en el corazón y las arterias coronarias? Como es lógico, la percepción, el comportamiento y la fisiología desempeñan un papel.

La investigación psicológica ha revelado amplias disparidades entre las personas del tipo A y las del tipo B en cuanto a sus actitudes hacia la salud y sus respectivos comportamientos relacionados con la enfermedad. Las personas del tipo A tienen predisposición a advertir y quejarse de dolores y síntomas físicos de poca importancia, aunque no siempre responden adecuadamente a sus síntomas y tienen menos probabilidades de actuar con prudencia que los tipos B si piensan que están incubando una enfermedad auténtica. Las personas del tipo B, por su parte, tienden a hacer juicios más objetivos acerca de su estado de salud. Los tipos B que se sienten enfermos tienden a tomar medidas preventivas, como evitar el exceso de trabajo, mientras que los individuos del tipo A siguen adelante típicamente sin tenerlo en cuenta hasta que se desploman. En un experimento se descubrió que cuando se pedía a los voluntarios que realizasen tareas físicas exigentes, como andar sobre un rodillo, los del tipo A trabajaban más duro que los del tipo B, pero cuando se cansaban estaban menos dispuestos a admitirlo.

Las personas del tipo A tienen tendencia a usar el mecanismo de defensa psicológico de la negación. Como hemos visto, la negación puede ser peligrosa si por casualidad se tiene una enfermedad grave. Los individuos del tipo A que experimentan dolores en el pecho y otros signos de aviso de problemas cardíacos graves esperan más por término medio que los del tipo B antes de recabar ayuda médica. Algunos de ellos presumiblemente mueren como consecuencia de su negación y por no tomar medidas a tiempo.

Una manera más obvia de contribuir la personalidad del tipo A a las enfermedades cardíacas es la forma de vida. La investigación indica que los individuos del tipo A tienden a llevar vidas poco saludables: consumen cantidades mayores de alcohol, tabaco y alimentos grasos que los del tipo B. Además, las personas del tipo A tienen un riesgo estadístico mayor de verse envueltas en accidentes y morir como consecuencia de las lesiones sufridas. Ser competitivo, hostil e impaciente probablemente no ayuda.

Sin embargo, diferencias de comportamiento como éstas no pueden explicar plenamente la mayor incidencia de enfermedades cardíacas entre los individuos del tipo A. La asociación entre el tipo A y las enfermedades cardíacas sigue siendo cierta aun cuando los efectos estadísticos de otros factores de riesgo se eliminen del análisis. La pauta de comportamiento del tipo A es un factor de riesgo independiente y por derecho propio de las enfermedades cardíacas, y no puede descartarse como subproducto de agentes como la nicotina o el colesterol.

La reactividad biológica y la persona del tipo A

Pasamos ahora a lo que sucede debajo de la piel, es decir a los mecanismos biológicos en virtud de los cuales el comportamiento del tipo A incide en el funcionamiento interno de nuestro cuerpo. La conclusión principal que ha surgido de una amplia serie de investigaciones es que el corazón y los vasos sanguíneos de los individuos del tipo A sufren daños con el paso de los años porque las personas del tipo A son biológicamente más reactivas a los estímulos y los estresantes.

En el Capítulo 5 vimos que los humanos (y otros animales) presentan grandes diferencias en la manera de responder a un estresante determinado. Esto es tan cierto en lo que se refiere a su sistema cardiovascular como en lo referente a sus hormonas o su sistema inmunitario. Cuando una muestra aleatoria de personas es expuesta a exactamente los mismos estresantes, ciertos individuos exhibirán sistemáticamente unos incrementos mayores del ritmo cardíaco y la presión arterial que sus colegas. Presentan una reactividad biológica mayor (o, para ser exactos, una reactividad cardiovascular mayor).

La reactividad biológica está vinculada con las enfermedades cardíacas. Se sabe desde hace tiempo que las personas que presentan un aumento inusitadamente grande de la presión arterial como respuesta a estresantes físicos (como la inmersión de un miembro en agua helada) son más propensas a desarrollar enfermedades cardíacas coronarias en años posteriores. Una relación semejante se da respecto a los estresantes psicológicos. La persona cuyo sistema cardiovascular reacciona sistemáticamente de manera exagerada a los estresantes psicológicos cotidianos tiene más riesgos de padecer enfermedades cardíacas. Lo mismo sucede también en otras especies. Los monos cuyo ritmo cardíaco registra los aumentos del ritmo cardíaco más acusados como respuesta a un estresante psicológico, tal como la anticipación de la captura, son más vulnerables a las enfermedades cardíacas que sus semejantes menos reactivos.

Los seres humanos que muestran reacciones fuertes de esta naturaleza tienden a presentar una presión arterial más alta incluso cuando descansan, y tienen más riesgo de desarrollar hipertensión. Un estudio con adolescentes reveló que los individuos que presentaban las mayores respuestas cardiovasculares a una entrevista estresante tenían también lecturas de la presión arterial más altas durante toda la jornada escolar normal (que, al fin y al cabo, se compone de una sucesión de estímulos, desafíos y estresantes menores). Los individuos sumamente reactivos tienen más riesgo de disfunciones cardiovasculares como la isquemia cuando son expuestos a un estresante psicológico ligero.

El mal empieza pronto. Los individuos difieren entre sí en cuanto a su reactividad biológica desde edades tempranas. Estas diferencias son características bastante estables y tienden a perdurar hasta la edad adulta. La investigación ha descubierto que los niños que presentan respuestas inusitadamente grandes a estresantes ligeros tienen más riesgo de desarrollar hipertensión arterial en etapas posteriores de su vida.

Otro giro inesperado en el relato tiene que ver con el consumo de tabaco. Los investigadores han descubierto que los individuos muy reactivos tienen más dificultades para dejar de fumar. Aquellos cuyo ritmo cardíaco y cuya presión arterial aumentan más como respuesta a estresantes psicológicos ligeros tienen más probabilidades de fracasar en sus intentos de abandonar el hábito.

Pero ¿dónde encaja en esta historia el comportamiento del tipo A? La conclusión fundamental de innumerables investigaciones es que las personas que tienen características de comportamiento del tipo A tienden a ser biológicamente más reactivas. La naturaleza ha decretado aparentemente que si se tiende a ser un hervidero por fuera se tiende a ser un hervidero también por dentro. Una de las razones por las que los individuos del tipo A son especialmente propensos a las enfermedades cardíacas es porque su sistema cardiovascular reacciona constantemente con más vigor a los estresantes y los estímulos de la vida diaria.

Esta hipótesis está respaldada por una cantidad más que suficiente de pruebas experimentales. Hace décadas se descubrió que los hombres del tipo A tienen un nivel más alto de las hormonas de estrés adrenalina y noradrenalina que los del tipo B durante la jornada laboral, cuando se exponen a numerosos estresantes menores. Esta diferencia hormonal entre los individuos del tipo A y los del tipo B desaparece por la noche cuando están dormidos. Investigaciones posteriores han establecido que los individuos del tipo A presentan sistemáticamente reacciones hormonales, cardiovasculares e inmunológicas más fuertes ante estresantes psicológicos.

Los experimentos de laboratorio han revelado que cuando los individuos del tipo A se exponen a un estresante leve, como tener que realizar cálculos aritméticos mentales, participar en una entrevista hostil o jugar a un juego electrónico exigente, exhiben un aumento significativamente mayor del ritmo cardíaco, la presión arterial y los niveles hormonales que los del tipo B. Lo mismo sucede en esencia también como respuesta a estresantes de la vida real. Un estudio descubrió que los estudiantes de medicina varones del tipo A tenían respuestas cardiovasculares más grandes que los del tipo B cuando se sometían a un examen. (Confieso que me sorprendió descubrir que existe una cosa como un estudiante de medicina varón del tipo B, pero aparentemente sí existen.) Por otra parte, una vez activada la respuesta cardiovascular del tipo A, es necesario más tiempo para que disminuya una vez que el estresante ha cesado. Por tanto, el corazón del tipo A late más fuerte y durante más tiempo que el modelo del tipo B.

La mayor reactividad biológica de los individuos del tipo B se hace sentir aún más si ya tienen afectadas las arterias coronarias. Entre los aquejados de enfermedades de las arterias coronarias, aquellos que poseen los rasgos más pronunciados del tipo B (especialmente agresión, ira y hostilidad) tienen más probabilidades de experimentar una disfunción cardíaca silenciosa como respuesta a un estresante psicológico relativamente ligero.

¿Por qué ha de ser más reactivo biológicamente el tipo A? Una explicación obvia es que las actitudes y el comportamiento de los individuos del tipo A crean oportunidades añadidas para que la vida normal les afecte. Debido a su forma de concebir el mundo, los individuos del tipo A se encuentran con el estrés en situaciones de la vida cotidiana que no tienen por qué alterar a los del tipo B. Se crean problemas ellos solitos. La competitividad, la ambición y la impaciencia de los individuos del tipo A los catapulta a situaciones estresantes, con lo cual su hostilidad y agresividad flotantes les impulsan a reaccionar emocionalmente. Situaciones cotidianas como estar atrapado en una congestión de tráfico o en la cola de un supermercado provocan una respuesta biológica más vigorosa en el tipo A porque el tipo A está más irritado. El conductor del tipo B que es adelantado por otro vehículo se queda absolutamente despreocupado, pero el conductor del tipo A se encoleriza porque un c . . . . . le ha soliviantado.

Una pista más para saber por qué los individuos del tipo A reaccionan con tanto vigor ante los estresantes se halla en su necesidad de controlar las situaciones. Una persona que intenta ejercer el control aun cuando una situación sea intrínsecamente incontrolable sólo conseguirá empeorar las cosas. En el Capítulo 5 hemos visto que los estresantes incontrolables son generalmente más potentes que los estresantes controlables, y que intentar conseguir el control pero fracasar en el intento hace que sean aún más estresantes. Mientras un tipo B típico reconocería la derrota en una fase temprana y se rendiría con dignidad al estresante incontrolable, el tipo A continúa intentando obstinadamente conseguir el control, agravando con ello el problema.

Las respuestas sociales de los individuos del tipo A también son importantes. Los experimentos han revelado que las personas que tienen una personalidad hostil y agresiva —signos distintivos del tipo A— presentan aumentos mayores de la presión arterial durante las situaciones de conflicto social. En un experimento, se pidió a mujeres voluntarias que realizasen una tarea exigente y ligeramente estresante mientras uno de los investigadores las hostigaba deliberadamente. Las mujeres cuya presión arterial se disparó más como reacción a esta experiencia irritante fueron aquellas que habían sido clasificadas previamente como las de personalidad más hostil. (Imaginemos al irascible Basil Fawlty siendo obligado a dibujar imágenes especulares y a contar hacia atrás mientras un cerebrito gruñón con bata blanca le vigila con un cronómetro y critica su rendimiento. Lo digo en serio.)

El apoyo social —o, más bien, la falta de apoyo— puede contribuir a que aumente el riesgo de enfermedades cardíacas de los individuos del tipo A. En el Capítulo 6 vimos que las personas están mejor equipadas para afrontar el estrés si poseen unas relaciones personales que les sirvan de apoyo. Los científicos sociales han efectuado el poco sorprendente descubrimiento de que los individuos que se comportan de manera hostil y agresiva y albergan actitudes cínicas y desdeñosas tienden a distanciarse de quienes les rodean y, en consecuencia, reciben menos apoyo social. La hostilidad y la agresividad —los elementos clave de la pauta de comportamiento del tipo A— difícilmente son características atractivas, y pueden corroer las relaciones sociales de las personas del tipo A.

Las actitudes, creencias y comportamientos conscientes de los individuos del tipo A son indudablemente elementos cruciales de su mayor reactividad biológica. Pero no pueden ser toda la historia. Algunas investigaciones fascinantes parecen indicar que la reactividad biológica de los individuos del tipo A podría tener sus raíces más profundas que los pensamientos y las actitudes conscientes. Cuando los científicos vigilaron a pacientes que estaban siendo sometidos a cirugía para implantarles bypass coronarios, descubrieron que los pacientes del tipo A eran más reactivos que los del tipo B incluso cuando estaban inconscientes. Los pacientes del tipo A exhibían incrementos significativamente superiores de la presión arterial sistólica durante la operación a pesar de estar bajo anestesia total.

Este descubrimiento implica que ser del tipo A representa algo más que tener una serie determinada de actitudes conscientes. Una interpretación es que las características de comportamiento del tipo A —como la agresividad, la hostilidad y la impaciencia— podrían ser síntomas de una reactividad biológica realzada de la persona. Esta sugerencia está respaldada hasta cierto punto por el descubrimiento de que el comportamiento del tipo A puede ser dominado administrando a los sujetos drogas betabloqueadoras que reducen la reactividad de su sistema nervioso simpático. Calmando el interior se calma también el exterior.

Pero ¿qué se puede decir (casi me parece escuchar la voz del lector) del sistema inmunitario? Aunque la inmunidad no desempeña un papel estelar en las enfermedades cardíacas, sí tiene al menos una actuación especial. Los individuos cuyo sistema cardiovascular es sumamente reactivo al estrés también tienden a mostrar los cambios más acusados en la función inmunitaria. La reactividad cardiovascular y la reactividad inmunitaria van de la mano, posiblemente porque ambas están mediadas por el sistema nervioso simpático. Cuando científicos de la Universidad Carnegie Mellon de Pittsburgh midieron las respuestas cardiovasculares e inmunitarias a un estresante psicológico breve, los sujetos cuyo corazón respondían con más vigor mostraban también los cambios más acusados en la función inmunitaria. (Disminuía la sensibilidad de sus linfocitos como respuesta al estresante y aumentaba el número de linfocitos T supresores/citotóxicos y de «células asesinas» naturales.)

Otro estudio, en esta ocasión efectuado por científicos de

los Países Bajos, utilizó una tarea de laboratorio como estresante psicológico para provocar reacciones inmunológicas y cardiovasculares en los voluntarios. Una vez más, las dos reacciones fueron de la mano. Los individuos cuyo ritmo cardíaco y cuya presión arterial registraron los mayores aumentos como respuesta al estresante, también tendieron a exhibir el mayor cambio en la función inmunitaria (medido en función del aumento del número de «células asesinas» en circulación).

Datos como éste suponen que nuestras respuestas inmunológicas y cardiovasculares a los estresantes psicológicos podrían estar regidas por los mismos mecanismos. Esto podría ser importante, teniendo en cuenta los datos cada vez más numerosos que indican que los procesos inmunológicos podrían intervenir en el desarrollo de la arteriosclerosis. Si esto es así, la reactividad del tipo A podría aumentar el riesgo de enfermedades cardíacas a través de sus efectos sobre el sistema inmunitario, además de mediante sus efectos más directos sobre el corazón y los vasos sanguíneos.

La relación entre personalidad y enfermedad cardíaca ha sido el centro de intensas investigaciones que se han desarrollado durante cuatro décadas. Pese a ello, sigue siendo sorprendentemente polémica; es decir, polémica habida cuenta el peso de sólidas pruebas que respaldan esta relación; sorprendente también habida cuenta las pruebas en modo alguno perfectas en relación con algunos de los factores de riesgo aceptados con más facilidad, como el colesterol de la dieta. Una vez más nos hallamos ante el viejo doble baremo: es intrínsecamente más fácil creer en causas «físicas» de la enfermedad que en causas «psicológicas».

Un analista cauto concluiría diciendo que la pauta de comportamiento del tipo A a la antigua no es un predictor tan claro y consistente de las enfermedades cardíacas como factores de riesgo convencionales como el tabaco y la hipertensión. En cuanto que concepto puede haber sobrevivido a su utilidad. Sin embargo, hay datos convincentes que indican que componentes clave de la pauta del tipo A, en particular la hostilidad y la ira, desempeñan efectivamente importante papel en el desarrollo de las enfermedades cardíacas. Estos rasgos pueden cambiarse, y el cambiarlos puede reducir el riesgo de enfermedades cardíacas. Finalmente, disponemos de varios mecanismos biológicos y psicológicos perfectamente recetables que explican cómo funciona realmente la relación entre personalidad y enfermedades cardíacas. Es indudable que nuestra manera de pensar y de reaccionar ante el mundo tiene mucho que ver con nuestro riesgo de padecer enfermedades cardíacas.

Bibliografía

General

Booth-Kewley, S. y Friedman, H. S., «Psychological predictors of heart disease», *Psychological Bulletin, 101*, pág. 343, 1987.

Evans, P. D., «Type A behaviour and coronary heart disease», *British Journal of Psychology, 81*, pág. 147, 1990.

Johnston, D. W., «The current status of the coronary prone behaviour pattern», *Journal of the Royal Society of Medicine, 86*, pág. 406, 1993.

La mente en la muerte cardíaca súbita y el ataque cardíaco

Boltwood, M. D. y otros, «Anger predicts coronary artery vasomotor response to mental stress», *American Journal of Cardiology, 72*, pág. 1.361, 1993.

Burg, M. M. y otros, «Psychological factors in stress-induced silent left ventricular dysfunction», *Journal of the American College of Cardiology, 22*, pág. 440, 1993.

Gottdiener, J. S. y otros, «Induction of silent myocardial ischemia with mental stress», *Journal of the American College of Cardiology, 24*, pág. 1.645, 1994.

Grignani, G. y otros, «Platelet activation by emotional stress», *Circulation, 83*, pág. II128, 1991.

Hartel, G., «Psychological factors in cardiac arrhythmias», *Annals of Clinical Research, 19*, pág. 104, 1987.

LaVeau, P. J. y otros, «Transient left ventricular dysfunction during mental stress», *American Heart Journal, 118*, pág. 1, 1989.

Rozanski, A. y otros, «Mental stress and the induction of silent myocardial ischemia», *New England Journal of Medicine, 318*, pág. 1.005, 1988.

Samuels, M. A., «Neurally induced cardiac damage», *Neurologic Clinics, 11*, pág. 273, 1993.

Sloan, R. P. y otros, «Effect of mental stress on cardiac autonomic control», *Biological Psychology, 37*, pág. 89, 1994.

Tavazzi, L. y otros, «Acute pulmonary edema provoked by psychologic stress», *Cardiology, 74,* pág. 229, 1987.

Williams, J. K. y otros, «Psychosocial factors impair vascular responses of coronary arteries», *Circulation, 84,* pág. 2.146, 1991.

Yeung, A. C. y otros, «Effect of atherosclerosis on the vasomotor response of coronary arteries to mental stress», *New England Journal of Medicine, 325,* pág. 1.551, 1991.

Personalidades propensas a enfermedades coronarias y enfermedades cardíacas

Adams, S. H., «Role of hostility in women's health, *Health Psychology, 13,* pág. 488, 1994.

Bennett, P. y Carroll, D., «Stress management approaches to the prevention of coronary heart disease», *British Journal of Clinical Psychology, 29,* pág. 1, 1990.

Cartwright, L. K. y otros, «What leads to good health in midlife women physicians?», *Psychosomatic Medicine, 57,* pág. 284, 1995.

Dembroski, T. M. y otros, «Components of Type A, hostility and Anger-in: relationships to angiographic findings», *Psychosomatic Medicine, 47,* pág. 219, 1985.

Friedman, M. y Rosenman, R. H., *Type A Behavior and Your Heart,* Knopf, Nueva York, 1974.

Friedman, M. y otros, «Alteration of Type A behavior and its effects on cardiac recurrences», *American Heart Journal, 112,* pág. 653, 1986.

Gill, J. T. y otros, «Reduction of Type A behavior in healthy middle-aged American officers», *American Heart Journal, 110,* pág. 503, 1985.

Hardy, J. D. y Smith, T. W., «Cynical hostility and vulnerability to disease», *Health Psychology, 7,* pág. 447, 1988.

Houston, B. K. y otros, «Behavioral clusters and coronary heart disease risk», *Psychosomatic Medicine, 54,* pág. 447, 1992.

Johnston, D. W., «Can and should type A behaviour be changed?», *Postgraduate Medical Journal, 62,* pág. 785, 1986.

Julius, M. y otros, «Anger-coping types, blood pressure, and all-cause mortality», *American Journal of Epidemiology, 124,* pág. 220, 1986.

Markovitz, J. H. y otros, «Psychological predictors of hypertension»,

Journal of the American Medical Association, 270, pág. 2.439, 1993.

Matthews, K. A., «Coronary heart disease and Type A behaviors», *Psychological Bulletin, 104,* pág. 373, 1988.

O'Brien, W. H. y VanEgeren, L., «Perceived susceptibility to heart disease and preventive health behavior», *Behavioral Medicine, 17,* pág. 159, 1991.

Roskies, E. y otros, «The Montreal Type A intervention project», *Health Psychology, 5,* pág. 45, 1986.

Siegler, I. C. y otros, «Hostility during late adolescence predicts coronary risk factors at mid-life», *American Journal of Epidemiology, 136,* pág. 146, 1992.

Smith, T. W., «Hostility and health», *Health Psychology, 11,* pág. 139, 1992.

Suárez, E. C. y otros, «Cardiovascular and emotional responses in women: the role of hostility and harassment», *Health Psychology, 12,* pág. 459, 1993.

Suls, J. y Sanders, G. S., «Type A behavior as a general risk factor for physical disorder», *Journal of Behavioral Medicine, 11,* pág. 201, 1988.

Yakubovich, I. S. y otros, «Type A behavior pattern and health status after 22 years of follow-up», *American Journal of Epidemiology, 128,* pág. 579, 1988.

¿Cómo funciona?

Benschop, R. J. y otros, «Relationships between cardiovascular and immunological changes in stress», *Psychological Medicine, 25,* pág. 323, 1995.

Evans, P. D. y Moran, P., «Cardiovascular unwinding, type A behaviour pattern and locus of control», *British Journal of Medical Psychology, 60,* pág. 261, 1987.

Ewart, C. K. y Kolodner, K. B., «Predicting ambulatory blood pressure during school», *Psychophysiology, 30,* pág. 30, 1993.

Harbin, T. J., «Type A behavior and physiological responsivity», *Psychophysiology, 26,* pág. 110, 1989.

Herbert, T. B. y otros, «Cardiovascular reactivity and immune response to an acute psychological stressor», *Psychosomatic Medicine, 56,* pág. 337, 1994.

Krantz, D. S. y otros, «Type A behavior and coronary bypass surgery», *Psychosomatic Medicine, 44,* pág. 273, 1982.

Matthews, K. A. y otros, «Cardiovascular reactivity to stress predicts future blood pressure», *Hypertension, 22,* pág. 479, 1993.

Swan, G. E. y otros, «Cardiovascular reactivity as a predictor of relapse in smokers», *Health Psychology, 12,* pág. 451, 1993.

Vitaliano, P. P. y otros, «Psychological factors associated with cardiovascular reactivity», *Psychosomatic Medicine, 55,* pág. 164, 1993.

Williams, R. B. y otros, «Type A behavior and elevated physiological and neuroendocrine responses to cognitive tasks», *Science, 218,* pág. 483, 1982.

9

La mente del cangrejo

Aquel que desea pero no actúa, engendra pestilencia.
William Blake, *Matrimonio del cielo y el infierno* (1790-1793)

El cáncer es la segunda causa de mortalidad en los países industrializados, sólo superada por las enfermedades cardíacas. Una persona de cada cuatro muere de cáncer y uno de cada tres de nosotros desarrollaremos alguna forma de cáncer durante nuestra vida. Más o menos un tercio de los pacientes de los hospitales generales han ingresado en ellos porque tienen cáncer. Después de décadas de extraordinarias investigaciones biomédicas, nuestro conocimiento del cáncer es superior al de las generaciones anteriores, pero sigue siendo insuficiente. Incluso ahora, aproximadamente la mitad de los cánceres que se diagnostican son incurables.

Cáncer es un término general que abarca más de un centenar de enfermedades con una multiplicidad de causas. Lo que todos tienen en común es alguna forma de crecimiento maligno derivado de una reproducción anormal e incontrolada de las células. En muchos aspectos, es sorprendente que el cáncer no sea más corriente. El cuerpo humano está formado por una cantidad de células distintas del orden de 10^{13} (es decir, 10.000.000.000.000) [1], cada una de las cuales contiene un juego completo de genes y posee la capacidad intrínseca de crecer y dividirse aun cuando esa capacidad esté inhibida normalmente [2].

[1] Nadie las ha contado efectivamente, y, como es lógico, las estimaciones varían. La verdadera cifra podría estar más cerca de 10^{14}, pero ¿qué es un factor de 10 entre amigos?

[2] Para ser rigurosamente exactos, no *todas* nuestras células poseen un juego completo de genes: los glóbulos rojos de la sangre no tienen núcleo.

Así pues, cada una de esas 10^{13} células tiene capacidad para convertirse en cancerosa (o neoplásica, para usar el término técnico) y deben mantenerse bajo un control preciso y constante. La relativa poca frecuencia del cáncer, al menos antes de la mediana edad, es testimonio de los soberbios mecanismos de control celular del cuerpo.

Ocasionalmente, sin embargo, los complejos procesos reguladores del interior de nuestras células dejan de funcionar correctamente y las células comienzan a crecer anormalmente. Si se deja que continúe la división celular incontrolada, se formará finalmente un tumor maligno. Las células del tumor crecen y se dividen rápidamente, produciendo nuevo tejido que invade y destruye el tejido sano que lo rodea. En la antigüedad, las excrecencias que se ramificaban a partir de los tumores se compararon con las patas de un cangrejo, cuyo nombre en latín es *cancer*. Y así es como el cáncer (y este capítulo) recibió su nombre. Las células cancerosas pueden partir de un tumor, desplazarse a otras partes del cuerpo a través del torrente sanguíneo o el fluido linfático, y formar nuevas avanzadillas cancerosas, proceso que recibe el nombre de metástasis. El desarrollo de tumores secundarios tras la metástasis señala una grave escalada del avance de la enfermedad.

El cáncer es predominantemente una enfermedad de la mediana edad y la vejez. En comparación con peligros como las heridas sufridas en accidentes, sólo plantea un riesgo estadístico menor para los niños y los adultos jóvenes. Cuando llegamos a la mediana edad tardía, su incidencia aumenta bruscamente. Las formas más corrientes de cáncer en las sociedades industrializadas son aquellas que atacan al pulmón, el colon, las mamas y la próstata. La incidencia subyacente de la mayoría de los cánceres no ha experimentado grandes cambios en las últimas décadas, aunque el número absoluto de muerte a causa del cáncer ha mostrado un notable incremento, sobre todo porque las personas mayores viven ahora más y representan una proporción mayor de la población. Todos tenemos que morir de algo. En Gran Bretaña, por ejemplo, el número total de pacientes que recibe tratamiento para el cáncer ha aumentado en un 25 por 100 desde mediados del decenio de 1980.

Ciertos tipos de cáncer están en aumento. El más importante de ellos es el cáncer de pulmón, que aumentó espectacularmente después de la segunda guerra mundial y hoy es la forma más habitual de cáncer mortal en muchos países industrializados. Aproximadamente el 90 por 100 de los casos de cáncer de pulmón pueden atribuirse al tabaco. En algunos países, la incidencia del cáncer de pulmón entre los hombres ha comenzado a descender gradualmente, como reflejo de una disminución previa del hábito de fumar. Sin embargo, debido al prolongado período de hasta 30-40 años que transcurre desde que se comienza a fumar hasta que se desarrolla la enfermedad, la incidencia del cáncer de pulmón ha seguido aumentando entre las mujeres, que no comenzaron a fumar en gran número hasta después de la segunda guerra mundial. En Gran Bretaña, por ejemplo, aumentó en un 39 por 100 entre 1979 y 1990. Se cree que el tabaco es también responsable en parte del alarmante aumento del cáncer de vejiga.

Otro cáncer que registra un gran aumento es el melanoma maligno, forma virulenta del cáncer de piel [3]. El número de casos en Gran Bretaña se ha duplicado desde mediados de la década de 1980. Al igual que en el caso del cáncer de pulmón, el gran aumento del melanoma maligno puede atribuirse, hasta cierto punto, a cambios en el comportamiento. En este caso es nuestra afición a exponer en exceso nuestros cuerpos desprotegidos al Sol. A modo de modesto consuelo para los grandes

---

[3] El melanoma maligno es un tumor de los melanocitos: las células de la epidermis, o capa exterior de la piel, que producen el pigmento oscuro llamado melanina. El melanoma maligno es especialmente virulento debido a su propensión a experimentar metástasis, es decir a propagar tumores secundarios a otras partes del cuerpo.

aumentos que experimentan el cáncer de pulmón y el melanoma maligno, la incidencia del cáncer de estómago ha descendido considerablemente en los últimos 60 años, probablemente ayudado por las mejoras introducidas en la dieta alimentaria.

Las causas del cáncer son complejas y queda mucho camino por recorrer hasta que se conozcan plenamente. Se sabe que varios factores hacen aumentar el riesgo de desarrollar cáncer. El consumo de tabaco y la exposición a la luz solar intensa son ejemplos bien conocidos. Y todos sabemos que disfrutar de la radiación ionizante procedente de un reactor nuclear con fisuras o de la explosión de una bomba de hidrógeno no es una buena idea. La importancia de otros supuestos factores de riesgo, como ciertos alimentos, contaminantes ambientales y virus, está más abierta a discusión.

Como sucede con las enfermedades cardíacas, las relaciones entre los diversos factores de riesgo de cáncer y la enfermedad final son complejas. Un único factor de riesgo puede no ser necesario ni suficiente para causar cáncer. Los fumadores pueden permanecer libres de la enfermedad mientras que los no fumadores pueden caer presa de ella. Algunos individuos pueden ser especialmente vulnerables a ciertos factores de riesgo y no a otros. Somos diferentes en cuanto a nuestra sensibilidad a la luz solar, por ejemplo. Por otra parte, combinaciones concretas de factores de riesgo pueden tener un impacto desproporcionadamente poderoso, en el que el todo es mayor que la suma de las partes. ¿Qué papel desempeña la mente en este complejo entramado causal?

La mente en el cáncer

El cáncer asusta a la gente, aunque en muchos casos tenga cura y se cobre menos víctimas que las enfermedades cardíacas. El cáncer lleva consigo amenazadoras connotaciones de incertidumbre, dolor y sufrimiento prolongado, seguidos inevitablemente de una muerte poco digna. Las actitudes han cambiado en los últimos años a medida que ha aumentado el nivel de conocimiento público, pero el cáncer conserva aún la capacidad de aterrorizar.

La idea de que estados psicológicos y emocionales como la pena profunda, la depresión o el estrés pueden fomentar el desarrollo del cáncer ha estado presente durante siglos. Hace casi 2.000 años, el médico griego Galeno declaró que las mujeres melancólicas tenían más probabilidades de desarrollar cáncer. La idea fue recogida en los siglos XVIII y XIX, en los que varios médicos eminentes observaron que los melancólicos que habían experimentado pena o pérdida parecían vulnerables al cáncer. En la década de 1890, el médico británico Herbert Snow observó que una proporción sorprendentemente elevada de los afectados por el cáncer a los que atendía habían tenido una vida difícil y habían experimentado recientemente un hecho traumático, como la muerte de un ser querido.

Pocos científicos aceptarían en nuestros días la burda proposición que dice que un estado mental puede causar por sí solo el cáncer haciendo crecer un tumor de la nada y sin intervención alguna de otros agentes causales. Por el contrario, la atención científica se ha centrado en dos proposiciones un tanto más fluidas. La primera es que aspectos de nuestra personalidad o de nuestro estado psicológico pueden modificar nuestra propensión al cáncer, quizá haciéndonos más vulnerables a influencias causantes del cáncer o inhibiendo la capacidad del organismo para detectar y destruir nuevos cánceres. La segunda idea es que los factores psicológicos afectan las posibilidades de supervivencia y recuperación de las personas que ya padecen cáncer. Como veremos, existen considerables pruebas científicas que respaldan ambas hipótesis. Examinemos una pequeña muestra de estas pruebas[4].

---

[4] La mayoría de las pruebas de vinculaciones entre factores psicológicos y cáncer en seres humanos son correlacionales; es decir, los científicos observan una relación estadística entre un factor psicológico (como el estrés o la depre-

La terminación de una relación estrecha, ya sea debida a la muerte, el divorcio u otros medios, ha sido vinculada a menudo con el cáncer. Cuando el psicólogo estadounidense Lawrence LeShan estudió a más de 400 pacientes de cáncer, descubrió que una proporción extraordinariamente elevada (72 por 100) había sufrido la pérdida de alguna persona cercana a ellos no mucho antes del principio de su cáncer. Por el contrario, sólo el 10 por 100 de las personas comparables sin cáncer habían sufrido tal pérdida. La consecuencia era que la pérdida de una persona querida había aumentado el riesgo de cáncer.

Otro estudio descubrió que mujeres que padecían cáncer de mama habían experimentado una cantidad mayor de hechos vitales y pérdidas emocionales antes de que su cáncer fuera diagnosticado que las mujeres sin cáncer que eran comparables en términos generales en otros aspectos (como edad, estado civil, número de hijos y clase social). Los hechos vitales estresantes también parecían afectar su pronóstico: las mujeres que habían soportado más hechos vitales en el año anterior al principio del cáncer tenían menos probabilidades de sobrevivir a la enfermedad.

Las pruebas retrospectivas como la reseñada deben tratarse con cautela, sin embargo. La memoria humana es sumamente imperfecta y las personas que están enfermas necesitan en muchos casos atribuir su enfermedad a un acontecimiento específico de su vida. Para obtener pruebas definitivas debemos dirigir nuestra atención a estudios prospectivos, en los cuales el estado psicológico del sujeto se evalúa antes y no después de que se le diagnostique el cáncer. Se han efectuado numerosos

---

sión) y la posterior incidencia o progresión del cáncer. Consideraciones de tipo ético descartan obviamente la posibilidad de tumores inducidos experimentalmente en humanos, o el someterlos a un estrés grave esperando que desarrollen un cáncer. De hecho, consideraciones éticas hacen que tales experimentos sean cada vez más cuestionables también cuando se realizan con otras especies.

estudios de este tipo, la mayoría de los cuales han sacado a la luz relaciones significativas entre los factores psicológicos y la enfermedad posterior.

En un estudio realizado en el decenio de 1970, 110 hombres de los que se sospechaba que padecían tumores en los pulmones, aunque este hecho no había sido confirmado aún, fueron sometidos a una evaluación psicológica. A todos ellos se les diagnosticó posteriormente la presencia de un cáncer de pulmón o bien de un tumor benigno. Los resultados mostraron que los hombres que habían experimentado recientemente estresantes psicológicos como el fin de una relación, miedo a quedarse en el paro o un matrimonio inestable, tenían más probabilidades de padecer un tumor maligno que un tumor benigno. De hecho, las mediciones psicológicas fueron tan eficaces para predecir qué individuos padecerían cáncer de pulmón como su historial de fumadores.

Otro estudio investigó la incidencia del cáncer entre estudiantes de medicina que se habían titulado en la Universidad Johns Hopkins entre 1948 y 1964. Todos los sujetos fueron evaluados, tanto médica como psicológicamente, coincidiendo aproximadamente con la fecha de su graduación. A partir de ese momento, se hizo un seguimiento periódico de su salud durante los años siguientes. Resultó que los titulados que pensaban que no habían experimentado unas relaciones estrechas con sus progenitores, especialmente con su padre, tenían más probabilidades de desarrollar cáncer en los años siguientes. Una investigación de seguimiento descubrió una asociación semejante entre una relación pobre padre-hijo y un aumento del riesgo de cáncer, y estableció que no era simplemente un producto derivado de otros factores de riesgo como el consumo de tabaco.

Pruebas convincentes de las vinculaciones entre los hechos vitales estresantes y el cáncer de mama posterior surgieron de un estudio realizado en un hospital del King's College de Londres, cuyos resultados se publicaron en *British Medical Journal* a finales de 1995. Mujeres que tenían un bulto sospechoso pero (en aquel momento) no diagnosticado en el pecho se sometieron a una entrevista psicológica antes de que se llevara a cabo una biopsia. Cuando se analizaron los resultados, resultó que las mujeres que habían experimentado hechos vitales graves en los cinco años precedentes tenían una proporción sustancialmente mayor de probabilidades de que se les diagnosticara un cáncer de mama en vez de un tumor benigno o ninguna enfermedad. Casi la mitad de las mujeres que habían experimentado hechos vitales adversos de importancia resultaron tener cáncer de mama, en comparación con menos de un 20 por 100 de aquellas cuya biopsia dio resultados negativos.

También se ha vinculado el cáncer con la depresión. En el curso de un estudio de larga duración sobre más de 2.000 hombres de mediana edad, investigadores de la Universidad de Illinois descubrieron que los hombres que mostraban signos de depresión tenían un riesgo significativamente mayor de desarrollar un cáncer y morir de él en los 20 años siguientes. Esta relación entre depresión y cáncer posterior se confirmó aun cuando se ajustaron los datos para tener en cuenta otros factores de riesgo como la edad, el consumo de tabaco y los antecedentes familiares de cáncer.

Los humanos no somos la única especie que padece cáncer, y tampoco somos los únicos animales en los que los factores psicológicos tienen que ver con el cáncer. Las investigaciones experimentales desarrolladas durante décadas con animales (algunas bastante espeluznantes, todo hay que decirlo) han establecido fuera de toda duda razonable que el estrés psicológico puede influir en la formación y crecimiento de los tumores. Se ha demostrado que diversos estresantes psicológicos, como la rotación, el hacinamiento, la manipulación, el aislamiento, las descargas eléctricas, los grandes ruidos o la restricción física, influyen en la propensión de los animales al cáncer, así como en el ritmo con que esos cánceres se desarrollan y propagan.

Los resultados de estos experimentos con animales han sido diversos y complejos. Lo que demuestran es que aunque el estrés suele hacer que los tumores crezcan con mayor rapidez, también pueden tener el efecto contrario en ciertas circunstancias. La manera en que un estresante afecta el desarrollo de un tumor depende decisivamente de las cualidades básicas que repasamos en el Capítulo 5: intensidad, duración, momento, previsibilidad y control.

En el decenio de 1970, un científico estadounidense, Vernon Riley, descubrió que una manera de estresar a un ratón sin ser brutal consiste en hacer girar su jaula sobre un plato de gramófono modificado durante, por ejemplo, 10 minutos cada hora. El hecho de rotar al ratón de este modo provoca sistemáticamente una respuesta de estrés, incluida la reveladora secreción de hormonas glucocorticoides por las glándulas suprarrenales. La respuesta de estrés a la rotación depende de la dosis; en otras palabras, cuanto más rápida sea la rotación de la jaula, más altos serán los niveles de hormonas glucocorticoides de su ocupante. Después de una hora o dos de este tratamiento, el número de linfocitos T que circulan en la sangre del animal se reduce. Después de 24 horas se produce una reducción mensurable del tamaño y el peso de su timo. Pero más importante es que el estrés producido por la rotación fomenta el crecimiento de algunos tipos de tumor, especialmente tumores de crecimiento lento que son atacados por el sistema inmunitario.

El control tiene gran importancia a la hora de determinar si los estresantes fomentan el crecimiento de tumores en animales. El lector quizá recuerde que los estresantes controlables provocan generalmente una respuesta de estrés más pequeña que los estresantes incontrolables (pero por lo demás semejantes). En términos generales, los estresantes incontrolables son una mala noticia para un animal que tiene un tumor. Los tumores se desarrollan antes, crecen más rápidos, alcanzan un tamaño mayor y tienen más probabilidades de resultar mortales en los animales sometidos a estresantes incontrolables, en comparación con animales sometidos a cantidades idénticas de estresantes controlables (o a ningún estresante). De hecho, los estresantes controlables moderados tienen a menudo escasas o nulas repercusiones apreciables sobre los tumores.

Madelon Visintainer y sus colegas de la Universidad de Pensilvania investigaron los efectos del control sobre la capacidad de las ratas para rechazar los tumores. Se implantó a las ratas un pequeño tumor y después se les aplicaron descargas eléctricas estresantes. Las descargas eran controlables (la rata podía escapar de la descarga presionando una barra) o incontrolables (presionar la barra no servía para nada). La capacidad de controlar el estresante tenía una repercusión inmensa sobre la capacidad de las ratas para rechazar el tumor: el 63 por 100 de las ratas a las que se habían aplicado descargas controlables lograron rechazar el tumor, frente al 27 por 100 de aquellas que habían recibido cantidades idénticas de descargas incontrolables. La falta de control sobre el estresante —una variante puramente psicológica— duplicaba con creces las probabilidades de que las ratas sucumbieran al tumor[5].

Naturalmente, debemos ser cautos en lo que se refiere a extrapolar al ser humano los resultados de experimentos bastante rudimentarios con animales. Los ratones y las ratas no son nosotros. Por otra parte, las descargas eléctricas y otros estresantes que se utilizan en los experimentos de laboratorio son poco representativos del mundo real. Una vez dicho esto, los procesos biológicos básicos son esencialmente idénticos en especies estrechamente relacionadas, por lo que pueden reco-

[5] La duración de un estresante afecta también a su repercusión en los tumores. En un experimento, ratas a las que se les había administrado una sustancia química cancerígena, y después fueron sometidas a estrés intermitente durante un período de tres meses, desarrollaron más tumores. Sin embargo, si el mismo régimen de estresantes se aplicaba durante cinco meses, se reducía el número y el tamaño de los tumores.

gerse verdades fundamentales de las ratas, los ratones y los monos.

Otra cuestión que puede repetirse es que los factores psicológicos desempeñan probablemente un papel aún más destacado en los procesos de enfermedades humanas, incluido el cáncer, que en otras especies. Nuestra propensión a pensar en hechos pasados y a preocuparnos por el futuro puede ampliar enormemente el período en el que los estresantes son estresantes. Si los estresantes psicológicos afectan el desarrollo de tumores en ratas, ratones y monos —cosa que efectivamente hacen—, no es muy arriesgado apostar que algo semejante sucederá en los humanos.

¿Existe una personalidad propensa al cáncer?

> Qué dulces, criaturas angelicales,
> son estas damas,
> una tan pronto atacaría a un peluche,
> como profanaría una estrella.
>
> Tales convicciones de damasquillo,
> un horror tan refinado
> de moteada naturaleza humana,
> de la deidad, avergonzada.
>
> Emily Dickinson (h. 1862)

En los últimos años, los científicos han dirigido su atención a una serie de rasgos de la personalidad de los que se piensa que pueden estar relacionados con un aumento del riesgo de padecer cáncer. Esta serie recibe el nombre de tipo C. La pauta del tipo C comparte algunos de los mismos problemas conceptuales que la pauta de comportamiento propensa a enfermedades coronarias del tipo A, incluida la falta de una definición universalmente aceptada. Existe, sin embargo, un consenso razonable en que ciertas características son componentes clave del tipo C:

- la represión de las emociones fuertes
- la adecuación a los deseos de los demás y la falta de seguridad en sí mismo
- la evitación de conflictos o comportamientos que puedan ofender a los demás
- un enfoque calmado, exteriormente racional y no emocional de la vida
- acatamiento de las normas de comportamiento convencionales y mantenimiento de la apariencia de «simpatía»
- estoicismo y sacrificio
- tendencia a sentimientos de impotencia o desesperanza.

La mayoría de los investigadores coinciden en que la característica fundamental de la personalidad del tipo C es la propensión a reprimir las emociones, especialmente la ira.

Algunos tipos C de ficción

La personalidad del tipo C quizá pueda ilustrarse mejor seleccionando personajes de ficción que exhiben las características en una forma extrema. Rasgos del tipo C como el estoicismo sacrificado, la falta de expresión emocional y la simpatía patológica están compendiados en el cuento popular medieval de la paciente Griselda. Su historia ha conocido diversas interpretaciones, entre ellas en el *Decamerón* de Bocaccio y la *Patient Grissel* de Thomas Dekker, pero su manifestación más conocida es la imitada Griselda de «El cuento del erudito» de los *Cuentos de Canterbury* de Chaucer.

Griselda es una hermosa y virtuosa campesina que vive en una aldea gobernada por un joven noble llamado Walter. Cuando los súbditos de Walter le piden que se case, Walter decide tomar como esposa a Griselda. El novio resulta ser cualquier cosa menos un «hombre nuevo». El día de su boda dice a Griselda que exige obediencia absoluta. La muchacha accede sin oponer resistencia y no tarda en ganarse la aclamación general por su virtud y dulzura. Pero a pesar de su evidente rectitud, Walter decide poner a prueba a Griselda. Pone manos a la obra sometiéndola a una serie de crueldades inútiles y sádicas durante un período de varios años.

Para empezar, Walter ordena a uno de sus oficiales confiscar a la pequeña hija de la pareja, aparentemente con la intención de asesinar a la indefensa criatura. Cuando se le dice que ésas son las órdenes de su esposo, la obediente Griselda entrega a su hija sin poner objeciones. Unos años después Griselda da a luz a un hijo y Walter hace exactamente lo mismo. Una vez más, Griselda entrega a su retoño, proclamando que sobre todas las cosas desea estar al servicio de la voluntad de su esposo.

A estas alturas, incluso el despiadado Walter comienza a estar impresionado por la impecable docilidad de su esposa. Pero el muy bestia no está satisfecho todavía. Se hace con cartas falsas del Vaticano que supuestamente le autorizan a divorciarse de Griselda y anuncia su intención de volver a casarse. Sin el menor asomo de protesta, Griselda —pidiendo únicamente que se le devuelva su vestido de campesina para no tener que volver andando desnuda a su aldea— se ofrece voluntaria para hacerse cargo de los preparativos de la boda y garantizar que la nueva novia esté bien cuidada. El repugnante Walter decide finalmente que Griselda ha demostrado que vale la pena. Walter revela que todo ha sido una estratagema, le devuelve a su hijo y su hija y todos viven felices para siempre.

Durante sus tormentos sin sentido, Griselda exhibe una docilidad inquebrantable a cada deseo de su esposo. Soporta los grandes sufrimientos con callada pasividad, sin dar rienda suelta nunca a la ira o el rencor, sin insinuar nunca el menor deseo de enterrar un hacha en la merecedora cabeza de Walter, a pesar de la inmensa provocación. El lector ve cómo Griselda experimenta interiormente una gran convulsión emocional, pero nunca la expresa. En pocas palabras, es la perfecta alfombra humana:

> Pero llena de paciente benevolencia,
> discreta y poco orgullosa, honorable,
> y a su esposo siempre sumisa y estable.

Un retrato increíblemente exacto de una personalidad del tipo C se encuentra en la novela de May Sinclair titulada *The Life and Death of Harriett Frean* [6]. La obra es una fábula moral acerca de la vida reprimida y emocionalmente hambrienta de Harriett Frean, una «hija perfecta de la época victoriana». Harriett

---

[6] Antes de ser eclipsada por Virginia Woolf, May Sinclair era una de las novelistas más apreciadas en Gran Bretaña. Su obra llegó a ser comparada incluso con la de Charlotte Brontë. *The Life and Death of Harriett Frean* se publicó en 1922, en una época en que las teorías psicoanalíticas de Freud ejercían influencia entre los intelectuales británicos. Sinclair utilizó profusamente las teorías freudianas de represión y sublimación en *Harriet Frean* y otras obras. Además de la Harriett del tipo C y su cáncer, la novela de Sinclair trata diversos temas relevantes. Por ejemplo, Harriett demuestra la distinción entre comportamiento relacionado con la enfermedad y verdadera enfermedad. Durante un episodio de pleuresía, varios años antes de su muerte, descubre los placeres del rol de enfermo:

> Fuera de la paz de la enfermedad entraba en el sufrimiento y el largo esfuerzo de la convalecencia. [...] No quería ponerse bien. No podía ver otra cosa en la recuperación que el fin del privilegio y el prestigio.

En otros lugares de la narración, la mejor amiga de Harriett, Priscilla, contrae una parálisis histérica, clásica enfermedad psicosomática en el viejo y dudoso sentido del término. Los médicos no encuentran ninguna causa orgánica de la parálisis: la única razón por la que Priscilla no puede andar es porque no puede andar. Se insinúa que el verdadero origen de la enfermedad se halla en la relación de Priscilla con su poco afectuoso marido, Robin:

> Robin no estaba enamorado de ella, y ella lo sabía. Desarrolló esa enfermedad para poder tenerlo agarrado, obtener su atención atado a ella de alguna manera. No digo que pudiera evitarlo. No podía.

Más adelante, el padre de Harriett pierde súbitamente todo su dinero en la bolsa. En un estilo literario tradicional, la conmoción le sume en un grave deterioro y muere debido a una enfermedad cardíaca.

tiene todos los ingredientes principales del tipo C. Reprime implacablemente sus emociones; es sacrificada y hace lo que los demás esperan de ella, obedeciendo los deseos de sus padres sin rechistar; acata estrictamente las normas de comportamiento convencionales; es poco emocional; y es, al menos exteriormente, terriblemente simpática. Adiestrada por sus padres refinados y victorianos a equiparar amor y desinterés, Harriett Frean encuentra una extraña felicidad en negar sus propios deseos. La madre de Harriett está hecha del mismo molde nervioso del tipo C. De hecho, es tan excesivamente sacrificada que se niega a someterse a una operación para tratar su cáncer para no incurrir en gastos, y muere como consecuencia directa de ello.

En su juventud, Harriett se enamora de Robin, el prometido de su mejor amiga, pero después renuncia a su amor con «un escalofrío de placer en su hermoso comportamiento». Cuando Robin (que ahora está infelizmente casado con la mejor amiga) la reprende por haberse negado a casarse con él, Harriett reprime su ira como un auténtico tipo C y consigue eludir el casi inevitable trago. En su mediana edad, seca y sin sexo, se aísla cada vez más de los pocos amigos que le quedan. Del mismo modo que antes le había sucedido a su madre del tipo C, Harriett Frean desarrolla cáncer y muere. Aunque ingresa en un hospital en las fases terminales de su enfermedad, Harriett se comporta implacablemente y se niega a abrir la boca por miedo a decir algo indecente mientras está bajo los efectos de la anestesia.

Un homólogo masculino de Harriett Frean es Henry Earlforward, el mezquino librero de Clerkenwell de *Riceyman Steps*, de Arnold Bennett, a quien ya conocimos en el Capítulo 3. Earlforward es un hombre desabrido, cortés y sacrificado que se comporta con invariable rutina. En la mediana edad se casa con una viuda, Violet, pero su matrimonio es estéril y carente de pasión. (Violet muere finalmente de un fibroma en el útero: otra enfermedad mortal cargada de simbolismo psicológico.)

La represión de todo signo externo de emoción es uno de

los sellos distintivos del tipo C de Earlforward. Por dentro es un hervidero de ansiedades y emociones como cualquier otra persona, pero la cara que presenta al mundo es de perfecto sosiego:

> Comenzó a dolerle la rodilla. Su cuerpo y su mente siempre reaccionaban el uno a la otra. «¿Por qué tiene que dolerme la rodilla porque estoy aburrido?», pensaba, y no podía dar ninguna respuesta. Pero en secreto estaba bastante orgulloso de estas reacciones misteriosas e inoportunas; le daban distinción a sus propios ojos. En otro entorno habría sido conocido entre sus amistades como «muy estirado» y «de constitución muy nerviosa». Pero por fuera era tan calmado, tan sereno, tan equilibrado [7].

Henry Earlforward se siente igualmente incómodo con cualquier exhibición de emoción por parte de los demás. Cuando Violet tiene un arrebato desacostumbrado por la mezquindad de Henry, éste sale de la habitación sin hacer ruido para evitar el conflicto. Violet se siente frustrada por la indiferencia inexpresiva de Henry. Declara que preferiría tener un esposo que le pegara un poco antes que vivir con «una caja fuerte cerrada con llave y fundida en hierro» como Henry. A pesar de su fatal enfermedad, Violet siente terror a alterar la rutina del hogar de los Earlforward. Sabe que toda desviación del inflexible ritual afligiría a Henry, aunque éste no dejaría ver un signo externo de esa angustia.

> La conmoción sería terrible si fallara en su papel diario; Henry mantendría su calma, pero debajo de la calma «en qué estado estaría».

Earlforward, como Harriett Frean, muere de cáncer.

La teoría que afirma que atributos del tipo C como los de

[7] El propio Arnold Bennett albergaba sentimientos de distintos signos en relación con la repercusión de sus emociones sobre su estado físico. Bennett padecía insomnio y, como su creación Earlforward, se consideraba «muy estirado».

Harriett Frean o Henry Earlforward están vinculados por el cáncer es algo más que una sugerencia descabellada. Hay datos científicos razonablemente sensatos que la respaldan. La investigación ha implicado diversos elementos del perfil del tipo C —especialmente la represión de las emociones— en varias formas de cáncer, entre ellas el cáncer de intestino, el cáncer de pulmón, el cáncer de mama y el melanoma maligno.

En un estudio, Lydia Temoshok y sus colegas descubrieron que los enfermos de melanoma maligno que habitualmente reprimían sus emociones tenían tumores más gruesos, de crecimiento más rápido y peor infiltrados por los linfocitos: todo lo cual predice un resultado negativo. Asimismo, cuando científicos de la Universidad Johns Hopkins analizaron la incidencia del cáncer en una muestra de 972 médicos, descubrieron que aquellos que habían sido evaluados como solitarios emocionalmente reprimidos cuando eran estudiantes tenían (asombrosamente) 16 veces más probabilidades de desarrollar cáncer en los 30 años siguientes que aquellos que eran emocionalmente expresivos. Tal conexión entre las características del tipo C y el cáncer parecen seguir siendo ciertas incluso cuando otros factores de riesgo médicos como el tabaco, la dieta, la edad y los antecedentes familiares de cáncer se han tenido en cuenta.

La relación entre los atributos de la personalidad del tipo C y el cáncer es lo bastante fiable como para que investigadores de varios países hayan podido usar las características del tipo C para predecir a qué pacientes se les diagnosticará cáncer después de una biopsia. En un estudio, un grupo de mujeres que tenían un bulto sospechoso en el pecho fueron entrevistadas la víspera de una biopsia de mama, para comprobar si tenían características de personalidad del tipo C. A partir de esta evaluación psicológica únicamente, los investigadores pudieron predecir qué biopsias darían que a las mujeres a las que pertenecían padecían cáncer de mama (en vez de un tumor benigno) con una tasa de éxito superior al 80 por 100.

Un estudio efectuado en Estados Unidos en 1994 produjo resultados semejantes. Científicos de la Universidad de Purdue evaluaron los perfiles psicológicos de 826 mujeres que habían acudido a un consultorio para someterse a un reconocimiento del pecho y esperaban los resultados de sus mamografías. Del mismo modo que en el estudio de la Universidad Johns Hopkins, era más probable que se encontrasen turmores malignos (frente a un tumor benigno o nada en absoluto) en las mujeres que presentaban el rasgo clave del tipo C de la represión emocional. Además, los datos establecieron vinculaciones entre un alto riesgo de malignidad y la soledad o recientes hechos vitales importantes. Las mismas conclusiones se obtuvieron en esencia en un estudio efectuado en Gran Bretaña sobre 2.000 mujeres que se sometieron a un reconocimiento del pecho. Cary Cooper y otros colegas del Instituto de Ciencia y Tecnología de la Universidad de Manchester descubrieron que las mujeres que tendían a reprimir sus sentimientos —el sello distintivo del tipo C— tenían más probabilidades de padecer cáncer de mama que tumores benignos. Las mujeres a las que se diagnosticó cáncer de mama también tendían a ser aquellas que habían experimentado más estrés en los dos años precedentes.

Otro componente del grupo del tipo C que se ha vinculado a menudo con el cáncer es la sensación de desesperanza. En un estudio realizado en la década de 1960, se entrevistó a mujeres que se sometían a una citología antes de saber cuál había sido el resultado de la prueba. Ninguna de estas mujeres tenía ningún síntoma claro de padecer cáncer cervical en esta fase. Los resultados mostraron que las mujeres que expresaban sentimientos de desesperanza durante la entrevista tenían más probabilidades de que les fuera diagnosticado un tumor maligno. La entrevista por sí sola predijo los resultados de la citología en más del 75 por 100 de los casos.

Algunas pruebas notables de las vinculaciones entre la personalidad y el cáncer provienen de las investigaciones efectuadas por Ronald Grossarth-Maticek en la antigua Yugoslavia. En el decenio de 1960, Grossarth-Maticek comenzó un estudio prospectivo de larga duración sobre 1.353 habitantes de aldeas yugoslavas. Descubrió que los individuos que obtenían buenos resultados en las mediciones psicológicas de la racionalidad y la antiemocionalidad (en ambos casos, aspectos de la serie de la personalidad del tipo C) tenían más riesgo de padecer cáncer. Por otra parte, se descubrió que un tipo especial de terapia del comportamiento que frenaba estos atributos reducía ese riesgo. Nuevas investigaciones de Grossarth-Maticek y su colaborador Hans Eysenck descubrieron pruebas de que las variables de la personalidad y el estrés psicológico tienen relación decisiva con el riesgo de morir de cáncer o enfermedades cardíacas años después. De hecho, las relaciones descubiertas por Grossarth-Maticek y Eysenck eran tan fuertes que los escépticos desecharon sus resultados por considerarlos simplemente demasiado buenos como para ser verdaderos.

Influencias psicológicas sobre la supervivencia

> No entres mansamente en esa buena noche...
> Enfurece, enfurece contra la muerte de la luz.
>
> Dylan Thomas (1952)

> Seré conquistado, no capitularé.
>
> Samuel Johnson (1784) a propósito de su enfermedad, citado en la *Vida* de Boswell

Pasamos ahora a la cuestión de la supervivencia. Además de influir en nuestras posibilidades de desarrollar cáncer en primer lugar, los factores psicológicos y emocionales también pueden modificar nuestras probabilidades de supervivencia y recuperación de la enfermedad.

Como es lógico, el estrés psicológico grave tiende a empeorar la situación para los enfermos de cáncer. Hay datos que indican que puede acortar su tiempo de supervivencia. Por ejemplo, investigaciones efectuadas en el hospital Guy's de Londres descubrieron que el estrés grave hacía aumentar el riesgo de recaída en mujeres a las que se había operado de cáncer de mama. Las mujeres que habían experimentado hechos vitales negativos como la pérdida de empleo o la muerte de un ser querido durante un período posoperatorio, tenían cinco veces más probabilidades de sufrir una reaparición del cáncer de mama que las mujeres que no habían experimentado estrés grave (pero cuyo estado e historial médicos eran semejantes). El estrés empeora la situación, pero ¿pueden otros estados mentales lograr lo contrario? Eso parece.

La mejora del estado de la mente de los pacientes de cáncer puede hacerles sentirse sin duda mucho mejor tanto emocional como físicamente. En un estudio efectuado en 1995 se usó el metaanálisis para reunir los resultados de 45 estudios distintos que habían investigado los beneficios de diversos tipos de terapias psicológicas en el tratamiento de pacientes de cáncer. El metaanálisis confirmó que intervenciones psicológicas como la instrucción en relajación, la terapia cognitiva y el apoyo social podían producir mejoras destacadas en los síntomas físicos y en el control del dolor, además de ayudar a los pacientes a adaptarse emocionalmente a su enfermedad. Pero ¿pueden las terapias psicológicas ayudar a sobrevivir a los pacientes de cáncer?

A todos nos resulta familiar la idea de que los individuos «luchan» contra su cáncer. Esta metáfora bélica se ha convertido en un cliché de los medios de comunicación; la gente ya no muere de cáncer, sino que pierde su batalla contra él. Los científicos han investigado la idea y han encontrado pruebas convincentes que indican que el entorno social y la actitud mental pueden modificar nuestras posibilidades de sobrevivir al cáncer.

Ha generado no poca publicidad la idea de que las víctimas

del cáncer que exhiben un espíritu de lucha tienen más probabilidades de sobrevivir que aquellos que responden estoicamente, o que aquellos que abandonan y aceptan con impotencia su difícil situación. Esta idea está sustentada por algunas investigaciones científicas respetables.

En un estudio pionero, Keith Pettingale, Steven Greer y otros colegas de la Universidad de Londres hicieron un seguimiento del progreso de un grupo de mujeres a las que se había diagnosticado cáncer de mama en una fase temprana. Unos meses después del diagnóstico inicial, los investigadores evaluaron la respuesta psicológica de cada una de estas mujeres a su enfermedad. Cinco años después comprobaron cuál había sido la evolución médica de cada mujer. Los resultados indicaron que la reacción psicológica de una mujer ante su enfermedad tenía una relación cierta con su probabilidad de sobrevivir sin repetición alguna del cáncer en los cinco años siguientes. Aquellas que respondieron al diagnóstico inicial mostrando un espíritu de lucha o negación estaban mejor que aquellas que aceptaban estoicamente su situación o respondían con sentimientos de impotencia o desesperanza.

Cuando los investigadores realizaron un estudio de seguimiento de las mismas mujeres 15 años después, aquellas que habían mostrado inicialmente un espíritu de lucha o negación seguían obteniendo mejores resultados: el 45 por 100 estaban vivas y libres de cáncer, frente al 17 por 100 de las mujeres que habían reaccionado inicialmente con aceptación estoica, impotencia o preocupación ansiosa. De hecho, la respuesta psicológica inicial de una mujer resultó un predictor mejor de su supervivencia que el tamaño inicial de su tumor. Por otra parte, parecía actuar independientemente de otros factores que afectaban a la supervivencia, como el tamaño inicial del tumor, la edad de la mujer y los tratamientos utilizados.

Varios estudios han expuesto relaciones semejantes entre las respuestas psicológicas de los pacientes ante el cáncer y su posterior supervivencia. Un estudio sobre pacientes que habían recibido un trasplante de médula ósea para la leucemia descubrió que aquellos cuya actitud hacia su cáncer se caracterizaba por la «preocupación ansiosa» (la antítesis de la negación o el espíritu de lucha) tenían menos probabilidades de sobrevivir. Resultados como éstos parecen indicar que quizá sea mejor que el enfermo de cáncer tenga una reacción emocional fuerte, del tipo que sea, que no reaccionar de ninguna manera[8].

El descubrimiento de que los enfermos de cáncer que reaccionan con espíritu de lucha pueden sobrevivir más tiempo concuerda con la investigación psicológica sobre la personalidad del tipo C. Investigadores de la Campaña de Investigación del Cáncer en Inglaterra han descubierto que los individuos del tipo C tienden a reaccionar con sentimientos de desesperanza o impotencia cuando se les dice que tienen cáncer. Un estudio sobre mujeres que padecían cáncer de mama en fases tempranas reveló que aquellas que mostraban la característica del tipo C de controlar su ira y otras emociones también tendían a tener una actitud fatalista y de impotencia hacia su cáncer.

El estado mental del paciente no es lo único que importa, por supuesto. También las demás personas son importantes. Teniendo en cuenta todo lo que hemos considerado a propósito de la influencia de las relaciones sociales en la salud, no debería sorprendernos el que la cantidad y calidad de las relaciones de una persona pueda tener que ver en sus posibilidades de sobrevivir al cáncer. Son cada día más numerosas las pruebas de que

[8] Es casi inevitable, dada la complejidad de las cuestiones subyacentes, que en la literatura científica también se encuentren ejemplos de estudios que no encontraron ninguna relación significativa entre los factores psicológicos y la supervivencia al cáncer. Uno de los estudios negativos de esta categoría, citado muy a menudo, ha sido criticado porque se basaba en una muestra de pacientes que estaban en fases terminales de cáncer. Cuando una persona está a las puertas de la muerte, es intrínsecamente menos probable que los factores psicológicos —o cualquier otra cosa, dicho sea de paso— surta ningún efecto sobre ella.

los enfermos de cáncer que tienen relaciones personales y apoyo social satisfactorio tienden a sobrevivir más que aquellos que están solos o aislados socialmente. Un estudio efectuado en Canadá sobre pacientes a los que se les había diagnosticado recientemente cáncer de pulmón reveló que las probabilidades de que el paciente muriera en el plazo de un año eran mayores en los casos en que faltaba el apoyo social. Estudios sobre mujeres que padecen cáncer de mama han confirmado este extremo: las mujeres que reciben mucho apoyo emocional de su pareja, su familia, amigos y su médico tienden a sobrevivir mucho más.

La prueba más sorprendente de los beneficios de las relaciones sociales quizá sea la aportada por el trabajo de David Spiegel y sus colegas de la Universidad de Stanford. Para su sorpresa, descubrieron que mujeres que padecían cáncer de mama avanzado sobrevivían el doble cuando tomaban parte en terapia psicológica que mejoraba su entorno social.

La terapia utilizada por el equipo de Spiegel consistió en sesiones semanales de 90 minutos en las que las pacientes y el personal médico se reunían en grupo para hablar de los sentimientos y pensamientos de las pacientes acerca de su cáncer. Se alentó a las mujeres a hacer frente a su miedo a morir y a dar rienda suelta a sus emociones, en un marco en el que tenían el apoyo emocional de otros pacientes y del personal médico. También se les enseñó una sencilla técnica de relajación para ayudarlas a afrontar el dolor. Una de las consecuencias de la terapia de grupo fue que las pacientes no tardaron en desarrollar relaciones estrechas y mutuamente solidarias entre sí.

Al comienzo del estudio de Spiegel, 50 mujeres que padecían cáncer de mama en estado de metástasis fueron asignadas aleatoriamente para recibir sesiones semanales de terapia de grupo, además del tratamiento médico habitual. (Otras 36 mujeres fueron asignadas aleatoriamente a un grupo de comparación y sólo recibieron el tratamiento médico estándar.) Los resultados iniciales mostraron que la terapia era sumamente eficaz para mejorar la calidad de vida de las mujeres. Su estado de ánimo y su bienestar mental mejoraron con el paso del tiempo, a pesar del empeoramiento de su estado físico, mientras que el estado mental de las pacientes del grupo de comparación se deterioró. La terapia también redujo la percepción del dolor de las mujeres.

Tal como había sido concebida en un principio, la terapia pretendía ayudar a las enfermas de cáncer y a sus familias a hacer frente a la enfermedad y aumentar su calidad de vida durante el tiempo que les quedase. Los investigadores no habían previsto que la terapia pudiera ayudar a las pacientes a vivir más, ni tampoco se indujo a las pacientes a creerlo. Más o menos en estas fechas, varios gurús de la New Age despertaban una considerable atención de los medios de comunicación con sus afirmaciones de que el cáncer podía curarse con la única intervención de fuerzas mentales. Spiegel y sus colegas científicos eran justamente escépticos con respecto a las afirmaciones más delirantes. Sin embargo, decidieron comprobar si sus datos de investigación podían arrojar al menos alguna luz sobre el problema. Comprobaron, por tanto, si la terapia de grupo había afectado de alguna manera a la supervivencia de las pacientes. Para su sorpresa, la respuesta era afirmativa.

A estas alturas sólo estaban vivas tres de las 86 mujeres del principio. Era evidente que la terapia de grupo no había provocado ninguna curación milagrosa. Pero había conseguido algo ciertamente reseñable: había duplicado la duración media del tiempo que las mujeres sobrevivieron antes de sucumbir finalmente a su cáncer. En el grupo de comparación, que recibió únicamente el tratamiento médico habitual, el intervalo medio entre el comienzo del estudio y la muerte fue de 9 meses; para las mujeres que habían recibido terapia de grupo fue de 37 meses. El intervalo medio entre la aparición inicial de tumores secundarios (metástasis) y la muerte también era significativamente más prolongado entre aquellas que habían recibido terapia de grupo. Cuando se publicaron las extraordinarias conclusiones del equipo de Stanford en la prestigiosa revista médica *The Lancet*, en 1989, causaron un considerable revuelo.

El descubrimiento de Spiegel y otros semejantes han sido tergiversados ocasionalmente por los medios de comunicación y los gurús de la New Age como prueba de que la gente puede curarse del cáncer por medios puramente psicológicos. No es así. David Spiegel y otros científicos serios que trabajan en este campo se han esforzado por evitar que se hagan tales afirmaciones infundadas. Su interpretación (que es casi con seguridad la correcta) es que un entorno social de gran calidad puede ayudar a mejorar el estado mental y físico del enfermo de cáncer y por tanto prolongar su supervivencia.

Una nueva confirmación de que los tratamientos psicológicos pueden ayudar a ampliar el tiempo de supervivencia de los enfermos de cáncer ha venido del trabajo de Fawzy Fawzy y sus colegas de la Universidad de California en Los Ángeles. Estos investigadores examinaron los efectos de la terapia psicológica sobre la salud mental y física de individuos que padecían melanoma maligno. Cada paciente recibió una sesión de 90 minutos de terapia una vez a la semana durante 6 semanas, comenzando poco después del diagnóstico y el tratamiento inicial. La terapia estaba concebida para educar a los pacientes acerca de su salud, reducir su miedo, mejorar sus actitudes para afrontar la enfermedad, enseñarles a gestionar el estrés y reforzar su apoyo social. Un grupo de comparación de pacientes no recibió terapia psicológica pero en otros aspectos las condiciones eran semejantes.

Del mismo modo que en la investigación de Stanford, esta modesta intervención psicológica resultó tener un impacto mayor de lo que se había previsto sobre la supervivencia de los pacientes, además de mejorar su bienestar mental y su calidad de vida. En los 5 o 6 años siguientes, los aquejados de melanoma maligno que habían recibido la terapia psicológica tenían sólo la mitad de probabilidades de sufrir una repetición del cáncer que los pacientes del grupo de comparación. La terapia también redujo la tasa de mortalidad en un tercio. Otros investigadores han descubierto que los tratamientos psicológicos y sociales pueden alargar de manera apreciable el tiempo de supervivencia de pacientes con leucemia o cáncer de los nódulos linfáticos (linfoma).

La investigación de Fawzy también arrojó luz sobre los mecanismos biológicos que subyacen a estos extraordinarios fenómenos. Los enfermos de cáncer que recibieron la terapia psicológica mostraron cambios en su función inmunitaria. En comparación con los pacientes que no habían recibido terapia psicológica, presentaban cantidades muy superiores de linfocitos en circulación. En particular, tenían una cantidad mayor de «células asesinas» y grandes linfocitos granulares; unas y otros pueden matar células tumorosas. Asimismo, sus «células asesinas» eran más activas.

Una interpretación de este descubrimiento es que la terapia psicológica estimulaba de alguna manera el sistema inmunitario de los pacientes y fortalecía por ello la capacidad de su cuerpo para resistir al crecimiento posterior de sus tumores. Ha llegado el momento de investigar la cuestión del mecanismo.

¿Cómo funciona?

¿Por qué medios podría nuestro estado mental alterar nuestra propensión al cáncer o nuestras posibilidades de sobrevivir a la enfermedad? Para encontrar la respuesta debemos volver a la omnipresente trinidad de percepción, comportamiento e inmunidad.

El comportamiento es un mecanismo obvio por el que la mente puede influir en nuestras posibilidades de ser golpeados por el cáncer. Varias pautas de comportamiento aumentan el riesgo: el consumo de tabaco, los baños de Sol excesivos y la ingestión de una dieta baja en fibra son ejemplos bien documentados.

La percepción desempeña un papel más sutil y omnipresente. El estado psicológico, las emociones y las actitudes de una persona pueden influir en la velocidad con que se detecta su cáncer e incluso el tratamiento médico que recibe.

Las posibilidades de sobrevivir a muchos tipos de cáncer mejoran notablemente si la enfermedad se detecta en una fase temprana. Las personas que advierten y responden a síntomas sospechosos tienen más posibilidades de descubrir su cáncer en una fase temprana y potencialmente tratable. Lo mismo puede decirse de aquellas que se examinan regularmente para detectar bultos sospechosos o lunares no habituales, y de aquellas que se someten a reconocimientos rutinarios para detectar cáncer de mama o cervical. A la inversa, aquellos que hacen caso omiso de los primeros signos de aviso, o que no hacen eso de los reconocimientos sanitarios de rutina, corren el riesgo de no recibir atención médica experta hasta que ya es demasiado tarde. Se calcula que el reconocimiento rutinario para detectar el cáncer de mama reduce la mortalidad por esta enfermedad en un 25 por 100, por lo que las personas que, por la reacción que fuere, renuncian a la oportunidad se exponen a riesgos evitables.

Las razones por las que algunas víctimas potenciales del cáncer se comportan con prudencia mientras que otras juegan con su salud son complejas y no están bien entendidas. El coste y la disponibilidad de asistencia médica son factores que intervienen, pero el comportamiento de una persona en esta esfera no se rige únicamente por la toma de decisiones racional ni por sopesar conscientemente los costes y los beneficios. Las emociones desempeñan un papel decisivo.

Los psicólogos han descubierto que las mujeres que se someten voluntariamente a reconocimientos para detectar el cáncer de mama tienen características emocionales distintas de las mujeres provenientes de medios comparables que optan por no ser reconocidas. En particular, las mujeres que se someten a reconocimiento informan típicamente que experimentan más emociones desagradables que las que no asisten. Quizá se ven impulsadas por sus ansiedades y su infelicidad a someterse a los reconocimientos médicos. Cualesquiera que fueren los antecedentes psicológicos y emocionales, su comportamiento cauteloso hará disminuir el riesgo estadístico de morir de cáncer de mama.

Las percepciones, las actitudes y las emociones desempeñan importante papel en la rapidez con que las personas recaban asistencia médica cuando descubren un signo de aviso potencial como un bulto o un lunar de aspecto extraño. Algunos individuos recurren a evasivas, esperando que el síntoma desaparezca o resulte trivial. Otros lo borran de su mente por completo. Otros serán presa inmediata de la ansiedad y correrán a la consulta de su médico para que les aconseje.

La complacencia, la ignorancia y el miedo a pasar vergüenza impiden que muchos hombres recaben a tiempo atención médica para los signos tempranos de cáncer de testículo o próstata. Debido a esta reticencia, hay hombres que mueren innecesariamente de lo que podía haber sido un cáncer curable. El cáncer de próstata mata ahora a 9.000 hombres al año en Gran Bretaña, y es el tercer cáncer en cuanto a frecuencia entre los hombres, aunque sigue recibiendo mucha menos atención pública que el cáncer de mama o el cáncer cervical.

Una vez que una persona ha comenzado a recibir tratamiento médico para el cáncer, el resultado final puede depender de la fidelidad con que siga el régimen de tratamiento. La radioterapia es una herramienta fundamental en el tratamiento de muchos tipos de cánceres, y se ha demostrado que el estricto cumplimiento del programa de radioterapia mejora su eficacia. Lo mismo puede decirse de la quimioterapia. El estado mental de un paciente —en particular su estado de ánimo y su actitud general hacia su enfermedad— puede influir en su cumplimiento de los programas de quimioterapia o radioterapia y, por tanto, en su supervivencia. Por ejemplo, investigadores del Centro de Asuntos Médicos de Veteranos de Guerra en Menfis descubrieron que las mujeres con cáncer de mama primario que exhibían niveles elevados de espíritu de lucha o ansiedad tenían más probabilidades de cumplir su régimen de quimioterapia que las mujeres que se sentían culpables por su cáncer de mama. El lector recordará que el espíritu de lucha está asociado a una mayor supervivencia. Es posible que una de las maneras en que ayuda es haciendo que los enfermos de cáncer se decidan a obtener lo mejor del tratamiento médico que reciben.

Los estados mentales de los enfermos de cáncer también influirán en cómo se cuidan a sí mismos. Se ha sugerido que ingerir la comida adecuada, hacer ejercicio regularmente y dormir lo suficiente puede ayudar a frenar la progresión del cáncer. La verdadera eficacia de estas medidas sigue siendo objeto de discusión, aunque no pueden hacer ningún daño y pueden mejorar la calidad de vida del paciente. Sin embargo, si cuidarse de este modo no tiene influencia real en la progresión del cáncer, tener actitudes positivas y suficiente motivación podría ser vital.

Otro factor que puede influir en el tratamiento y el resultado del cáncer (aunque en principio no hay ninguna razón para ello) es la relación del paciente con su médico. La radioterapia y la quimioterapia pueden ser sumamente desagradables y exigentes. En casos límite, la disposición, la determinación y la capacidad emocional del paciente para soportar semejante prueba influirá inevitablemente en la decisión del médico sobre aplicar o no el tratamiento más vigoroso y desagradable, y no uno más suave pero menos eficaz.

Llegamos ahora al tercer elemento constitutivo de nuestro trío: los mecanismos de defensa biológicos del cuerpo. Son innumerables los mecanismos biológicos que intervienen en un proceso patológico tan complejo como el cáncer. Por tanto, los factores psicológicos pueden actuar, al menos en teoría, sobre el cáncer de diversas maneras y en diferentes etapas de la enfermedad. Podrían influir en la iniciación de un tumor, su desarrollo posterior o su propagación metastásica para formar tumores secundarios en otras partes del cuerpo.

El crecimiento de un tumor y la metástasis dependen, hasta cierto punto, del suministro sanguíneo local al tumor, por lo que todo aquello que afecte a los vasos sanguíneos podría tener que ver, en teoría, con el crecimiento del tumor y la metástasis. Hemos visto ya como la mente, a través del sistema nervioso simpático, puede afectar a los vasos sanguíneos.

Las hormonas también pueden tener un impacto. Se sabe que la prolactina, por ejemplo, facilita el crecimiento de los tumores de mama, y su secreción es estimulada por el estrés grave. Lo mismo ocurre con las hormonas glucocorticoides que, como vimos en el Capítulo 5, ayudan a la movilización de las reservas de energía del cuerpo y aumentan el nivel de glucosa en el torrente sanguíneo. Los tumores en fase de rápido crecimiento necesitan mucha energía y se les da bien absorber glucosa de la sangre antes de que otros tejidos puedan apoderarse de ella. Se ha sugerido, por tanto, que el estrés puede fomentar el crecimiento de tumores al estimular su abastecimiento de glucosa. El crecimiento de tumores podría ser fomentado además por otra acción de las hormonas glucocorticoides, que es estimular el crecimiento de los vasos sanguíneos capilares (proceso que recibe el nombre de angiogénesis).

Teniendo en cuenta esta posible vinculación entre la respuesta hormonal al estrés y el crecimiento de los tumores, es de señalar que se ha descubierto que los individuos del tipo C que no expresan sus emociones presentan respuestas de estrés sistemáticamente más grandes que individuos más expresivos en circunstancias comparables.

Pero el lector podría pensar: ¿qué sucede con el sistema inmunitario? ¿Qué tienen que decir los psiconeuroinmunólogos sobre las relaciones entre la mente, la inmunidad y el cáncer?

Como cabía esperar, los científicos han explorado la posibilidad de que los factores psicológicos y emocionales puedan modificar la iniciación o progresión del cáncer mediante sus efectos sobre la inmunidad. Es indudable que la mente puede influir en el sistema inmunitario. Pero ¿influye el sistema inmunitario en el cáncer?

Una idea atractiva pero polémica acerca de la inmunidad y el cáncer es la de la vigilancia inmunitaria. Se trata de la idea según la cual las células cancerosas surgen espontáneamente en el cuerpo, pero normalmente son detectadas y eliminadas por el sistema inmunitario antes de que el tumor pueda desarrollarse. Si esto fuera cierto, todo aquello que dificulte la capacidad del sistema inmunitario para llevar a cabo su función de vigilancia aumentaría el riesgo de cáncer.

En su forma más rudimentaria, la teoría de la vigilancia inmunitaria no es confirmada por los hechos. Si fuera tan sencillo, una persona o un animal cuyo sistema inmunitario estuviera obstaculizado desarrollaría espontáneamente toda una serie de cánceres. En realidad, los individuos inmunosuprimidos no desarrollan necesariamente ningún cáncer, y los cánceres que aparecen tienden a limitarse a algunos tipos específicos. Las personas cuyo sistema inmunitario está severamente debilitado por el sida o por drogas inmunosupresoras son más vulnerables al linfoma no de Hodgkin y a ciertos cánceres de piel. El más conocido de ellos es el sarcoma de Kaposi, un cáncer de piel en otros tiempos exótico que se ha convertido en una dolencia común de las víctimas del sida. Con estas pocas excepciones, sin embargo, la supresión inmunitaria no conduce a un brote indiscriminado de cánceres.

Ha quedado que el sistema inmunitario desempeña un papel mucho más importante a la hora de combatir ciertas formas de cáncer que otras. La respuesta inmunitaria del cuerpo tiene una repercusión importante sobre el melanoma maligno y el carcinoma de células renales, por ejemplo, aunque otras células cancerosas podrían desencadenar únicamente una respuesta inmunitaria débil, en su caso.

Cuando el sistema inmunitario responde, presenta una doble amenaza a las células cancerosas. Si la respuesta específica no reconoce a las células cancerosas como antígenos, puede organizarse todavía un ataque no específico mediante «células asesinas» y macrófagos. Se cree que las «células asesinas» desempeñan un papel importante en la prevención de la metástasis, la expansión de tumores malignos a otras partes del cuerpo. Dana Bovbjerg y sus colegas del Centro para el Cáncer Memorial Sloan-Kettering de Nueva York descubrieron que la actividad de las «células asesinas» era sistemáticamente inferior en las personas sanas que tenían antecedentes familiares de cáncer y que corrían, por tanto, más riesgo de desarrollar la enfermedad.

Datos más directos de la intervención de las «células asesinas» se obtuvieron en una investigación realizada en el Instituto del Cáncer de Pittsburgh. Este estudio descubrió que las pacientes de cáncer de mama que percibían que les faltaba apoyo social tenían niveles inferiores de actividad de las «células asesinas» y un riesgo mayor de propagación de tumores secundarios a sus nódulos linfáticos. Vemos aquí una convergencia de los tres elementos de la historia psiconeuroinmunológica: una influencia psicológica negativa (falta de apoyo social), reducción de la función inmunitaria y aumento del ritmo de la metástasis de los tumores.

Las vinculaciones entre factores psicológicos, actividad de las «células asesinas» y cáncer se han encontrado también en otras especies. Científicos de la Universidad de California en Los Ángeles descubrieron que exponer a ratas que padecían tumores en las mamas a estrés psicológico agudo reducía sustancialmente la actividad de las «células asesinas» y duplicaba la propagación metastásica de tumores secundarios a sus pulmones. Este hecho respalda la teoría según la cual el estrés puede fomentar la propagación metastásica de tumores al obstaculizar la actividad de las «células asesinas».

Una serie de fascinantes experimentos han sacado a la luz

una vinculación entre rasgos de personalidad heredables, actividad de las «células asesinas» y propensión al cáncer en ratones. (Sí, los ratones tienen personalidades diferenciadas.) J. M. Petitto y sus colegas de la Universidad de Florida investigaron la función inmunitaria en una raza de ratones que había sido creada selectivamente para que se comportaran de manera no agresiva y socialmente inhibida. Cuando se encontraban con un ratón desconocido, estos ratones «tímidos» no exhibían ninguno de los comportamientos agresivos típicos de la especie: preferían evitar la lucha. (Atisbos del tipo C, se podría pensar.) Los investigadores descubrieron asimismo que los ratones tímidos eran más vulnerables al cáncer y presentaban niveles mediblemente inferiores de actividad de las «células asesinas». Evidentemente hay un inmenso salto desde el ratón de laboratorio endogámico hasta Harriett Frean, pero los paralelismos son tentadores.

Factores psicológicos como el estrés podrían tener la capacidad, además, de afectar a las defensas del organismo contra el cáncer al alterar los mecanismos moleculares responsables de reparar el ADN defectuoso en las células. Janice Kiecolt-Glaser, Ronald Glaser y sus colegas de la Universidad Estatal de Ohio han descubierto que la reparación del ADN es menos eficaz en los linfocitos de los humanos (o ratas) que padecen altos niveles de estrés. El estrés psicológico reduce la capacidad de los linfocitos para fabricar una enzima importante que se utiliza en el proceso de reparación del ADN. Este descubrimiento puede tener consecuencias trascendentales, porque una persona cuyos mecanismos de reparación del ADN sean defectuosos tiene más riesgo de desarrollar un cáncer. La mayoría de los agentes cancerígenos trabajan dañando el ADN en las células. El estrés psicológico que afecta a la eficacia con que las células corrigen los errores en su ADN puede aumentar, en principio, el riesgo de que esas células acaben siendo cancerosas.

El debate sincero acerca del papel de las variables psicológicas en el cáncer se ha visto obstaculizado indudablemente por dos cosas, por encima del escepticismo habitual que acompaña a todo aquello que va recubierto del barniz psicosomático. En primer lugar, tenemos la naturaleza emocionalmente cargada de la enfermedad misma. El tema del cáncer sigue siendo terrible. Están, por otra parte, las afirmaciones rimbombantes e insostenibles sobre curaciones mentales milagrosas que emanan de las legiones de gurús de la New Age de los que está plagado este campo. Volveremos más adelante al tema de los remedios milagrosos. Una de sus muchas consecuencias indeseables es que levantan las barreras del escepticismo médico a alturas superiores, obstaculizando además una verdadera comprensión de la enfermedad.

Hoy en día existen pocas dudas de que los factores psicológicos y emocionales pueden influir en el desarrollo y la progresión de ciertos tipos de cáncer, aunque aún deba analizarse la importancia práctica de sus efectos. Variables psicológicas como el apoyo social y la respuesta emocional del paciente a su enfermedad tienen mucho que ver con la supervivencia. Asimismo, hay pocas dudas de que intervenciones psicológicas y sociales apropiadas pueden reportar ingentes beneficios a la hora de ayudar a los enfermos de cáncer a afrontar su enfermedad, mejorando la calidad de lo que les quede de vida y, en algunos casos, ampliando su período de supervivencia. Ignorar la mente es un derroche irresponsable.

Bibliografía

General

Burgess, C., «Stress and cancer», *Cancer Surveys, 6,* pág. 403, 1987.

Sabbioni, M. E. E., «Psychoneuroimmunological issues in psychooncology», *Cancer Investigation, 11,* pág. 440, 1993.

Spiegel, D., «Psychosocial intervention in cancer», *Journal of the National Cancer Institute, 85,* pág. 1.198, 1993.

La mente en el cáncer

Chen, C. C. y otros, «Adverse life events and breast cancer», *British Medical Journal, 311,* pág. 1.527, 1995.

Cooper, C. L. y Faragher, E. B., «Psychosocial stress and breast cancer», *Psychological Medicine, 23,* pág. 653, 1993.

Flach, J. y Seachrist, L., «Mind-body meld may boost immunity», *Journal of National Cancer Institute, 86,* pág. 256, 1994.

Fox, B. H., «Depressive symptoms and risk of cancer», *Journal of the American Medical Association, 262,* pág. 1.231, 1989.

Hilakivi-Clarke, L. y otros, «Psychosocial factors in breast cancer», *Breast Cancer Research and Treatment, 29,* pág. 141, 1994.

Horne, R. L. y Picard, R. S., «Psychosocial risk factors for lung cancer», *Psychosomatic Medicine, 41,* pág. 503, 1979.

Kune, G. A. y otros, «Personality as a risk factor in large bowel cancer», *Psychological Medicine, 21,* pág. 29, 1991.

Persky, V. W. y otros, «Personality and risk of cancer», *Psychosomatic Medicine, 49,* pág. 435, 1987.

Riley, V., «Psychoneuroendocrine influences on immunocompetence and neoplasia», *Science, 212,* pág. 1.100, 1981.

Shaffer, J. y otros, «Family attitudes in youth as a possible precursor of cancer», *Journal of Behavioral Medicine, 5,* pág. 143, 1982.

Sklar, L. S. y Anisman, H., «Stress and coping factors influence tumor growth», *Science, 205,* pág. 513, 1979.

Visintainer, M. A. y otros, «Tumor rejection in rats after inescapable or escapable shock», *Science, 216,* pág. 437, 1982.

¿Existe una personalidad propensa al cáncer?

Eysenck, H. J., «Psychosocial factors, cancer, and ischaemic heart disease», *British Medical Journal, 305,* pág. 457, 1992.

Fox, C. M. y otros, «Loneliness, emotional repression, marital quality, and life events in breast cancer», *Journal of Community Health, 19,* pág. 467, 1994.

Gross, J., «Emotional expression in cancer onset and progression», *Social Science & Medicine, 28,* pág. 1.239, 1989.

Jasmin, C. y otros, «Evidence for a link between psychological factors and breast cancer», *Annals of Oncology, 1,* pág. 22, 1990.

Quander-Blaznik, J., «Personality as a predictor of lung cancer», *Personality and Individual Differences, 12,* pág. 125, 1991.

Shaffer, J. W. y otros, «Personality traits in youth and subsequent cancer», *Journal of Behavioral Medicine, 10,* pág. 441, 1987.

Temoshok, L., «Personality, coping style, emotion and cancer», *Cancer Surveys, 6,* pág. 545, 1987.

Temoshok, L. y Dreher, H., *The Type C Connection,* Random House, Nueva York, 1992.

Wirsching, M. y otros, «Psychological identification of breast cancer patients before biopsy», *Journal of Psychosomatic Research, 26,* pág. 1, 1982.

Influencias psicológicas sobre la supervivencia

Andrykowski, M. A. y otros, «Psychological factors predictive of survival after bone marrow transplantation», *Psychosomatic Medicine, 56,* pág. 432, 1994.

Fallowfield, L., «Psychosocial interventions in cancer», *British Medical Journal, 311,* pág. 1.316, 1995.

Fawzy, F. I. y otros, «Psychosocial interventions in cancer care», *Archives of General Psychiatry, 52,* pág. 100, 1995.

Greer, S. y otros, «Psychological response to breast cancer and 15-year outcome», *The Lancet, 335,* pág. 49, 1990.

Hislop, T. G. y otros, «Psychosocial factors in breast cancer», *Journal of Chronic Diseases, 40,* pág. 729, 1987.

Meyer, T. J. y Mark, M. M., «Effects of psychosocial interventions with cancer patients», *Health Psychology, 14,* pág. 101, 1995.

Pettingale, K. W. y otros, «Mental attitudes to cancer: an additional prognostic factor», *The Lancet, 1,* pág. 750, 1985.

Ramírez, A. J. y otros, «Stress and relapse of breast cancer», *British Medical Journal, 298,* pág. 291, 1989.

Spiegel, D. y otros, «Effect of psychosocial treatment on survival of patients with metastatic breast cancer», *The Lancet, 2,* pág. 888, 1989.

Stavraky, K. M. y otros, «The effect of psychosocial factors on lung cancer mortality», *Journal of Clinical Epidemiology, 41,* pág. 75, 1988.

¿Cómo funciona?

Andersen, B. L., «Surviving cancer», *Cancer, 74,* pág. 1.484, 1994.

Ayres, A. y otros, «Influence of mood and adjustment on compliance with chemotherapy», *Journal of Psychosomatic Research, 38,* pág. 393, 1994.

Ben-Eliyahu, S. y otros, «Stress increases metastatic spread of a mammary tumor in rats», *Brain Behavior and Immunity, 5,* pág. 193, 1991.

Bovbjerg, D. H. y Valdimarsdottir, H., «Familial cancer, emotional distress, and low natural cytotoxic activity in healthy women», *Annals of Oncology, 4,* pág. 745, 1993.

Chaitchik, S. y Kreitler, S., «Induced versus spontaneous attendance of breast-screening tests», *Journal of Cancer Education, 6,* pág. 43, 1991.

Glaser, R. y otros, «Effects of stress on an important DNA repair mechanism», *Health Psychology, 4,* pág. 403, 1985.

Harris, J. R. y otros, «Breast cancer», *New England Journal of Medicine, 327,* pág. 319, 1992.

Keinan, G. y otros, «Predicting women's delay in seeking medical care after discovery of a lump in the breast», *Behavioral Medicine, 17,* pág. 177, 1991.

Kiecolt-Glaser, J. K. y otros, «Distress and DNA repair in human lymphocytes», *Journal of Behavioral Medicine, 8,* pág. 311, 1985.

Kreitler, S. y otros, «The psychological profile of women attending breast-screening tests», *Social Science and Medicine, 31,* pág. 1.177, 1990.

Levy, S. y otros, «Correlation of stress with sustained depression of natural killer cell activity and prognosis in breast cancer», *Journal of Clinical Oncology, 5,* pág. 348, 1987.

Pettito, J. M. y otros, «Genetic differences in social behavior: relation to natural killer function and tumor development», *Neuropsychopharmacology, 8,* pág. 35, 1993.

Romero, L. y otros, «Possible mechanism by which stress accelerates growth of virally-derived tumors», *Proceedings of the National Academy of Science of the USA, 89,* pág. 11.084, 1992.

10

Remedios para dar y tomar

Acomoda la acción a la palabra.

William Shakespeare, *Hamlet* (1601)

En 1552, Hugh Latimer, futuro mártir protestante inglés, observó:

> Muchos de nosotros, cuando estamos en apuros o enfermos, o cuando perdemos algo, corremos acá y acullá a las brujas o los hechiceros, a quienes llamamos hombres sabios [...] buscando ayuda y consuelo de sus manos.

Qué verdad sigue siendo esto. Ha llegado el momento de examinar cómo pueden aprovecharse las interacciones entre el cuerpo y la mente en beneficio práctico de la humanidad. Los científicos han sacado a la luz algunas verdades profundas acerca de la naturaleza humana mientras investigaban las relaciones entre mente, inmunidad y enfermedad. Pero vivimos en un mundo material en el que los valores de los descubrimientos no se miden por su interés científico o su trascendencia cultural, sino por su utilidad práctica. ¿Pueden usarse, pues, estos conocimientos científicos acerca de la mente y el cuerpo para curar a la gente o impedir que se ponga enferma? ¿Funcionan realmente?

Hemos visto pruebas de que las intervenciones psicológicas pueden reportar beneficios reales en las enfermedades cardíacas y el cáncer. En este capítulo daremos un repaso crítico a una serie de aplicaciones terapéuticas de las interacciones entre el cuerpo y la mente y a la mitología que rodea a toda esta cuestión.

Una vez descubierto que nuestra mente puede perjudicar nuestra salud, los investigadores han intentado encontrar naturalmente fórmulas para mejorar la salud. Entre otras cosas, han examinado los poderes curativos de la hipnosis, la relajación, el ejercicio físico y numerosas formas de terapia del comportamiento. Hasta el momento, los resultados han sido moderadamente esperanzadores, aunque no llegan ni con mucho hasta donde ciertos fanáticos pretenden.

¡Relájese!

> Descansa, descansa, perturbado espíritu.
>
> William Shakespeare, *Hamlet* (1601)

Desde el principio de los tiempos la gente ha intentado escapar de las presiones de la vida repantigándose en algún lugar (en sentido metafórico o literal) y relajándose. No hacer nada es el enfoque más sencillo. Las personas que buscaban estados de relajación más profundos han recurrido a toda clase de métodos estructurados, entre ellos la oración, el yoga y la meditación.

Los adeptos a las artes de la New Age han perfeccionado estos enfoques tradicionales y los han llevado varios pasos más allá. La relajación ha dejado de ser simplemente cuestión de relajarse. Quienes aspiran a conseguir el reposo deben elegir ahora entre abundantes variedades de técnicas de relajación, cada una de las cuales constituye una habilidad diferenciada que debe aprenderse con dedicación (y preferiblemente mediante el pago de grandes sumas de dinero). El entusiasta serio usa la biorrespuesta para inducir un estado de descanso psicológico profundo. Pero la burla estaría fuera de lugar, pues la ciencia ha comenzado a confirmar la validez esencial de una experiencia corriente. Parece que es cierto que la relajación puede producir efectos beneficiosos en el cuerpo además de en la mente.

Las técnicas de relajación adecuadas pueden mitigar los sentimientos de ansiedad o depresión y crear la sensación de bienestar psicológico. Usada correctamente, la relajación ayuda a quienes experimentan niveles elevados de angustia psicológica o dolor, a los pacientes que deben someterse a tratamientos médicos desagradables, por ejemplo, o a las mujeres durante el parto. Estudios científicos controlados han establecido que la formación en relajación puede ayudar a aliviar la depresión, la fatiga, la ansiedad y las emociones desagradables en los pacientes externos de cáncer que se someten a sesiones de radioterapia. Los individuos sanos que practican técnicas de relajación suelen experimentar mejoras en su disfrute de la vida, las relaciones personales y el rendimiento en el trabajo. Si se la practica adecuadamente, la relajación constituye una ayuda firme para el bienestar mental.

Pero la relajación no es sólo un paliativo para la mente. Afecta a todo el cuerpo. Cuando una persona está profundamente relajada, la presión arterial, el número de pulsaciones y el ritmo de la respiración descienden, los músculos se relajan y las arterias coronarias se dilatan; en realidad, todo lo contrario a lo que sucede durante una respuesta de estrés. La práctica regular de técnicas de relajación puede producir reducciones a largo plazo de la presión arterial en reposo y (probablemente) del riesgo de enfermedades cardíacas coronarias. Por estas razones, la relajación es a menudo un útil complemento de los fármacos en el tratamiento de pacientes cuya hipertensión está en el límite.

Muchas técnicas de relajación parecen aprovechar el fenómeno del condicionamiento, es decir el proceso de aprendizaje asociativo con el que nos hemos encontrado en capítulos precedentes. En el período de formación, el individuo aprende inconscientemente a vincular un estímulo hasta entonces neutro, como un sonido, un pensamiento o un olor determinados, con la sensación de relajación mental y física. Mediante el emparejamiento reiterado del estímulo neutro con la relajación, el estímulo puede provocar finalmente el estado de relajación por sí mismo. Lo único que el individuo tiene que hacer es canturrear el mantra, imaginar la escena, oler el aroma, respirar hondo o escuchar la música, y la respuesta condicionada de la relajación mental y muscular se produce automáticamente [1].

Son cada día más numerosas las pruebas de que la relajación puede hacer algo más que bajar la presión arterial. Janice Kiecolt-Glaser y su equipo de psiconeuroinmunólogos de la Universidad Estatal de Ohio han demostrado que la relajación puede producir efectos beneficiosos sobre la función inmunitaria de grupos tan diversos como estudiantes de medicina jóvenes y fuertes y ancianos que viven en residencias para jubilados. Los estudiantes de medicina que practicaron técnicas de relajación hipnótica durante el mes previo a un importante y estresante examen presentaban una proporción mayor de linfocitos T auxiliares en la sangre que los estudiantes que no se relajaban. Los adeptos a la relajación también experimentaban menos angustia psicológica. La relajación era asimismo beneficiosa para los ancianos. Un programa mensual de formación en relajación produjo un acusado incremento de la actividad de sus «células asesinas» y de la sensibilidad de sus linfocitos, junto con mejoras del control inmunitario sobre virus de herpes latentes, amén de bienestar psicológico. Otros experimentos han establecido que la relajación puede aumentar temporalmente los niveles de anticuerpos en la sangre y la saliva, aunque en ocasiones no se sabe con certeza qué importancia clínica pueden tener estos efectos.

La terapia de relajación en diversas formas ha resultado útil en el tratamiento de problemas médicos tan diversos como la hipertensión leve y las úlceras bucales recurrentes. Se ha utiliza-

---

[1] Una asociación condicionada con el perfume distintivo que usa habitualmente el compañero o compañera sexual produce cualquier cosa menos una respuesta de relajación psicológica.

do para tratar la alopecia universal (pérdida anormal del cabello), problema en el que el estrés psicológico y los defectos inmunológicos desempeñan un papel muy poco conocido y que no responde bien a los fármacos. Investigadores japoneses descubrieron que la relajación era beneficiosa en cinco de cada seis casos de alopecia universal, y que iba acompañada de cambios en los niveles de linfocitos T y betaendorfinas. Investigaciones efectuadas en Estados Unidos han revelado que la relajación muscular progresiva puede reducir la reaparición del herpes genital en algunos pacientes.

En general, los argumentos a favor de la relajación son sólidos. En el peor de los casos, hace que la gente se sienta mejor y no tiene efectos secundarios perjudiciales. En el mejor, puede producir mejoras importantes en la función inmunitaria y la salud física.

Finalmente, no debería ser necesario decir (aunque lo diremos) que la relajación no tiene por qué suponer inactividad física. Enfrascarse en un pasatiempo absorbente y razonablemente agradable también puede ser un tónico saludable para el sistema. Esto es precisamente lo que hizo decidirse a tres hombres (por no hablar del perro) a emprender una expedición en barca remontando el curso del río Támesis, narrada de modo tan memorable en la obra de Jerome K. Jerome *Tres hombres en una barca*:

> Volvimos a llenar nuestros vasos, encendimos nuestras pipas y reanudamos la conversación sobre nuestro estado de salud. Ninguno de nosotros podía estar seguro de qué era lo que de verdad nos pasaba; la opinión unánime era, sin embargo, que aquello —fuera lo que fuere— había sido causado por el exceso de trabajo.
>
> —Lo que nos hace falta es descanso —dijo Harris.
>
> —Descanso y cambio total —dijo George—. El exceso de tensión sobre nuestros cerebros ha producido una depresión gene-

ral en todo el sistema. El cambio de escenario y la ausencia de la necesidad de pensar restablecerán el equilibrio mental. [...]

George dijo:

—Remontemos el río.

Dijo que debíamos respirar aire limpio, hacer ejercicio y tener tranquilidad; el cambio constante de escenario ocuparía nuestras mentes (incluido lo que quedaba de la de Harris); y el duro trabajo nos abriría un gran apetito y nos haría dormir bien.

¡Haga ejercicio!

> El sabio, para curarse, al ejercicio acude.
>
> John Dryden, *Epístolas* (1700)

> Hacer ejercicio es una tontería.
>
> Henry Ford (atribuido)

Si es cierto que los síntomas de las llamadas enfermedades psicosomáticas tienen la mala costumbre de reflejar las normas culturales imperantes, sucede otro tanto con los métodos que empleamos en nuestros intentos de permanecer sanos. En nuestros días, esto significa preocupación por la antítesis misma de la relajación, a saber el ejercicio físico.

Las propiedades salutíferas del ejercicio físico han sido proclamadas en numerosas ocasiones, en algún caso con manifiesta exageración. Sin embargo, los datos científicos parecen indicar que incluso el más escéptico teleadicto haría mal en rechazar los beneficios del ejercicio. (Siendo como soy un poco gordito e indolente, preferiría no pensar demasiado en ello, pero la verdad debe prevalecer.)

El ejercicio físico, como la relajación, afecta tanto al cuerpo como a la mente. El ejercicio reiterado produce un efecto de adiestramiento fisiológico en el que aumenta la capacidad de trabajo del corazón, el sistema circulatorio y los músculos para responder a las reiteradas demandas. Entre las consecuencias beneficiosas del buen estado físico resultante figuran la caída de la presión arterial, la disminución del número de pulsaciones en reposo y la reducción de la grasa corporal. Las estadísticas indican que los individuos que hacen ejercicio regularmente tienen menos riesgo de morir debido a enfermedades cardíacas que aquellos que llevan una vida sedentaria.

A la inversa, la falta de ejercicio está vinculada con un mayor riesgo de enfermedades cardíacas y otros trastornos graves, como la diabetes mellitus. La falta de ejercicio tampoco es buena para la salud mental. Una persona que hace poco o ningún ejercicio tiene más riesgo estadístico de sufrir depresión (aunque tal vez sea preciso reflexionar sobre qué primero: la pereza o la melancolía).

I-Min Lee, Chung-cheng Hsieh y Ralph S. Paffenbarger, de la Universidad de Harvard, acumularon datos científicos convincentes a favor de los beneficios para la salud a largo plazo del ejercicio; datos que publicaron en *Journal of the American Medical Association* en 1995. Este equipo analizó las pautas de mortalidad de 17.321 hombres de mediana edad titulados en la Universidad de Harvard en el decenio de 1960. Los datos revelaron una relación clara entre actividad física y años de vida. Cuanta más energía gastaba un hombre cada semana en actividades físicas enérgicas, menos probabilidades tenía de morir prematuramente por cualquier causa. Una vinculación semejante entre actividad física y longevidad apareció en un estudio de larga duración sobre 8.463 hombres israelíes. Aquellos que eran físicamente activos durante su tiempo libre corrían menos riesgo de morir por enfermedades cardíacas coronarias o cualquier otra causa en los 21 años siguientes[2].

---

[2] En el estudio de Harvard, ejercicio enérgico se definía como la actividad en la que el ritmo metabólico aumentaba hasta sextuplicar al menos el nivel en reposo; en otras palabras, bastante enérgico. Los investigadores de Harvard señalaron para nuestra tranquilidad que aunque el ejercicio no enérgico no

Disponemos incluso de pruebas que indican que el ejercicio regular y moderado puede reducir ligeramente el riesgo de ciertas formas de cáncer, en particular los de colon, mama y útero. Un estudio realizado durante 19 años sobre más de un millón de hombres suecos reveló que los que llevaban una vida sedentaria tenían un 30 por 100 más de riesgo de desarrollar cáncer de colon.

¿Cómo puede protegernos el ejercicio físico de las enfermedades? Además de sus conocidos efectos sobre la capacidad de los músculos, el corazón y los pulmones, ¿qué otra cosa le hace el ejercicio regular al cuerpo? Entremos una vez más en el sistema inmunitario.

Una actividad física enérgica produce diversos efectos sobre el sistema inmunitario, no todos benignos. Un resultado inmunológico bien conocido del ejercicio enérgico es el aumento temporal del número de glóbulos blancos que circulan en el torrente sanguíneo. Este fenómeno, que recibe el nombre de leucocitosis, fue descubierto a comienzos del siglo XX. Las muestras de sangre tomadas a cuatro corredores inmediatamente después de terminar el maratón de Boston de 1901 indicaron que el número de glóbulos blancos de estos atletas era entre tres y cinco veces mayor de lo normal. La leucocitosis inducida por el ejercicio sólo es, sin embargo, un fenómeno pasajero. El número de glóbulos blancos recupera de nuevo sus valores normales al cabo de unas horas, y el ejercicio regular no altera sustancialmente el número de glóbulos blancos en circulación cuando el individuo está en reposo. Durante la mayor parte del tiempo, el número de glóbulos blancos de un atleta no es superior al del teleadicto medio.

No se conoce con certeza la significación médica de este

tenía en su estudio correlación significativa con la longevidad, se ha demostrado que produce otros beneficios para la salud. El estudio sobre hombres israelíes, por ejemplo, descubrió claros beneficios derivados de una actividad física que no era ni intensa ni especialmente frecuente.

aumento a corto plazo del número de glóbulos blancos. Puede que no ejerza gran influencia sobre la salud. Sin embargo, el ejercicio surte otros efectos, potencialmente más interesantes, sobre el sistema inmunitario. El ejercicio moderado puede provocar aumentos temporales en varias mediciones de la función inmunitaria, entre ellas la actividad fagocítica (devoradora de células) de ciertos glóbulos blancos, el nivel de interleuquina-1 (una citoquina que estimula a otros elementos del sistema inmunitario); el número y la actividad de las «células asesinas», posiblemente, los niveles de interferones (otra categoría importante de citoquinas).

Parece ser que los efectos del ejercicio moderado sobre el sistema inmunitario son más acusados en los viejos que en los jóvenes. Esta diferencia podría deberse a que el nivel básico de la función inmunitaria es generalmente más bajo en los mayores, por lo que un ligero codazo tiene mayores consecuencias. Sin embargo, todos estos efectos inmunológicos del ejercicio son efímeros, y tampoco en este punto está claro si tienen alguna repercusión tangible sobre la salud física.

Pero aun cuando el ejercicio no reporte ningún tipo de beneficio físico, los beneficios psicológicos por sí solos harían que mereciera la pena. El ejercicio físico regular puede mejorar sensiblemente nuestro estado de ánimo y nuestra autoestima, con beneficios indirectos en otras esferas de la vida como las relaciones sociales y sexuales y el rendimiento en el trabajo. Puede mitigar la depresión leve: las personas que hacen ejercicio regularmente y mantienen un nivel alto de forma física tienden a experimentar menos ansiedad y depresión; se sienten más positivas y dueñas del control (y recuérdese la importancia del control), duermen mejor y disfrutan de más autoestima. La mejora de la apariencia física, el atractivo sexual y la imagen de sí mismo pueden añadir unas guindas extras al pastel.

Otro credo de quienes predican el evangelio del ejercicio es que ayuda a hacer frente al estrés. Es creencia general que la buena condición física nos hace mentalmente fuertes y más capaces de afrontar las adversidades de la vida diaria. Los datos científicos que respaldan esta creencia son sugerentes, aunque no del todo concluyentes. En un estudio, un grupo de investigadores evaluó la cantidad de estrés psicológico que voluntarios estudiantes habían experimentado durante los doce meses precedentes, junto con su condición física actual. En los meses siguientes se hizo un seguimiento de la salud de los voluntarios. Los individuos que habían experimentado mucho estrés en el año precedente y que no estaban en buena forma física resultaron ser vulnerables a las enfermedades, pero el estrés tenía una repercusión relativamente escasa sobre la salud de aquellos que estaban en buena forma física. Una vinculación paralela apareció entre el estrés, la condición física y el bienestar psicológico. Los estudiantes estresados y en baja forma física estaban más deprimidos que aquellos que estaban igualmente estresados pero en buena forma física.

Más interés tiene la idea de que el ejercicio puede reducir la reactividad biológica del organismo a los agentes estresantes. Algunas investigaciones han indicado que el ejercicio aeróbico regular puede reducir la magnitud y duración de las reacciones cardiovasculares y hormonales ante estresantes psicológicos. De ser esto cierto, podría ser de gran trascendencia. Como hemos visto, la reactividad a los estresantes puede ser relevante para las enfermedades cardíacas coronarias y otros trastornos graves. Sin embargo, los datos disponibles sobre este aspecto no son en modo alguno coherentes: varios estudios fundamentados no han podido encontrar efecto moderador alguno de la condición física sobre la respuesta de estrés.

Para quienes preferimos tomarnos la vida a un ritmo más cansino y evitar las sudadas zapatillas de deporte, el panorama no es en absoluto negro y desesperado. Las personas que hacen ejercicio y después lo abandonan pueden salir ciertamente peor paradas que las que nunca hemos comenzado. Ronald Grossarth-Maticek, Hans Eysenck y sus colegas de la Universidad de Londres descubrieron que los hombres que habían realizado una actividad deportiva regular, y después la habían abandonado, presentaban una tasa de mortalidad superior a la de aquellos que nunca habían practicado ningún deporte. (Huelga decir que la tasa de mortalidad más baja correspondía a los hombres que seguían haciendo deporte activamente.) Hay que mencionar, además, la nada intrascendente cuestión de las lesiones deportivas.

Como la mayoría de los remedios, el ejercicio físico es una espada de doble filo. Con moderación, es bueno casi al 100 por 100 para la salud física y mental. En exceso, sin embargo, puede ser perjudicial. El esfuerzo físico muy intenso es un poderoso estresante que puede perjudicar la función inmunitaria y reducir las defensas del organismo contra las infecciones.

A pleno rendimiento, el consumo de energía del organismo aumenta hasta llegar a 10 veces su nivel en reposo, mientras que en ciertos músculos puede multiplicarse por 50. Para satisfacer este aumento de la demanda, el corazón debe latir tres veces más rápido de lo normal y debe cuadruplicar la tasa de bombeo de sangre, hasta unos 20 litros por minuto. (Para ello bombea más cantidad de sangre con cada latido, además de latir más de prisa.) Este enorme aumento del volumen de trabajo cardiovascular puede ser catastrófico para la persona cuyo corazón o arterias coronarias estén debilitados por la enfermedad. El ejercicio violento también puede agravar otros trastornos. Por ejemplo, el aumento de la respiración que acompaña al esfuerzo físico puede provocar ataques de asma en individuos propensos.

Los efectos biológicos inmediatos del ejercicio intenso son similares en muchos aspectos a los provocados por los estresantes. El esfuerzo físico extremo produce cambios hormonales semejantes a los que tienen lugar durante la respuesta de estrés, entre ellos la secreción de adrenalina, noradrenalina, cortisol y endorfinas.

El ejercicio intenso produce también algunos cambios no

deseados en la función inmunitaria, entre ellos la disminución de la secreción de dos clases principales de anticuerpos (IgA e IgM), el descenso del número y la sensibilidad de los linfocitos en circulación y la reducción de la actividad de las «células asesinas». Por otra parte, aunque el ejercicio incrementa temporalmente el número total de glóbulos blancos que circulan en el torrente sanguíneo, no afecta de manera uniforme a todos los glóbulos blancos. La proporción entre el número de linfocitos T supresores/citotóxicos en circulación y el de linfocitos T auxiliares se desequilibra, y este cambio podría tener repercusiones no deseadas para la función inmunitaria.

Hay pruebas convincentes de que los fanáticos del mantenimiento que hacen un ejercicio físico excesivo son más propensos a toses, resfriados y otras infecciones del tracto respiratorio, probablemente como consecuencia de los cambios hormonales e inmunológicos que acompañan al esfuerzo extremo. Es sabido que los atletas de élite son más proclives a padecer infecciones menores que el común de los mortales. Pueden estar en una condición física excelente, pero esto no supone que gocen de una salud excelente. El exceso de ejercicio puede producir también cambios no deseados en el estado mental. Estudios experimentales con voluntarios han revelado que hacer ejercicio hasta el punto del agotamiento produce alteraciones del estado de ánimo, dificultades para conciliar el sueño y pérdida de apetito, además de alteraciones de la función inmunitaria.

Esas pildoritas de color rosa

> Pues sucede con los misterios de nuestra religión como con las píldoras para los enfermos, que si se tragan enteros tienen la virtud de curar, pero masticados se devuelven en su mayor parte sin surtir efecto.
>
> Thomas Hobbes, *Leviatán* (1651)

Uno de los remedios más eficaces, contrastados y dignos de confianza que tienen una base casi enteramente psicológica es el efecto placebo, es decir el fenómeno extraordinariamente poderoso en virtud del cual nos ponemos mejor porque *creemos* que vamos a ponernos mejor.

Las personas que toman «drogas» placebo inertes, creyendo que son auténticas drogas, suelen experimentar una acusada reducción del dolor u otros síntomas aun cuando el placebo sea químicamente inactivo. El efecto placebo es extraordinariamente poderoso, y produce mejoras perceptibles en al menos un tercio de los pacientes, aunque a menudo la proporción es mayor. Las drogas placebo y los procedimientos médicos placebo han resultado eficaces contra una amplia gama de problemas médicos como el dolor crónico, la hipertensión arterial, la angina de pecho, la depresión, la esquizofrenia e incluso el cáncer. Son la continuación en el siglo XX de la antigua tradición de las pociones secretas, los ensalmos, las sanguijuelas, el contacto real, las peregrinaciones a santuarios curativos, las tablillas de oro y los conjuros mágicos.

El efecto placebo es una demostración palpable de cómo nuestras expectativas psicológicas pueden anular las señales procedentes de nuestro cuerpo. Los placebos sólo funcionan bien si el paciente cree en ellos. La eficacia de una droga o procedimiento placebo mejora en gran medida si el médico convence al paciente de que el tratamiento le pondrá mejor, y si el placebo es administrado de tal modo que aumente su potencia psicológica. Por ejemplo, los placebos funcionan mejor generalmente cuando se inyectan que cuando se toman en forma de tabletas. Una inyección tiene más repercusión psicológica que tragar una píldora. Las empresas farmacéuticas han descubierto que cuando se toma un placebo en forma de tableta, el color, el tamaño y la forma de la tableta influyen en su eficacia. Esas pildoritas de color rosa quizá tengan que ser rosas en vez de blancas. Como señaló acertadamente el psicólogo Richard Totman: «Tómese cualquier cosa desagradable, cara o difícil de obtener, envuélvase en misterio y se obtendrá un remedio.»

Los mecanismos psicológicos y fisiológicos que subyacen al efecto placebo son complejos y no bien conocidos. Algunos científicos han señalado que está mediado por las endorfinas, es decir las sustancias químicas opioides que mitigan el dolor y que el cerebro secreta durante el estrés. Otros han apuntado que podría depender de alguna forma de condicionamiento. Cualesquiera que fueren los mecanismos del efecto placebo, es indudable que la mente está en su centro.

Psiconeuroinmunología y sida

> Cuando se proponen muchos remedios para una enfermedad, quiere decir que es incurable.
>
> Antón Chéjov, *El huerto de los cerezos* (1904)

En los últimos años, gran parte de los esfuerzos realizados para cosechar los frutos de la psiconeuroinmunología se han centrado en el problema del sida. Esto tiene sentido. Además de ser uno de los desafíos más apremiantes que tiene planteados la ciencia médica, el sida es esencialmente una enfermedad del sistema inmunitario.

El virus de inmunodeficiencia humana (VIH), agente causante del sida, perpetra la mayoría de sus estragos mediante la destrucción de los linfocitos T auxiliares/inductores de la víctima. Habida cuenta las innumerables conexiones que se dan entre mente e inmunidad, resulta que los factores psicológicos y emocionales podrían desempeñar, al menos en teoría, cierto papel en el desarrollo y la progresión del sida. Hasta el momento, sin embargo, los resultados de las investigaciones no han estado a la altura de lo que se esperaba.

Pueden transcurrir varios años entre la infección inicial de una persona con el VIH y la aparición del sida. Cuando una persona es infectada por vez primera con el retrovirus VIH[3], puede experimentar síntomas pasajeros, parecidos a los de la gripe. El virus inicia a continuación un período de latencia aparente en el que no se percibe síntoma alguno. (Si los virus están efectivamente latentes o no es otra cuestión; datos recientes indican que no lo están.) Quizá años después el virus comienza a causar graves daños al sistema inmunitario y aparecen los síntomas del sida. Unas personas desarrollan el sida al cabo de dos o tres años de la infección, mientras que otras permanecen libres de síntomas durante más de una década. Cuando el sida se desarrolla, la velocidad de su progresión puede presentar grandes variaciones, pues hay individuos que sucumben rápidamente mientras que otros siguen vivos al cabo de cinco años.

El sistema inmunitario desempeña un papel decisivo en la supresión del retrovirus VIH durante el período de latencia que media entre la infección inicial y el principio del sida plenamente desarrollado. En teoría, un agente que debilite aún más el sistema inmunitario de una persona infectada con el VIH —el estrés psicológico, por ejemplo— puede acelerar también el comienzo del sida. A la inversa, si deseamos retrasar el comienzo del sida o ralentizar su progresión, debemos buscar fórmulas para reforzar la función inmunitaria de las personas infectadas con el virus. Los psiconeuroinmunólogos investigan febrilmente ambas posibilidades, pero hasta el momento sus éxitos han sido limitados.

Son cada día más numerosas las pruebas que indican que los factores psicológicos pueden influir en la función inmunita-

[3] Un retrovirus (del que el VIH es sólo un ejemplo) es un virus cuyos genes están codificados en forma de ARN en vez de ADN, que es el material genético universal en los animales y las plantas. Los retrovirus usan una enzima llamada transcriptasa inversa para transcribir sus genes al formato de ADN habitual antes de incorporarlos al material genético del huésped.

ria de las personas infectadas con el VIH, aunque siguen sin conocerse con certeza las repercusiones para su salud. Karl Goodkin y sus colegas de la Universidad de Miami descubrieron vinculaciones entre la función inmunitaria y el estrés en un estudio sobre varones homosexuales infectados con el VIH pero que aún no exhibían síntoma alguno del sida. Se relacionó la actividad de las «células asesinas»y el número de linfocitos de estos hombres con la cantidad de estrés psicológico que habían experimentado y con su capacidad para hacer frente a este estrés. Los hombres que presentaban mejores indicadores inmunológicos eran aquellos que habían experimentado menos estrés y lo habían afrontado positivamente.

Los científicos han investigado asimismo los beneficios potenciales de distintos tratamientos psicológicos concebidos para estimular la función inmunitaria en individuos infectados con el VIH, como la gestión del estrés, las técnicas de relajación y las terapias del comportamiento. Hasta el momento los resultados han sido moderadamente esperanzadores, pero no concluyentes. En un estudio, por ejemplo, un programa bisemanal de sesiones de relajación muscular, meditación e hipnosis condujo a mejoras significativas en un grupo de hombres VIH-positivos asintomáticos. Además de mejorar su estado de ánimo y mitigar la ansiedad, esta terapia incrementó la cantidad de linfocitos T de estos hombres. Sigue siendo discutible, sin embargo, si los factores psicológicos influyen de manera tangible en la función inmunitaria y la salud física de las personas infectadas con el VIH. Su salud mental es otra cuestión, naturalmente, y es indudable que una ayuda psicológica adecuada puede mejorar la calidad de vida de las víctimas del sida.

Se están investigando asimismo los beneficios potenciales del ejercicio físico. Como hemos visto, el ejercicio moderado puede aumentar el número de linfocitos T en circulación y tiene una serie de efectos positivos sobre la función inmunitaria. En teoría, tales cambios podrían ayudar a ralentizar la progresión del sida, pero esta posibilidad sigue siendo en gran medida especulativa. Un programa adecuado de ejercicio físico moderado mejora el bienestar psicológico de las personas infectadas con el VIH, más o menos como sucede con cualquier otra persona. Al aliviar los sentimientos de ansiedad y depresión, el ejercicio puede mitigar las presiones emocionales que inevitablemente derivan del hecho de padecer una enfermedad mortal. Sin embargo, son aún escasas las pruebas de peso que indiquen que el ejercicio por sí solo puede reforzar la función inmunitaria y la salud física de las personas VIH-positivas o que padecen sida.

Investigaciones realizadas en la Universidad de Miami lograron resultados prometedores. Como cabía esperar, la mayoría de las personas quedan conmocionadas y deprimidas cuando se enteran de su condición de VIH-positivas, y esta reacción emocional va acompañada a menudo de cambios en la función inmunitaria, en particular la caída de la actividad de las «células asesinas». El estudio de Miami reveló que los individuos que tenían buena condición física y llevaban a cabo un programa de ejercicio aeróbico padecían reacciones emocionales e inmunológicas menos severas ante las malas noticias.

El sistema inmunitario no es la única parte de la víctima que se ve afectada por el VIH y el sida. La mente también acusa los efectos. Para empezar, el retrovirus VIH puede dañar físicamente el sistema nervioso central y causar diversos trastornos psiquiátricos, como vimos en el Capítulo 4. Sin embargo, las repercusiones psicológicas y emocionales de la infección con VIH comienzan mucho antes. La persona que sabe que está infectada con el VIH, o que teme que pueda estarlo, es mucho más vulnerable al estrés crónico, la ansiedad y la depresión. Los individuos VIH-positivos, los miembros de grupos de alto riesgo y las víctimas del sida tienen que soportar a menudo las cargas adicionales del estigma, el aislamiento social y la pérdida personal. Estadísticamente, tienen un riesgo superior a la media de perder a su pareja o a un amigo muy cercano debido a la enfermedad.

Hemos visto abundantes pruebas de que el aislamiento social y la pérdida de un ser querido auguran malas noticias para la salud por sí solos; mezclados, estos ingredientes psicológicos forman un cóctel peligroso.

Sanford Cohen, de la facultad de medicina de la Universidad de Boston, ha establecido una analogía que mueve a reflexión entre las enormes presiones psicológicas que acompañan al sida y el fenómeno de la muerte por vudú. Tanto la víctima del sida como la de muerte por vudú son informadas por personajes con autoridad de que van a morir inevitablemente. Ambas aceptan este resultado como algo cierto e inevitable. Ambas experimentan sentimientos de desesperanza, impotencia y aislamiento. Estos sentimientos se ven reforzados a menudo por las respuestas de la familia y los amigos de la víctima, que se alejan de la víctima y se comportan como si ésta no fuera ya un ser humano normal.

En este sentido, afirma Cohen, decirle a una persona que tiene sida es similar metafóricamente a que el hueso del vudú la apunte. Las consecuencias psicológicas y emocionales de las dos situaciones podrían tener algo en común. Es concebible que ambas puedan perjudicar al sistema inmunitario de la víctima y la salud de la víctima de formas semejantes. La combinación de estrés severo, desesperanza y aislamiento social podría dañar aún más la función inmunitaria de la víctima del sida y acelerar su fallecimiento. Se trata sin duda de materia para la reflexión.

Una cuestión en la que la mayoría de los científicos de este campo coinciden es que la intervención debe tener lugar en la fase más temprana posible del proceso patológico. Cualquier forma de tratamiento psicológico debe ser aplicada pronto, antes de que el sistema inmunitario de la víctima quede deteriorado sin posibilidad de salvación, si se desea mejorar el estado físico de una persona con VIH. En la práctica, esto significa no mucho después de la infección inicial y mucho antes de que aparezcan los primeros síntomas del sida. En una persona que ya tiene el sida plenamente desarrollado, puede que sea demasiado tarde para que tratamientos como la gestión del estrés, la relajación, la terapia de grupo o el ejercicio físico surtan algún efecto útil sobre su salud (aunque estas técnicas pueden hacer aún mucho para mitigar la angustia psicológica de la víctima).

Existe potencial teórico para que la psiconeuroinmunología ayude, pero este potencial aún no se ha hecho realidad. Las intervenciones psicológicas pueden mejorar el bienestar mental y la calidad de vida de las personas con VIH o sida. Está por ver si tales intervenciones las ayudan a vivir más.

Imágenes, curaciones milagrosas y otros exotismos

> Hay demasiados hechiceros; hombres sabios, magos y brujas blancas, como se les llama, en cada aldea, que, si se recurriera a ellos, ayudarían en casi todas las enfermedades del cuerpo y la mente.
>
> Robert Burton, *Anatomía de la melancolía* (1621)

> Cuando se hablaba de estas creencias latentes en las aldeas, se ponía furioso, en parte porque él también las compartía.
>
> Thomas Hardy, *El brazo seco* (1888)

Viajamos ahora a esferas más procelosas, lejos del dominio científico tranquilizador de la psiconeuroinmunología, rumbo a los dominios de los hechiceros de nuestros días, los gurús de la New Age. La reconfortante idea de que enfermedades que suponen una amenaza para la vida pueden curarse por medios puramente no físicos es tan antigua como la propia creencia religiosa. Mucho antes de que se desarrollaran las religiones monoteístas del mundo, el ser humano creía en el poder sobrenatural de dioses incorpóreos, espectros, demonios y espíritus para curar (o causar) dolencias físicas. La fe antaño habitual en los poderes curativos que tenía el tocar a un hombre recién ahorcado, por ejemplo, es el núcleo de *El brazo seco,* uno de los relatos de Thomas Hardy sobre la vida en la Inglaterra rural del siglo XIX.

Gertrude Lodge tiene un brazo atrofiado. Busca con desesperación el consejo del curandero local, Conjuror Trendle, quien le recomienda que «toque con el miembro el cuello de un hombre que haya sido ahorcado. [...] Antes de que esté frío, inmediatamente después de que sea descolgado», pues esto «hará circular la sangre y cambiará la constitución». Por desgracia para la pobre Gertrude, hay complicaciones imprevistas y termina muerta.

Decenas de miles de personas peregrinan cada año a santuarios sagrados como Lourdes, esperando ser curados de sus dolencias físicas por la intervención divina. Muchos creen que han sido curados realmente, aunque la Iglesia católica sólo acepta un número muy pequeño de tales afirmaciones como curaciones milagrosas. Un estudio científico de las curaciones de Lourdes reveló que de unos 6.000 casos bien documentados, sólo 64 eran lo bastante convincentes como para cumplir los estrictos criterios del Vaticano en materia de curaciones milagrosas, y algunos de éstos correspondían a enfermedades de las que se tiene constancia que remiten espontáneamente en ocasiones[4].

El cáncer, esa espantosa enfermedad, ha proporcionado terreno fértil para una cuadrilla cada vez más nutrida de gurús de la New Age, que ofrecen explicaciones atractivamente simplistas y curaciones milagrosas de última hora. Uno de sus toques a rebato es que el cáncer comienza en la mente y, por tanto, puede ser curado por la mente.

---

[4] En 1954, la Iglesia católica creó el Comité Médico Internacional de Lourdes (CMIL), un organismo internacional integrado por médicos católicos cuya responsabilidad última es juzgar la autenticidad de supuestas curaciones milagrosas. En los 30 años siguientes, el CMIL concluyó que sólo 19 casos eran médicamente inexplicables, y 13 de ellos fueron reconocidos oficialmente por el Vaticano como milagros.

En el capítulo anterior hemos visto magníficas pruebas de que las relaciones sociales de apoyo pueden ayudar a prolongar la supervivencia de los enfermos de cáncer, además de mejorar sobremanera su calidad de vida. Pero la idea fundamentada de que el estado mental de un paciente puede influir en la progresión de su enfermedad ha sido llevada varios pasos más allá por los gurús de la New Age. El cáncer, afirman, proviene de pensar los pensamientos equivocados o de no amarse a uno mismo lo suficiente. De ahí que la salvación radique en usar el poder de la mente para destruir el cáncer. Todo es una cuestión de tener la actitud correcta y suficiente amor; piense positivamente y volverá a estar bien.

Los defensores de estas ideas seductoramente reconfortantes han hecho muchos miles de conversos en todo el mundo. Lamentablemente, en las contadas ocasiones en que se ha concedido a científicos la oportunidad de evaluar objetivamente sus afirmaciones, generalmente se ha descubierto que su validez era escasa.

Otra idea de moda es que las víctimas del cáncer pueden luchar contra su enfermedad imaginando a sus glóbulos blancos atacando y destruyendo a las células cancerosas, técnica llamada visualización o imágenes mentales orientadas. Algunas personas informan que esta técnica ha ayudado a reforzar su sensación de bienestar psicológico, especialmente cuando se combina con técnicas de relajación. Existen pruebas de que una mezcla de imágenes mentales, relajación y biorrespuesta puede utilizarse para modificar el número de glóbulos blancos en circulación, la actividad de las «células asesinas» y otros aspectos de la función inmunitaria. Cuando investigadores daneses de la Universidad de Aarhus pidieron a voluntarios sanos que usaran imágenes orientadas y técnicas de relajación en un intento consciente de fomentar la eficacia de su sistema inmunitario, se produjo un aumento significativo de la actividad de las «células asesinas» de voluntarios durante un período de 10 días. A pesar de resultados fascinantes como éste, la creencia en que las imágenes orientadas pueden curar por sí solas el cáncer se basa más en la esperanza que en la ciencia.

Una panacea tradicional que parece funcionar consiste simplemente en sacar las cosas del pecho, o autorrevelación si usamos la jerga psicológica de más peso. Desde los albores de la civilización, el ser humano ha comprobado que descargar sus tribulaciones, ansiedades o traumas en un oyente comprensivo suele hacerle sentir mejor. Además, la autorrevelación nos ayuda a menudo a formular soluciones a nuestros problemas. Hablar con un oyente experimentado es, por supuesto, la base de la mayoría de los tipos de consulta y un elemento central de la psicoterapia. Existen pocas dudas de que el uso apropiado de la autorrevelación puede mejorar nuestro estado psicológico y emocional en tiempos difíciles. Pero ¿puede mejorar también nuestra función inmunitaria o nuestra salud física? Hay indicios de que la respuesta podría ser afirmativa.

El equipo de Janice Kiecolt-Glaser pidió a una muestra de voluntarios estudiantes sanos que escribiera acerca de acontecimientos preocupantes y con carga emocional de su vida. En realidad, lo que se pidió a los estudiantes fue que se desahogaran por escrito. Se descubrió que aquellos que se tomaron en serio el experimento e hicieron frente a sus traumas del pasado tenían unos linfocitos más sensibles que un grupo de comparación al que se había pedido que escribiera sobre asuntos impersonales. Por otra parte, los estudiantes que se practicaban la autorrevelación hicieron menos visitas al centro de salud en las semanas siguientes, lo cual parece indicar que estaban más sanos o eran menos neuróticos (o ambas cosas).

Conclusiones semejantes se obtuvieron en un proyecto de investigación realizado en la Universidad de Miami. Se pidió a los estudiantes que recordaran y discutieran hechos estresantes o traumáticos de su vida que hasta entonces hubieran mantenido en secreto. Los individuos que revelaron más cosas de sí mismos, o que recordaron hechos especialmente molestos, mostraron una función inmunitaria mejor, tal como se evidenció mediante el control inmunitario sobre virus del herpes.

En general, parece ser que el alivio emocional que produce el hecho de desahogarse puede tener efectos beneficiosos tanto para el cuerpo como para la mente.

¿Matar o curar?

> Cual si llamaras a un médico, que se juzga bueno para curar la enfermedad que te aqueja pero no conoce tu cuerpo, y por tanto puede hacer que te cures en el presente pero deteriorar tu salud de algún otro modo; y así curar la enfermedad y matar al paciente.
>
> Francis Bacon, *Ensayos* (1625)

Muchas de las afirmaciones más disparatadas sobre el poder de la mente para curar enfermedades graves están construidas sobre cimientos de arena. Pero algunas de las terapias de los gurús de la New Age son algo peor que simplemente ineficaces. Estas terapias y las filosofías que las respaldan hacen algo más que derrochar el tiempo y el dinero de las gentes: en algunas circunstancias son decididamente perjudiciales.

La concepción extrema que defiende que todas las enfermedades tienen su origen en la mente supone que, en última instancia, las personas enfermas sólo deben culparse a sí mismas de su enfermedad o su no recuperación. Si una persona se puede curar a sí misma pensando los pensamientos adecuados, o sintiendo las emociones adecuadas, debió de caer enferma porque pensaba los pensamientos inadecuados o sentía las emociones inadecuadas. Más corrosiva aún es la insinuación de que si un niño se pone enfermo, debe culparse a sus padres por no haberle dado suficiente amor.

La creencia en que las enfermedades físicas pueden tener orígenes puramente mentales o emocionales impone una carga adicional de culpabilidad a las personas que pueden estar ya gravemente enfermas. Esta culpa puede ocultar en algunas ocasiones un problema más grave que la enfermedad, y mucho más difícil de tratar. Las personas que sufren enfermedades que ponen en peligro su vida, como el cáncer, son excepcionalmente vulnerables al sentimiento de culpa y la depresión. Insinuar que su enfermedad es producto de su propio pensamiento incorrecto dista mucho de constituir una ayuda. Sucede también que es incierto, o, en el mejor de los casos, una versión gravemente inadecuada de la verdad. Pero hay adeptos a los evangelios de la New Age que predican explícitamente este insidioso mensaje cuando proclaman, por ejemplo, que el cáncer se contrae porque las personas no se aman a sí mismas lo suficiente.

Una de las razones que explican el atractivo superficial de esta filosofía viciada es su perversa insinuación de justicia: contraemos las enfermedades que nos merecemos; si estamos enfermos es porque debemos de haber hecho algo malo. Percibimos aquí los sonoros ecos de antiguas doctrinas religiosas que consideraban la enfermedad un castigo divino por el pecado o el desliz moral. El supuesto que afirma que hay que culpar a alguien de la enfermedad (aunque sea la víctima) está impregnado de ecos de la cultura consumista de las sociedades industrializadas modernas; todos tenemos la posibilidad de elegir, y es culpa nuestra si tomamos las decisiones equivocadas.

Robert M. Sapolsky, eminente investigador de la biología del estrés en la Universidad de Stanford, compendió admirablemente las ideas de muchos científicos (y del autor de estas páginas), cuando escribió:

> Ya es malo de por sí tener cáncer como para que alguna distorsión de la psiconeuroinmunología nos induzca a pensar que tenerlo es nuestra culpa y que la curación está en nuestras manos.

Una fe indiscriminada en el poder curativo mágico del pensamiento puro tiene también otros peligros, nada desdeñables. Lo más peligroso es que puede incitar a los pacientes a rechazar las terapias médicas convencionales de las que puede depender su vida. La medicina convencional puede tener sus puntos ciegos y sus debilidades, pero sigue ofreciendo la mejor esperanza de supervivencia a las personas que padecen enfermedades mortales como el cáncer.

Pero incluso los tratamientos médicos convencionales pueden tener peligros ocultos si, como sucede a menudo, se hace caso omiso de sus consecuencias psicológicas y emocionales. Decirle a una persona que tiene alto riesgo de desarrollar cáncer o enfermedades cardíacas somete inevitablemente a esa persona a estrés psicológico. Durante años, los psicólogos han acumulado numerosos datos sobre las reacciones de las personas cuando se les dice que padecen una enfermedad grave o que tienen alto riesgo de contraerla. Muchos individuos afrontan con entereza la mala noticia y pronto dominan sus ansiedades. Otros, sin embargo, sienten constantemente molestas preocupaciones acerca de su estado. En realidad, experimentan estrés crónico. Incluso algo tan inocuo como someterse a un reconocimiento médico rutinario puede resultar estresante para algunos individuos; estudios psicológicos han revelado que un reconocimiento rutinario para detectar enfermedades cardíacas coronarias puede provocar ansiedades importantes que duran meses.

El lector no se sorprenderá al leer que, si esta clase de estrés es lo bastante severo, puede surtir efectos negativos sobre la salud física, además de causar angustia emocional. Descubrir que se tiene una enfermedad grave, o que se tiene un alto riesgo de contraer una enfermedad grave, es en sí mismo estresante y puede deteriorar el estado de salud de una persona. Paradójicamente, el mero acto de informar a una persona que tiene un alto riesgo puede aumentar, en algunos casos, ese riesgo.

Experimentos realizados en la Universidad de Oslo demostraron que decir a una persona que tenía hipertensión arterial hacía subir aún más su presión arterial en reposo y la hacía más sensible a estresantes. Se comprobó que los hombres jóvenes con hipertensión que eran conscientes de su estado tenían una presión arterial en reposo más alta que los hipertensos que seguían sin conocer este hecho. También mostraban mayores aumentos en el número de pulsaciones y en los niveles de adrenalina cuando se sometían a un estresante físico suave[5].

Ahora bien, no pretendo decir en modo alguno que los médicos deben abstenerse de decirnos la poco grata verdad sobre nuestra salud para no preocuparnos. Todos tenemos derecho acerca de nuestra salud, y necesitamos decididamente saber para poner los remedios adecuados. La persona que permanece felizmente ignorante de su hipertensión tendrá menos causa para dejar de fumar o evitar el exceso de trabajo. Ese dilema no tiene una solución fácil. Sin embargo, es evidente la necesidad real de que los médicos sean sensibles a las consecuencias psicológicas, emocionales y físicas que conlleva proporcionar a la gente información preocupante acerca de su estado de salud.

Contrariamente a lo que se afirma en ciertos manifiestos de autoayuda, no hay soluciones fáciles para problemas como el cáncer o enfermedades cardíacas. Probablemente se pueda concluir sin temor a equivocarse que tener las actitudes correctas ante la vida, un trabajo satisfactorio y una red de relaciones personales que presten apoyo surte más beneficios que cualquiera de las terapias esotéricas o los remedios de autoayuda que se encuentran en el mercado.

La psiconeuroinmunología no nos ofrece curaciones mágicas de las enfermedades y la infelicidad (todavía no, en cualquier caso). Hasta el momento ha generado un número sorpren-

[5] La presión arterial de los hombres se comparó con la de un grupo de control formado por hipertensos que no fueron informados de su estado. Los sujetos fueron asignados aleatoriamente a los dos grupos.

dentemente escaso de soluciones nuevas para los problemas médicos. Sin embargo, es un nuevo campo de la ciencia y lleva su tiempo trasladar los conocimientos teóricos y experimentales a remedios prácticos. Como un niño de corta edad, la psiconeuroinmunología tiene un enorme potencial que en gran medida no se ha hecho realidad todavía. Pero la psiconeuroinmunología nos ofrece al menos conocimiento y comprensión sólidos, y sin estos factores seguiríamos siendo inevitablemente prisioneros de nuestra ignorancia.

Bibliografía

General

Ader, R., «On the clinical relevance of psychoneuroimmunology», *Clinical Immunology and Immunopathology, 64,* pág. 6, 1992.

Buckman, R. y Sabbagh, K., *Magic or Medicine?,* Macmillan, Londres, 1993.

Hall, N. R. S. y O'Grady, M. P., «Psychosocial interventions and immune function», en Ader, R. y otros, *Psychoneuroimmunology,* 2ª ed., Academic Press, San Diego, 1991.

¡Relájese!

Burnette, M. M. y otros, «Control of genital herpes recurrences using progressive muscle relaxation», *Behavior Therapy, 22,* pág. 237, 1991.

Decker, T. W. y otros, «Relaxation therapy as an adjunct in radiation oncology», *Journal of Clinical Psychology, 48,* pág. 388, 1992.

Green, M. L. y otros, «Daily relaxation modifies immunoglobulins and symptom severity», *Biofeedback Self-Regulation, 13,* pág. 187, 1988.

Jasnoski, M. L. y Kugler, J., «Relaxation, imagery, and neuroimmunomodulation», *Annals of the New York Academy of Sciences, 496,* pág. 722, 1987.

Kiecolt-Glaser, J. K. y otros, «Psychosocial enhancement of immunocompetence in a geriatric population», *Health Psychology, 4,* pág. 25, 1985.

McGrady, A. y otros, «The effects of biofeedback-assisted relaxation on immunity, cortisol, and white blood cell count», *Journal of Behavioral Medicine, 15,* pág. 343, 1992.

Morse, D. R. y otros, «Stress induced sudden cardiac death: can it be prevented?», *Stress Medicine, 8,* pág. 45, 1992.

Van Rood, Y. y otros, «The effects of stress and relaxation on the immune response», *Journal of Behavioral Medicine, 16,* pág. 163, 1992.

¡Haga ejercicio!

Blumenthal, J. A. y otros, «Aerobic exercise reduces responses to mental stress», *American Journal of Cardiology, 65,* pág. 93, 1990.

Brahmi, Z. y otros, «The effect of acute exercise on natural killer cell activity», *Journal of Clinical Immunology, 5,* pág. 321, 1985.

Crews, D. J. y Landers, D. M., «Aerobic fitness and reactivity to psychosocial stressors», *Medicine and Science in Sports and Exercise, 19,* pág. 114, 1987.

Eaton, C. B. y otros, «Physical activity predicts long-term coronary heart disease and all-cause mortalities», *Archives of Family Medicine, 4,* pág. 323, 1995.

Farmer, M. E. y otros, «Physical activity and depressive symptoms», *American Journal of Epidemiology, 128,* pág. 1.340, 1988.

Gerhardsson, M. y otros, «Sedentary jobs and colon cancer», *American Journal of Epidemiology, 123,* pág. 775, 1986.

Grossarth-Maticek, R. y otros, «Sport activity and personality in preventing cancer and coronary heart disease», *Perceptual and Motor Skills, 71,* pág. 1990.

Hoffman-Goetz, L., «Exercise, natural immunity, and tumor metastasis», *Medicine and Science in Sports and Exercise, 26,* pág. 157, 1994.

Lee, I. M. y otros, «Exercise intensity and longevity in men», *Journal of the American Medical Association, 273,* pág. 1.179, 1995.

Mackinnon, L. T., «Exercise immunology», *Medicine and Science in Sports and Exercise, 26,* pág. 191, 1994.

Nieman, D. «Exercise, infection, and immunity», *International Journal of Sports Medicine, 15,* pág. S131, 1994.

Pedersen, B. K. y Bruunsgaard, H., «How physical exercise influences the establishment of infection», *Sports Medicine, 19,* pág. 393, 1995.

Roth, D. L. y Holmes, D. S., «Influence of physical fitness on the impact of stressful life events», *Psychosomatic Medicine, 47,* pág. 164, 1985.

Shephard, R. J. y Shek, P. N., «Exercise, aging and immune function», *International Journal of Sports Medicine, 16,* pág. 1, 1995.

Simon, H. B., «Exercise and human immune function», en Ader, R. y otros, *Psychoneuroimmunology,* 2ª ed., Academic Press, San Diego, 1991.

Psiconeuroinmunología y sida

Antoni, M. H. y otros, «Stress management buffers distress and immunologic changes following notification of HIV-1 seropositivity», *Journal of Consulting and Clinical Psychology, 59,* pág. 906, 1991.

Cohen, S. I., «Voodoo death, the stress response, and AIDS», *Advances in Biochemical Psychopharmacology, 44,* pág. 95, 1988.

Evans, D. L. y otros, «Stress-associated reductions of cytotoxic T lymphocytes and natural killer cells in asymptomatic HIV infection», *American Journal of Psychiatry, 152,* pág. 543, 1995.

Goodkin, K. y otros, «Psychoneuroimmunology and HIV-1 infection revisited», *Archives of General Psychiatry, 51,* pág. 246, 1994.

Hassan, N. F. y Douglas, S. D., «Stress-related neuroimmunomodulation in HIV-1 infection», *Clinical Immunology and Immunopathology, 54,* pág. 220, 1990.

Jewett, J. F. y Hecht, F. M., «Preventive health care for adults with HIV infection», *Journal of the American Medical Association, 269,* pág. 1.144, 1993.

Kemeny, M. E., «Psychoneuroimmunology of HIV infection», *Psychiatric Clinics of North America, 17,* pág. 55, 1994.

Kessler, R. C. y otros, «Stressful life events and symptom onset in HIV-1 infection», *American Journal of Psychiatry, 148,* pág. 733, 1991.

Nott, K. H. y otros, «Psychology, immunology, and HIV», *Psychoneuroendocrinology, 20,* pág. 451, 1995.

Perry, S. y otros, «Lymphocyte subsets and psychosocial variables among adults with HIV», *Archives of General Psychiatry, 49,* pág. 396, 1992.

Solomon, G. F. y otros, «Psychoneuroimmunologic aspects of HIV», en Ader, R. y otros, *Psychoneuroimmunology,* 2ª ed., Academic Press, San Diego, 1991.

Temoshok, L. R., «HIV/AIDS, psychoneuroimmunology and beyond», *Advances in Neuroimmunology, 3,* pág. 141, 1993.

Imágenes, curaciones milagrosas y otros exotismos

Baider, L. y otros, «Progressive muscle relaxation and guided imagery in cancer patients», *General Hospital Psychiatry, 16,* pág. 340, 1994.

Dowling, St. J., «Lourdes cures and their medical assessment», *Journal of the Royal Society of Medicine, 77,* pág. 634, 1984.

Gruber, B. L. y otros, «Immunological responses of breast cancer patients to behavioral interventions», *Biofeedback Self-Regulation, 18,* pág. 1, 1993.

Lutgendorf, S. K. y otros, «Cognitive coping strategies predict EBV-antibody titre following stressor disclosure», *Journal of Psychosomatic Research, 38,* pág. 63, 1994.

Pennebaker, J. W. y otros, «Disclosure of traumas and immune function», *Journal of Consulting and Clinical Psychology, 56,* pág. 239, 1988.

Rider, M. S. y Achterberg, J., «Effect of music-assisted imagery on neutrophils and lymphocytes», *Biofeedback Self-Regulation, 14,* pág. 247, 1989.

Siegel, B. S., *Peace, Love and Healing: Body-Mind Communication and the Path to Self-Healing,* Harper & Row, Nueva York, 1989.

Simonton, O. C. y otros, *Getting Well Again: a Step-By-Step Self-Help Guide to Overcoming Cancer,* Tarcher, Los Ángeles, 1978.

Zachariae, R. y otros, «Effect of relaxation and guided imagery on cellular immune function», *Psychother. Psychosom., 54,* pág. 32, 1990.

¿Matar o curar?

Grossarth-Maticek, R. y Eysenck, H. J., «Prophylactic effects of psychoanalysis», *Journal of Behavior Therapy and Experimental Psychiatry, 21,* pág. 91, 1990.

Horowitz, M. J. y otros, «The stressful impact of news of risk for premature heart disease», *Psychosomatic Medicine, 45,* pág. 31, 1983.

Rostrup, M. y Ekeberg, O., «Awareness of high blood pressure influences on psychological and sympathetic responses», *Journal of Psychosomatic Research, 36,* pág. 117, 1992.

Stoate, H. G., «Can health screening damage your health?», *Journal of the Royal College of General Practice, 39,* pág. 193, 1989.

11

Conjurar el fantasma de la máquina

> Todo el misterio de la vida resulta ser este mismo misterio, la unión entre dos cosas que son distintas y sin embargo continuas, el cuerpo y la mente.
>
> Tom Stoppard, *Hapgood* (1988)

> [No hay ningún] fantasma en la máquina
>
> Gilbert Ryle, *The Concept of Mind* (1949)

Si las relaciones entre nuestro estado mental y nuestra salud física son tan reales y tan fundamentales, ¿a qué viene todo este alboroto? ¿Por qué la psiconeuroinmunología es un nuevo y flamante campo de estudio y no una tradición académica venerable? Lo curioso es que hasta fechas bastante recientes las relaciones entre mente, cuerpo y salud han sido extraordinariamente descuidadas por la ciencia y la medicina. ¿Por qué?

Históricamente, el estudio de los procesos patológicos físicos (la patología, la inmunología y disciplinas afines) se ha desarrollado separado del estudio de la mente y del comportamiento, y sus caminos nunca se han encontrado. Para la mayoría de los inmunólogos, la mente era algo irrelevante, del mismo modo que pocos psicólogos o psiquiatras dedicaban mucho tiempo a pensar en los linfocitos o las infecciones bacterianas. La medicina se preocupaba por los defectos mecánicos del cuerpo físico. Los pensamientos, las emociones y otros fenómenos efímeros eran inmateriales, tanto literal como metafóricamente.

En el pasado, la inmunología se ocupaba del sistema inmunitario como si fuera un ente autónomo y autorregulado que funcionase con independencia de la mente. Cuando se les cuestionaba, los inmunólogos señalaban el hecho de que muchas reacciones inmunológicas básicas deben realizarse en el tubo de ensayo, muy lejos de las células nerviosas. Cuando se veían ante afirmaciones acerca de la aparente influencia de los factores psicológicos y emocionales sobre la inmunidad, los escépticos afirmaban que aun cuando el cerebro pudiera afectar al sistema inmunitario, su repercusión sería demasiado débil para surtir algún efecto tangible en la salud de una persona. Algunos siguen manteniendo esta opinión. Pero la mayoría ignoraban simplemente la mente.

En el lado contrario del abismo intelectual, muchos psicólogos, psiquiatras y profesionales de la medicina psicosomática adoptaron una concepción igualmente sesgada. No tenían problemas en aceptar la separación entre enfermedades orgánicas y enfermedades psicosomáticas, con el dudoso supuesto de que los trastornos corporales son o bien físicos (en otras palabras, reales) o están en la mente. Su atención se centraba en la mente (o bien, ocasionalmente, en el cerebro) y tenían poco interés por la mecánica básica el cuerpo.

La escisión subyacente entre mente y cuerpo, lo etéreo y lo físico, también se aplicaba al estudio de las enfermedades mentales. Históricamente se trazó una distinción entre enfermedades de la mente, que eran competencia de la psiquiatría y la psicología, y enfermedades del cerebro físico, competencia de la neurología y la neurobiología.

El estado de la ciencia era, pues, de separación casi absoluta entre mente y cuerpo. Y lo sigue siendo, en grado considerable. Naturalmente, siempre ha habido honrosas excepciones a esta regla —inmunólogos que reflexionaban sobre los factores psicológicos y el comportamiento, y psicólogos que se preguntaban qué podía hacerle la mente a la inmunidad y la salud—, pero representaban una exigua minoría.

Afortunadamente, como observó Aldous Huxley, «los hechos no dejan de existir porque se los ignore». Ahora sabemos más. Con la tardía llegada de la psiconeuroinmunología, comenzamos al menos a darnos cuenta de que la mente y el sistema inmunitario no funcionan independientemente el uno de la otra. Pero ¿por qué la ciencia y la medicina han estado tan polarizadas al punto que han considerado habitualmente la mente y el cuerpo como dos clases de cosas totalmente distintas? Las raíces de este problema son profundas y sus zarcillos se extienden a toda la herencia del pensamiento occidental.

El antiguo problema mente-cuerpo

> Pues del alma el cuerpo toma forma;
> pues el alma es forma, y hace al cuerpo.
>
> Edmund Spenser, *Himno en honor de la belleza* (1596)

> Es cierto que este «yo» (es decir mi alma, por la que soy lo que soy), es entera y absolutamente distinta de mi cuerpo y puede existir sin él.
>
> René Descartes, *Meditaciones metafísicas, VI* (1641)

El debate científico moderno acerca del papel de los factores psicológicos y emocionales en la enfermedad es en muchos aspectos una manifestación de un debate filosófico más antiguo y amplio: el problema mente-cuerpo.

Entre las cuestiones filosóficas más perdurables, el problema mente-cuerpo continúa ejerciendo influencia omnipresente en la ciencia, la medicina y las artes. Está en juego la naturaleza de la relación entre la mente (pensamientos, sentimientos, emociones, percepción, conciencia) y materia (el cuerpo y el cerebro). ¿Son clases totalmente distintas de entes o, a la inversa, diferentes aspectos de un solo ente?

Dado que se ocupa de la naturaleza misma de la conciencia, el pensamiento y la existencia humana, el problema mente-cuerpo es mucho más que un mero debate filosófico abstracto. Llega hasta el centro mismo de qué concepción tenemos de nosotros y del mundo que nos rodea. Los estudiosos comenzaron a reflexionar sobre el problema mente-cuerpo desde que hubo estudiosos que reflexionaran. A riesgo de ser sumamente simplista, es útil dividir la opinión en dos bandos distintos: dualismo y monismo.

La escuela de pensamiento que considera el cuerpo y la mente como dos conceptos intrínsecamente distintos recibe el nombre de dualismo [1]. Los dualistas rechazan la idea de que el funcionamiento de la mente pueda explicarse exclusivamente en función de procesos eléctricos y químicos que tienen lugar dentro del cerebro físico. Los dualistas ortodoxos sostendrían que, en principio, la mente puede existir sin el cuerpo y el cuerpo puede existir sin la mente (tal vez el lector conozca a alguna persona que sirva de ejemplo de la segunda categoría.)

La creencia opuesta, en la unidad fundamental de cuerpo y mente, se llama monismo [2]. Según este punto de vista, la mente

---

[1] Existen numerosas variaciones sobre los temas básicos del dualismo y el monismo. Uno y otro son escuelas filosóficas amplias por derecho propio, que abarcan muchos matices y complejidades de opinión. Los dualistas ortodoxos como Wittgenstein y Leibniz sostenían que la mente y el cuerpo son totalmente distintos e independientes entre sí. Los dualistas menos extremos, aun manteniendo la distinción fundamental entre mente y cuerpo, aceptaban que una y otro interactúan de formas importantes. Platón, Agustín de Hipona y Tomás de Aquino creían que la mente es el espíritu animador y controlador del cuerpo, pero que está hecho de una materia distinta.

[2] Los monistas ortodoxos como Berkeley, Hegel y Teilhard de Chardin han sostenido que toda la experiencia material procede de la mente, subsumiendo de hecho el cuerpo físico dentro de la mente. El obispo Berkeley sostuvo memorablemente que los objetos materiales sólo existen cuando son percibidos por una mente, a lo que Samuel Johnson replicó, también memorablemente: «Lo refuto *así*», y dio un puntapié a una piedra de gran tamaño. En el otro extremo del espectro monista están quienes adoptan una postura profundamente materialista, subsumiendo en realidad la mente dentro del cuerpo. Epicuro, Hobbes y Diderot consideraban la mente como un fenómeno esencialmente físico. El filósofo holandés del siglo XVII Baruch de Spinoza fue un crítico especialmente cáustico del dualismo. La forma profundamente materialista y reduccionista del monismo alcanzó su cenit a mediados del siglo XX

y los procesos mentales pueden explicarse —en principio, aun cuando no sea en la práctica— en función de procesos físicos que tienen lugar dentro del cerebro físico y del cuerpo. Un monista auténtico retrocedería ante la idea de una mente, un espíritu o una psique incorpóreos, no físicos. El filósofo británico Gilbert Ryle calificó el concepto dualista de la mente como ente no físico de «dogma del espíritu en la máquina».

El dualismo ha prevalecido durante siglos en el pensamiento occidental. Las lenguas modernas reflejan esta escisión dualista: contrastamos instintivamente mente y cuerpo, cuerpo y alma, lo mental y lo físico, psique y soma, mente y materia, carne y espíritu, de manera tan natural como comparamos el día y la noche.

Esta herencia filosófica del dualismo mente-cuerpo continúa impregnando la ciencia, la medicina y el arte cuando nos disponemos a entrar en un nuevo milenio. El dualismo sigue viviendo, por ejemplo, entre los expertos en inteligencia artificial que creen que la mente humana es como un inmenso programa informático, mientras que el cerebro es el soporte biológico en el que el programa de la mente funciona. El supuesto dualista encerrado en el corazón de esta analogía informática es que la mente y el cuerpo pueden entenderse sin referencia mutua, del mismo modo que el programa informático puede entenderse sin referencia a la máquina concreta en la que funciona.

Es natural que un debate que penetra hasta el núcleo de la naturaleza humana inquiete a las mentes de escritores y poetas además de a los filósofos y los científicos. William Blake rechazó de plano la idea establecida de que la mente, o el alma, es

con la escuela conductista de psicología experimental, fundada por J. B. Watson y B. F. Skinner. Al centrarse exclusivamente en las pautas de comportamiento observables, los conductistas niegan de hecho la existencia misma de la mente.

distinta del cuerpo físico. En *El matrimonio del cielo y del infierno*, escrito en 1790, Blake atacó los valores aceptados de su época afirmando la unión del cuerpo y el alma:

> Todas las biblias o códigos sagrados han sido la causa de los siguientes errores:
>
> 1. Que el hombre tiene dos principios reales de existencia, a saber: un cuerpo y un alma.
> 2. Que la energía, llamada mal, sólo nace del cuerpo; y que la razón, llamada bien, sólo nace del alma.
> 3. Que dios atormentará al hombre en la eternidad por haber seguido sus energías.
>
> Pero los contrarios siguientes son verdaderos:
>
> 1. El hombre no tiene un cuerpo distinto de su alma, pues lo que llamamos cuerpo es un trozo de alma percibido por los cinco sentidos, las principales puertas del alma en este período de la vida.

Un siglo después, Charles Darwin expresó un tipo científico de monismo cuando escribió:

> ¿Por qué es el pensamiento, siendo una secreción del cerebro, más maravilloso que la gravedad, una propiedad de la materia?

El rechazo implícito de Darwin al dualismo mente-cuerpo está en sintonía con lo que la ciencia del siglo XX ha descubierto acerca del cerebro. La ciencia ha aumentado su capacidad para ofrecer explicaciones satisfactorias del pensamiento, las emociones y la conciencia en términos de procesos físicos que tienen lugar dentro del cerebro. A medida que la comprensión científica del cerebro físico ha aumentado, la necesidad de dar por supuesta la existencia de una mente no física, deambulando dentro del cuerpo como un espíritu incorpóreo, ha disminuido.

Muchos científicos y filósofos están dispuestos ahora a considerar la mente como un producto o manifestación del cerebro físico. Pocos están dispuestos a aceptar que la mente puede existir separada del cuerpo físico, ni siquiera en principio. De hecho, un número creciente de biólogos llevan un paso más allá este rechazo del dualismo mente-cuerpo. La investigación en las neurociencias ha subrayado la total dependencia de la mente con respecto al cuerpo. El cerebro y el resto del cuerpo forman un organismo integrado. El cuerpo ofrece mucho más que un equipo de mantenimiento de vida para el cerebro, y un cerebro incorpóreo no constituiría una mente. Sin embargo, los científicos están en reducida minoría.

Pero ¿qué tiene que ver todo esto con la psiconeuroinmunología y la salud? El dualismo mente-cuerpo fomenta la creencia en que los factores psicológicos y emocionales tienen poco o nada que ver con la inmunidad o la enfermedad. La mente y el cuerpo pueden afectarse mutua y ocasionalmente de ciertas maneras, pero son esencialmente distintos y funcionan de acuerdo con principios diferentes. El dualismo proporciona socorro filosófico a los escépticos y cabezas redondas que prefieren excluir la psicología y los fenómenos mentales del análisis de las enfermedades físicas. El dualismo y la psiconeuroinmunología podrían no ser totalmente incompatibles, pero tampoco son aliados naturales.

El dominio del dualismo

¿Por qué ha impregnado esta dicotomía entre mente y cuerpo el pensamiento occidental durante tanto tiempo? No puedo pretender ofrecer una respuesta firme, pero me arriesgaré a ofrecer algunas sugerencias no definitivas sobre por qué la influencia del dualismo mente-cuerpo ha sido tan duradera.

El dualismo tiene, ante todo, un fuerte atractivo intuitivo. Las mentes y los cuerpos *parecen* clases de bestias muy diferentes, sobre todo para aquel que no sepa nada del funcionamiento del cerebro. Los atributos que asociamos a la mente —conciencia, pensamientos, recuerdos, emociones e individualidad humana— parecen ser tipos de fenómenos totalmente separados del funcionamiento mecánico del cuerpo. El cuerpo es como una máquina, pero la mente no lo es.

Nuestra vida mental es una experiencia excepcionalmente privada y subjetiva: se puede medir objetivamente la actividad eléctrica del cerebro o las concentraciones de hormonas de la sangre, pero no se puede tener ningún conocimiento directo de lo que sucede en la mente (y probablemente en la misma medida). La mente —a diferencia del cuerpo o las máquinas— parece estar imbuida de un sentido de finalidad e intencionalidad. Cuando decidimos hacer algo, es nuestra mente la que toma la decisión; nuestro cuerpo se limita a hacer lo que se le ordena. Cualesquiera que sean las verdaderas naturalezas de la mente y del cuerpo, necesitamos terminologías diferentes para hablar de ellas. El vocabulario de la química o la neurobiología no tiene utilidad alguna cuando deseamos describir nuestros pensamientos, sentimientos o intenciones.

El ser humano presume desde hace tiempo de que su mente consciente es lo que le distingue de las simples máquinas, y también lo que distingue a un individuo de otro. La mente es lo que nos hace distintivamente humanos y distintivamente nosotros. El cerebro, por otra parte, no es más que una protuberancia blanda de computadora orgánica húmeda. Es difícil imaginar cómo esta poco atractiva masa de carne, que pesa más o menos lo mismo que una botella de champaña, puede ser la sede de la conciencia, las emociones, la individualidad y la creatividad.

Y mucho antes de que la gente comenzara a pensar en las máquinas, la mente consciente y razonable era lo que supuestamente distinguía al ser humano de otras especies. De hecho, algunos estudiosos han indicado que la necesidad profundamente arraigada de distinguir al ser humano de los animales «inferiores» ha reforzado el tenaz dominio del dualismo mente-cuerpo. Para la mayoría de las personas, incluso en nuestros días, la mente es mucho más que el solo cerebro. El monismo podría ser más compatible con el conocimiento científico moderno que el dualismo, pero no es compatible con nuestras percepciones corrientes.

Una doctrina de la antigüedad que subrayaba la escisión dualista entre el cuerpo y la mente era la idea de que la enfermedad es enviada por los dioses para castigar a la humanidad por faltas morales. En la *Odisea* y la *Ilíada*, por ejemplo, Homero usa la idea de enfermedad como un castigo divino. En las culturas de la antigüedad en Asiria y Babilonia se usaba el mismo término para designar la enfermedad y el pecado. Los síntomas de la enfermedad se consideraban las manifestaciones físicas de un trastorno moral subyacente. El diagnóstico suponía tratar de descubrir qué pecado u ofensa moral había cometido el afectado. El tratamiento consistía, pues, en llevar a cabo ritos o sacrificios expiatorios para aplacar la cólera de los dioses y expiar el pecado. Desde el punto de vista de los enfermos, enfrentados a sanadores que no conocían el funcionamiento de los cuerpos, ésta era probablemente la opción menos nociva.

Por si el lector piensa que la doctrina de la enfermedad como castigo por el pecado murió hace siglos, tenga la seguridad de que está vivita y coleando. Se manifestó en la década de 1980, cuando sus defensores modernos predicaron el mensaje de que el sida era un castigo por el comportamiento antinatural y pecaminoso de sus víctimas. En este sentido, un alto funcionario de policía británico afirmó, en un discurso pronunciado en 1986 refiriéndose a las personas que corrían más riesgo de contraer el sida: «Donde quiera que voy veo cada vez más pruebas de personas dando vueltas en un pozo negro humano construido por ellas mismas.»

El monismo, en cambio, está incómodamente enfrentado a las filosofías religiosas que insisten en la distinción entre cuerpo y alma, carne y espíritu, una dicotomía que ha sido una característica de la mayoría de las religiones desde el alba de la civilización.

En la medida en que los arqueólogos y los historiadores pueden deducir, el ser humano ha albergado creencias acerca de espíritus no físicos, almas, dioses, fantasmas y demonios desde que desarrollamos la capacidad de pensar. Las pruebas arqueológicas procedentes de las pinturas rupestres y los lugares de enterramiento de la antigüedad indican que las personas creían en la existencia de espíritus incorpóreos hace 20.000 años. Una forma antigua de tratamiento médico consistía en perforar orificios en el cráneo de los individuos mentalmente perturbados para liberar a los malos espíritus, práctica ciertamente alarmante llamada trepanación.

El dualismo está intrínseco en la idea de que seguimos existiendo en alguna forma después de que nuestro cuerpo físico muera. Creer en la existencia de espíritus incorpóreos, almas eternas, vida después de la muerte o fantasmas es adoptar una concepción dualista sobre el problema mente-cuerpo. Rechazar el dualismo es rechazar el reconfortante pensamiento de que la existencia humana transciende lo físico y puede perdurar sin ello. Si se sostiene que la mente es un producto del cerebro y es inseparable de éste, se debe aceptar que cuando el cuerpo muere se muere junto con él. La muerte y la descomposición de los cuerpos físicos es un hecho observable, pero lo que le sucede a la mente o al alma después de la muerte sigue siendo objeto de debate y fe.

No es de extrañar que el dualismo haya sido la perceptiva predominante en el pensamiento occidental y lo siga siendo hasta nuestros días.

Un poco de historia antigua

El dualismo, sin embargo, no siempre ha dominado férreamente el pensamiento occidental. Un elemento de monismo predominó durante algún tiempo. Para los filósofos de la Grecia de la antigüedad, la distinción entre mente y cuerpo no era tan absoluta como lo fue después. Pueden hallarse perspectivas ambivalentes en las obras de Platón y Aristóteles, entre otros.

Entre los primeros exponentes de ideas que podrían llamarse propiamente monistas figuraban los sabios griegos Alcmeón, Epicuro e Hipócrates, que pusieron en entredicho las creencias establecidas acerca de los espíritus incorpóreos y ofrecieron, en cambio, explicaciones del mundo natural, incluido el cuerpo humano, en función de fenómenos observables y físicos. Hipócrates, que nació hacia el año 460 a.C. y cuyo nombre continúa vivo en el juramento médico epónimo, fue el médico más ilustre de su época y se ganó el epíteto de «padre de la medicina». Trató de explicar el funcionamiento y los defectos del cuerpo humano en términos esencialmente mecanicistas, en vez de recurrir a la panoplia habitual de dioses y espíritus malignos.

Uno de los principios fundamentales de la medicina hipocrática era que la salud dependía del equilibrio armonioso de los humores (sangre, flema, bilis amarilla y bilis negra) y que las enfermedades eran causadas por un desequilibrio en estos fluidos vitales. Hipócrates rechazaba el credo tradicional según el cual la enfermedad era causada por agentes espirituales o sobrenaturales que perturbaban la armonía del cuerpo. A su juicio, las enfermedades eran causadas por fuerzas naturales que podían ser estudiadas y explicadas. Lo mismo podía decirse de la reacción del cuerpo ante las fuerzas que causan las enfermedades. Hipócrates afirmaba que toda perturbación de la armonía interna del cuerpo provocaba respuestas de adaptación que tendían a contrarrestar la perturbación y devolver al cuerpo a su estado de armonía saludable. La naturaleza, y no los dioses, era la causa y la curadora de las enfermedades.

Aunque técnicamente errado según los criterios modernos, el enfoque de la medicina de Hipócrates era revolucionario. Al centrarse en las realidades carnales de las enfermedades, en vez de en su origen supuestamente divino o espiritual, Hipócrates y sus seguidores pudieron hacer progresos importantes en la comprensión y el tratamiento de las enfermedades reales. En cambio, el enfoque tradicional consistente en atribuir las enfermedades a la furia de los dioses o a espíritus malignos difícilmente conducía a indagaciones científicas, y mucho menos a remedios sistemáticos. El filósofo Epicuro, que nació en el año 341 a.C., desarrolló aún más las ideas de Hipócrates acerca de la enfermedad. Anticipándose en más de 1.000 años en algunos aspectos al concepto básico de la psiconeuroinmunología, Epicuro afirmaba que la mente es una de las fuerzas adaptativas que influye en la salud del cuerpo y en su respuesta a la enfermedad física[3].

La medicina griega había alcanzado su cenit en el siglo II. La autoridad médica más destacada en el mundo occidental en esta época era el médico griego Galeno, nacido hacia el año 130. Después de comenzar su carrera como médico de los gla-

---

[3] Las ideas monistas de Hipócrates y Epicuro no fueron compartidas por todos los grandes pensadores de la Grecia de la antigüedad. Platón adoptó una postura predominantemente dualista en las obras de su primera época, afirmando que el cuerpo y el alma son interdependientes pero fundamentalmente distintos. Platón sostenía que dentro de cada uno de nosotros hay un alma inmortal e inmaterial que da vida al cuerpo, pero que es sin embargo muy distinta del cuerpo. En sus últimos diálogos, sin embargo, Platón exhibió tendencias más monistas, y describió el alma, o la mente, como un atributo del cuerpo en vez de como algo totalmente separado de él. Aristóteles, discípulo de Platón, fue un dualista menos definido aún que su mentor. En obras como *Acerca del alma,* Aristóteles afirmaba que la *psique* es la «forma» o esencia organizadora de un organismo vivo, la cosa que nos infunde vida y propósito. En lo que a Aristóteles se refería, la *psique* no podía separarse del cuerpo físico (o *soma)* más de lo que la propiedad de la vista puede separarse del ojo. Pero, en otros aspectos, Aristóteles siguió siendo dualista. Afirmaba que el pensamiento consciente es totalmente independiente del cuerpo físico. Para Aristóteles, como para Platón, la *psique* podría residir en un cuerpo físico, pero no es un ente físico.

diadores de Pérgamo, en Asia Menor, Galeno se trasladó a Roma y llegó a ser médico de corte del emperador Marco Aurelio. Galeno hizo algunos avances médicos significativos, como el uso del pulso como ayuda para el diagnóstico, aunque también cometió muchos errores embarazosos.

Las enseñanzas de Galeno reflejaban las ideas anteriores de Alcmeón, Hipócrates y Epicuro, y ponían el énfasis en un enfoque racional y materialista de la comprensión y el tratamiento de la enfermedad. Para Galeno y sus discípulos, las enfermedades eran estados físicos anormales de un cuerpo físico y no aberraciones del alma ni castigos impuestos por una deidad furiosa. Su enfoque materialista de la medicina reconoció la existencia de la *psique* (el espíritu, alma o mente, dependiendo de cómo se traduzca), pero en la práctica apenas le prestaba atención. Su medicina se centraba casi exclusivamente en los mecanismos del cuerpo físico o *soma*. Adelantemos el reloj 2.000 años y no es mucho lo que ha cambiado en este aspecto.

Pero las teorías sorprendentemente actuales sobre la mente, el cuerpo y la enfermedad que florecieron en la Grecia de la antigüedad no perduraron. No tardaron en ser aplastadas por la doctrina eclesiástica y el retorno a la ortodoxia del dualismo. No mucho después de la época de Galeno, la civilización grecorromana comenzó a desmoronarse y Europa se hundió en el abismo intelectual de la edad de las tinieblas. En los siglos siguientes, la ciencia y la filosofía occidentales fueron prisioneras del dogma, y la medicina se fosilizó[4].

Los primitivos estudiosos cristianos adoptaron una línea intermedia entre las teorías médicas de los asirios y babilonios de la antigüedad, que consideraban la enfermedad un castigo divino por el pecado, y la medicina materialista de sabios griegos como Hipócrates y Galeno, para quienes las enfermedades

[4] Por si se me acusa de eurocentrismo, permítaseme añadir que la ciencia y las matemáticas se mantuvieron vivas en las culturas árabes.

eran trastornos físicos del cuerpo. Para los primeros cristianos, el pecado no era en sí mismo causa directa de la enfermedad, aunque podía dar origen a ella indirectamente.

En la Edad Media, la actitud occidental dominante hacia la enfermedad retornó a un estado de dualismo puro, y la separación de la mente del cuerpo regresó para quedarse. Los eruditos medievales adaptaron los textos filosóficos de Aristóteles y sus colegas para que encajaran en el marco cristiano, conciliando la fe con la razón[5]. La mente o alma humana se consideraba explícitamente un ente inmortal, no físico y otorgado por Dios, de naturaleza totalmente distinta del cuerpo material. Los escritos médicos de Galeno fueron incorporados a esta versión cristianizada de la filosofía griega y se convirtieron en la autoridad absoluta en todas las cuestiones médicas durante los siglos siguientes. Los sellos distintivos del saber occidental durante este período fueron la obediencia ciega a la autoridad establecida, la supremacía de la doctrina eclesiástica y la obsesión por arcanas cuestiones sin sentido. Estos eran los hombres que discutían sobre cuántos ángeles podían caber en una cabeza de un alfiler.

La creencia en la validez absoluta de la medicina griega cristianizada no se derrumbó hasta los siglos XV y XVI, cuando los sabios renacentistas comenzaron a rechazar las doctrinas sagradas y renació gradualmente un enfoque racional y científico de la medicina. En el siglo XVII estaba creado el marco para un enfoque verdaderamente científico de la medicina. Las doctrinas de Galeno acerca de la sangre y el corazón resultaron espectacularmente erróneas cuando el médico inglés William Harvey (1578-1657) descubrió cómo circula la sangre dentro del cuerpo.

---

[5] El teólogo y filósofo del siglo XIII Tomás de Aquino (1225-1274) dedicó gran parte de su vida a conciliar los escritos de Aristóteles con las creencias cristianas. Aquino llegó a la conclusión de que el alma humana es totalmente independiente del cuerpo físico, que proviene de Dios, y que es inmortal.

Paradójicamente, sin embargo, fue en el siglo XVII cuando el dualismo mente-cuerpo acentuó su dominio sobre el pensamiento occidental y aseguró su predominio durante otros tres siglos. Esto se debió en gran medida a las obras de un solo hombre: René Descartes.

René Descartes y la separación de la mente y el cuerpo

René Descartes, filósofo y matemático francés del siglo XVII, hizo más probablemente que ningún otro individuo para formalizar y consolidar la escisión dualista entre mente y cuerpo en el pensamiento occidental contemporáneo. De hecho, la íntima relación entre Descartes y el dualismo se consagra en la expresión «dualismo cartesiano».

A partir de la época de Descartes, la creencia en la mente (o alma) como ente intangible y no físico, distinto del cuerpo físico, se convirtió en la concepción predominante en el pensamiento occidental. (Aunque entonces, como ahora, continuaba prosperando una medicina «no oficial», en la que la mente del paciente era el foco práctico del tratamiento en la misma medida que su cuerpo físico.)

En la filosofía de Descartes, la mente o alma humana (estos términos eran sinónimos) no era un objeto físico que pudiera localizarse en el espacio, sino un ente no físico, implantado en el cuerpo humano por Dios. La mente, o *res cogitans* («cosa pensante»), era responsable del pensamiento consciente, y el pensamiento consciente era la esencia misma de la existencia humana. *Cogito, ergo sum*: pienso, luego existo. El pensamiento consciente era lo que hacía al ser humano diferente de otras especies. (Descartes se mantuvo firme en su posición de que las especies no humanas no tenían mente: los animales eran simplemente máquinas inteligentes. Este credo fue usado por los viviseccionistas en los siglos XVII y XVIII para justificar diversas barbaridades.)

En el mundo según Descartes, la mente no es en modo alguno un producto del cerebro ni de ninguna otra estructura física; «no necesita lugar ninguno ni depende de cosa material alguna». Por otra parte, puede existir independientemente del cuerpo y abandona el cuerpo cuando morimos. Hasta este punto, la filosofía de Descartes era coherente con la doctrina religiosa.

El hecho evidente a todas luces de que la mente y el cuerpo se influyen mutua y permanentemente fue causa de no pocos problemas para las teorías de Descartes. ¿Cómo podía una mente etérea, sin localización física ni sustancia, incidir en una clase fundamentalmente distinta de ente como el cuerpo físico? Descartes nunca resolvió esta cuestión. Pero sí designó una localización física precisa donde se suponía que tenía lugar la interacción entre la mente y el cuerpo, a saber la glándula pineal o «cerebro de enlace». (Una de las muchas falacias populares acerca de Descartes es la que afirma que identificó la glándula pineal como localización física del alma. Descartes era más sutil.)

Al presentar al mundo un sistema filosófico que conciliaba la fe religiosa con la razón científica, Descartes formalizó la división entre mente y cuerpo y prestó tal fuerza al argumento dualista que su dominio sobre el pensamiento occidental duró tres siglos. Fue este enfoque dualista el que condujo en última instancia al deplorable descuido de la mente por la medicina moderna y al arraigado escepticismo acerca del papel de los factores psicológicos y emocionales en la enfermedad. La escisión dualista creó en la medicina el vacío que las formas de medicina «alternativa» y holistas han venido a llenar. También sirvió para reforzar la falacia psicosomática, en virtud de la cual las enfermedades se consideran o bien «físicas» (es decir, reales y no culpa de la víctima) o bien «psicológicas» (es decir, no reales e implícitamente producto de debilidades personales).

El legado dualista de Descartes alentó a científicos y filósofos a descuidar las emociones y a poner un énfasis excesivo en el pensamiento consciente y racional. Los neurocientíficos modernos sólo ahora comienzan a darse cuenta de que las emociones son elementos clave de la racionalidad y son fundamentales para el funcionamiento humano normal. La idea cartesiana de una mente racional e incorpórea, sin las trabas de la simple emoción, sencillamente no se corresponde con la verdadera naturaleza del organismo humano. No somos más capaces de afrontar la vida exclusivamente mediante cálculos racionales de lo que podríamos mediante emociones y sentimientos por sí solos. Unos y otros son esenciales si queremos funcionar en el mundo real. Destacados neurobiólogos como Robert Damasio y Gerald Edelman han expuesto razonamientos pormenorizados y convincentes acerca de por qué la mente depende de todo el cuerpo, no sólo del cerebro. Han logrado llevar de nuevo a las emociones al primer plano.

A pesar de este catálogo de críticas, sería un error describir a Descartes como un villano filosófico que retrasó durante siglos la llegada de la psiconeuroinmunología. Si examinamos el balance, comprobamos que las inmensas contribuciones de Descartes al progreso de la ciencia y la medicina son mucho más importantes que sus flaquezas dualistas. Para comprender en toda su extensión los logros de Descartes, debemos considerar las cosas desde una perspectiva histórica.

Descartes era un escéptico que investigó en busca de principios racionales para explicar los misterios del mundo natural. En ese proceso, se acercó peligrosamente al rechazo de ciertos principios sagrados del dogma eclesiástico. Su método consistía en analizar el cuerpo humano de modo muy parecido a como un ingeniero analizaría el funcionamiento de un dispositivo mecánico. Aplicó todo el arsenal de las matemáticas y la física al funcionamiento de los organismos vivos. Al hacer filosóficamente aceptable este enfoque científico, Descartes desempeñó un papel decisivo en la refutación de los dogmas que habían anquilosado el pensamiento occidental durante más de un milenio.

Así, desterró las ideas estériles de fuerzas vitales, espíritus y almas y dirigió el foco de atención a las realidades físicas de los organismos vivos.

Por añadidura, eliminó muchos de los antiguos territorios del alma inmortal y redujo sus fronteras al mínimo imprescindible. El resto de la naturaleza humana, incluidas la percepción y las emociones, lo situó firmemente dentro del dominio del cuerpo físico. Para Platón, Aristóteles y la mayoría de los pensadores occidentales anteriores a Descartes, la esencia misma de la vida residía dentro del alma. Para Descartes, sin embargo, la vida era una propiedad del cuerpo físico y sólo la conciencia humana residía en la mente. Las emociones y los sentimientos podían explicarse en términos de secreciones orgánicas en el interior del cuerpo. Esto era revolucionario.

En el siglo XVII, este enfoque científico de la naturaleza humana fue considerado por las autoridades una amenaza para las creencias religiosas establecidas y para el poder de la Iglesia. La mayoría de nosotros tenemos la suerte de vivir actualmente en un mundo en el que somos razonablemente libres de expresar nuestros pensamientos, explorar nuevas ideas y poner en entredicho los dogmas. No debemos olvidar que el mundo era un lugar mucho menos tolerante en la época de Descartes.

En 1596, año del nacimiento de Descartes, William Shakespeare comenzaba a establecerse como dramaturgo, Galileo inventó el termómetro y se instaló el primer retrete de la historia. Apenas habían pasado 50 años desde que el astrónomo polaco Copérnico propusiera por primera vez la teoría revolucionaria de que la Tierra no es el centro fijo del Universo.

En la Europa de esta época, todo aquel que representara un desafío serio para la ortodoxia religiosa podía sufrir torturas o ser ejecutado por el Santo Oficio, más conocido como Inquisición. Cuando Descartes tenía 4 años, el filósofo y científico italiano Giordano Bruno fue quemado en la hoguera en Roma por atreverse a defender la herética teoría según la cual la Tierra gira sobre su eje y describe órbitas alrededor del Sol. En 1633, cuando Descartes tenía 37 años, se enteró de que el gran científico italiano Galileo había sido denunciado por la Inquisición y se había visto obligado, bajo la amenaza de torturas, a retractarse de sus teorías científicas. El gran crimen de Galileo, como el de Giordano Bruno, había sido estar de acuerdo con Copérnico en que la Tierra no es el centro del Universo. Temiendo por su seguridad, Descartes retiró deliberadamente de la publicación uno de sus libros procopernicanos.

Los escritos de Descartes llegaban al límite de lo aceptable y eran todo lo osados que la época permitía. Del mismo modo que Copérnico, Bruno y Galileo antes que él, Descartes estaba convencido de que el dogma aceptado de la Tierra como centro del Universo era totalmente erróneo. La evidencia astronómica mostraba que la Tierra giraba diariamente sobre su eje y describía una órbita anual alrededor del Sol. Pero esto no era lo que las autoridades eclesiásticas deseaban escuchar, como Bruno y Galileo descubrieron a su costa. La idea cartesiana de que el cuerpo humano podía considerarse una máquina compleja era igualmente problemática.

Plenamente consciente de la suerte de Galileo a manos de la Inquisición, Descartes sólo quería vivir en paz, sin suscitar ninguna atención hostil para sí mismo o para sus obras. Siguió siendo católico durante toda su vida y se cuidó de no tentar a la suerte. Su sistema filosófico conservó escrupulosamente la idea esencial del alma inmortal otorgada por Dios. Con todo, no se ganó aplausos de la Iglesia, y en 1663 Roma condenó sus obras.

No es de extrañar que los escritos de Descartes que cuestionaban con más fuerza las ideas establecidas en el ámbito teológico estuvieran sutilmente codificados y le hicieran merecedor del epíteto de «filósofo enmascarado», ni que en su tumba esté inscrita esta inscripción reveladora: *Bene qui latuit, bene vixit* («El que se escondió bien, vivió bien»). Ahora bien, no estoy insinuando en modo alguno que Descartes fuera un agnóstico de tapadillo. Por el contrario, la existencia de un Dios benevolente era absolutamente fundamental para su sistema filosófico. Sin embargo, algunos de sus escritos se pasaron peligrosamente de la raya en lo relativo a las doctrinas de la todopoderosa Iglesia, y Descartes habría sentido aquel viento frío en su cuello con más intensidad que la mayoría.

Antes de la época de Descartes, la medicina occidental había permanecido en animación suspendida. Las creencias ortodoxas habían sostenido que el cuerpo humano era un objeto sagrado y, por tanto, estaba fuera de los límites de la indagación científica. A pesar de sus ramificaciones negativas, la manera en que Descartes separó la mente del cuerpo, e hizo teológicamente aceptable esta separación, fue una tremenda bendición para la medicina. Después de mil años de estancamiento intelectual, el dualismo cartesiano ayudó a los científicos libres a reanudar sus investigaciones sobre el cuerpo humano, anunciando el amanecer de la medicina científica. La disección de un cadáver humano dejó de considerarse una violación del espíritu sagrado. Los experimentos para alcanzar el conocimiento médico fueron legitimados. Así pues, Descartes liberó a la ciencia de las ataduras del dogma. El precio —incluido el descuido de la mente en la medicina moderna— merecía probablemente la pena ser pagado.

La muerte de Descartes

Aunque es más conocido por sus obras matemáticas y filosóficas, Descartes mostró gran interés por la medicina durante toda su vida, y sus escritos reflejan esta afición. De hecho, en *Meditaciones metafísicas* narra cómo, cuando estaba enfermo en su infancia, experimentó personalmente el poder de la mente cuando fue capaz de superar una enfermedad que ponía en peligro su vida:

> Creo que la inclinación que siempre he tenido a considerar las cosas que suceden desde un punto de vista que pueda permitirme hacerlas más agradables, y asegurar que mi principal satisfacción sólo dependiera de mí, es la razón por la que esta indisposición que llegó a mí como si fuera natural a mí, desapareciera totalmente poco a poco.

Hay algo más que un pálido reflejo de la joven Pollyanna en esta afirmación. Descartes había descubierto sin duda los beneficios que reporta la adopción de una actitud positiva.

Irónicamente, el estrés psicológico pudo contribuir al fallecimiento del gran dualista. En septiembre de 1649, Descartes partió de Holanda, donde se había visto envuelto en controversias académicas, en busca de una vida más tranquila como preceptor personal de la reina Cristina de Suecia. Lamentablemente, salió de la málaga intelectual para meterse en el malagón psicológico.

Aun cuando la corte de la reina Cristina estuviera muy alejada de las batallas intelectuales que tanto habían cansado a Descartes, que en otros aspectos era mucho más dura. Después de un invierno deprimente dedicado a fruslerías reales sin sentido, Descartes comenzó a trabajar finalmente como preceptor en enero de 1650. Pero sucedía que la reina Cristina creía que sus capacidades intelectuales alcanzaban su apogeo a las cinco de la mañana [6]. Y así, en aquellas horas intempestivas el desdichado Descartes se veía obligado a instruirla en filosofía. Como muchos grandes sabios, Descartes estaba acostumbrado a una forma de vida más llevadera. No le gustaba madrugar, y se había acostumbrado a quedarse en la cama hasta últimas horas

[6] La reina Cristina (1626-1689) es una figura fascinante por derecho propio. Sumamente inteligente y al parecer muy hermosa, publicó varias obras de filosofía y ética y fue una activa mecenas de las artes y el saber. También era bisexual y se negó a casarse. Cristina abdicó de su trono de Suecia en 1654, se convirtió al catolicismo y finalmente se hizo atea.

de la mañana, reflexionando. Incluso cuando era estudiante se le había concedido una dispensa especial para levantarse tarde.

La incomodidad y el estrés de este espectacular cambio en su forma de vida, unidos a las heladas mañanas de Estocolmo, resultó demasiado agotador para la mente y el cuerpo de Descartes. Un mes después de comenzar este severo nuevo régimen, poco antes de cumplir 54 años, enfermó y murió, probablemente de neumonía[7].

Las últimas palabras conocidas de Descartes tuvieron un inconfundible sabor dualista: «Ça mon âme, il faut partir» («Pues bien, alma mía, ha llegado el momento de partir»).

---

[7] Descartes no fue el único estudioso para quien la corte de la reina Cristina resultó fatal. El filósofo, abogado y teólogo holandés Hugo Grocio visitó a Cristina y sucumbió a una infección respiratoria. Murió cuando regresaba a Holanda en 1645.

Bibliografía

Black, S., *Mind and Body,* William Kimber, Londres, 1969.

Bunge, M., *The Mind-Body Problem,* Pergamon Press, Oxford, 1980 [trad. cast., *El problema mente-cerebro,* Tecnos, Madrid, 1988].

Carter, R. B., *Descartes' Medical Philosophy,* Johns Hopkins University Press, 1983.

Cottingham, J., *Descartes,* Blackwell, Oxford, 1986.

Damasio, A. R., *Descartes' Error,* Grosset/Putnam, Nueva York, 1994 [trad. cast., *El error de Descartes,* Crítica, Barcelona, 1996].

Edelman, G. M., *Bright Air, Brilliant Fire,* Basic Books, Nueva York, 1992.

Humphrey, N., *A History of the Mind,* Chatto & Windus, Londres, 1992 [trad. cast., *Una historia de la mente,* Gedisa, Barcelona, 1995].

Laín Entralgo, P., *Cuerpo y alma,* Espasa-Calpe, Madrid, 1991.

Ostenfeld, E., *Ancient Greek Psychology and the Modern Mind-Body Debate,* Aarhus University Press, Aarhus, 1987.

Wilson, M. D., *Descartes,* Routledge & Kegan Paul, Londres, 1978.

12

Un prisma nuevo

> Para un biólogo, la alternativa a pensar en términos evolucionistas es no pensar en absoluto.
>
> P. y J. Medawar, *The Life Science* (1977)

¿Existe un prisma alternativo para examinar los innumerables vínculos entre el cerebro, el comportamiento, la inmunidad y la enfermedad? La ciencia médica moderna ha sido sumamente eficaz a la hora de analizar el funcionamiento mecánico del cuerpo humano, pero ha prestado menos atención a cuestiones como por qué nuestro cuerpo está diseñado de este modo y por qué ciertos individuos son propensos a la mala salud. Los biólogos, por su parte, están acostumbrados a formular tales preguntas.

La medicina convencional se ocupa principalmente de analizar cómo funcionan nuestros cuerpos, para que sus defectos puedan ser entendidos y rectificados. Los científicos médicos intentan comprender los mecanismos genéticos, bioquímicos y fisiológicos de nuestros cuerpos de modo muy parecido a como un ingeniero que desea reparar una máquina averiada se preocupa por cómo funcionan sus dientes y engranajes. Es una estrategia perfectamente sensata, y ha resultado sumamente eficaz a la hora de generar soluciones a los problemas médicos. Pero no presenta el cuadro completo. Examinar antiguos problemas médicos desde perspectivas nuevas puede resultar a menudo fructífero.

En este último capítulo, es mi deseo describir dos nuevas maneras de examinar las relaciones entre la mente, el cuerpo y la enfermedad. Se trata de las perspectivas biológicas del desarrollo y la evolución.

Los científicos pueden hacer otras clases de preguntas además de «¿cómo funciona?» Una pregunta igualmente válida es: «¿cómo se desarrolló?»; es decir, cómo surgió la estructura biológica o la pauta de comportamiento durante la vida del individuo, mediante la interacción entre influencias genéticas y ambientales. Cuando los biólogos investigan el funcionamiento de organismos adultos, son conscientes de que cada uno de esos organismos (incluidos usted y yo) comenzaron la vida como una única célula microscópica y aparentemente informe. No llegamos a la vida como adultos hechos y derechos. Nuestro ingeniero imaginario preguntaría cómo se ensambló la máquina durante el proceso de fabricación.

Los orígenes evolutivos y las informaciones biológicas proporcionan otro campo de investigación. Aquí, la atención se centra en por qué las cosas son como son, y no en cómo funcionan ni en cómo se ensamblaron durante el desarrollo [1]. Las preguntas evolutivas se ocupan de cómo las estructuras biológicas y las pautas de comportamiento han sido configuradas por los procesos de selección natural durante la historia evolutiva de la especie, y cómo estas estructuras y pautas de comportamiento ayudan al organismo a sobrevivir y reproducirse en su entorno actual. Nuestro ingeniero imaginario pensaría en para qué sirve la máquina y por qué ha sido diseñada de esta manera concreta. Nuestro médico imaginario preguntaría por qué, en vez de cómo, nos pusimos enfermos.

[1] «¿Cómo funciona?» (el análisis del mecanismo) se designa a veces como cuestión de la causalidad próxima. «¿Cómo evolucionó?» (el análisis de los orígenes evolutivos y la función adaptativa) se designa de forma un tanto altisonante como cuestión de la causalidad última. Más prosaicamente, estas dos variedades de preguntas se definen como preguntas «cómo» y «por qué».

Desarrollo

El niño es el padre del hombre.
William Wordsworth, *My Heart Leaps Up* (1807)

Los estudios del desarrollo intentan responder a cuestiones tan fundamentales como la manera en que los genes y el entorno interactúan para producir un individuo único, y cómo cambian las características de un organismo (o permanecen resistentes al cambio) durante su vida, desde la concepción hasta la muerte [2]. Así pues, abarca los procesos asombrosamente inteligentes que nos transformaron desde una única célula, visible únicamente bajo un microscopio, en el ser humano único en que presumiblemente usted se ha convertido.

El desarrollo es un proceso realmente extraordinario. Cada uno de nosotros comienza su vida como una única célula fertilizada que contiene 46 filamentos dobles de ADN, a lo largo de los cuales se disponen aproximadamente 100.000 genes. Años después, por medios que todavía no se comprenden sino vagamente, cada uno de nosotros termina siendo un individuo diferenciado con un cuerpo formado por más de 10 millones de millones (10^{13}) de células sumamente especializadas. Cada una de esos 10 billones de células está en el lugar adecuado y hace las cosas adecuadas, y en consecuencia cada uno de nosotros somos únicos. Usted es diferente de mí en muchos aspectos (por lo cual probablemente debería estar usted agradecido.)

Desentrañar las contribuciones interactivas entre los genes y el entorno durante el desarrollo (el «problema naturaleza-

[2] Otro término biológico para designar el desarrollo es ontogenia. Para complicar aún más las cosas, los procesos de desarrollo que son responsables del ensamblado de un organismo adulto son a su vez producto de la selección natural. Evolucionaron para hacer a los individuos más capaces de sobrevivir y reproducirse en un mundo hostil. La capacidad de los animales para modificar su comportamiento mediante el aprendizaje es un ejemplo de un proceso de desarrollo que ha sido configurado por la selección natural.

crianza») no es asunto sencillo. Las consecuencias de heredar unos genes concretos de nuestros padres dependerá del entorno, mientras que los efectos de los factores ambientales dependerán, a su vez, de nuestra configuración genética. Tomemos la cuestión de las pautas de comportamiento propensas a enfermedades, por ejemplo. ¿Por qué algunas personas adquieren el hábito de fumar o desarrollan personalidades del tipo A sumamente reactivas, haciéndose vulnerables a enfermedades cardíacas coronarias? Las raíces de estas diferencias individuales en el comportamiento residen a menudo en épocas muy tempranas de la vida, y reflejan tanto nuestra herencia genética como nuestra experiencia personal.

Es evidente que las presiones sociales y el aprendizaje representan un importante papel en pautas de comportamiento relacionadas con la salud como el consumo de tabaco y alcohol. Se trata en parte de observar lo que nuestros padres y nuestros iguales hacen y después copiarlos (o rebelarse contra ellos y después hacer lo contrario). Y lo que nuestros padres y nuestros iguales hacen depende de muchas otras variables, incluida su educación, su clase social y su cultura. Por ejemplo, la incidencia del hábito de fumar entre los adolescentes de Gran Bretaña está vinculada con la clase social de sus padres. Las hijas adolescentes de trabajadores no cualificados o semicualificados tienen más del doble de probabilidades de fumar que las hijas de profesionales de clase media: el 50 por 100 fuman, en comparación con el 22 por 100 de las adolescentes de hogares de profesionales. Pero las presiones sociales no son toda la historia. Ciertos individuos son intrínsecamente más propensos que sus semejantes a la adicción química, ya sea a la nicotina, el alcohol o la cocaína.

En el Capítulo 8 vimos que las personas que son muy reactivas a los estresantes son especialmente vulnerables a enfermedades cardíacas coronarias. Las raíces de estas variaciones en la reactividad biológica pueden encontrarse en la infancia. Las crías y los individuos jóvenes de otras especies responden a sus entornos de formas individualmente diferenciadas desde su nacimiento. Algunas crías son sistemáticamente más reactivas que otras, tanto en lo relativo al comportamiento como a la fisiología. Unos bebés son tranquilos y duermen mucho, mientras que otros son irritables y constantemente activos. Unos se distraen fácilmente, y responden cálidamente a la atención que se les presta, mientras que otros son insociables y prefieren existir en un mundo propio. Estas características temperamentales tempranas tienden a ser bastante estables y constantes, de tal modo que, hasta cierto punto, predicen cómo reaccionará esa persona ante los estímulos en etapas posteriores de la vida.

Una de las formas más sencillas de investigar el temperamento de un niño recién nacido es mediante la prueba del talón. En muchos países es una práctica habitual tomar una pequeña muestra de sangre de los niños unos días después de su nacimiento para analizarla a fin de detectar posibles trastornos médicos. La prueba se hace normalmente pinchando al niño en el talón con una lanceta estéril y haciendo brotar una o dos muestras de sangre. Duele, y los niños suelen reaccionar protestando, pero la intensidad y la duración de su reacción varía considerablemente. Unos lloran fuerte y largamente; otros protestan poco. Por otra parte, aquellos que son más reactivos a la edad de 2 o 3 días tienden a seguir siéndolo en los meses siguientes. Los individuos reactivos en el comportamiento también tienden a ser reactivos fisiológicamente: los bebés que exhiben una respuesta de comportamiento enérgica a la prueba del talón muestran también típicamente una respuesta hormonal grande.

Diferencias individuales distintivas en el comportamiento y la reactividad biológica se encuentran también en las crías de otras especies. Los cerditos exhiben diferencias de comportamiento y fisiológicas coherentes en su manera de responder al entorno desde una edad muy temprana. Unos cerditos se comportan sistemáticamente de manera audaz y activa cuando se les coloca en un entorno nuevo, mientras que otros son sistemáticamente pasivos. Estas idiosincrasias de comportamiento se reflejan en diferencias en las respuestas hormonales de los cerdos.

Las diferencias individuales tempranas en la reactividad son importantes porque pueden tener repercusiones en nuestro comportamiento y nuestra salud en etapas posteriores de la vida, aunque nadie sabe aún por qué. Los científicos han descubierto que los niños que exhiben una reacción de comportamiento prolongada a una inyección cuando tienen dos meses de edad tienden a tener más enfermedades cuando tienen aproximadamente entre un año y dos años y medio. Varios estudios de larga duración han revelado que los niños de corta edad cuya presión arterial muestra mayor aumento como respuesta a estresantes psicológicos tienen más probabilidades de padecer hipertensión cuando son adultos.

Ciertas formas de experiencia temprana pueden tener repercusión a largo plazo en el comportamiento y la función inmunitaria. Experimentos realizados en la década de 1960 por George Solomon, Seymour Levine y otros estudiosos revelaron que si ratas jóvenes eran manipuladas regularmente por humanos desde el nacimiento hasta el destete, sus respuestas inmunitarias en etapas posteriores de su vida eran claramente distintas. Las ratas que habían sido manipuladas cuando eran jóvenes producían respuestas de anticuerpos más intensas cuando eran inmunizadas al llegar a la edad adulta. Otros investigadores descubrieron que si se estimulaba a roedores de diversas formas cuando eran jóvenes, su sensibilidad a ciertas formas de cáncer en la edad adulta se alteraba. Sus experiencias tempranas habían afectado su función inmunitaria y su salud en la etapa adulta.

La estabilidad y el cambio también aparecen en la ecuación. Podríamos preguntar si los rasgos de hostilidad y agresividad que constituyen el núcleo de la pauta de comportamiento del tipo A propensa a enfermedades coronarias son modificables o, como insinúan estas palabras de *El Mikado,* están profundamente arraigadas y son inmutables:

> Puedo seguir mi árbol genealógico hasta un glóbulo atómico primigenio protoplasmático. En consecuencia, el orgullo familiar es algo inconcebible. No puedo evitarlo. Nací desdeñoso.

El hecho de que numerosos rasgos de comportamiento y fisiológicos se manifiesten en épocas tempranas de la vida y permanezcan constantes con el paso del tiempo no significa necesariamente que sean fijos e inmutables. Hemos visto que la pauta de comportamiento del tipo A propensa a enfermedades coronarias puede modificarse en la edad adulta, con consecuencias beneficiosas para la salud. Asimismo, la experiencia y la instrucción pueden aumentar nuestra resistencia a estresantes psicológicos. Debemos intentar escapar de la idea freudiana de que la helada mano de la experiencia temprana se alzará y nos aferrará en épocas posteriores de la vida, sin importar lo que hagamos. Todos somos capaces de cambiar. Como anuncia Hal a un conmocionado Falstaff en el *Enrique IV, segunda parte,* de Shakesperare:

> No presumas de que soy lo que era;
> pues Dios lo sabe, y ha de percibirlo el mundo,
> que he dado la vuelta a mi antiguo yo.

Madres e hijos

La relación madre-hijo es fundamental para todos los mamíferos jóvenes, incluidos los humanos[3]. Sin protección física, nutrición y calor todos moriríamos poco después de nacer. Sin amor, estimulación y cierto grado de estabilidad, nuestras facultades mentales, emocionales y sociales se atrofiarían.

---

[3] En el caso del ser humano sería más exacto hablar de la relación cuidador-hijo (en vez de madre-hijo).

La madre influye también en el sistema inmunitario de su cría. Los bebés reciben anticuerpos de la leche de su madre, y el contacto íntimo entre los dos se traduce en la transferencia de bacterias y otros antígenos que estimulan el sistema inmunitario de la cría. Éstas son sólo dos de las muchas razones por las que los niños alimentados con la leche materna son, por término medio, física y psicológicamente más sanos que los niños alimentados con biberón, tanto entonces como después. El pecho es ciertamente lo mejor.

Teniendo en cuenta la decisiva importancia de la temprana relación madre-hijo para el desarrollo físico y mental, no es sorprendente que las alteraciones de esta relación puedan tener repercusiones generalizadas para la cría, algunas de las cuales se sienten en épocas muy posteriores de la vida. La investigación ha establecido que cuando las crías de ratón son separadas de su madre durante unas horas al día en las dos primeras semanas de vida, su respuesta inmunitaria adulta se ve afectada significativamente. Cuando se hacen adultos, los ratones separados producen menos anticuerpos para responder a desafíos inmunológicos y sus linfocitos son menos sensibles.

Estudios pormenorizados de larga duración realizados por Christopher Coe y sus colegas de la Universidad de Wisconsin han demostrado que las alteraciones en las condiciones de crianza en los primeros momentos pueden tener efectos duraderos sobre la función inmunitaria de los monos, además de perturbar su desarrollo emocional y de comportamiento. Si los monos rhesus son criados en «guarderías», separados de sus madres, su sistema inmunitario se ve mediblemente alterado cuando llegan a adultos. Una manera en la que esto se manifiesta es un nivel más bajo de actividad de las «células asesinas». Los monos que han sido separados temporalmente de sus madres durante la infancia, aunque sólo sea durante una o dos semanas, tienen unos linfocitos notablemente menos sensibles cuando se los somete a pruebas siendo ya adultos maduros.

Hemos visto que los individuos con personalidad del tipo C tienen más riesgo estadístico de desarrollar un cáncer. Existen pruebas especulativas de que los rasgos del tipo C pueden surgir en ciertos individuos debido a alteraciones en sus relaciones padres-hijo durante la infancia.

Los estudios han indicado que la falta de proximidad emocional a uno o los dos progenitores durante la primera infancia podría incrementar el riesgo de desarrollar cáncer en épocas posteriores de la vida, aunque las pruebas distan mucho de ser concluyentes. Los enfermos de cáncer afirman sistemáticamente haber tenido unas relaciones más frías y distantes con sus padres que las personas que padecen otras enfermedades graves. En muchos casos no queda clara la objetividad de estos recuerdos que podrían perfectamente estar distorsionados por las percepciones actuales. Sin embargo, es verosímil que los niños que tienen unas relaciones poco afectuosas o inseguras con sus padres podrían llegar a adultos exhibiendo rasgos del tipo C —represión de sus emociones y acatamiento de los deseos de los demás— como reacción defensiva a la falta de un vínculo emocional seguro.

Hay pruebas fundamentadas de que las respuestas fisiológicas de un bebé se ven afectadas por la seguridad de las relaciones con su madre. Cuando tienen un año, los niños varían considerablemente en la seguridad de su vinculación emocional a su madre. Los niños que presentan una vinculación insegura tienden a exhibir menos angustia de comportamiento que los niños que tienen una vinculación segura cuando se les separa temporalmente de sus madres. A pesar de esta calma exterior, sin embargo, las mediciones fisiológicas revelan que tiene lugar una reacción emocional. Los niños con vinculación insegura muestran una respuesta biológica acusada ante la separación, incluido el aumento del número de pulsaciones y el nivel de cortisol. De hecho, estos niños reprimen su exhibición exterior de la emoción. Pero está aún por ver si es la relación padres-hijo insatisfactoria, o la personalidad del tipo C consiguiente, lo que modifica el riesgo final de cáncer.

Evolución

> Están en usted y en mí; nos han creado, cuerpo y mente; y su conservación es la explicación última de nuestra existencia [...] se les conoce por el nombre de genes, y somos sus máquinas de supervivencia.
>
> Richard Dawkins, *El gen egoísta* (1976)

> Los avances [médicos] serían aún más rápidos si los profesionales de la medicina estuvieran tan en sintonía con Darwin como lo han estado con Pasteur.
>
> G. C. Williams y R. M. Nesse, *Quarterly Review of Biology* (1991)

La teoría de la evolución por medio de la selección natural fue esclarecida por primera vez por Charles Darwin y revelada al mundo en noviembre de 1859 con la publicación de *El origen de las especies*, uno de los libros más importantes de la historia humana. Desde esa fecha, la teoría evolutiva ha constituido el cimiento conceptual de las ciencias de la vida.

Resumiendo en dos palabras una masa de excelente ciencia, los organismos vivos han evolucionado por medio de un proceso extraordinariamente poderoso llamado selección natural, que actúa de acuerdo con escalas temporales muy largas. Este proceso supone la supervivencia diferencial de genes que consiguen reproducirse y transmitirse a las generaciones futuras. En términos prácticos, esto se resume en la selección de genes que mejoran la capacidad del organismo individual para sobrevivir y reproducirse en su entorno normal.

Para condensar toda la belleza de la evolución por selección natural de modo aún más sucinto, no hay nada mejor que citar a Richard Dawkins, el maestro moderno de la teoría darviniana y el más lúcido de los escritores científicos:

> El mundo se llenó de organismos que tienen lo que se necesita para ser antepasados.

La evolución por medio de la selección natural no tiene ningún gran diseño ni objetivo último. No se esfuerza por producir perfección o complejidad exquisita, aunque la complejidad exquisita sea a menudo un resultado. No hay ninguna mano cósmica al timón, conduciendo la evolución hacia un resultado final específico. En particular, la selección natural no selecciona los genes simplemente porque mejoren la salud o la felicidad de los individuos. Lo único que importa en lo que a selección natural se refiere es la capacidad del individuo para transmitir sus genes a las generaciones futuras, de una manera u otra. Como escribió Charles Darwin, «la perfección consiste en ser capaz de reproducirse». Un gen que hace que aquellos que lo heredan sean propensos a la depresión o que causa atroces enfermedades en la vejez puede seguir floreciendo y reproduciéndose, con la condición de que su efecto neto sea aumentar su contribución a las generaciones futuras.

A pesar del enorme poderío conceptual de la teoría evolucionista darviniana, los científicos no han comenzado hasta tiempos recientes a aplicarla a los problemas de la medicina. La contribución potencial de la perspectiva evolucionista a la medicina es tan grande que algunos científicos han anunciado el comienzo de una nueva época de medicina darviniana.

Dos destacados defensores de la medicina darviniana (o medicina evolucionista, como algunos prefieren llamarla) son George Williams, uno de los biólogos evolucionistas más destacados del siglo XX, y Randolph Nesse, psiquiatra y médico. En su fascinante libro *Evolution and Healing*, Nesse y Williams han afirmado persuasivamente que la perspectiva evolucionista puede ofrecer a la ciencia médica muchos puntos de vista nuevos. La medicina darviniana está aún en su infancia —de hecho, es decididamente embrionaria—, pero tiene indudablemente un gran potencial que añadir a nuestra comprensión de las enfermedades.

Una pregunta fundamental —aunque rara vez se formula— es por qué nuestros cuerpos tienen aparentemente tantas deficiencias de diseño que nos hacen innecesariamente propensos a las enfermedades. Si la selección natural es suficientemente poderosa para producir ejemplos tan exquisitos de maquinaria biológica como el sistema inmunitario o el cerebro humano, ¿por qué nos ponemos enfermos permanentemente? Si la selección natural puede afinar los organismos hasta casi la perfección, ¿por qué millones de personas mueren de enfermedades cardíacas, cáncer y sida, o sufren depresión, esquizofrenia, tuberculosis o infecciones parasitarias? Como señaló George Orwell en su ensayo *Cómo mueren los pobres:*

> La gente habla de los horrores de la guerra, pero ¿qué arma ha inventado el hombre que se acerque siquiera en crueldad a algunas de las enfermedades más corrientes? Muerte «natural», casi por definición, significa algo lento, oloroso y doloroso.

Genes nocivos que hacen que las personas sean especialmente sensibles a enfermedades mortales como el cáncer o las enfermedades cardíacas coronarias se transmiten de generación en generación, aun cuando cabría esperar que estos genes hubieran sido eliminados por la selección natural hace miles de años. Un enigma aún más complicado es por qué nuestros cuerpos están construidos de tal manera que el estrés psicológico puede aumentar nuestra sensibilidad a la enfermedad.

Consideraremos varias explicaciones posibles del hecho de que el ser humano continúe acribillado por las enfermedades.

Para empezar, algunos defectos aparentes de nuestro cuerpo resultan no ser tales defectos al fin y al cabo, sino mecanismos de defensa biológicos. Advertimos sus manifestaciones desagradables al tiempo que pasamos por alto sus beneficios biológicos menos obvios.

Debemos recordar también que el entorno en el que la mayoría de los seres humanos vive actualmente es, en términos evolutivos, muy extraño y muy nuevo. Nuestros cuerpos evolucionaron durante millones de años para hacer frente al mundo preindustrial. En un abrir y cerrar de ojos evolutivo, esos mismos cuerpos fueron catapultados al entorno radicalmente alterado de las sociedades industrializadas modernas. El cuerpo y el cerebro humanos no han tenido tiempo suficiente para evolucionar en los últimos milenios en los que la civilización ha crecido, un santiamén si se mide según el baremo de la inmensa escala temporal de la evolución. Hay aspectos de nuestra biología y psicología que, en consecuencia, están mal adaptados a nuestro entorno actual.

Un tercer aspecto importante es que los seres humanos estamos encerrados en una carrera de armamentos evolutiva con las bacterias, los virus y otros organismos que nos ponen enfermos. Estos organismos causantes de enfermedades (o patógenos) están sometidos a las mismas presiones de la selección natural que nosotros. Del mismo modo que la especie humana desarrolla mecanismos de defensa biológica cada vez más complejos para protegernos de los patógenos, los patógenos también están sometidos a una presión selectiva intensa para burlar esas defensas, y así sucesivamente, en una espiral interminable. En algunas ocasiones los patógenos van por delante de nosotros en esta carrera de armamentos evolutiva. En este momento, por ejemplo, el retrovirus VIH nos lleva ventaja.

La selección natural no puede comenzar de nuevo con un nuevo diseño básico para el cuerpo humano cada vez que nos encontramos ante un nuevo desafío médico. Nuestros cuerpos han evolucionado durante millones de años mediante la modificación gradual de formas preexistentes. A diferencia del ingeniero que diseña una máquina, la selección natural no puede tirar sin más a la basura el modelo antiguo y comenzar de nuevo. Debe trabajar modificando el diseño existente. Por otra parte, cada estructura o característica biológica posee numerosas ramificaciones, buenas y malas. La selección natural actúa para producir el equilibrio óptimo entre costes y beneficios. Las enfermedades que tienen base genética podrían persistir porque los genes «malos» tienen también efectos beneficiosos que superan sus desventajas (al menos, en ciertos entornos). No puede esperarse perfección en un mundo cambiante. Examinaremos ahora estas ideas evolutivas con mayor profundidad.

Enfermos por diseño

¿Cuándo un defecto no es un defecto? Muchos fenómenos médicos se consideran exclusivamente patológicos; advertimos sus manifestaciones desagradables y apenas pensamos en sus posibles beneficios. Los científicos y los médicos están vivamente interesados en *cómo* suceden pero no en *por qué* suceden. Sin embargo, algunos fenómenos médicos sólo comienzan a tener sentido cuando se consideran desde una perspectiva evolutiva.

El biólogo que haya sido educado para pensar en términos evolutivos es instintivamente escéptico hacia las explicaciones médicas que descartan un aspecto importante de la naturaleza humana como grave defecto de diseño o crisis patológica en el funcionamiento normal del organismo. Estas dos cosas suceden, y ni siquiera el darviniano más furibundo insinuaría que la selección natural crea la perfección. Sin embargo, la perceptiva evolutiva comienza a revelar que algunas de las cosas que suceden cuando estamos enfermos no deberían descartarse como síntomas molestos de la enfermedad. En realidad, son mecanismos de defensa biológicos que han evolucionado para protegernos.

Un ejemplo obvio y poco polémico de tales mecanismos de defensa es la tos. Cuando tenemos una infección que irrita nuestro tracto respiratorio tosemos involuntariamente. Al hacerlo, expulsamos la desagradable porquería que de otro modo podría dañar nuestros pulmones y seguir propagando la infección. Este sencillo mecanismo de defensa biológico ha evolucionado presumiblemente durante la historia de nuestra especie porque los seres humanos ancestrales que tosían cuando tenían una infección respiratoria tenían más probabilidades de sobrevivir y reproducirse que los individuos que no tosían. Otros mamíferos también tosen, probablemente por la misma razón. Si tenemos una infección respiratoria grave es normal —y habitualmente beneficioso— toser. Reprimir una tos irritante tomando medicinas puede tener sus inconvenientes.

La fiebre es otro ejemplo de mecanismo de defensa biológico que a menudo se considera un simple síntoma de la enfermedad. La subida de la temperatura corporal es una respuesta biológica estándar a la infección bacteriana y vírica, y un indicador de la enfermedad. La fiebre va acompañada habitualmente de cambios en el estado mental y el comportamiento, como malestar general, depresión leve, aletargamiento y pérdida de apetito. Sentimos ganas de acurrucarnos en un rincón oscuro y esperar hasta que nos pongamos mejor.

En la Grecia de la antigüedad, la fiebre se consideraba una respuesta de adaptación a la infección. Hipócrates llegó a la conclusión correcta (si bien por dudosas razones) de que una fiebre moderada ayuda al paciente a superar la infección. Esta percepción cambió radicalmente en siglos posteriores. La fiebre es desagradable y por tanto se consideró no deseada. Las drogas que podían hacer desaparecer sus síntomas fueron acogidas con entusiasmo. Al terminar el siglo XIX, el uso de drogas para reducir la fiebre (antipiréticas) eran habituales. En nuestros días, cuando tenemos una fiebre leve buscamos aspirina o paracetamol, pero la perspectiva darviniana indica que Hipócrates estaba más cerca de la verdad en su actitud hacia la fiebre.

Hay fundadas razones para revisar nuestra interpretación de la fiebre. Es una respuesta biológica universal a la infección en todos los vertebrados, desde los peces hasta los mamíferos. Los animales están dotados de mecanismos biológicos específicos para generar exactamente la cantidad correcta de fiebre como respuesta a la infección. En cuanto que mecanismo de defensa, es biológicamente costoso: los animales gastan una cantidad considerablemente mayor de energía cuando su temperatura corporal aumenta. La lógica evolucionista supone que la fiebre debería tener beneficios biológicos que compensaran sus evidentes costes. La fiebre, el malestar y los cambios psicológicos que los acompañan están concebidos simultáneamente con nuestros cuerpos. Pero ¿para qué sirven? ¿Cuál es su función biológica?

El consenso actual es que la selección natural ha favorecido la elección de la fiebre porque ayuda a aquellos individuos que están enfermos a combatir la infección. La fiebre está diseñada para hacer la vida más difícil a los virus o bacterias agresores. Como todos los organismos, las bacterias y los virus trabajan mejor a una temperatura determinada. Si se altera esa temperatura, dejan de prosperar.

Un corolario a esta explicación evolutiva de la fiebre es que tomar drogas para «curar» la fiebre podría hacer más daño que beneficio. Hay datos que respaldan esta afirmación. La experimentación ha mostrado que, en determinadas circunstancias, reprimir una fiebre puede en realidad obstaculizar la recuperación de la infección. En un experimento, se administró paracetamol a enfermos de varicela para reducir su temperatura corporal, o un placebo inerte. (Para evitar un sesgo inconsciente, no se dijo a los sujetos qué sustancia se les administraba.) Los enfermos que recibieron paracetamol tardaron por término medio un día más en recuperarse de la varicela que aquellos a los que se les dejó a sus propios recursos. «Curar» la fiebre retrasaba su recuperación.

Lo mismo puede suceder cuando tomamos aspirina o paracetamol para aliviar los síntomas febriles de un resfriado común. Investigadores australianos de la Universidad de Adelaida infectaron deliberadamente a voluntarios sanos con rinovirus para inducirles un resfriado y después tratarlos con un medicamento estándar para aliviar sus síntomas[4]. Las pruebas mostraron que, lejos de producir alivio, la aspirina y el paracetamol agravaron los síntomas clínicos y redujeron las respuestas de los anticuerpos de los voluntarios a la infección; los sujetos que tomaron un placebo inerte tuvieron mejores resultados.

Una vez más, el mensaje que transmiten los datos es que reprimir las reacciones naturales del organismo a la infección puede tener sus pros y sus contras. Las drogas que reduzcan la fiebre son indudablemente beneficiosas en muchos casos y pueden ser decisivas cuando una fiebre alta amenaza la salud del paciente. Pero su uso indiscriminado para reprimir las fiebres leves que acompañan a las infecciones comunes podría ser un error. De hecho, puede haber circunstancias en las que sería beneficioso tomar drogas que *elevaran* nuestra temperatura corporal.

Los principios evolutivos han proyectado asimismo nueva luz sobre las náuseas matinales de las embarazadas. Una vez más, un fenómeno médico que se ha considerado tradicionalmente un síntoma no deseado ha sido reformulado ahora como un mecanismo de defensa biológico con claros beneficios.

---

[4] El experimento empleó un diseño de doble ciego, aleatorio y controlado por placebo. Doble ciego significa que ni los sujetos ni los investigadores sabían qué droga (en su caso) habían tomado hasta después de terminar la prueba, evitando así el sesgo inconsciente. Aleatorio significa que los sujetos fueron asignados al azar a los diversos grupos, de nuevo para evitar el sesgo. Y controlado por placebo significa que los efectos de tomar una droga se comparaban con un placebo.

El término náuseas matinales (o, para ser más exactos, náuseas gravídicas[5]) designa las náuseas, los vómitos ocasionales y la aversión a sabores que a menudo acosan a las mujeres en las primeras fases del embarazo. Al igual que la tos y la fiebre, es una respuesta universal y afecta a casi todas las mujeres embarazadas en cierto grado. Parece producirse en poblaciones de todo el mundo, incluidas las sociedades preindustriales.

En los primeros tres meses de embarazo, aproximadamente el 55 por 100 de las mujeres experimentan vómitos ocasionales y más del 75 por 100 afirman que sienten náuseas. Prácticamente todas las mujeres desarrollan aversiones leves o pronunciadas a sabores y olores que antes les resultaban agradables. En consecuencia, tienden a comer una gama más reducida de alimentos de sabores más insípidos. En este sentido, las mal llamadas náuseas matinales afectan a casi todas las mujeres embarazadas, incluidas muchas que nunca experimentan vómitos reales. La simple universalidad de las náuseas matinales sugiere que podría tener beneficios biológicos ocultos que compensen sus evidentes desventajas, y la bióloga Margie Profet ha propuesto una teoría pormenorizada y bien respaldada para explicar la evolución de esta afección.

Todas las plantas, incluidas las que comemos, contienen cócteles de sustancias químicas tóxicas. Estas toxinas evolucionaron a modo de método de protección de las propias plantas ante la posibilidad de ser devoradas o parasitadas. Por ejemplo, los espléndidos aromas y sabores que asociamos al café recién hecho indican la presencia de varios cientos de sustancias químicas, muchas de ellas tóxicas. Nosotros, por nuestra parte, hemos desarrollado complejos mecanismos bioquímicos para

---

[5] Náuseas matinales es un nombre poco apropiado, porque no sólo tienen lugar por la mañana. Las mujeres embarazadas pueden experimentar aversiones a sabores, náuseas y vómitos en cualquier momento del día. Por otra parte, muchas mujeres desarrollan aversiones a sabores sin experimentar necesariamente náuseas agudas o vómitos.

destoxicar las sustancias alimenticias a fin de poder ingerirlas con impunidad. Según la teoría de Profet, las náuseas matinales no son únicamente un producto derivado y fastidioso del embarazo, sino que se desarrollan para impedir que las madres embarazadas coman o beban sustancias tóxicas que podrían perjudicar al feto. Profet ha reunido un impresionante conjunto de datos para respaldar su teoría.

Para empezar, se sabe que varias toxinas vegetales que son inofensivas para los adultos pueden causar graves malformaciones en los embriones en desarrollo, o incluso provocar abortos espontáneos. Durante siglos se han usado los extractos de ciertas plantas para poner fin a embarazos no deseados.

En segundo lugar, la trayectoria temporal de las náuseas matinales es paralela al cambio de vulnerabilidad del embrión a las toxinas. Las náuseas tienden a manifestarse hacia la tercera o cuarta semana después de la concepción, alcanzan su apogeo en el tercer mes, y después remiten. Esta secuencia concuerda con el período de máxima vulnerabilidad del embrión en desarrollo. Los órganos y miembros se forman en su mayor parte entre la tercera y la octava semanas, y es durante este período cuando el embrión es más vulnerable a las toxinas de la dieta de la madre. A los cuatro meses, los peores peligros han pasado y el embrión tiene una necesidad imperiosa de energía para alimentar su crecimiento; en esta fase, las náuseas matinales han disminuido normalmente y los hábitos alimentarios de la madre vuelven a la normalidad.

La naturaleza de las náuseas matinales es coherente con su supuesta función biológica. Van acompañadas típicamente de aversión a ciertos alimentos, especialmente los que tienen un sabor fuerte o amargo. Los cambios hormonales afectan los mecanismos sensoriales de la mujer embarazada y la hacen mucho más sensible a señales de sabor y olor emitidas por la comida y la bebida. Muchas toxinas naturales que se encuentran en los alimentos poseen sabores y olores característicos que se corresponden razonablemente con los sabores y olores que las mujeres embarazadas tienden a encontrar menos atractivos. Aunque hay grandes diferencias entre unas mujeres y otras en cuanto a sus gustos y disgustos particulares durante el embarazo, la mayoría se sienten menos atraídas por sustancias acres o de sabor amargo como el café, los platos muy condimentados, las hierbas, las bebidas alcohólicas fuertes y los alimentos hechos a la parrilla o fritos, y su dieta será por tanto más insípida de lo habitual.

La verdadera prueba de todo esto tal vez sea el hecho de que las mujeres que experimentan náuseas matinales pronunciadas durante las primeras fases de embarazo tienen significativamente menos probabilidades de sufrir un aborto o de dar a luz un niño con malformaciones que las mujeres cuyas náuseas matinales son leves o insignificantes. Según diversas estimaciones, los embarazos terminan en aborto espontáneo en, aproximadamente, entre el 1 y 3 por 100 de las mujeres que experimentan náuseas y vómitos graves, en comparación con el 4 al 7 por 100 de las mujeres que experimentan escasas o nulas náuseas matinales manifiestas.

Como en los casos de la tos y la fiebre, la hipótesis evolutiva de Profet sobre las náuseas matinales supone una recomendación de cautela. Si las náuseas son de hecho un mecanismo de defensa biológico, concebido para proteger al embrión en desarrollo, puede decirse que las mujeres embarazadas deberían pensárselo dos veces antes de tomar fármacos para «curarlas». En nuestros días, el uso de medicamentos antináuseas y sedantes para reprimir las náuseas matinales se considera con mucha más circunspección que hasta ahora, en parte como consecuencia de la catástrofe de la talidomida. El fármaco sedante y antináuseas llamado talidomida fue retirado de la circulación en la década de 1960 después de que numerosas mujeres que lo habían tomado dieran a luz a niños con miembros deformes o no desarrollados. La catástrofe de la talidomida ilustra hasta qué punto es vulnerable el embrión durante sus primeros tres meses a las sustancias químicas que causan anormalidades en el desarrollo [6].

Otro fenómeno que se ha considerado a menudo un síntoma de enfermedad en vez de un mecanismo de defensa biológico es el secuestro del hierro, una forma de «deficiencia» de hierro que acompaña a algunas infecciones. El cuerpo humano contiene por término medio unos 4 gramos de hierro, en su mayor parte en los glóbulos rojos de la sangre. Sin embargo, cuando tenemos una infección, la cantidad de hierro en circulación en nuestra sangre puede descender hasta sólo una quinta parte de su concentración normal. Esta disminución del nivel de hierro tiene lugar porque el cuerpo retira activamente hierro de la circulación y lo secuestra en el hígado. Del mismo modo que la fiebre, esto sucede por una razón. Las bacterias necesitan hierro para crecer y reproducirse; privarlas de este recurso vital es, pues, una táctica eficaz en la batalla del organismo contra la infección bacteriana. Dar a los pacientes infectados suplementos de hierro para corregir su «deficiencia» equivale a enviar paquetes de ayuda de la Cruz Roja a las bacterias agresoras.

Todos estos ejemplos —tos, fiebre, náuseas matinales y secuestro del hierro— ilustran el hecho de que rechazamos fenómenos médicos como meros síntomas por nuestra cuenta y riesgo. Sería conveniente comprender la naturaleza de estos

---

[6] Profet ha aplicado un análisis evolutivo semejante al fenómeno cada vez más problemático de la alergia, que ya afecta a una de cada cuatro personas en las sociedades industrializadas. Profet ha construido una teoría convincente según la cual la alergia es una defensa inmunológica desesperada contra sustancias tóxicas, y está diseñada para expulsar las toxinas del cuerpo con la mayor rapidez posible cuando todo lo demás ha fallado. La idea de que las alergias pudieran tener una función protectora es coherente con las pruebas provisionales de que las personas que sufren alergias tienen un riesgo ligeramente menor de desarrollar ciertas formas de cáncer. La perspectiva evolutiva sugiere una vez más que debemos hacer una pausa para reflexionar antes de usar indiscriminadamente drogas para reprimir las alergias; el despreocupado supuesto de que las alergias no reportan beneficio alguno, sólo costes, puede resultar equivocado.

beneficios antes de tomar fármacos para reprimirlos. Tolstói expresó memorablemente esta cuestión en *Guerra y paz*:

> Nuestro cuerpo es una máquina para vivir. Está organizada para eso, es su naturaleza. Dejad que la vida continúe en él sin trabas y dejad que se defienda a sí mismo, hará más que si se lo paraliza colmándolo de remedios.

Genes para la enfermedad

Muchas enfermedades tienen una base genética, es decir, ciertos genes llevan consigo una sensibilidad a determinadas enfermedades. Lo que a enfermedades hereditarias como la fibrosis quística y la enfermedad de Huntington se refiere, existe una relación razonablemente directa entre el gen defectuoso y la enfermedad. En algunos casos, los científicos han encontrado incluso los mecanismos moleculares que llevan desde el gen defectuoso hasta los síntomas de la enfermedad. La fibrosis quística, por ejemplo, surge porque un gen defectuoso en el cromosoma número 7 impide la producción de una proteína que es fundamental para el funcionamiento normal de las membranas de las células. Los individuos que no tienen esta proteína transmiten un mucus espeso que bloquea sus vías respiratorias, el páncreas y las glándulas intestinales, con consecuencias devastadoras para su salud. Pero en la mayoría de los casos, incluidos los genes que predisponen al heredero a enfermedades cardíacas o cáncer, las relaciones causales entre los genes y la enfermedad están indisolublemente entrelazadas.

Una pregunta obvia es por qué la selección natural ha permitido que estos genes «malos» perduren en la dotación genética. Si los genes defectuosos pueden tener como consecuencia enfermedades graves o la muerte, ¿por qué no han sido eliminados de la dotación genética en el curso de la evolución? ¿Es cierto que los organismos que carecían de los genes «malos» tienen menos dificultades para sobrevivir y reproducirse que aquellos que los poseen? No necesariamente.

Los biólogos evolutivos han señalado diversas formas en que los genes que predisponen a su portador a la enfermedad podrían seguir transmitiéndose de generación en generación. En primer lugar, un gen que hace aumentar el riesgo de desarrollar una enfermedad puede ser mantenido por la selección natural si tiene consecuencias beneficiosas adicionales que superen sus desventajas. Cualquier gen ejercerá una serie de influencias sobre la estructura y el funcionamiento de un organismo, algunas de las cuales pueden ser beneficiosas y otras pueden ser nocivas. Es el efecto neto de esas ventajas y desventajas sobre la supervivencia y la reproducción del organismo lo que decide si el gen es favorecido por la selección natural. Si las ventajas selectivas superan las desventajas, el gen continuará transmitiéndose a las generaciones siguientes.

El ejemplo clásico y tradicional de este acto de equilibrio evolutivo es el gen responsable del trastorno sanguíneo hereditario llamado drepanocitosis. Esta enfermedad tiene lugar cuando un individuo hereda dos ejemplares del gen de las células falciformes (uno de cada progenitor). En la mayoría de los casos, sin embargo, un solo ejemplar del gen de las células falciformes se hereda de uno de los progenitores, por lo que el receptor es transmisor de la enfermedad. Los transmisores no muestran normalmente ningún síntoma y suelen ser más resistentes a la malaria que las personas que carecen del gen de las células falciformes. En las regiones tropicales, donde cunde la malaria, esta resistencia es (o ciertamente era) una ventaja importante. El gen de las células falciformes ha seguido viviendo, pues, porque confiere beneficios biológicos, al menos en algunos entornos. Como el lector sabe, sin duda, el gen de las células falciformes está más extendido en las regiones donde se da la malaria.

Uno de los métodos habituales de los genes patógenos para

perdurar en la dotación genética es no manifestar sus efectos negativos hasta etapas tardías de la vida, cuando el organismo que transmite el gen ha terminado de reproducirse. La selección natural actúa sobre los genes que tienen una relación sobre el éxito del organismo en la supervivencia y la reproducción, y es relativamente ciega, por tanto, a los efectos de genes defectuosos que no se expresan hasta que los años reproductivos han pasado con creces. La presión de la selección para eliminar el gen será débil si este gen no tiene efectos tangibles hasta bien entrada la mediana edad o la vejez.

En lo que a la selección natural se refiere, lo que le sucede a nuestra salud después de que somos demasiado viejos para reproducirnos o para cuidar de nuestras crías es en gran medida irrelevante. (En gran medida, pero no totalmente irrelevante; sigue habiendo cierto grado de presión selectiva sobre los genes de los abuelos porque cuidar a los nietos afecta sus posibilidades de sobrevivir y reproducirse.) Esto explica por qué enfermedades hereditarias como la enfermedad de Huntington no aparecen hasta la mediana edad. Un gen defectuoso que ha hecho que los organismos se pongan gravemente enfermos y mueran antes de que sean suficientemente viejos como para reproducirse nunca dará a sus transmisores la posibilidad de transmitirlo a generaciones futuras.

Si el gen «malo» también hace cosas buenas en etapas tempranas del desarrollo, sus posteriores efectos patógenos serán menos importantes aún en el proceso de selección natural. Los genes que hacen que distintos trocitos de nosotros funcionen mal cuando somos viejos y decrépitos pueden reproducirse, siempre que nos ayuden a sobrevivir y reproducirnos en nuestra juventud. Los biólogos evolutivos creen que muchos de los genes que intervienen en enfermedades degenerativas de la senectud han perdurado en la dotación genética porque no se manifiestan normalmente hasta después de la edad a la que la mayoría de los individuos han terminado de reproducirse. (Y recordemos que estamos hablando aquí de cazadores-recolectores de la Edad de Piedra. Para nuestros antepasados evolutivos, 40 años habrían significado vejez.)

Una repercusión fascinante de esta lógica evolutiva es que ciertos genes que subyacen a enfermedades de la senectud, como la enfermedad de Alzheimer, la osteoartritis y varios tipos de cáncer, podrían surtir también beneficios importantes en etapas anteriores de la vida. Eliminar estos genes «malos» mediante nuevas técnicas terapéuticas genéticas podría tener, pues, consecuencias imprevistas. Una vez más, la recomendación de cautela de la biología evolutiva es que debemos tener cuidado a la hora de jugar con nuestros cuerpos hasta que sepamos realmente lo que estamos haciendo.

Enfermedades de la vida moderna

Nuestros cuerpos pueden parecer propensos a defectos porque nuestra naturaleza biológica ha dejado de estar bien adaptada a nuestro entorno. Nuestros cuerpos y nuestras mentes han sido diseñados por la selección natural para trabajar óptimamente en el entorno en que la especie humana ha evolucionado, un lugar al que los biólogos llaman a veces entorno de adaptación evolutiva. El problema es que este entorno óptimo tiene poco que ver con el entorno en el que la mayoría de nosotros vivimos.

Pero antes de continuar, permítaseme reiterar una observación decisiva, por si queda margen para malentendidos acerca del uso que hago del término «diseño». La selección natural no tiene ningún objetivo último, ni propósito ni gran diseño. Produce organismos que parecen haber sido diseñados por un ingeniero inteligente, pero no ha sido así. Somos como somos porque nuestros antepasados lograron ser antepasados; porque nuestros genes lograron reproducirse. Somos, citando a Demócrito, «el fruto del azar y la necesidad». Es una manera conveniente hablar en términos de que nuestros cuerpos han sido diseñados, pero sólo es una forma de hablar.

El cuerpo y la mente humanos sencillamente no han sido construidos para afrontar la vida como oficinistas en Londres, ni por ejemplo como agricultores en Moose Jaw (Canadá). El entorno que la selección natural ha tardado cientos de miles de años en poner a punto para nosotros es esencialmente el de un cazador-recolector de la Edad de Piedra. Nuestro cuerpo y nuestra mente han evolucionado para trabajar óptimamente en un mundo, pero hemos creado reciente y súbitamente (en términos evolutivos) para nosotros un mundo radicalmente distinto. El desequilibrio resultante entre nuestra naturaleza biológica y nuestro entorno actual ha generado inevitablemente, problemas.

En términos de historia evolutiva humana, los entornos físicos y sociales de las civilizaciones industrializadas modernas son sumamente nuevos. Para darse cuenta de hasta qué punto son nuevos, es necesario comprender las escalas temporales que intervienen.

Las primeras formas reconocibles de vida orgánica aparecieron en la Tierra hace unos 4.000 millones de años, pululando en el caldo primigenio. Los primeros animales provistos de espina dorsal aparecieron hace unos 500 millones de años. Nuestros primeros antepasados homínidos (el «hombre mono») comenzó a separarse de los simios hace unos 7 millones de años, y comenzó a caminar erguido sobre dos extremidades hace entre 3 y 4 millones de años. Un poco después, probablemente hace 2,5 millones de años, comenzó a fabricar las primeras herramientas de piedra primitivas.

El *Homo sapiens sapiens,* la especie de primates concreta a la que usted y yo pertenecemos, no apareció en escena hasta épocas mucho más recientes. El análisis de secuencias del ADN indica que los primeros humanos de verdad caminaban sobre la Tierra hace sólo 200.000 años. Los fósiles humanos más antiguos tienen la insignificante antigüedad de 100.000 a 150.000 años. Toda la historia de la especie humana equivale a sólo un 3 por 100 del tiempo transcurrido desde que nuestros primeros antepasados homínidos aparecieron sobre la Tierra.

La escala temporal humana disminuye hasta llegar a un diminuto puntito cuando examinamos los orígenes de la civilización. La civilización humana tiene menos de 10.000 años, y ha ocupado, por tanto, menos del 5 por 100 de la historia de nuestra especie. Las primeras formas de agricultura se inventaron hace unos 10.000 años; las primeras ciudades se construyeron hace menos de 7.000 años; y la escritura apareció hace unos 6.000 años. La rueda fue inventada en Oriente Medio hacia el año 3.500 a.C., es decir, hace menos de 300 generaciones humanas. Jesús de Nazaret nació hace apenas 100 generaciones, y la civilización industrial apenas tiene unas cuantas generaciones de vida[7]. La civilización industrial moderna ha existido durante menos de una milésima de la historia evolutiva de nuestra especie.

Imaginemos que los 4.000 millones de años de historia de la vida sobre la Tierra se comprimen en un solo año. Los primeros homínidos primitivos aparecen en la mañana del 31 de diciembre, el *Homo sapiens sapiens* aparece apenas media hora antes de la media noche, y las primeras civilizaciones primitivas nacen menos de dos minutos antes de que las campanas comiencen a tocar en el año nuevo. En términos evolutivos, toda la civilización humana existe desde hace la más mínima fracción de un instante.

Genéticamente, usted y yo somos casi idénticos a los humanos que vivieron en el alborear de la civilización. Los científi-

[7] En todo caso, ésta es una sobrestimación del número de generaciones, pues supone un ciclo reproductivo medio (desde el nacimiento hasta la reproducción) de 20 años, que representa 100 generaciones humanas durante los 2.000 años transcurridos desde el nacimiento de Cristo. Ochenta generaciones de 25 años cada una podría ser un cálculo más cercano a la realidad.

cos pueden calcular la diferencia genética entre nosotros y nuestros antepasados cazadores-recolectores basándose en tasas de cambio en secuencias del ADN. Mutaciones espontáneas alteran el ADN del núcleo de nuestras células a una velocidad media aproximada del 0,5 por 100 cada 1.000.000 de años. Esto significa que en los 10.000 años transcurridos desde el nacimiento de las primeras civilizaciones humanas, nuestra composición genética sólo ha cambiado probablemente un 0,005 por 100, es decir, una parte de 20.000. Como han señalado George Williams y Radolph Nesse, un niño cazador-recolector nacido miles de años antes de la invención de la rueda sería biológicamente capaz de crecer hasta convertirse en abogado o contable (pobrecito).

La selección natural no ha tenido tiempo suficiente para dotarnos de la maquinaria biológica y psicológica necesaria para afrontar los problemas y las tentaciones del mundo moderno. Muchas de las llamadas enfermedades de la civilización que ahora nos azotan, como las enfermedades cardíacas y el cáncer, son consecuencia en parte del desequilibrio entre nuestra biología y nuestro entorno natural.

En la medida en que los científicos pueden deducir a partir de fragmentos de datos arqueológicos y biológicos, los humanos hemos sido cazadores-recolectores durante la mayor parte de nuestra historia evolutiva. Hemos vivido en pequeños grupos tribales que deambulaban en busca de cualquier alimento vegetal que pudieran encontrar y cazando algún que otro animal. El suministro alimentario era a menudo imprevisible en nuestro entorno de cazadores-recolectores de la adaptación evolutiva. Las grasas y los azúcares ricos en energía eran recursos especialmente escasos y valiosos. Tiene, pues, sentido biológico el que los humanos perciban los alimentos ricos en grasas o dulces como profundamente deseables y que los ingieran en abundancia siempre que sea posible.

Este rasgo fue sumamente adaptativo en las praderas de

África hace 150.000 años, pero en nuestros días es mucho menos útil para los europeos y estadounidenses ricos y excesivamente alimentados. Las barrigas prominentes, los traseros fofos, las arterias obstruidas y los cánceres de colon que azotan a la mayoría de las sociedades industrializadas son un terrible testimonio del desequilibrio entre nuestra herencia biológica y el nuevo entorno que ésta nos ha ayudado a crear. Las características psicológicas que podrían permitir que la gente se resistiera al atractivo de hamburguesas grasientas, cigarrillos, indolencia y automóviles rápidos simplemente no han tenido tiempo para evolucionar. Mientras tanto, tenemos que recurrir a hacer lo mejor que podamos con decisiones conscientes basadas en el pensamiento racional. Hay alguna esperanza.

Nuestro entorno físico no es lo único que ha cambiado radicalmente en el pasado evolutivo reciente. Nuestro entorno social también era muy distinto. Los mejores datos disponibles indican que nuestros antepasados cazadores-recolectores vivían en grupos sociales estables y unidos que tenían entre 20 y 100 miembros. La mayoría de los individuos del grupo social habrían sido parientes genéticos y todos se habrían conocido bastante bien. Tener unas relaciones sociales de larga duración y de apoyo mutuo con varios individuos dentro de un grupo social estable fue probablemente una característica estándar de la vida durante gran parte de la historia humana.

Compárese esta situación con el entorno social de los habitantes urbanos solitarios de ahora. Rodeados por innumerables miles de personas, puede que apenas conozcan a alguien; como vimos en el Capítulo 6, nuestro entorno social es muy importante para nuestra salud mental y física.

Las pautas de enfermedad y mortalidad también han cambiado profundamente en el pasado reciente, gracias a la mejora de las condiciones de vida y a los enormes avances de la medicina. En los países industrializados que disponen de sistemas organizados de asistencia sanitaria y bienestar social, es relativamente raro que la gente muera de desnutrición, infecciones bacterianas o efectos de parásitos. Sin embargo, éstos eran los grandes agentes letales de épocas pasadas, y los mecanismos de defensa de nuestros cuerpos evolucionaron en consecuencia. La historia no ha programado a nuestros cuerpos para defenderse de los efectos del tabaco, la inactividad prolongada o la constante sobrealimentación.

La reciente desviación de la humanidad de su entorno de adaptación evolutiva podría ayudar a explicar cambios históricos que han tenido lugar en la incidencia de ciertos tipos de cáncer. Algunos científicos han afirmado que la tasa relativamente elevada de cáncer de mama y de cáncer de ovario en las mujeres de las sociedades industrializadas tiene su origen en parte en cambios a largo plazo de las pautas de reproducción humana. Datos epidemiológicos parecen indicar que no tener ningún hijo, tener pocos hijos o tener el primer hijo cuando se es relativamente vieja son factores que aumentan el riesgo de la mujer de desarrollar lo que se llama cánceres reproductivos (es decir, cáncer de mama o de útero). Desde la segunda guerra mundial, sin embargo, la tendencia en las sociedades industrializadas ha sido que las mujeres tengan menos hijos y en etapas posteriores de la vida.

Nuestra pauta reproductiva actual es muy diferente de la que era en nuestro entorno de adaptación de vida. Podemos obtener alguna visión de las pautas reproductivas del pasado observando las escasas sociedades de cazadores-recolectores que han sobrevivido como los !kung San de África, cuya forma de vida es sin duda más cercana a la de nuestros antepasados evolutivos que la de ustedes o la mía. Sobre esta base, la pauta reproductiva «natural» de una mujer —es decir, aquella para la que sus genes la han equipado— es probablemente tener cinco o más hijos comenzando antes de cumplir veinte años, y amamantar a cada hijo durante tres o cuatro años (tiempo durante el cual no ovula). Un cambio radical de esta pauta reproductiva, aunque evidentemente deseable por muchas otras razones, podría tener costes biológicos ocultos.

El mundo ha seguido su curso, y no es mi deseo insinuar en modo alguno que debamos volver a la forma de vida de la Edad de Piedra si deseamos ser sanos y cuerdos. El cuerpo y la mente humanos son inmensamente adaptables, lo cual nos permite encontrar el medio de afrontar la mayoría de las circunstancias, por singulares que sean.

Carreras de armamentos evolutivas

Otra razón por la que no todo es lo mejor del mejor de los mundos posibles es que los organismos causantes de enfermedades van a menudo por delante de nosotros en la gran carrera de armamentos evolutiva.

No somos la única especie a la que la selección natural ha aplicado su magia. Las diversas especies de bacterias, virus, parásitos y hongos que a la menor oportunidad se instalarían en nuestros apetecibles y nutritivos órganos también han estado sometidas a su influencia. La selección natural nos ha equipado con una formidable serie de complejos mecanismos de defensa, incluido el sistema inmunitario, para protegernos de estos patógenos. Si nuestros mecanismos de defensa biológicos no fueran tan sumamente eficaces, yo no estaría aquí escribiendo sobre ellos y ustedes no estarían leyendo sobre ellos. Pero el enemigo ha sido equipado asimismo para librar la batalla de la supervivencia; la selección natural los ha armado con la capacidad de burlar los mecanismos de defensa humanos.

Las relaciones evolutivas entre un organismo huésped (como usted o yo) y los patógenos invasores (bacterias, virus o parásitos) es análoga en muchos aspectos a la carrera de armamentos que tuvo lugar entre las superpotencias durante los sombríos días de la guerra fría. Los dos bandos estaban encerrados en una espiral interminable y en un aumento de amenaza y contraamenaza, nuevas armas y contramedidas, que conducía a armamentos cada vez más complejos y costosos. Si un bando ideaba un nuevo radar inteligente para detectar misiles disparados contra él, el opuesto desplegaba misiles aún más inteligentes para burlar el nuevo radar, y así sucesivamente hasta la guerra de las galaxias.

Un proceso comparable tiene lugar en la carrera de armamentos evolutiva entre el huésped y el patógeno. Tanto el huésped como el patógeno evolucionan bajo las presiones de la selección natural. Se seleccionan los genes que ayudan a los organismos a sobrevivir y reproducirse. Del mismo modo que la especie huésped desarrolla nuevas estratagemas para defenderse de los agentes patógenos, esos patógenos están sometidos a una intensa presión selectiva para evitar ser aniquilados por las defensas del huésped. Unas veces es el huésped el que va por delante en la carrera de armamentos, y otras es el patógeno el que domina.

La selección natural ha equipado a las bacterias, los virus y los parásitos de un surtido de complejas estratagemas para burlar nuestras defensas. Por ejemplo, el microorganismo parásito que causa la enfermedad del sueño africana (tripanosomiasis) ha desarrollado el ardid de cambiar continuamente su apariencia bioquímica, de tal modo que nuestro sistema inmunitario sea incapaz de captarlo y generar anticuerpos específicos para destruirlo. Las bacterias estreptocócicas han desarrollado un revestimiento bioquímico que imita las células humanas, lo cual hace difícil que nuestro sistema inmunitario reconozca las bacterias como antígenos. Esta imitación inmunológica puede causar problemas importantes. Estas bacterias son tan parecidas a las células humanas en su apariencia externa que el sistema inmunitario puede verse motivado a atacar su propio tejido corporal por error. De ahí que las infecciones estreptocócicas puedan tener como consecuencia ocasionalmente fiebres reumáticas, una enfermedad en la que las reacciones autoinmunitarias causan graves daños al corazón y las articulaciones. Otro ardid utilizado por algunos patógenos es esconderse dentro de las células del propio sistema inmunitario. El VIH aprovecha esta inteligente artimaña, convirtiéndose así en un objetivo especialmente difícil para nuestras defensas inmunitarias.

Debemos esperar que llevemos las de perder en la carrera de armamentos evolutiva, al menos durante parte del tiempo. Las bacterias y los virus poseen una enorme ventaja sobre nosotros porque son reproductores diminutos, multitudinarios y prolíficos. Al margen de lo exigente que seamos en lo relativo a nuestra higiene personal, hay más bacterias habitando en nuestro cuerpo que seres humanos sobre el planeta. Y esas bacterias se reproducen varios cientos de miles de veces más deprisa de lo que nosotros podríamos. El ser humano tarda 20 o 30 años en producir una nueva generación. Las bacterias pueden hacerlo en 30 minutos. En las condiciones adecuadas, pueden vivir decenas de generaciones en un solo día, recogiendo las mismas ventajas evolutivas que nosotros tardaríamos cientos de años en alcanzar. La evolución por medio de la selección natural está teniendo lugar dentro de nuestro cuerpo en este preciso instante.

El retrovirus VIH es especialmente experto en el juego evolutivo y puede modificar su estructura genética aproximadamente un millón de veces más rápido que sus huéspedes humanos. Este ritmo inmensamente rápido de cambio genético plantea enormes problemas al sistema inmunitario humano, y a los diseñadores de posibles vacunas contra el sida. Antes de que pueda identificarse el punto débil del virus, ha cambiado.

Una de las consecuencias más preocupantes de presiones selectivas recientes ha sido la evolución de nuevas estirpes de bacterias resistentes a los antibióticos. Desde el final de la segunda guerra mundial, cuando se generalizó por vez primera el uso de los antibióticos, muchas especies de bacterias han desarrollado defensas eficaces contra los antibióticos. Las bacterias que tenían genes que las hacían resistentes a los antibióticos han prosperado y transmitido esos genes a las generaciones siguientes, mientras que las que carecían de resistencia han sido barridas.

La presión selectiva por la resistencia se ha intensificado debido al uso excesivo e indiscriminado de antibióticos. La práctica de añadir rutinariamente antibióticos a la comida de los animales ha contribuido en gran medida a mejorar la productividad agropecuaria, pero en este proceso ha acelerado la aparición de cepas de salmonella resistentes a los antibióticos que ahora amenazan la salud humana. Por otra parte, las bacterias pueden intercambiar material genético sin tener que reproducirse. Una sola bacteria puede transmitir un gen de resistencia horizontalmente a sus vecinas, lo cual permite que la resistencia a los antibióticos se propague con gran rapidez. Se sabe que cepas resistentes de bacterias han suplantado a cepas susceptibles de la misma especie en el plazo de unas semanas. Hace 50 años no había cepas resistentes a la penicilina de estafilococos (las bacterias responsables de muchas infecciones posoperatorias). Ahora, casi todos los estafilococos son resistentes a la penicilina y, además, a una gama de otros antibióticos. Algo parecido ha sucedido con los fármacos utilizados para combatir la malaria. La selección natural ha producido cepas resistentes de los parásitos protozoarios que causan la malaria, lo cual ha hecho ineficaces, una tras otra, a las drogas habituales contra la malaria.

Las funciones de lo desagradable

Los fenómenos mente-cuerpo que hemos examinado en este libro plantean algunos de los mayores desafíos a la teoría evolutiva. La perspectiva darviniana debería ser capaz de explicar la psiconeuroinmunología.

Una pregunta aparentemente sencilla es por qué (a diferencia de cómo) nos ponen enfermos los factores psicológicos y emocionales. ¿Qué posible valor de adaptación tienen esos complejos mecanismos neurales y químicos que permiten que el estrés psicológico altere el sistema inmunitario y, por tanto, aumente nuestra sensibilidad a la enfermedad? ¿Y por qué tantas personas pasan tanto tiempo de sus vidas sintiéndose ansiosas, deprimidas o simplemente hartas?

La evolución mediante la selección natural, repitiendo el conocido estribillo, sólo es el éxito reproductivo y la supervivencia diferencial de los genes. No tiene nada que ver con la satisfacción ni con el bienestar físico, salvo en tanto en cuanto estos factores pueden afectar a la capacidad del organismo para sobrevivir y reproducirse. La selección natural no tiene el cometido de hacernos felices o sanos durante toda nuestra vida. Hemos visto que los genes pueden prosperar en la dotación genética y transmitirse de una generación a otra aun cuando causen enfermedades, siempre que tengan beneficios compensatorios o no alteren la capacidad del transmisor de producir hijos y nietos. Lo mismo puede decirse de los genes que nos predisponen a la infelicidad, la depresión y la ansiedad.

Un momento de reflexión revelará que el dolor, la náusea, el miedo, la ansiedad, la tristeza y la mayoría de las demás sensaciones desagradables no son totalmente malas. Por el contrario, tienen una función biológica decisiva. Esa función es protegernos del daño. Las personas que no tienen la capacidad de sentir el dolor, por ejemplo, son propensas a herirse y morir prematuramente. El dolor físico nos obliga a evitar el daño y nos ayuda a sobrevivir. Un dolor insoportable puede ser desagradable, pero funciona, y eso es lo único que cuenta en lo que a la selección natural se refiere. Como escribió el filósofo griego Epicuro hace más de 2.000 años: «La presencia de ciertos dolores corporales nos ayuda a evitar otros como ellos.»

Un razonamiento semejante puede aplicarse a nuestra capacidad universal para estados mentales y emocionales repugnantes como el miedo, la ansiedad y la tristeza. La ansiedad es un ejemplo que viene a propósito; puede impedir que nos pongamos en peligro o puede estimularnos a hacer mayores esfuerzos cuando nos enfrentamos a desafíos. En un mundo peligroso, los animales que se sienten nerviosos o ansiosos tienden a sobrevivir más que aquellos que se acuestan relajados y satisfechos. Un ratón displicente terminaría siendo la cena de un gato, mientras que su primo nervioso y ansioso podría sobrevivir al nerviosismo (y procrear) otro día.

La tristeza, una emoción que nos afecta a todos de vez en cuando, también tiene sus beneficios biológicos potenciales. La tristeza o la depresión leve es una reacción habitual ante reveses o pérdidas. Algunos teóricos han apuntado que esta respuesta emocional podría ser la fórmula un tanto rudimentaria que tiene la naturaleza de inculcarnos que nuestro comportamiento anterior ha sido inadecuado. Cuando nos sentimos tristes, es menos probable que perseveremos en lo que hemos hecho. Abandonar e intentar una línea de acción alternativa tal vez sea lo mejor que se pueda hacer en circunstancias adversas.

Para un biólogo evolutivo, pues, emociones negativas como la ansiedad y la tristeza no son meras anormalidades patológicas causadas por defectos en nuestro aparato mental. Por el contrario, pueden considerarse mecanismos de protección un tanto toscos, concebidos para evitarnos daños del mismo modo que el dolor, el miedo, la repugnancia o las náuseas nos evitan daños. La capacidad biológica para experimentar tales emociones es perfectamente normal y, en términos de selección natural, buena. En tanto en cuanto nos ayude a aumentar nuestras posibilidades de sobrevivir y reproducirnos, la selección natural continuará equipándonos con la capacidad mental de sentirnos mal.

Continuando con esta lógica darviniana, George Williams y Randolph Nesse han formulado la apasionante sugerencia de que algunas personas padecen demasiado *poca* ansiedad en vez de una ansiedad excesiva. Ser relajado y displicente podría ser peligroso. Es posible que los individuos irritantemente despreocupados que nunca parecen preocuparse por nada, y a los que los demás envidiamos, paguen un precio por su bendita serenidad. Puede que corran más riesgo de terminar en un servicio de urgencias o envueltos en una crisis personal. Por fin, el talón de Aquiles del tipo B. Estaría bien saberlo.

Las estadísticas sobre mortalidad demuestran que nuestra ansiedad en relación con los peligros habituales que encontramos en las sociedades industrializadas modernas no es ni por asomo suficiente. Viajar en automóvil y fumar son, en términos actuariales, dos de las cosas más peligrosas que la mayoría de las personas hacen, pero son actividades que la mayoría de nosotros enfocamos con una alarmante falta de preocupación.

También es interesante especular acerca de los posibles inconvenientes de drogas antidepresivas como la fluoxetina (alias Prozac), cuyo uso es general en nuestros días. Al reprimir las emociones desagradables que nos atacan a todos de vez en cuando, estas drogas hacen la vida más llevadera. Pero esas emociones están ahí probablemente por una razón, del mismo modo que la tos, la fiebre y las náuseas matinales. Reprimir la fiebre de una persona cuando tiene una infección vírica puede obstaculizar su recuperación. Reprimir indiscriminadamente las emociones negativas puede tener también su desventaja.

Un mundo del que se ha proscrito químicamente toda infelicidad, agresión y emoción desagradable es el que se describe de forma escalofriante en *Un mundo feliz,* la visión distópica de Aldoux Huxley del nuevo orden mundial en el año 632 después de Ford. La férrea organización del estado mundial se mantiene mediante programas exhaustivos de ingeniería genética y condicionamiento pavloviano, que garantizan que cada individuo se adaptan limpiamente a su papel de casta predeterminado. La felicidad y la serenidad se crean mediante generosas dosis de la droga psicotrópica *soma,* cortesía del estado.

Soma, la panacea universal, garantiza que todos los individuos sean de natural bondadosos, contentos con su suerte y libres de todo pensamiento perturbadoramente original. Si alguien siente un asomo de contrariedad, el consejo es siempre el mismo:

> Lo que necesitas es un gramo de *soma*. [...] Todas las ventajas del cristianismo y el alcohol; ninguno de sus defectos... Un centímetro cúbico cura diez sentimientos sombríos.

Sólo una persona, el Salvaje, es reconociblemente humana en el mundo profundamente poco atractivo de Huxley, y reivindica el derecho a ser infeliz.

Pero volvamos a la realidad actual. Está muy bien que los biólogos evolutivos afirmen que la capacidad de ser infeliz es natural y que los antidepresivos son obra del diablo, ¿pero qué sucede cuando esas emociones negativas se van de la mano y conducen a problemas médicos graves? Millones de vidas son arruinadas por trastornos depresivos o ansiosos graves que hacen a quienes los padecen incapaces de actuar con normalidad. En la mayoría de las sociedades industrializadas, aproximadamente entre el 2 y el 3 por 100 de la población padece una enfermedad depresiva grave en algún momento. La depresión impulsa a miles de personas a quitarse la vida cada año, y el suicidio es ya para los adultos jóvenes la segunda causa más habitual de muerte (la primera son los accidentes de automóvil).

La mera universalidad de la depresión —o, al menos, la capacidad de deprimirse— indica que sus mecanismos biológicos subyacentes son una característica básica de la naturaleza humana. ¿Por qué, pues, nos ha equipado la selección natural con capacidad para algo tan incapacitador como la depresión? ¿Por qué hemos sido diseñados así?

Algunas formas de depresión clínica tienen una base genética, por lo que cualesquiera que sean los genes que predisponen a los individuos a la depresión podrían tener otras ventajas compensatorias. Una sugerencia sumamente especulativa ha sido que los genes que hacen que una persona sea propensa a la depresión (algo malo) también la hacen intelectualmente creativa (algo bueno). En ciertos entornos, los beneficios de ser creativo, y por tanto más capaz de resolver problemas nuevos, compensan las desventajas de ser arrojado a la melancolía. Debido a esta ventaja compensatoria, la selección natural mantiene en la dotación genética el gen o los genes que subyacen a la disposición a la depresión. Son escasas todavía las pruebas sólidas que respaldan esta teoría, aunque ella concuerda con la impresión informal del hecho de que las personas creativas —artistas, escritores, científicos y músicos— han sufrido más de lo debido de depresión.

Si esto parece agarrarse a un clavo ardiendo, los biólogos evolutivos han ofrecido otra teoría para explicar nuestra propensión a deprimirnos. Dice así. Imagínese que es un ingeniero que diseña un sistema de alarma protectora, una alarma antirrobo o un detector de humos, por ejemplo, o incluso un sistema de aviso temprano de misiles. Un problema de diseño fundamental que presentan todos estos mecanismos es la sensibilidad que deben tener. Si se regula la sensibilidad demasiado alta, se producirán muchas alarmas falsas porque el sistema responde a perturbaciones irrelevantes. La alarma antirrobo excesivamente sensible saltará debido a la brisa o al paso de una mosca. Si la sensibilidad se regula demasiado baja, se corre el riesgo de no detectar amenazas auténticas. La alarma antirrobo hiposensible no molestará con falsas alarmas, pero podría fallar en su objetivo principal de detectar la presencia de un intruso.

La elección de la sensibilidad óptima para un mecanismo de protección tiene que ver con el equilibrio entre el riesgo de falsas alarmas y el riesgo de no responder a amenazas auténticas. Normalmente se considera preferible tener una alarma antirrobo o un detector de humo demasiado sensible, que moleste ocasionalmente con falsas alarmas, que un mecanismo hiposensible que permita al ladrón robar nuestras posesiones o que nos deje freírnos en la cama cuando la casa se incendie.

Nuestros sistemas emocionales, dice la hipótesis, son análogos a las alarmas antirrobo o los detectores de humo en este sentido. Sentir ansiedad o tristeza sin razón alguna —una «falsa alarma» emocional— es desagradable e inconveniente. Pero no responder adecuadamente a peligros auténticos podría ser fatal. Así pues, en términos evolutivos rudimentarios, es mejor experimentar estas falsas alarmas emocionales que hallarnos por equivocación en una situación que suponga una amenaza para la vida por no ser lo bastante ansioso o infeliz. Ocasionalmente, el mecanismo protector se regula demasiado lejos en la dirección de la hipersensibilidad, lo cual produce un trastorno de ansiedad. Es el equivalente psicológico de la enfermedad autoinmunitaria, situación patológica provocada por un mecanismo de defensa excesivamente entusiasta o «fuego amigo» mental.

¿Por qué nos hace enfermar el estrés?

Pasamos a ocuparnos ahora de un enigma evolutivo aún más espinoso. ¿Por qué nos ha equipado la selección natural con mecanismos biológicos y psicológicos capaces de aumentar nuestra propensión a enfermedades y de aumentar nuestras probabilidades de morir prematuramente? ¿Es la muerte simplemente la manera que tiene la naturaleza de decirnos que frenemos, como sugirió en cierta ocasión una agudeza anónima?

La mayoría de los procesos que tienen lugar dentro de nosotros durante una respuesta de estrés son claramente beneficiosos. Nos preparan para hacer frente a amenazas o demandas. Respiramos más deprisa, vemos mejor, bombeamos más energía a nuestros músculos, y así sucesivamente. Los estresantes breves también refuerzan a menudo ciertos aspectos de la función inmunitaria. Pero otros aspectos de la respuesta de estrés son menos obviamente adaptativos. Un enigma concreto es por qué el estrés prolongado estimula nuestras glándulas suprarrenales para que segreguen hormonas glucocorticoides que tienen el efecto (entre otras cosas) de inhibir el sistema inmunitario y, por tanto, aumentar nuestra vulnerabilidad a la enfermedad.

La explicación tradicional es que la inmunosupresión relacionada con el estrés es simplemente un producto derivado poco afortunado de otros procesos biológicos, sin función adaptativa o base alguna por sí mismo. Sin embargo, esta explicación es profundamente insatisfactoria. Como hemos visto, los cambios inducidos por el estrés en la función inmunitaria son mediados por complejos mecanismos químicos y neurológicos que parecen haber evolucionado específicamente con este fin.

Antes de descartar la inmunodepresión como un simple defecto biológico, debemos examinar primero si podría tener alguna función biológica por sí misma. Puede que la inmunodepresión inducida por el estrés haya evolucionado porque reporta beneficios biológicos, del mismo modo que la tos, la fiebre y las náuseas matinales. Pero ¿qué puede tener de beneficioso suprimir nuestro sistema inmunitario?

Una vez más, la analogía del detector de humo acude en nuestra ayuda. El sistema inmunitario, dice el razonamiento, es como cualquier mecanismo de protección. Existe el problema conocido de obtener un equilibrio óptimo entre la respuesta demasiado fácil o no suficientemente fácil. Se trata de un acto de equilibrio difícil, y el sistema inmunitario se equivoca a veces. Cuando no responde adecuadamente a las bacterias, los virus o las células cancerosas, puede causar una enfermedad mortal. Cuando, por otra parte, el sistema inmunitario es demasiado enérgico o indiscriminado en su respuesta, puede desarrollar en cambio una enfermedad autoinmunitaria. Todo va bien por el momento.

Muchos estresantes estimulan inicialmente un aumento de la función inmunitaria: la predicción de sentido común de lo que debe suceder cuando un organismo es amenazado por un peligro físico. Si el estresante persiste, sin embargo, el sistema inmunitario acelerado debe ser enfriado para impedir que se produzca un trastorno autoinmunitario. Las hormonas glucocorticoides inmunosupresoras, como el cortisol, desempeñan importante papel en este delicado acto de equilibrio inmunológico, reprimiendo el sistema inmunitario para impedirle que reaccione de forma exagerada y dañe los tejidos del propio cuerpo. Las hormonas inmunosupresoras están ahí, se afirma, para impedir el «fuego amigo» inmunológico.

La historia es evidentemente más compleja. No puede tratarse simplemente de que los mecanismos de control frenen un sistema inmunitario sobreestimulado, porque el estrés prolongado o severo hace que la función inmunitaria caiga por sí *debajo* de los niveles normales. De hecho, la mayoría de las investigaciones sobre el estrés se han centrado en estos efectos inmunosupresores. ¿Por qué ha de ser beneficioso suprimir nuestra función inmunitaria por debajo de sus niveles normales? Una teoría dice que ciertos virus alteran los indicadores superficiales de las células de su huésped, haciendo por tanto que estas células parezcan extrañas, o «no yo». Si el sistema inmunitario del huésped lanza un ataque masivo y desenfrenado contra las células «extrañas» infectadas por los virus, existe el peligro de que en ese proceso puedan dañarse células que no han cambiado. El resultado final sería una enfermedad autoinmunitaria. La mejor manera de impedirlo puede ser suprimir la respuesta inmunitaria.

Una explicación alternativa se basa en la idea evolutiva que hemos examinado cuando intentábamos explicar las enfermedades de la civilización, y culpa al desequilibrio entre nuestra configuración biológica y nuestro entorno actual. La inmunosupresión inducida por el estrés podría ser un ejemplo de fenómeno biológico que es globalmente adaptativo, pero que es desencadenado inadecuadamente en nuestro entorno actual.

Según esta teoría, los mecanismos biológicos que enfrían el sistema inmunitario para responder al estrés fueron diseñados por la selección natural para afrontar un entorno diferente del que ahora habitamos. Específicamente, se desarrollaron para hacer frente a estresantes relativamente breves como el proverbial tigre (o, más probablemente, al matón provisto de un palo y perteneciente al grupo rival de cazadores-recolectores del otro lado del valle). Los mecanismos de control no evolucionaron para hacer frente a estresantes que rutinariamente perduran semanas, meses o incluso años, estresantes que se han convertido en el sello distintivo del siglo XX.

La teoría es verosímil y constituye sin duda una mejora con respecto a la idea de que la inmunosupresión relacionada con el estrés es únicamente un subproducto derivado de otros procesos. Pero dista mucho de ser perfecta. Para empezar, da por supuesto que nuestros antepasados cazadores-recolectores casi nunca estaban expuestos a estresantes prolongados, y que en contadas ocasiones sufrían los efectos nocivos del estrés crónico. Este supuesto es discutible. Es cierto que los peligros de la vida de la Edad de Piedra serían, en conjunto, efímeros. Se luchaba o se huía o te mataban. Pero ¿qué sucedía con el estrés generado por otras personas? Como hemos visto, las relaciones sociales pueden tener profundos efectos sobre la función inmunitaria y la salud. Nuestros antepasados vivían en grupos muy unidos, que ofrecían un campo inmenso para el estrés social prolongado e ineludible. A juzgar por otros primates que viven en sociedad, nuestros antepasados debían de mostrarse a menudo desagradables con sus semejantes. Quienquiera que haya observado grupos de monos rhesus o chimpancés en libertad sabe hasta qué punto pueden ser desagradables.

No estoy convencido de que el estrés psicológico prolongado sea un fenómeno exclusivamente moderno. Es probable que nunca lo sepamos con certeza, y toda prueba que pueda aportarse ha de ser forzosamente endeble (aun cuando alguien invente una nueva disciplina de paleopsiconeuroinmunología). Si, como sospecho, nuestros antepasados cazadores-recolectores también sufrían estrés social crónico e inmunosupresión inducida por el estrés, el misterio evolutivo de por qué sucede continúa sin resolverse.

La enfermedad de Darwin

Ningún libro que se ocupe de la salud y la evolución estaría completo sin una o dos palabras sobre la enfermedad de Darwin. Charles Darwin, el biólogo más profundamente influyente que haya vivido, fue un hombre enfermo durante gran parte de su vida adulta.

Desde poco después de cumplir los 30 años hasta su muerte a la edad de 73, Darwin sufrió una enfermedad crónica que le convertía prácticamente en un inválido. En su juventud, Darwin había sido la viva imagen de la salud, el modelo mismo del joven atlético, robusto y deportivo. En su época de estudiante en Cambridge dedicó gran parte de su tiempo a actividades al aire libre: recolección de escarabajos, caza menor y caza del zorro.

Pero un año después de regresar de su histórico viaje de exploración a bordo del *Beagle,* Darwin fue un hombre enfermo. Durante la mayor parte de su vida a partir de ese momento sufrió reiterados episodios de dolores gástricos, flatulencia, náuseas, fiebre, palpitaciones, aletargamiento, debilidad muscular, dolores en torno al corazón, zumbidos de oídos, problemas visuales, ansiedad aguda, depresión e insomnio. A la edad de 33 años, Charles Darwin se retiró a Down House en Kent, donde permaneció, siendo parcialmente un inválido, hasta su muerte en 1882. Como escribió más adelante su hijo Francis Darwin:

> Una de las características fundamentales de su vida es que, durante casi 40 años, no conoció un solo día de la salud del hombre corriente, y que su vida fue, pues, una larga lucha contra el hastío y la tensión de la enfermedad.

¿Qué le pasaba a Charles Darwin? La verdadera naturaleza de la enfermedad de Darwin era, y sigue siendo, una importante manzana de la discordia erudita. Desconcertó a los médicos de Darwin en su época y ha sido causa permanente de controversia académica desde entonces.

En muchos aspectos, sin embargo, la característica más interesante de la enfermedad de Darwin no fue su verdadera naturaleza médica, sino los supuestos implícitos que la gente (incluido el propio Darwin) formulaba acerca de su enfermedad. La enfermedad de Darwin ofrece una ilustración más de cómo el dualismo mente-cuerpo ha conducido a la clasificación de las enfermedades en «mentales» o «físicas», como si se tratase de dos categorías intrínsecamente distintas y mutuamente excluyentes. Con algunas honrosas excepciones, los estudiosos que han pontificado sobre el tema de la enfermedad de Darwin se inscriben en uno de estos dos campos opuestos: el psicológico y el físico.

En el rincón azul están aquellos que sostienen que la enfermedad de Darwin era una forma de dolencia psicológica neurótica. Esta visión dominó especialmente durante la vida de Darwin, sobre todo porque sus síntomas no se correspondían con ninguna enfermedad orgánica conocida. Darwin consultó a la mayoría de los médicos más eminentes de la época, pero ninguno de ellos pudo encontrar ningún indicio firme de enfermedad orgánica. Darwin llegó a su pesar a la conclusión de que debía de ser un hipocondríaco. Era una idea difícil de digerir para un hombre de ciencia, y debió hacer aún más difícil de soportar la carga de su enfermedad.

Entre las muchas explicaciones psicológicas que se han propuesto para la enfermedad de Darwin, una de las teorías preferidas es que surgió a partir de un conflicto emocional inconsciente, que había sido provocado a su vez por el profundo malestar de Darwin ante la repercusión que sus teorías evolucionistas tendrían sobre su fe religiosa.

El origen de las especies, aunque no era totalmente incompatible con la doctrina cristiana, no se esforzaba por reafirmar el concepto de Dios como creador y diseñador omnipotente de todos los seres vivos. La Inglaterra victoriana era una nación de fe religiosa acérrima. El propio Darwin había pasado de la devoción convencional a un escepticismo resuelto, pero con la excepción de unos cuantos intelectuales, la mayoría de sus contemporáneos eran cristianos comprometidos, incluida su amada esposa Emma[8]. Cuando Darwin se dio cuenta de que sus teorías evolucionistas causarían un inmenso furor, la idea fue una fuente comprensible de ansiedad para él. Una variante de este tema supone que Darwin quedó traumatizado emocionalmente por la reacción hostil que sus teorías provocaron en muchos lugares —incluidos varios científicos eminentes— después de la publicación de *El origen de las especies*.

Los teóricos freudianos también han especulado acerca de los orígenes psicológicos de los síntomas de Darwin, afirmando que era víctima del complejo de Edipo, y que sus síntomas orgánicos nacían de un conflicto emocional inconsciente entre la atracción sexual hacia su madre y el miedo a su padre intimidador. Una sugerencia más verosímil es que los problemas que tuvo Darwin cuando era adulto tenían su origen en el trauma emocional que supuso la pérdida de su madre cuando aún era un niño. (Murió después de una grave enfermedad cuando Darwin sólo tenía 8 años de edad, y hay indicios de que Darwin sufrió repercusiones psicológicas de larga duración como consecuencia de esta temprana pérdida.) Como hemos visto, la pérdida de

---

[8] En su autobiografía privada, Darwin expuso sus ideas religiosas:

> Y así la incredulidad se apoderó de mí a paso muy lento, pero al final fue completa. [...] De hecho, difícilmente puedo entender cómo alguien debería desear que el cristianismo fuera verdadero; pues en tal caso el lenguaje sencillo del texto parece mostrar que los hombres que no creen, y esto incluiría a mi padre, mi hermano y casi todos mis mejores amigos, serían castigados infinitamente. Y ésta es una doctrina deplorable.

un ser querido puede generar importantes problemas mentales y físicos.

En el rincón rojo, ignorando desdeñosamente las teorías psicológicas, están quienes sostienen que Darwin sufrió una enfermedad física sencilla pero no diagnosticada. Desde el decenio de 1960 ha recibido un apoyo general la idea de que Darwin tenía la enfermedad de Chagas (también llamada tripanosomiasis americana), una infección parasitaria incapacitadora parecida a la enfermedad del sueño africana. La enfermedad de Chagas es causada por un microorganismo llamado *Trypanosoma cruzi* y se transmite al ser humano por las heces de insectos hematófagos. Según esta teoría, Darwin contrajo la enfermedad de Chagas durante la expedición del *Beagle*. Los estudiosos han utilizado los propios cuadernos de apuntes de Darwin para localizar la fecha exacta en que fue infectado: el 26 de marzo de 1835. Este día, Darwin anotó que había sido mordido por un gran insecto hematófago cuando exploraba tierras de Argentina.

La hipótesis de la enfermedad de Chagas es convincente. Los síntomas de Darwin coincidían con los síntomas variables y difusos de la enfermedad de Chagas, y es indudable que corrió este riesgo durante la expedición del *Beagle*. Después de la llegada del *Beagle* a aguas de América del Sur, pasó mucho tiempo durmiendo al aire libre en zonas infectadas con heces del territorio, y el insecto descrito en su diario corresponde al inductor de la dolencia.

El hecho de que la enfermedad de Darwin resultara imposible de diagnosticar en su época no es sorprendente. La enfermedad de Chagas se encuentra normalmente en zonas rurales de América del Sur, y no en Kent, y el parásito protozoario que la causa no fue identificado hasta 27 años después de la muerte de Darwin. Incluso en nuestros días, la enfermedad de Chagas es difícil de identificar y tiende a ser diagnosticada erróneamente como un trastorno psiquiátrico. La enfermedad sigue un curso variable y sus manifestaciones presentan grandes diferencias de un caso a otro. En algunos pacientes, la destrucción gradual de células musculares y nerviosas puede no producir síntomas hasta años después de la infección inicial. Peter Medawar ha apuntado que la salud de Darwin fue dañada aún más por los tratamientos médicos victorianos que se le administraron para su enfermedad. Gracias a los esfuerzos de sus muchos médicos, puede darse el caso de que Darwin hubiera de hacer frente a los efectos del envenenamiento por mercurio y arsénico además de a los correspondientes a su enfermedad principal.

Con todo, los argumentos en favor de la enfermedad de Chagas no son concluyentes. Los síntomas de Darwin —especialmente sus palpitaciones y sus problemas gástricos— comenzaron a molestarle ya en 1831. Es decir, antes de zarpar a bordo del *Beagle* y antes de que pudiera contraer la enfermedad de Chagas. Por otra parte, durante la última década los síntomas se calmaron considerablemente, y la salud de Darwin experimentó notable mejoría. Los detractores de la hipótesis de la enfermedad de Chagas señalan la concluyente evidencia de que los factores psicológicos desempeñaron importante papel a la hora de provocar los síntomas de Darwin. Como señaló el propio Darwin, sus síntomas eran provocados a menudo por el estrés psicológico, sobre todo en situaciones sociales.

Darwin luchó contra la ansiedad, la depresión y un profundo miedo a la muerte durante toda su vida de adulto, y se creía constitucionalmente propenso a las enfermedades. Al menos en dos ocasiones, la depresión le incapacitó durante varios meses. Experimentó numerosos disgustos personales durante su vida y le resultó difícil hacerles frente. La muerte de su padre, las frecuentes y a menudo graves enfermedades de sus hijos y los numerosos embarazos de su esposa le causaban gran ansiedad, y en ocasiones se sumía en prolongados períodos de depresión. Es de notar que también sufría erupciones cutáneas, a las que llamaba eczemas, y hoy se sabe que los problemas cutáneos crónicos pueden ser exacerbados por el estrés.

El eminente psiquiatra John Bowlby y otras lumbreras de la medicina han propuesto una alternativa atractiva a la simple hipótesis de la enfermedad de Chagas, que entrelaza elementos psicológicos y orgánicos. En efecto, estos autores han sugerido que los múltiples síntomas de Darwin se explican mejor por un trastorno de ansiedad asociado a una respiración anormalmente rápida o hiperventilación.

Los trastornos de ansiedad pueden manifestarse en forma de ataques de pánico. La persona afectada tiene una sensación abrumadora pero inexplicable de melancolía; el pulso se acelera, el corazón late, la persona tiembla y siente que le falta aire. Estos síntomas se confunden a veces con una enfermedad cardíaca, supuesto que Darwin y sus médicos parecen haber formulado. La hiperventilación se asocia a menudo a la ansiedad crónica y puede ser desencadenada por el estrés psicológico. En caso de persistir, la hiperventilación puede producir una amplia gama de síntomas psicológicos y fisiológicos, como trastornos gástricos, flatulencia, palpitaciones, náuseas, visión borrosa, fatiga, ansiedad, mareo, dolor de cabeza y dolor en el pecho. Se ha calculado que la hiperventilación es un factor que contribuye en el 10 por 100 de los casos de remisión de pacientes externos de los hospitales. Los síntomas de la hiperventilación tienen su origen en fluctuaciones de la concentración del dióxido de carbono en la sangre. Los estresantes psicológicos leves pueden inclinar a una persona propensa a este estado a una situación en la que su hiperventilación sea suficiente para producir síntomas espectaculares. Todo esto es coherente con el estado de salud de Darwin.

Durante muchos años Darwin tuvo que luchar no sólo contra su misteriosa y debilitadora infección, sino también con la insinuación de que debía de ser un hipocondríaco neurótico o un enfermo imaginario. En 1845 escribió a su amigo Joseph Hooker:

> Es usted muy amable al preguntarme por mi salud; no tengo nada que decir al respecto, pues es siempre lo mismo, unos

> días mejor y otros peor. Creo que no he tenido un día entero, o mejor dicho una noche, sin que el estómago haya estado sumamente alterado, en los tres últimos años, y la mayoría de los días gran postración de fuerza. Gracias por su amabilidad; creo que muchos de mis amigos piensan que soy un hipocondríaco.

La insinuación de hipocondría debió de ser penosa para un hombre cuya vida había estado dedicada a una empresa científica. Como los afectados contemporáneos de síndrome de fatiga crónica, Darwin estaba sometido a una gran presión para convencerse a sí mismo y convencer a los demás de que su enfermedad era auténtica. Es posible que para ello exagerara inconscientemente la gravedad de sus síntomas. Es muy posible que fuera animado en esto por su abnegada esposa Emma, que lo mimaba hasta tal punto que algunos biógrafos la han acusado de fomentar la hipocondría.

Peter Medawar da en el clavo, como casi siempre, cuando escribe en relación con la enfermedad de Darwin:

> Los diagnósticos de enfermedad orgánica y de neurosis no son, naturalmente, incompatibles. El ser humano no puede estar abiertamente enfermo como los gatos y los ratones; casi todas las enfermedades crónicas están rodeadas de una penumbra de imaginaciones sombrías y preocupaciones y miedos que pueden tener manifestaciones físicas.

Lo cierto es que la enfermedad de Darwin no era ni puramente psicológica ni puramente física. Hay motivos para creer que podría haber padecido la enfermedad de Chagas, o algún otro trastorno orgánico no diagnosticado. Pero también hay motivos para creer que el estado psicológico de Darwin tuvo mucho que ver en el curso y la expresión de su enfermedad, y que su enfermedad se complicó aún más debido a la reacción psicológica que tuvo ante ella.

A modo de conclusión

Espero haberles convencido de algunas verdades sencillas pero de gran trascendencia. Que nuestro estado mental y nuestra salud física están inexorablemente entrelazados. Que el estrés, la depresión y otros factores psicológicos pueden incidir en nuestra vulnerabilidad a muchas enfermedades, incluidas las infecciones bacterianas y víricas, las enfermedades cardíacas y el cáncer. Que la relación entre mente y salud está mediada tanto por nuestro comportamiento como por las relaciones biológicas entre el cerebro y el sistema inmunitario. Que estas relaciones funcionan en ambas direcciones, por lo que nuestra salud física puede influir en nuestro estado mental. Que todas las dolencias tienen consecuencias psicológicas y emocionales además de causas. Que no hay nada vergonzoso o débil en la intrusión de los pensamientos y las emociones en la enfermedad. Que nuestras relaciones sociales con otras personas son fundamentales para nuestra salud. Y que nuestro hábito dualista de contrastar mente y cuerpo, como si fueran dos entidades fundamentalmente distintas, es profundamente engañosa.

Confío también en que el lector ya no sienta (naturalmente, si lo ha sentido alguna vez) que aceptar la realidad de las influencias mentales sobre la salud significa poner en suspenso su incredulidad y apuntarse a alguna dudosa variedad de medicina alternativa. La investigación científica que he descrito no tiene nada de alternativo ni de dudoso.

Naturalmente, son muchas las preguntas sobre las relaciones entre cerebro, comportamiento, inmunidad y salud que continúan sin respuesta. Pero no debemos sorprendernos por ello. Al fin y al cabo, el organismo humano es el ente más complejo y extraordinario del universo conocido.

Bibliografía

General

Nesse, R. M. y Williams, G. C., *Evolution and Healing. The New Science of Darwinian Medicine,* Weidenfeld & Nicolson, Londres, 1995.

Desarrollo

Ackerman, S. H. y otros, «Premature maternal separation and lymphocyte function», *Brain Behavior and Immunity, 2,* pág. 161, 1988.

Boyce, W. T. y otros, «Temperament and the psychobiology of childhood stress», *Pediatrics, 90,* pág. 483, 1992.

Coe, C. L. y otros, «Early rearing conditions alter immune responses in the developing infant primate», *Pediatrics, 90,* pág. 505, 1992.

Gehde, E. y Baltrusch, H. J. F., «Early experience and development of cancer in later life», *International Journal of Neuroscience, 51,* pág. 257, 1990.

Hessing, M. J. y otros, «Individual behavioral and pshysiological strategies in pigs», *Physiology and Behavior, 55,* pág. 39, 1994.

Jemerin, J. M. y Boyce, W. T., «Psychobiological differences in childhood stress response», *Journal of Developmental and Behavioral Pediatrics, 11,* pág. 140, 1990.

Lau, R. R. y otros, «Development and change of young adults' preventive health beliefs and behavior», *Journal of Health and Social Behavior, 31,* pág. 240, 1990.

Laudenslager, M. y otros, «Behavioral and immunological consequences of brief mother-infant separation», *Developmental Psychobiology, 23,* pág. 247, 1990.

Lewis, M., «Individual differences in response to stress», *Pediatrics, 90,* pág. 487, 1992.

Lubach, G. R. y otros, «Effects of early rearing environment on immune responses of infant rhesus monkeys», *Brain Behavior and Immunity, 9,* pág. 31, 1995.

Musante, L. y otros, «Consistency of children's hemodynamic responses to laboratory stressors», *International Journal of Psychophysiology, 17,* pág. 65, 1994.

O'Grady, M. P. y Hall, N. R. S., «Long-term effects of neuroendocrine-immune interactions during early development», en Ader, R. y otros (eds.), *Psychoneuroimmunology,* 2ª ed., Academic Press, San Diego, 1991.

Sallis, J. F. y otros, «Blood pressure reactivity in children», *Journal of Psychosomatic Research, 32,* pág. 1, 1988.

Von Hoersten, S. y otros, «Effect of early experience on behavior and immune response», *Physiology and Behavior, 54,* pág. 931, 1993.

Evolución

Dawkins, R., *The Selfish Gene,* Oxford University Press, Oxford, 1976; nueva ed., 1989 [trad. cast., *El gen egoísta,* Labor, Barcelona, 1979].

Dawkins, R., *River ont of Eden,* Weidenfeld & Nicolson, Londres, 1995.

Doran, T. F. y otros, «Acetaminophen: more harm than good for chicken pox?», *Journal of Pediatrics, 114,* pág. 1.045, 1989.

Goldsmith, M. F., «Ancestors may provide clinical answers», *Journal of the American Medical Association, 269,* pág. 1.477, 1993.

Graham, N. M. y otros, «Adverse effects of aspirin, acetaminophen and ibuprofen in rhinovirus-infected volunteers», *Journal of Infectious Diseases, 162,* pág. 1.277, 1990.

Leakey, R., *The Origin of Humankind,* Weidenfeld & Nicolson, Londres, 1994.

Munck, A. y Guyre, P. M., «Glococorticoids and immune function», en Ader, R. y otros (eds.), *Psychoneuroimmunology,* 2ª ed., Academic Press, San Diego, 1991.

Profet, M., «Pregnancy sickness as adaptation», en Barkow, J. H. y otros (eds.), *The Adapted Mind,* Oxford University Press, Nueva York, 1992.

Profet, M., «The function of allergy: immunological defense against toxins», *Quarterly Review of Biology, 66,* pág. 23, 1991.

Williams, G. C. y Nesse, R. M., «The dawn of Darwinian medicine», *Quarterly Review of Biology, 66,* pág. 1, 1991.

La enfermedad de Darwin

Bernstein, R. E., «Darwin's illness: Chagas' disease resurgens», *Journal of the Royal Society of Medicine, 77,* pág. 608, 1984.

Bowlby, J., *Charles Darwin,* Hutchinson, Londres, 1990.

Índice